Le Comte de Monte-Cristo - Tome II

Dumas, Alexandre

Publication: 1845
Catégorie(s): Fiction, Historique, XIXe siècle

A Propos Dumas:

Alexandre Dumas, père, born Dumas Davy de la Pailleterie (July 24, 1802 – December 5, 1870) was a French writer, best known for his numerous historical novels of high adventure which have made him one of the most widely read French authors in the world. Many of his novels, including The Count of Monte Cristo, The Three Musketeers, and The Man in the Iron Mask were serialized, and he also wrote plays and magazine articles and was a prolific correspondent. Source: Wikipedia

Disponible pour Dumas:

- *Les Trois mousquetaires* (1844)
- *Le Comte de Monte-Cristo - Tome I* (1845)
- *Le Comte de Monte-Cristo - Tome III* (1845)
- *Le Comte de Monte-Cristo - Tome IV* (1845)
- *La Reine Margot* (1845)
- *Vingt ans après* (1845)
- *Joseph Balsamo - Tome I (Les Mémoires d'un médecin)* (1848)
- *Joseph Balsamo - Tome II (Les Mémoires d'un médecin)* (1848)
- *Le Collier de la Reine - Tome I (Les Mémoires d'un médecin)* (1850)
- *Ange Pitou - Tome I (Les Mémoires d'un médecin)* (1851)

XXXII – Réveil.

Lorsque Franz revint à lui, les objets extérieurs semblaient une seconde partie de son rêve ; il se crut dans un sépulcre où pénétrait à peine, comme un regard de pitié, un rayon de soleil ; il étendit la main et sentit de la pierre ; il se mit sur son séant : il était couché dans son burnous, sur un lit de bruyères sèches fort doux et fort odoriférant.

Toute vision avait disparu, et, comme si les statues n'eussent été que des ombres sorties de leurs tombeaux pendant son rêve, elles s'étaient enfuies à son réveil.

Il fit quelques pas vers le point d'où venait le jour ; à toute l'agitation du songe succédait le calme de la réalité. Il se vit dans une grotte, s'avança du côté de l'ouverture, et à travers la porte cintrée aperçut un ciel bleu et une mer d'azur. L'air et l'eau resplendissaient aux rayons du soleil du matin ; sur le rivage, les matelots étaient assis causant et riant ; à dix pas en mer la barque se balançait gracieusement sur son ancre.

Alors il savoura quelque temps cette brise fraîche qui lui passait sur le front ; il écouta le bruit affaibli de la vague qui se mouvait sur le bord et laissait sur les roches une dentelle d'écume blanche comme de l'argent ; il se laissa aller sans réfléchir, sans penser à ce charme divin qu'il y a dans les choses de la nature, surtout lorsqu'on sort d'un rêve fantastique ; puis peu à peu cette vie du dehors, si calme, si pure, si grande, lui rappela l'invraisemblance de son sommeil, et les souvenirs commencèrent à rentrer dans sa mémoire.

Il se souvint de son arrivée dans l'île, de sa présentation à un chef de contrebandiers, d'un palais souterrain plein de splendeurs, d'un souper excellent et d'une cuillerée de haschich.

Seulement, en face de cette réalité de plein jour, il lui semblait qu'il y avait au moins un an que toutes ces choses s'étaient passées, tant le rêve qu'il avait fait était vivant dans sa pensée et prenait d'importance dans son esprit. Aussi de temps en temps son imagination faisait asseoir au milieu des matelots, ou traverser un rocher, ou se balancer sur la barque, une de ces ombres qui avaient étoilé sa nuit de leurs baisers. Du reste, il avait la tête parfaitement libre et le corps parfaitement reposé : aucune lourdeur dans le cerveau, mais, au contraire, un certain bien-être général, une faculté d'absorber l'air et le soleil plus grande que jamais.

Il s'approcha donc gaiement de ses matelots.

Dès qu'ils le revirent ils se levèrent, et le patron s'approcha de lui.

« Le seigneur Simbad, lui dit-il, nous a chargés de tous ses compliments pour Votre Excellence, et nous a dit de lui exprimer le regret qu'il a de ne pouvoir prendre congé d'elle ; mais il espère que vous l'excuserez quand vous saurez qu'une affaire très pressante l'appelle à Malaga.

– Ah çà ! mon cher Gaetano, dit Franz, tout cela est donc véritablement une réalité : il existe un homme qui m'a reçu dans cette île, qui m'y a donné une hospitalité royale, et qui est parti pendant mon sommeil ?

– Il existe si bien, que voilà son petit yacht qui s'éloigne, toutes voiles dehors, et que, si vous voulez prendre votre lunette d'approche, vous reconnaîtrez selon toute probabilité, votre hôte au milieu de son équipage. »

Et, en disant ces paroles, Gaetano étendait le bras dans la direction d'un petit bâtiment qui faisait voile vers la pointe méridionale de la Corse.

Franz tira sa lunette, la mit à son point de vue, et la dirigea vers l'endroit indiqué.

Gaetano ne se trompait pas. Sur l'arrière du bâtiment, le mystérieux étranger se tenait debout tourné de son côté, et tenant comme lui une lunette à la main ; il avait en tout point le costume sous lequel il était apparu la veille à son convive, et agitait son mouchoir en signe d'adieu.

Franz lui rendit son salut en tirant à son tour son mouchoir et en l'agitant comme il agitait le sien.

Au bout d'une seconde, un léger nuage de fumée se dessina à la poupe du bâtiment, se détacha gracieusement de l'arrière et monta lentement vers le ciel ; puis une faible détonation arriva jusqu'à Franz.

« Tenez, entendez-vous, dit Gaetano, le voilà qui vous dit adieu ! »

Le jeune homme prit sa carabine et la déchargea en l'air, mais sans espérance que le bruit pût franchir la distance qui séparait le yacht de la côte.

« Qu'ordonne Votre Excellence ? dit Gaetano.

– D'abord que vous m'allumiez une torche.

– Ah ! oui, je comprends, reprit le patron, pour chercher l'entrée de l'appartement enchanté. Bien du plaisir, Excellence, si la chose vous amuse, et je vais vous donner la torche demandée. Moi aussi, j'ai été possédé de l'idée qui vous tient, et je m'en suis passé la fantaisie trois ou quatre fois ; mais j'ai fini par y renoncer. Giovanni, ajouta-t-il, allume une torche et apporte-la à Son Excellence. »

Giovanni obéit. Franz prit la torche et entra dans le souterrain, suivi de Gaetano.

Il reconnut la place où il s'était réveillé à son lit de bruyères encore tout froissé ; mais il eut beau promener sa torche sur toute la surface extérieure de la grotte il ne vit rien, si ce n'est, à des traces de fumée, que d'autres avant lui avaient déjà tenté inutilement la même investigation.

Cependant il ne laissa pas un pied de cette muraille granitique, impénétrable comme l'avenir, sans l'examiner ; il ne vit pas une gerçure qu'il n'y introduisît la lame de son couteau de chasse ; il ne remarqua pas un point saillant qu'il n'appuyât dessus, dans l'espoir qu'il céderait ; mais tout fut inutile, et il perdit, sans aucun résultat, deux heures à cette recherche.

Au bout de ce temps, il y renonça ; Gaetano était triomphant.

Quand Franz revint sur la plage, le yacht n'apparaissait plus que comme un petit point blanc à l'horizon, il eut recours à sa lunette, mais même avec l'instrument il était impossible de rien distinguer.

Gaetano lui rappela qu'il était venu pour chasser des chèvres, ce qu'il avait complètement oublié. Il prit son fusil et se mit à parcourir l'île de l'air d'un homme qui accomplit un devoir plutôt qu'il ne prend un plaisir, et au bout d'un quart d'heure il avait tué une chèvre et deux chevreaux. Mais ces chèvres, quoique sauvages et alertes comme des chamois, avaient une trop grande ressemblance avec nos chèvres domestiques, et Franz ne les regardait pas comme un gibier.

Puis des idées bien autrement puissantes préoccupaient son esprit. Depuis la veille il était véritablement le héros d'un conte des *Mille et une Nuits*, et invinciblement il était ramené vers la grotte.

Alors, malgré l'inutilité de sa première perquisition, il en recommença une seconde, après avoir dit à Gaetano de faire rôtir un des deux chevreaux. Cette seconde visite dura assez longtemps, car lorsqu'il revint le chevreau était rôti et le déjeuner était prêt.

Franz s'assit à l'endroit où la veille, on était venu l'inviter à souper de la part de cet hôte mystérieux, et il aperçut encore comme une mouette bercée au sommet d'une vague, le petit yacht qui continuait de s'avancer vers la Corse.

« Mais, dit-il à Gaetano, vous m'avez annoncé que le seigneur Simbad faisait voile pour Malaga, tandis qu'il me semble à moi qu'il se dirige directement vers Porto-Vecchio.

– Ne vous rappelez-vous plus, reprit le patron, que parmi les gens de son équipage je vous ai dit qu'il y avait pour le moment deux bandits corses ?

– C'est vrai ! et il va les jeter sur la côte ? dit Franz.

– Justement. Ah ! c'est un individu, s'écria Gaetano, qui ne craint ni Dieu ni diable, à ce qu'on dit, et qui se dérangera de cinquante lieues de sa route pour rendre service à un pauvre homme.

– Mais ce genre de service pourrait bien le brouiller avec les autorités du pays où il exerce ce genre de philanthropie, dit Franz.

– Ah ! bien, dit Gaetano en riant, qu'est-ce que ça lui fait, à lui, les autorités ! il s'en moque pas mal ! On n'a qu'à essayer de le poursuivre. D'abord son yacht n'est pas un navire, c'est un oiseau, et il rendrait trois nœuds sur douze à une frégate ; et puis il n'a qu'à se jeter lui-même à la côte, est-ce qu'il ne trouvera pas partout des amis ? »

Ce qu'il y avait de plus clair dans tout cela, c'est que le seigneur Simbad, l'hôte de Franz, avait l'honneur d'être en relation avec les contrebandiers et les bandits de toutes les côtes de la Méditerranée ; ce qui ne laissait pas que d'établir pour lui une position assez étrange.

Quant à Franz, rien ne le retenait plus à Monte-Cristo, il avait perdu tout espoir de trouver le secret de la grotte, il se hâta donc de déjeuner en ordonnant à ses hommes de tenir leur barque prête pour le moment où il aurait fini.

Une demi-heure après, il était à bord.

Il jeta un dernier regard, sur le yacht ; il était prêt à disparaître dans le golfe de Porto-Vecchio.

Il donna le signal du départ.

Au moment où la barque se mettait en mouvement, le yacht disparaissait. Avec lui s'effaçait la dernière réalité de la nuit précédente : aussi souper, Simbad, haschich et statues, tout commençait, pour Franz, à se fondre dans le même rêve. La barque marcha toute la journée et toute la nuit ; et le lendemain, quand le soleil se leva, c'était l'île de Monte-Cristo qui avait disparu à son tour. Une fois que Franz eut touché la terre, il oublia, momentanément du moins, les événements qui venaient de se passer pour terminer ses affaires de plaisir et de politesse à Florence, et ne s'occuper que de rejoindre son compagnon, qui l'attendait à Rome.

Il partit donc, et le samedi soir il arriva à la place de la Douane par la malle-poste.

L'appartement, comme nous l'avons dit, était retenu d'avance, il n'y avait donc plus qu'à rejoindre l'hôtel de maître Pastrini ; ce qui n'était pas chose très facile, car la foule encombrait les rues, et Rome était déjà en proie à cette rumeur sourde et fébrile qui précède les grands événements. Or, à Rome, il y a quatre grands événements par an : le carnaval, la semaine sainte, la Fête-Dieu et la Saint-Pierre.

Tout le reste de l'année, la ville retombe dans sa morne apathie, état intermédiaire entre la vie et la mort, qui la rend semblable à une espèce de station entre ce monde et l'autre, station sublime, halte pleine de poésie et de caractère que Franz avait déjà faite cinq ou six fois, et qu'à chaque fois il avait trouvée plus merveilleuse et plus fantastique encore.

Enfin, il traversa cette foule toujours plus grossissante et plus agitée et atteignit l'hôtel. Sur sa première demande, il lui fut répondu, avec cette impertinence particulière aux cochers de fiacre retenus et aux aubergistes au complet, qu'il n'y avait plus de place pour lui à l'hôtel de Londres. Alors il envoya sa carte à maître Pastrini, et se fit réclamer d'Albert de Morcerf. Le moyen réussit, et maître Pastrini accourut lui-même, s'excusant d'avoir fait attendre Son Excellence, grondant ses garçons, prenant le bougeoir de la main du cicérone qui s'était déjà emparé du voyageur, et se préparait à le mener près d'Albert, quand celui-ci vint à sa rencontre.

L'appartement retenu se composait de deux petites chambres et d'un cabinet. Les deux chambres donnaient sur la rue, circonstance que maître Pastrini fit valoir comme y ajoutant un mérite inappréciable. Le reste de l'étage était loué à un personnage fort riche, que l'on croyait Sicilien ou Maltais ; l'hôtelier ne put pas dire au juste à laquelle des deux nations appartenait ce voyageur.

« C'est fort bien, maître Pastrini, dit Franz, mais il nous faudrait tout de suite un souper quelconque pour ce soir, et une calèche pour demain et les jours suivants.

– Quant au souper, répondit l'aubergiste, vous allez être servis à l'instant même ; mais quant à la calèche...

– Comment ! quant à la calèche ! s'écria Albert. Un instant, un instant ! ne plaisantons pas, maître Pastrini ! il nous faut une calèche.

– Monsieur, dit l'aubergiste, on fera tout ce qu'on pourra pour vous en avoir une. Voilà tout ce que je puis vous dire.

– Et quand aurons-nous la réponse ? demanda Franz.

– Demain matin, répondit l'aubergiste.

– Que diable ! dit Albert, on la paiera plus cher, voilà tout : on sait ce que c'est ; chez Drake ou Aaron vingt-cinq francs pour les jours ordinaires et trente ou trente-cinq francs pour les dimanches et fêtes ; mettez cinq francs par jour de courtage, cela fera quarante et n'en parlons plus.

– J'ai bien peur que ces messieurs, même en offrant le double, ne puissent pas s'en procurer.

– Alors qu'on fasse mettre des chevaux à la mienne ; elle est un peu écornée par le voyage, mais n'importe.

– On ne trouvera pas de chevaux. »

Albert regarda Franz en homme auquel on fait une réponse qui lui paraît incompréhensible.

« Comprenez-vous cela, Franz ! pas de chevaux, dit-il ; mais des chevaux de poste, ne pourrait-on pas en avoir ?

– Ils sont tous loués depuis quinze jours, et il ne reste maintenant que ceux absolument nécessaires au service.

– Que dites-vous de cela ? demanda Franz.

– Je dis que ; lorsqu'une chose passe mon intelligence, j'ai l'habitude de ne pas m'appesantir sur cette chose et de passer à une autre. Le souper est-il prêt, maître Pastrini ?

– Oui, Excellence.

– Eh bien, soupons d'abord.

– Mais la calèche et les chevaux ? dit Franz.

– Soyez tranquille, cher ami, ils viendront tout seuls ; il ne s'agira que d'y mettre le prix. »

Et Morcerf, avec cette admirable philosophie qui ne croit rien impossible tant qu'elle sent sa bourse ronde ou son porte-feuille garni, soupa, se coucha, s'endormit sur les deux oreilles, et rêva qu'il courait le carnaval dans une calèche à six chevaux.

XXXIII – Bandits romains.

Le lendemain, Franz se réveilla le premier, et aussitôt réveillé, sonna.

Le tintement de la clochette vibrait encore, lorsque maître Pastrini entra en personne.

« Eh bien, dit l'hôte triomphant, et sans même attendre que Franz l'interrogeât, je m'en doutais bien hier, Excellence, quand je ne voulais rien vous promettre ; vous vous y êtes pris trop tard, et il n'y a plus une seule calèche à Rome : pour les trois derniers jours, s'entend.

– Oui, reprit Franz, c'est-à-dire pour ceux où elle est absolument nécessaire.

– Qu'y a-t-il ? demanda Albert en entrant, pas de calèche ?

– Justement, mon cher ami, répondit Franz, et vous avez deviné du premier coup.

– Eh bien, voilà une jolie ville que votre ville éternelle !

– C'est-à-dire, Excellence reprit maître Pastrini, qui désirait maintenir la capitale du monde chrétien dans une certaine dignité à l'égard de ses voyageurs, c'est-à-dire qu'il n'y a plus de calèche à partir de dimanche matin jusqu'à mardi soir, mais d'ici là vous en trouverez cinquante si vous voulez.

– Ah ! c'est déjà quelque chose, dit Albert ; nous sommes aujourd'hui jeudi ; qui sait, d'ici à dimanche, ce qui peut arriver ?

– Il arrivera dix à douze mille voyageurs, répondit Franz, lesquels rendront la difficulté plus grande encore.

– Mon ami, dit Morcerf, jouissons du présent et n'assombrissons pas l'avenir.

– Au moins, demanda Franz, nous pourrons avoir une fenêtre ?

– Sur quoi ?

– Sur la rue du Cours, parbleu !

– Ah ! bien oui, une fenêtre ! s'exclama maître Pastrini ; impossible ; de toute impossibilité ! Il en restait une au cinquième étage du palais Doria, et elle a été louée à un prince russe pour vingt sequins par jour. »

Les deux jeunes gens se regardaient d'un air stupéfait.

« Eh bien, mon cher, dit Franz à Albert, savez-vous ce qu'il y a de mieux à faire ? c'est de nous en aller passer le carnaval à

Venise ; au moins là, si nous ne trouvons pas de voiture, nous trouverons des gondoles.

– Ah ! ma foi non ! s'écria Albert, j'ai décidé que je verrais le carnaval à Rome, et je l'y verrai, fût-ce sur des échasses.

– Tiens ! s'écria Franz, c'est une idée triomphante, surtout pour éteindre les moccoletti, nous nous déguiserons en polichinelles vampires ou en habitants des Landes, et nous aurons un succès fou.

– Leurs Excellences désirent-elles toujours une voiture jusqu'à dimanche ?

– Parbleu ! dit Albert, est-ce que vous croyez que nous allons courir les rues de Rome à pied, comme des clercs d'huissier ?

– Je vais m'empresser d'exécuter les ordres de Leurs Excellences, dit maître Pastrini : seulement je les préviens que la voiture leur coûtera six piastres par jour.

– Et moi, mon cher monsieur Pastrini, dit Franz, moi qui ne suis pas notre voisin le millionnaire, je vous préviens à mon tour, qu'attendu que c'est la quatrième fois que je viens à Rome, je sais le prix des calèches, jours ordinaires, dimanches et fêtes. Nous vous donnerons douze piastres pour aujourd'hui, demain et après-demain, et vous aurez encore un fort joli bénéfice.

– Cependant, Excellence !... dit maître Pastrini, essayant de se rebeller.

– Allez, mon cher hôte, allez, dit Franz, ou je vais moi-même faire mon prix avec votre *affettatore*, qui est le mien aussi, c'est un vieil ami à moi, qui m'a déjà pas mal volé d'argent dans sa vie, et qui, dans l'espérance de m'en voler encore, en passera par un prix moindre que celui que je vous offre : vous perdrez donc la différence et ce sera votre faute.

– Ne prenez pas cette peine, Excellence, dit maître Pastrini, avec ce sourire du spéculateur italien qui s'avoue vaincu, je ferai de mon mieux, et j'espère que vous serez content.

– À merveille ! voilà ce qui s'appelle parler. Quand voulez-vous la voiture ?

– Dans une heure.

– Dans une heure elle sera à la porte. »

Une heure après, effectivement, la voiture attendait les deux jeunes gens : c'était un modeste fiacre que, vu la solennité de la circonstance, on avait élevé au rang de calèche ; mais, quelque médiocre apparence qu'il eût, les deux jeunes gens se fussent trouvés bien heureux d'avoir un pareil véhicule pour les trois derniers jours.

« Excellence ! cria le cicérone en voyant Franz mettre le nez à la fenêtre, faut-il faire approcher le carrosse du palais ? »

Si habitué que fût Franz à l'emphase italienne, son premier mouvement fut de regarder autour de lui mais c'était bien à lui-même que ces paroles s'adressaient.

Franz était l'Excellence ; le carrosse, c'était le fiacre ; le palais, c'était l'hôtel de Londres.

Tout le génie laudatif de la nation était dans cette seule phrase.

Franz et Albert descendirent. Le carrosse s'approcha du palais. Leurs Excellences allongèrent leurs jambes sur les banquettes, le cicérone sauta sur le siège de derrière.

« Où Leurs Excellences veulent-elles qu'on les conduise ?

– Mais, à Saint-Pierre d'abord, et au Colisée ensuite », dit Albert en véritable Parisien.

Mais Albert ne savait pas une chose : c'est qu'il faut un jour pour voir Saint-Pierre, et un mois pour l'étudier : la journée se passa donc rien qu'à voir Saint-Pierre.

Tout à coup, les deux amis s'aperçurent que le jour baissait.

Franz tira sa montre, il était quatre heures et demie.

On reprit aussitôt le chemin de l'hôtel. À la porte, Franz donna l'ordre au cocher de se tenir prêt à huit heures. Il voulait faire voir à Albert le Colisée au clair de lune, comme il lui avait fait voir Saint-Pierre au grand jour. Lorsqu'on fait voir à un ami une ville qu'on a déjà vue, on y met la même coquetterie qu'à montrer une femme dont on a été l'amant.

En conséquence, Franz traça au cocher son itinéraire ; il devait sortir par la porte del Popolo, longer la muraille extérieure et rentrer par la porte San-Giovanni. Ainsi le Colisée leur apparaissait sans préparation aucune, et sans que le Capitole, le Forum, l'arc de Septime Sévère, le temple d'Antonin et Faustine et la Via Sacra eussent servi de degrés placés sur sa route pour le rapetisser.

On se mit à table : maître Pastrini avait promis à ses hôtes un festin excellent ; il leur donna un dîner passable : il n'y avait rien à dire.

À la fin du dîner, il entra lui-même : Franz crut d'abord que c'était pour recevoir ses compliments et s'apprêtait à les lui faire, lorsqu'aux premiers mots il l'interrompit :

« Excellence, dit-il, je suis flatté de votre approbation ; mais ce n'était pas pour cela que j'étais monté chez vous...

– Était-ce pour nous dire que vous aviez trouvé une voiture ? demanda Albert en allumant son cigare.

– Encore moins, et même, Excellence, vous ferez bien de n'y plus penser et d'en prendre votre parti. À Rome, les choses se peuvent ou ne se peuvent pas. Quand on vous a dit qu'elles ne se pouvaient pas, c'est fini.

– À Paris, c'est bien plus commode : quand cela ne se peut pas, on paie le double et l'on a à l'instant même ce que l'on demande.

– J'entends dire cela à tous les Français, dit maître Pastrini un peu piqué, ce qui fait que je ne comprends pas comment ils voyagent.

– Mais aussi, dit Albert en poussant flegmatiquement sa fumée au plafond et en se renversant balancé sur les deux pieds de derrière de son fauteuil, ce sont les fous et les niais comme nous qui voyagent ; les gens sensés ne quittent pas leur hôtel de la rue du Helder, le boulevard de Gand et le café de Paris. »

Il va sans dire qu'Albert demeurait dans la rue susdite, faisait tous les jours sa promenade fashionable, et dînait quotidiennement dans le seul café où l'on dîne, quand toutefois on est en bons termes avec les garçons.

Maître Pastrini resta un instant silencieux, il était évident qu'il méditait la réponse, qui sans doute ne lui paraissait pas parfaitement claire.

« Mais enfin, dit Franz à son tour, interrompant les réflexions géographiques de son hôte, vous étiez venu dans un but quelconque ; voulez-vous nous exposer l'objet de votre visite ?

– Ah ! c'est juste ; le voici : vous avez commandé la calèche pour huit heures ?

– Parfaitement.

– Vous avez l'intention de visiter il Colosseo ?

– C'est-à-dire le Colisée ?

– C'est exactement la même chose.

– Soit.

– Vous avez dit à votre cocher de sortir par la porte del Popolo, de faire le tour des murs et de rentrer par la porte San-Giovanni ?

– Ce sont mes propres paroles.

– Eh bien, cet itinéraire est impossible.

– Impossible !

– Ou du moins fort dangereux.

– Dangereux ! et pourquoi ?

– À cause du fameux Luigi Vampa.

– D'abord, mon cher hôte, qu'est-ce que le fameux Luigi Vampa ? demanda Albert ; il peut être très fameux à Rome, mais je vous préviens qu'il est ignoré à Paris.

– Comment ! vous ne le connaissez pas ?

– Je n'ai pas cet honneur.

– Vous n'avez jamais entendu prononcer son nom ?

– Jamais.

– Eh bien, c'est un bandit auprès duquel les Deseraris et les Gasparone sont des espèces d'enfants de chœur.

– Attention, Albert ! s'écria Franz, voilà donc enfin un bandit !

– Je vous préviens, mon cher hôte, que je ne croirai pas un mot de ce que vous allez nous dire. Ce point arrêté entre nous, parlez tant que vous voudrez, je vous écoute. « Il y avait une fois... » Eh bien, allez donc ! »

Maître Pastrini se retourna du côté de Franz, qui lui paraissait le plus raisonnable des deux jeunes gens. Il faut rendre justice au brave homme : il avait logé bien des Français dans sa vie, mais jamais il n'avait compris certain côté de leur esprit.

« Excellence, dit-il fort gravement, s'adressant, comme nous l'avons dit, à Franz, si vous me regardez comme un menteur, il est inutile que je vous dise ce que je voulais vous dire ; je puis cependant vous affirmer que c'était dans l'intérêt de Vos Excellences.

– Albert ne vous dit pas que vous êtes un menteur, mon cher monsieur Pastrini, reprit Franz, il vous dit qu'il ne vous croira pas, voilà tout. Mais, moi, je vous croirai, soyez tranquille ; parlez donc.

– Cependant, Excellence, vous comprenez bien que si l'on met en doute ma véracité...

– Mon cher, reprit Franz, vous êtes plus susceptible que Cassandre, qui cependant était prophétesse, et que personne n'écoutait ; tandis que vous, au moins, vous êtes sûr de la moitié de votre auditoire. Voyons, asseyez-vous, et dites-nous ce que c'est que M. Vampa.

– Je vous l'ai dit, Excellence, c'est un bandit, comme nous n'en avons pas encore vu depuis le fameux Mastrilla.

– Eh bien, quel rapport a ce bandit avec l'ordre que j'ai donné à mon cocher de sortir par la porte del Popolo et de rentrer par la porte San-Giovanni ?

– Il y a, répondit maître Pastrini, que vous pourrez bien sortir par l'une, mais que je doute que vous rentriez par l'autre.

– Pourquoi cela ? demanda Franz.

– Parce que, la nuit venue, on n'est plus en sûreté à cinquante pas des portes.

– D'honneur ? s'écria Albert.

– Monsieur le vicomte, dit maître Pastrini, toujours blessé jusqu'au fond du cœur du doute émis par Albert sur sa véracité, ce que je dis n'est pas pour vous, c'est pour votre compagnon de voyage, qui connaît Rome, lui, et qui sait qu'on ne badine pas avec ces choses-là.

– Mon cher, dit Albert s'adressant à Franz, voici une aventure admirable toute trouvée : nous bourrons notre calèche de pistolets, de tromblons et de fusils à deux coups. Luigi Vampa vient pour nous arrêter, nous l'arrêtons. Nous le ramenons à Rome ; nous en faisons hommage à Sa Sainteté, qui nous demande ce qu'elle peut faire pour reconnaître un si grand service. Alors nous réclamons purement et simplement un carrosse et deux chevaux de ses écuries, et nous voyons le carnaval en voiture ; sans compter que probablement le peuple romain, reconnaissant, nous couronne au Capitole et nous proclame, comme Curtius et Horatius Coclès, les sauveurs de la patrie. »

Pendant qu'Albert déduisait cette proposition, maître Pastrini faisait une figure qu'on essayerait vainement de décrire.

« Et d'abord, demanda Franz à Albert, où prendrez-vous ces pistolets, ces tromblons, ces fusils à deux coups dont vous voulez farcir votre voiture ?

– Le fait est que ce ne sera pas dans mon arsenal, dit-il, car à la Terracine, on m'a pris jusqu'à mon couteau poignard ; et à vous ?

– À moi, on m'en a fait autant à Aqua-Pendente.

– Ah çà ! mon cher hôte, dit Albert en allumant son second cigare au reste de son premier, savez-vous que c'est très commode pour les voleurs cette mesure-là, et qu'elle m'a tout l'air d'avoir été prise de compte à demi avec eux ? »

Sans doute maître Pastrini trouva la plaisanterie compromettante, car il n'y répondit qu'à moitié et encore en adressant la parole à Franz, comme au seul être raisonnable avec lequel il pût convenablement s'entendre.

« Son Excellence sait que ce n'est pas l'habitude de se défendre quand on est attaqué par des bandits.

– Comment ! s'écria Albert, dont le courage se révoltait à l'idée de se laisser dévaliser sans rien dire ; comment ! ce n'est pas l'habitude ?

– Non, car toute défense serait inutile. Que voulez-vous faire contre une douzaine de bandits qui sortent d'un fossé, d'une masure ou d'un aqueduc, et qui vous couchent en joue tous à la fois ?

– Eh sacrebleu ! je veux me faire tuer ! » s'écria Albert.

L'aubergiste se tourna vers Franz d'un air qui voulait dire : Décidément, Excellence, votre camarade est fou.

« Mon cher Albert, reprit Franz, votre réponse est sublime, et vaut le *Qu'il mourût* du vieux Corneille : seulement, quand Horace répondait cela, il s'agissait du salut de Rome, et la chose en valait la peine. Mais quant à nous, remarquez qu'il s'agit simplement d'un caprice à satisfaire, et qu'il serait ridicule, pour un caprice, de risquer notre vie.

– Ah ! *per Bacco !* s'écria maître Pastrini, à la bonne heure, voilà ce qui s'appelle parler. »

Albert se versa un verre de *lacryma Christi*, qu'il but à petits coups, en grommelant des paroles inintelligibles.

« Eh bien, maître Pastrini, reprit Franz, maintenant que voilà mon compagnon calmé, et que vous avez pu apprécier mes dispositions pacifiques, maintenant, voyons qu'est-ce que le seigneur Luigi Vampa ? Est-il berger ou patricien ? est-il jeune ou vieux ? est-il petit ou grand ? Dépeignez-nous le, afin que si nous le rencontrions par hasard dans le monde, comme Jean Sbogar ou Lara, nous puissions au moins le reconnaître.

– Vous ne pouvez pas mieux vous adresser qu'à moi, Excellence, pour avoir des détails exacts, car j'ai connu Luigi Vampa tout enfant ; et, un jour que j'étais tombé moi-même entre ses mains, en allant de Ferentino à Alatri, il se souvint, heureusement pour moi, de notre ancienne connaissance ; il me laissa aller, non seulement sans me faire payer de rançon, mais encore après m'avoir fait cadeau d'une fort belle montre et m'avoir raconté son histoire.

– Voyons la montre », dit Albert.

Maître Pastrini tira de son gousset une magnifique Breguet portant le nom de son auteur, le timbre de Paris et une couronne de comte.

« Voilà, dit-il.

– Peste ! fit Albert je vous en fais mon compliment ; j'ai la pareille à peu près il tira sa montre de la poche de son gilet et elle m'a coûté trois mille francs.

– Voyons l'histoire, dit Franz à son tour, en tirant un fauteuil et en faisant signe à maître Pastrini de s'asseoir.

– Leurs Excellences permettent ? dit l'hôte.

– Pardieu ! dit Albert, vous n'êtes pas un prédicateur, mon cher, pour parler debout. »

L'hôtelier s'assit, après avoir fait à chacun de ses futurs auditeurs un salut respectueux, lequel avait pour but d'indiquer qu'il était prêt à leur donner sur Luigi Vampa les renseignements qu'ils demandaient.

« Ah ça, fit Franz, arrêtant maître Pastrini au moment où il ouvrait la bouche, vous dites que vous avez connu Luigi Vampa tout enfant ; c'est donc encore un jeune homme ?

– Comment, un jeune homme ! je crois bien ; il a vingt-deux ans à peine ! Oh ! c'est un gaillard qui ira loin, soyez tranquille !

– Que dites-vous de cela, Albert ? c'est beau, à vingt-deux ans, de s'être déjà fait une réputation, dit Franz.

– Oui, certes, et, à son âge, Alexandre, César et Napoléon, qui depuis ont fait un certain bruit dans le monde, n'étaient pas si avancés que lui.

– Ainsi, reprit Franz, s'adressant à son hôte, le héros dont nous allons entendre l'histoire n'a que vingt-deux ans.

– À peine, comme j'ai eu l'honneur de vous le dire.

– Est-il grand ou petit ?

– De taille moyenne : à peu près comme Son Excellence, dit l'hôte en montrant Albert.

– Merci de la comparaison, dit celui-ci en s'inclinant.

– Allez toujours, maître Pastrini, reprit Franz, souriant de la susceptibilité de son ami. Et à quelle classe de la société appartenait-il ?

– C'était un simple petit pâtre attaché à la ferme du comte de San-Felice, située entre Palestrina et le lac de Gabri. Il était né à Pampinara, et était entré à l'âge de cinq ans au service du comte. Son père, berger lui-même à Anagni, avait un petit troupeau à lui ; et vivait de la laine de ses moutons et de la récolte faite avec le lait de ses brebis, qu'il venait vendre à Rome.

« Tout enfant, le petit Vampa avait un caractère étrange. Un jour, à l'âge de sept ans, il était venu trouver le curé de Palestrina, et l'avait prié de lui apprendre à lire. C'était chose difficile ; car le jeune pâtre ne pouvait pas quitter son troupeau. Mais le bon curé allait tous les jours dire la messe dans un pauvre petit bourg trop peu considérable pour payer un prêtre, et qui, n'ayant pas même de nom, était connu sous celui dell'Borgo. Il offrit à Luigi de se trouver sur son chemin à l'heure de son retour et de lui donner ainsi sa leçon, le prévenant que cette leçon serait courte et qu'il eût par conséquent à en profiter.

« L'enfant accepta avec joie.

« Tous les jours, Luigi menait paître son troupeau sur la route de Palestrina au Borgo ; tous les jours, à neuf heures du matin, le curé passait, le prêtre et l'enfant s'asseyaient sur le revers d'un fossé, et le petit pâtre prenait sa leçon dans le bréviaire du curé.

« Au bout de trois mois, il savait lire.

« Ce n'était pas tout, il lui fallait maintenant apprendre à écrire.

« Le prêtre fit faire par un professeur d'écriture de Rome trois alphabets : un en gros, un en moyen, et un en fin, et il lui montra qu'en suivant cet alphabet sur une ardoise il pouvait, à l'aide d'une pointe de fer, apprendre à écrire.

« Le même soir, lorsque le troupeau fut rentré à la ferme, le petit Vampa courut chez le serrurier de Palestrina, prit un gros clou, le forgea, le martela, l'arrondit, et en fit une espèce de stylet antique.

« Le lendemain, il avait réuni une provision d'ardoises et se mettait à l'œuvre.

« Au bout de trois mois, il savait écrire.

« Le curé, étonné de cette profonde intelligence et touché de cette aptitude, lui fit cadeau de plusieurs cahiers de papier, d'un paquet de plumes et d'un canif.

« Ce fut une nouvelle étude à faire, mais étude qui n'était rien auprès de la première. Huit jours après, il maniait la plume comme il maniait le stylet.

« Le curé raconta cette anecdote au comte de San-Felice, qui voulut voir le petit pâtre, le fit lire et écrire devant lui, ordonna à son intendant de le faire manger avec les domestiques, et lui donna deux piastres par mois.

« Avec cet argent, Luigi acheta des livres et des crayons.

« En effet, il avait appliqué à tous les objets cette facilité d'imitation qu'il avait, et, comme Giotto enfant, il dessinait sur ses ardoises ses brebis, les arbres, les maisons.

« Puis, avec la pointe de son canif, il commença à tailler le bois et à lui donner toutes sortes de formes. C'est ainsi que Pinelli, le sculpteur populaire, avait commencé.

« Une jeune fille de six ou sept ans, c'est-à-dire un peu plus jeune que Vampa, gardait de son côté les brebis dans une ferme voisine de Palestrina ; elle était orpheline, née à Valmontone, et s'appelait Teresa.

« Les deux enfants se rencontraient, s'asseyaient l'un près de l'autre, laissaient leurs troupeaux se mêler et paître ensemble, causaient, riaient et jouaient puis, le soir, on démêlait les moutons du comte de San-Felice d'avec ceux du baron de Cervetri, et les enfants se quittaient pour revenir à leur ferme respective, en se promettant de se retrouver le lendemain matin.

« Le lendemain ils tenaient parole, et grandissaient ainsi côte à côte.

« Vampa atteignit douze ans, et la petite Teresa onze.

« Cependant, leurs instincts naturels se développaient.

« À côté du goût des arts que Luigi avait poussé aussi loin qu'il le pouvait faire dans l'isolement, il était triste par boutade, ardent par secousse, colère par caprice, railleur toujours. Aucun des jeunes garçons de Pampinara, de Palestrina ou de

Valmontone n'avait pu non seulement prendre aucune influence sur lui, mais encore devenir son compagnon. Son tempérament volontaire, toujours disposé à exiger sans jamais vouloir se plier à aucune concession, écartait de lui tout mouvement amical, toute démonstration sympathique. Teresa seule commandait d'un mot, d'un regard, d'un geste à ce caractère entier qui pliait sous la main d'une femme, et qui, sous celle de quelque homme que ce fût, se serait raidi jusqu'à rompre.

« Teresa était, au contraire, vive, alerte et gaie, mais coquette à l'excès, les deux piastres que donnait à Luigi l'intendant du comte de San-Felice, le prix de tous les petits ouvrages sculptés qu'il vendait aux marchands de joujoux de Rome passaient en boucles d'oreilles de perles, en colliers de verre, en aiguilles d'or. Aussi, grâce à cette prodigalité de son jeune ami, Teresa était-elle la plus belle et la plus élégante paysanne des environs de Rome.

« Les deux enfants continuèrent à grandir, passant toutes leurs journées ensemble, et se livrant sans combat aux instincts de leur nature primitive. Aussi, dans leurs conversations, dans leurs souhaits, dans leurs rêves, Vampa se voyait toujours capitaine de vaisseau, général d'armée ou gouverneur d'une province ; Teresa se voyait riche, vêtue des plus belles robes et suivie de domestiques en livrée, puis, quand ils avaient passé toute la journée à broder leur avenir de ces folles et brillantes arabesques, ils se séparaient pour ramener chacun leurs moutons dans leur étable, et redescendre, de la hauteur de leurs songes, à l'humilité de leur position réelle.

« Un jour, le jeune berger dit à l'intendant du comte qu'il avait vu un loup sortir des montagnes de la Sabine et rôder autour de son troupeau. L'intendant lui donna un fusil : c'est ce que voulait Vampa.

« Ce fusil se trouva par hasard être un excellent canon de Brescia, portant la balle comme une carabine anglaise ; seulement un jour le comte, en assommant un renard blessé, en avait cassé la crosse et l'on avait jeté le fusil au rebut.

« Cela n'était pas une difficulté pour un sculpteur comme Vampa. Il examina la couche primitive, calcula ce qu'il fallait y changer pour la mettre à son coup d'œil, et fit une autre crosse chargée d'ornements si merveilleux que, s'il eût voulu aller vendre à la ville le bois seul, il en eût certainement tiré quinze ou vingt piastres.

« Mais il n'avait garde d'agir ainsi : un fusil avait longtemps été le rêve du jeune homme. Dans tous les pays où l'indépendance est substituée à la liberté, le premier besoin qu'éprouve tout cœur fort, toute organisation puissante, est celui d'une arme qui assure en même temps l'attaque et la défense, et qui faisant celui qui la porte terrible, le fait souvent redouté.

« À partir de ce moment, Vampa donna tous les instants qui lui restèrent à l'exercice du fusil ; il acheta de la poudre et des balles, et tout lui devint un but : le tronc de l'olivier, triste, chétif et gris, qui pousse au versant des montagnes de la Sabine ; le renard qui, le soir, sortait de son terrier pour commencer sa chasse nocturne, et l'aigle qui planait dans l'air. Bientôt il devint si adroit, que Teresa surmontait la crainte qu'elle avait éprouvée d'abord en entendant la détonation, et s'amusa à voir son jeune compagnon placer la balle de son fusil où il voulait la mettre, avec autant de justesse que s'il l'eût poussée avec la main.

« Un soir, un loup sortit effectivement d'un bois de sapins près duquel les deux jeunes gens avaient l'habitude de demeurer : le loup n'avait pas fait dix pas en plaine qu'il était mort.

« Vampa, tout fier de ce beau coup, le chargea sur ses épaules et le rapporta à la ferme.

« Tous ces détails donnaient à Luigi une certaine réputation aux alentours de la ferme ; l'homme supérieur partout où il se trouve, se crée une clientèle d'admirateurs. On parlait dans les environs de ce jeune pâtre comme du plus adroit, du plus fort et du plus brave contadino qui fût à dix lieues à la ronde ; et quoique de son côté Teresa, dans un cercle plus étendu encore, passât pour une des plus jolies filles de la Sabine, personne ne s'avisait de lui dire un mot d'amour, car on la savait aimée par Vampa.

« Et cependant les deux jeunes gens ne s'étaient jamais dit qu'ils s'aimaient. Ils avaient poussé l'un à côté de l'autre comme deux arbres qui mêlent leurs racines sous le sol, leurs branches dans l'air, leur parfum dans le ciel ; seulement leur désir de se voir était le même ; ce désir était devenu un besoin, et ils comprenaient plutôt la mort qu'une séparation d'un seul jour.

« Teresa avait seize ans et Vampa dix-sept.

« Vers ces temps, on commença de parler beaucoup d'une bande de brigands qui s'organisait dans les monts Lepini. Le brigandage n'a jamais été sérieusement extirpé dans le voisinage de Rome. Il manque de chefs parfois, mais quand un chef se présente, il est rare qu'il lui manque une bande.

« Le célèbre Cucumetto, traqué dans les Abruzzes chassé du royaume de Naples, où il avait soutenu une véritable guerre, avait traversé Garigliano comme Manfred, et était venu entre Sonnino et Juperno se réfugier sur les bords de l'Amasine.

« C'était lui qui s'occupait à réorganiser une troupe, et qui marchait sur les traces de Decesaris et de Gasparone, qu'il espérait bientôt surpasser. Plusieurs jeunes gens de Palestrina, de Frascati et de Pampinara disparurent. On s'inquiéta d'eux d'abord puis bientôt on sut qu'ils étaient allés rejoindre la bande de Cucumetto.

« Au bout de quelque temps, Cucumetto devint l'objet de l'attention générale. On citait de ce chef de bandits des traits d'audace extraordinaires et de brutalité révoltante.

« Un jour, il enleva une jeune fille : c'était la fille de l'arpenteur de Frosinone. Les lois des bandits sont positives : une jeune fille est à celui qui l'enlève d'abord, puis les autres la tirent au sort, et la malheureuse sert aux plaisirs de toute la troupe jusqu'à ce que les bandits l'abandonnent ou qu'elle meure.

« Lorsque les parents sont assez riches pour la racheter, on envoie un messager qui traite de la rançon ; la tête de la prisonnière répond de la sécurité de l'émissaire. Si la rançon est refusée, la prisonnière est condamnée irrévocablement.

« La jeune fille avait son amant dans la troupe de Cucumetto : il s'appelait Carlini.

« En reconnaissant le jeune homme, elle tendit les bras vers lui et se crut sauvée. Mais le pauvre Carlini, en la reconnaissant, lui, sentit son cœur se briser, car il se doutait bien du sort qui attendait sa maîtresse.

« Cependant, comme il était le favori de Cucumetto, comme il avait partagé ses dangers depuis trois ans, comme il lui avait sauvé la vie en abattant d'un coup de pistolet un carabinier qui avait déjà le sabre levé sur sa tête, il espéra que Cucumetto aurait quelque pitié de lui.

« Il prit donc le chef à part, tandis que la jeune fille, assise contre le tronc d'un grand pin qui s'élevait au milieu d'une clairière de la forêt, s'était fait un voile de la coiffure pittoresque des paysannes romaines et cachait son visage aux regards luxurieux des bandits.

« Là, il lui raconta tout, ses amours avec la prisonnière, leurs serments de fidélité, et comment chaque nuit, depuis qu'ils étaient dans les environs, ils se donnaient rendez-vous dans une ruine.

« Ce soir-là justement, Cucumetto avait envoyé Carlini dans un village voisin, il n'avait pu se trouver au rendez-vous ; mais Cucumetto s'y était trouvé par hasard, disait-il, et c'est alors qu'il avait enlevé la jeune fille.

« Carlini supplia son chef de faire une exception en sa faveur et de respecter Rita, lui disant que le père était riche et qu'il payerait une bonne rançon.

« Cucumetto parut se rendre aux prières de son ami, et le chargea de trouver un berger qu'on pût envoyer chez le père de Rita à Frosinone.

« Alors Carlini s'approcha tout joyeux de la jeune fille, lui dit qu'elle était sauvée, et l'invita à écrire à son père une lettre dans laquelle elle racontait ce qui lui était arrivé, et lui annoncerait que sa rançon était fixée à trois cents piastres.

« On donnait pour tout délai au père douze heures, c'est-à-dire jusqu'au lendemain neuf heures du matin.

« La lettre écrite, Carlini s'en empara aussitôt et courut dans la plaine pour chercher un messager.

« Il trouva un jeune pâtre qui parquait son troupeau. Les messagers naturels des bandits sont les bergers, qui vivent entre la ville et la montagne, entre la vie sauvage et la vie civilisée.

« Le jeune berger partit aussitôt, promettant d'être avant une heure à Frosinone.

« Carlini revint tout joyeux pour rejoindre sa maîtresse et lui annoncer cette bonne nouvelle.

« Il trouva la troupe dans la clairière, où elle soupait joyeusement des provisions que les bandits levaient sur les paysans comme un tribut seulement ; au milieu de ces gais convives, il chercha vainement Cucumetto et Rita.

« Il demanda où ils étaient, les bandits répondirent par un grand éclat de rire. Une sueur froide coula sur le front de Carlini, et il sentit l'angoisse qui le prenait aux cheveux.

« Il renouvela sa question. Un des convives remplit un verre de vin d'Orvieto et le lui tendit en disant :

« – À la santé du brave Cucumetto et de la belle Rita !

« En ce moment, Carlini crut entendre un cri de femme. Il devina tout. Il prit le verre, le brisa sur la face de celui qui le lui présentait, et s'élança dans la direction du cri.

« Au bout de cent pas, au détour d'un buisson, il trouva Rita évanouie entre les bras de Cucumetto.

« En apercevant Carlini, Cucumetto se releva tenant un pistolet de chaque main.

« Les deux bandits se regardèrent un instant : l'un le sourire de la luxure sur les lèvres, l'autre la pâleur de la mort sur le front.

« On eût cru qu'il allait se passer entre ces deux hommes quelque chose de terrible. Mais peu à peu les traits de Carlini se détendirent, sa main, qu'il avait portée à un des pistolets de sa ceinture, retomba près de lui pendante à son côté.

« Rita était couchée entre eux deux.

« La lune éclairait cette scène.

« – Eh bien, lui dit Cucumetto, as-tu fait la commission dont tu t'étais chargé ?

« – Oui, capitaine, répondit Carlini, et demain, avant neuf heures, le père de Rita sera ici avec l'argent.

« – À merveille. En attendant, nous allons passer une joyeuse nuit. Cette jeune fille est charmante, et tu as, en vérité, bon goût, maître Carlini. Aussi comme je ne suis pas égoïste nous allons retourner auprès des camarades et tirer au sort à qui elle appartiendra maintenant.

« – Ainsi vous êtes décidé à l'abandonner à la loi commune ? demanda Carlini.

« – Et pourquoi ferait-on exception en sa faveur ?

« – J'avais cru qu'à ma prière…

« – Et qu'es-tu plus que les autres ?

« – C'est juste.

« – Mais sois tranquille, reprit Cucumetto en riant, un peu plus tôt, un peu plus tard, ton tour viendra.

« Les dents de Carlini se serraient à se briser.

« – Allons, dit Cucumetto en faisant un pas vers les convives, viens-tu ?

« – Je vous suis...

« Cucumetto s'éloigna sans perdre de vue Carlini, car sans doute il craignait qu'il ne le frappât par derrière. Mais rien dans le bandit ne dénonçait une intention hostile.

« Il était debout, les bras croisés, près de Rita toujours évanouie.

« Un instant, l'idée de Cucumetto fut que le jeune homme allait la prendre dans ses bras et fuir avec elle. Mais peu lui importait maintenant, il avait eu de Rita ce qu'il voulait ; et quant à l'argent, trois cents piastres réparties à la troupe faisaient une si pauvre somme qu'il s'en souciait médiocrement.

« Il continua donc sa route vers la clairière ; mais, à son grand étonnement, Carlini y arriva presque aussitôt que lui.

« – Le tirage au sort ! le tirage au sort ! crièrent tous les bandits en apercevant le chef.

« Et les yeux de tous ces hommes brillèrent d'ivresse et de lascivité, tandis que la flamme du foyer jetait sur toute leur personne une lueur rougeâtre qui les faisait ressembler à des démons.

« Ce qu'ils demandaient était juste ; aussi le chef fit-il de la tête un signe annonçant qu'il acquiesçait à leur demande. On mit tous les noms dans un chapeau, celui de Carlini comme ceux des autres, et le plus jeune de la bande tira de l'urne improvisée un bulletin.

« Ce bulletin portait le nom de Diavolaccio.

« C'était celui-là même qui avait proposé à Carlini la santé du chef, et à qui Carlini avait répondu en lui brisant le verre sur la figure.

« Une large blessure ouverte de la tempe à la bouche, laissait couler le sang à flots.

« Diavolaccio, se voyant ainsi favorisé de la fortune, poussa un éclat de rire.

« – Capitaine, dit-il, tout à l'heure Carlini n'a pas voulu boire à votre santé, proposez-lui de boire à la mienne ; il aura peut-être plus de condescendance pour vous que pour moi. »

« Chacun s'attendait à une explosion de la part de Carlini ; mais au grand étonnement de tous, il prit un verre d'une main, un fiasco de l'autre, puis, remplissant le verre :

« – À ta santé, Diavolaccio, dit-il d'une voix parfaitement calme.

« Et il avala le contenu du verre sans que sa main tremblât. Puis, s'asseyant près du feu :

« – Ma part de souper ! dit-il ; la course que je viens de faire m'a donné de l'appétit.

« – Vive Carlini ! s'écrièrent les brigands.

« – À la bonne heure, voilà ce qui s'appelle prendre la chose en bon compagnon.

« Et tous reformèrent le cercle autour du foyer, tandis que Diavolaccio s'éloignait.

« Carlini mangeait et buvait, comme si rien ne s'était passé.

« Les bandits le regardaient avec étonnement, ne comprenant rien à cette impassibilité, lorsqu'ils entendirent derrière eux retentir sur le sol un pas alourdi.

« Ils se retournèrent et aperçurent Diavolaccio tenant la jeune fille entre ses bras.

« Elle avait la tête renversée, et ses longs cheveux pendaient jusqu'à terre.

« À mesure qu'ils entraient dans le cercle de la lumière projetée par le foyer, on s'apercevait de la pâleur de la jeune fille et de la pâleur du bandit.

« Cette apparition avait quelque chose de si étrange et de si solennel, que chacun se leva, excepté Carlini, qui resta assis et continua de boire et de manger, comme si rien ne se passait autour de lui.

« Diavolaccio continuait de s'avancer au milieu du plus profond silence, et déposa Rita aux pieds du capitaine.

« Alors tout le monde put reconnaître la cause de cette pâleur de la jeune fille et de cette pâleur du bandit : Rita avait un couteau enfoncé jusqu'au manche au-dessous de la mamelle gauche.

« Tous les yeux se portèrent sur Carlini : la gaine était vide à sa ceinture.

« – Ah ! ah ! dit le chef, je comprends maintenant pourquoi Carlini était resté en arrière.

« Toute nature sauvage est apte à apprécier une action forte ; quoique peut-être aucun des bandits n'eût fait ce que venait de faire Carlini, tous comprirent ce qu'il avait fait.

« – Eh bien, dit Carlini en se levant à son tour et en s'approchant du cadavre, la main sur la crosse d'un de ses pistolets, y a-t-il encore quelqu'un qui me dispute cette femme ?

« – Non, dit le chef, elle est à toi ! »

« Alors Carlini la prit à son tour dans ses bras, et l'emporta hors du cercle de lumière que projetait la flamme du foyer.

« Cucumetto disposa les sentinelles comme d'habitude, et les bandits se couchèrent, enveloppés dans leurs manteaux, autour du foyer.

« À minuit, la sentinelle donna l'éveil, et en un instant le chef et ses compagnons furent sur pied.

« C'était le père de Rita, qui arrivait lui-même, portant la rançon de sa fille.

« – Tiens, dit-il à Cucumetto en lui tendant un sac d'argent, voici trois cents pistoles, rends-moi mon enfant.

« Mais le chef, sans prendre l'argent, lui fit signe de le suivre. Le vieillard obéit ; tous deux s'éloignèrent sous les arbres, à travers les branches desquels filtraient les rayons de la lune. Enfin Cucumetto s'arrêta étendant la main et montrant au vieillard deux personnes groupées au pied d'un arbre :

« – Tiens, lui dit-il, demande ta fille à Carlini, c'est lui qui t'en rendra compte.

« Et il s'en retourna vers ses compagnons.

« Le vieillard resta immobile et les yeux fixes. Il sentait que quelque malheur inconnu, immense, inouï, planait sur sa tête.

« Enfin, il fit quelques pas vers le groupe informe dont il ne pouvait se rendre compte.

« Au bruit qu'il faisait en s'avançant vers lui, Carlini releva la tête, et les formes des deux personnages commencèrent à apparaître plus distinctes aux yeux du vieillard.

« Une femme était couchée à terre, la tête posée sur les genoux d'un homme assis et qui se tenait penché vers elle ; c'était en se relevant que cet homme avait découvert le visage de la femme qu'il tenait serrée contre sa poitrine.

« Le vieillard reconnut sa fille, et Carlini reconnut le vieillard.

« – Je t'attendais, dit le bandit au père de Rita.

« – Misérable ! dit le vieillard, qu'as-tu fait ?

« Et il regardait avec terreur Rita, pâle, immobile, ensanglantée, avec un couteau dans la poitrine.

« Un rayon de la lune frappait sur elle et l'éclairait de sa lueur blafarde.

« – Cucumetto avait violé ta fille, dit le bandit, et, comme je l'aimais, je l'ai tuée ; car, après lui, elle allait servir de jouet à toute la bande.

« Le vieillard ne prononça point une parole, seulement il devint pâle comme un spectre.

« – Maintenant, dit Carlini, si j'ai eu tort, venge-la.

« Et il arracha le couteau du sein de la jeune fille et, se levant, il l'alla offrir d'une main au vieillard tandis que de l'autre il écartait sa veste et lui présentait sa poitrine nue.

« – Tu as bien fait, lui dit le vieillard d'une voix sourde. Embrasse-moi, mon fils.

« Carlini se jeta en sanglotant dans les bras du père de sa maîtresse. C'étaient les premières larmes que versait cet homme de sang.

« – Maintenant, dit le vieillard à Carlini, aide-moi à enterrer ma fille.

« Carlini alla chercher deux pioches, et le père et l'amant se mirent à creuser la terre au pied d'un chêne dont les branches touffues devaient recouvrir la tombe de la jeune fille.

« Quand la tombe fut creusée, le père l'embrassa le premier, l'amant ensuite ; puis, l'un la prenant par les pieds, l'autre par-dessous les épaules, ils la descendirent dans la fosse.

« Puis ils s'agenouillèrent des deux côtés et dirent les prières des morts.

« Puis, lorsqu'ils eurent fini, ils repoussèrent la terre sur le cadavre jusqu'à ce que la fosse fût comblée.

« Alors, lui tendant la main :

« – Je te remercie, mon fils ! dit le vieillard à Carlini ; maintenant, laisse-moi seul.

« – Mais cependant… dit celui-ci.

« – Laisse-moi, je te l'ordonne.

« Carlini obéit, alla rejoindre ses camarades, s'enveloppa dans son manteau, et bientôt parut aussi profondément endormi que les autres.

« Il avait été décidé la veille que l'on changerait de campement.

« Une heure avant le jour Cucumetto éveilla ses hommes et l'ordre fut donné de partir.

« Mais Carlini ne voulut pas quitter la forêt sans savoir ce qu'était devenu le père de Rita.

« Il se dirigea vers l'endroit où il l'avait laissé.

« Il trouva le vieillard pendu à une des branches du chêne qui ombrageait la tombe de sa fille.

« Il fit alors sur le cadavre de l'un et sur la fosse de l'autre le serment de les venger tous deux.

« Mais il ne put tenir ce serment ; car, deux jours après dans une rencontre avec les carabiniers romains, Carlini fut tué.

« Seulement, on s'étonna que, faisant face à l'ennemi, il eût reçu une balle entre les deux épaules.

« L'étonnement cessa quand un des bandits eut fait remarquer à ses camarades que Cucumetto était placé dix pas en arrière de Carlini lorsque Carlini était tombé.

« Le matin du départ de la forêt de Frosinone, il avait suivi Carlini dans l'obscurité, avait entendu le serment qu'il avait fait, et, en homme de précaution, il avait pris l'avance.

« On racontait encore sur ce terrible chef de bande dix autres histoires non moins curieuses que celle-ci.

« Ainsi, de Fondi à Pérouse, tout le monde tremblait au seul nom de Cucumetto.

« Ces histoires avaient souvent été l'objet des conversations de Luigi et de Teresa.

« La jeune fille tremblait fort à tous ces récits ; mais Vampa la rassurait avec un sourire, frappant son bon fusil, qui portait si bien la balle ; puis, si elle n'était pas rassurée, il lui montrait à cent pas quelque corbeau perché sur une branche morte, le mettait en joue, lâchait la détente, et l'animal, frappé, tombait au pied de l'arbre.

« Néanmoins, le temps s'écoulait : les deux jeunes gens avaient arrêté qu'ils se marieraient lorsqu'ils auraient, Vampa vingt ans, et Teresa dix-neuf.

« Ils étaient orphelins tous deux ; ils n'avaient de permission à demander qu'à leur maître ; ils l'avaient demandée et obtenue.

« Un jour qu'ils causaient de leur projet d'avenir, ils entendirent deux ou trois coups de feu ; puis tout à coup un homme sortit du bois près duquel les deux jeunes gens avaient l'habitude de faire paître leurs troupeaux, et accourut vers eux.

« Arrivé à la portée de la voix :

« – Je suis poursuivi ! leur cria-t-il ; pouvez-vous me cacher ?

« Les deux jeunes gens reconnurent bien que ce fugitif devait être quelque bandit ; mais il y a entre le paysan et le bandit romain une sympathie innée qui fait que le premier est toujours prêt à rendre service au second.

« Vampa, sans rien dire, courut donc à la pierre qui bouchait l'entrée de leur grotte, démasqua cette entrée en tirant la pierre à lui, fit signe au fugitif de se réfugier dans cet asile inconnu de tous, repoussa la pierre sur lui et revint s'asseoir près de Teresa.

« Presque aussitôt, quatre carabiniers à cheval apparurent à la lisière du bois ; trois paraissaient être à la recherche du fugitif, le quatrième traînait par le cou un bandit prisonnier.

« Les trois carabiniers explorèrent le pays d'un coup d'œil, aperçurent les deux jeunes gens, accoururent à eux au galop, et les interrogèrent.

« Ils n'avaient rien vu.

« – C'est fâcheux, dit le brigadier, car celui que nous cherchons, c'est le chef.

« – Cucumetto ? ne purent s'empêcher de s'écrier ensemble Luigi et Teresa.

« – Oui, répondit le brigadier ; et comme sa tête est mise à prix à mille écus romains, il y en aurait eu cinq cents pour vous si vous nous aviez aidés à le prendre.

« Les deux jeunes gens échangèrent un regard. Le brigadier eut un instant d'espérance. Cinq cents écus romains font trois mille francs, et trois mille francs sont une fortune pour deux pauvres orphelins qui vont se marier.

« – Oui, c'est fâcheux, dit Vampa, mais nous ne l'avons pas vu.

« Alors les carabiniers battirent le pays dans des directions différentes, mais inutilement.

« Puis, successivement, ils disparurent.

« Alors Vampa alla tirer la pierre, et Cucumetto sortit.

« Il avait vu, à travers les jours de la porte de granit, les deux jeunes gens causer avec les carabiniers ; il s'était douté du sujet de leur conversation, il avait lu sur le visage de Luigi et de Teresa l'inébranlable résolution de ne point le livrer et tira de sa poche une bourse pleine d'or et la leur offrit.

« Mais Vampa releva la tête avec fierté ; quant à Teresa, ses yeux brillèrent en pensant à tout ce qu'elle pourrait acheter de riches bijoux et beaux habits avec cette bourse pleine d'or.

« Cucumetto était un Satan fort habile : il avait pris la forme d'un bandit au lieu de celle d'un serpent ; il surprit ce regard, reconnut dans Teresa une digne fille d'Ève, et rentra dans la forêt en se retournant plusieurs fois sous prétexte de saluer ses libérateurs.

« Plusieurs jours s'écoulèrent sans que l'on revit Cucumetto, sans qu'on entendit reparler de lui.

« Le temps du carnaval approchait. Le comte de San-Felice annonça un grand bal masqué où tout ce que Rome avait de plus élégant fut invité.

« Teresa avait grande envie de voir ce bal. Luigi demanda à son protecteur l'intendant la permission pour elle et pour lui d'y assister cachés parmi les serviteurs de la maison. Cette permission lui fut accordée.

« Ce bal était surtout donné par le comte pour faire plaisir à sa fille Carmela, qu'il adorait.

« Carmela était juste de l'âge et de la taille de Teresa, et Teresa était au moins aussi belle que Carmela.

« Le soir du bal, Teresa mit sa plus belle toilette ses plus riches aiguilles, ses plus brillantes verroteries. Elle avait le costume des femmes de Frascati.

« Luigi avait l'habit si pittoresque du paysan romain les jours de fête.

« Tous deux se mêlèrent, comme on l'avait permis, aux serviteurs et aux paysans.

« La fête était magnifique. Non seulement la villa était ardemment illuminée, mais des milliers de lanternes de couleur étaient suspendues aux arbres du jardin. Aussi bientôt le palais eut-il débordé sur les terrasses et les terrasses dans les allées.

« À chaque carrefour ; il y avait un orchestre, des buffets et des rafraîchissements ; les promeneurs s'arrêtaient, les quadrilles se formaient et l'on dansait là où il plaisait de danser.

« Carmela était vêtue en femme de Sonino. Elle avait son bonnet tout brodé de perles, les aiguilles de ses cheveux étaient d'or et de diamants, sa ceinture était de soie turque à grandes fleurs brochées, son surtout et son jupon étaient de cachemire, son tablier était de mousseline des Indes ; les boutons de son corset étaient autant de pierreries.

« Deux autres de ses compagnes étaient vêtues, l'une en femme de Nettuno, l'autre en femme de la Riccia.

« Quatre jeunes gens des plus riches et des plus nobles familles de Rome les accompagnaient avec cette liberté italienne qui a son égale dans aucun autre pays du monde : ils étaient vêtus de leur côté en paysans d'Albano, de Velletri, de Civita-Castellana et de Sora.

« Il va sans dire que ces costumes de paysans, comme ceux de paysannes, étaient resplendissant d'or et de pierreries.

« Il vint à Carmela l'idée de faire un quadrille uniforme, seulement il manquait une femme.

« Carmela regardait tout autour d'elle, pas une de ses invitées n'avait un costume analogue au sien et à ceux de ses compagnes.

« Le comte San-Felice lui montra, au milieu des paysannes, Teresa appuyée au bras de Luigi.

« – Est-ce que vous permettez, mon père ? dit Carmela.

« – Sans doute, répondit le comte, ne sommes-nous pas en carnaval !

« Carmela se pencha vers un jeune homme qui l'accompagnait en causant, et lui dit quelques mots tout en lui montrant du doigt la jeune fille.

« Le jeune homme suivit des yeux la jolie main qui lui servait de conductrice, fit un geste d'obéissance et vint inviter Teresa à figurer au quadrille dirigé par la fille du comte.

« Teresa sentit comme une flamme qui lui passait sur le visage. Elle interrogea du regard Luigi : il n'y avait pas moyen de refuser. Luigi laissa lentement glisser le bras de Teresa, qu'il tenait sous le sien, et Teresa, s'éloignant conduite par son élégant cavalier, vint prendre, toute tremblante, sa place au quadrille aristocratique.

« Certes, aux yeux d'un artiste, l'exact et sévère costume de Teresa eût eu un bien autre caractère que celui de Carmela et des ses compagnes, mais Teresa était une jeune fille frivole et coquette ; les broderies de la mousseline, les palmes de la ceinture, l'éclat du cachemire l'éblouissaient, le reflet des saphirs et des diamants la rendaient folle.

« De son côté Luigi sentait naître en lui un sentiment inconnu : c'était comme une douleur sourde qui le mordait au cœur d'abord, et de là, toute frémissante, courait par ses veines et s'emparait de tout son corps ; il suivit des yeux les moindres mouvements de Teresa et de son cavalier ; lorsque leurs mains se touchaient il ressentait comme des éblouissements, ses artères battaient avec violence, et l'on eût dit que le son d'une cloche vibrait à ses oreilles. Lorsqu'ils se parlaient, quoique Teresa écoutât, timide et les yeux baissés, les discours de son cavalier, comme Luigi lisait dans les yeux ardents du beau jeune homme que ces discours étaient des louanges, il lui semblait que la terre tournait sous lui et que toutes les voix de l'enfer lui soufflaient des idées de meurtre et d'assassinat. Alors, craignant de se laisser emporter à sa folie, il se cramponnait d'une main à la charmille contre laquelle il était debout, et de l'autre il serrait d'un mouvement convulsif le poignard au manche sculpté qui était passé dans sa ceinture et que, sans s'en apercevoir, il tirait quelquefois presque entier du fourreau.

« Luigi était jaloux ! il sentait qu'emportée par sa nature coquette et orgueilleuse Teresa pouvait lui échapper.

« Et cependant la jeune paysanne, timide et presque effrayée d'abord, s'était bientôt remise. Nous avons dit que Teresa était belle. Ce n'est pas tout, Teresa était gracieuse, de cette grâce sauvage bien autrement puissante que notre grâce minaudière et affectée.

« Elle eut presque les honneurs du quadrille, et si elle fut envieuse de la fille du comte de San-Felice, nous n'oserions pas dire que Carmela ne fut pas jalouse d'elle.

« Aussi fût-ce avec force compliments que son beau cavalier la reconduisit à la place où il l'avait prise, et où l'attendait Luigi.

« Deux ou trois fois, pendant la contredanse, la jeune fille avait jeté un regard sur lui, et à chaque fois elle l'avait vu pâle et les traits crispés. Une fois même la lame de son couteau, à moitié tirée de sa gaine, avait ébloui ses yeux comme un sinistre éclair.

« Ce fut donc presque en tremblant qu'elle reprit le bras de son amant.

« Le quadrille avait eu le plus grand succès, et il était évident qu'il était question d'en faire une seconde édition ; Carmela seule s'y opposait ; mais le comte de San-Felice pria sa fille si tendrement, qu'elle finit par consentir.

« Aussitôt un des cavaliers s'avança pour inviter Teresa, sans laquelle il était impossible que la contredanse eût lieu ; mais la jeune fille avait déjà disparu.

« En effet, Luigi ne s'était pas senti la force de supporter une seconde épreuve ; et, moitié par persuasion, moitié par force, il avait entraîné Teresa vers un autre point du jardin. Teresa avait cédé bien malgré elle ; mais elle avait vu à la figure bouleversée du jeune homme, elle comprenait à son silence entrecoupé de tressaillements nerveux, que quelque chose d'étrange se passait en lui. Elle-même n'était pas exempte d'une agitation intérieure, et sans avoir cependant rien fait de mal, elle comprenait que Luigi était en droit de lui faire des reproches : sur quoi ? elle l'ignorait ; mais elle ne sentait pas moins que ces reproches seraient mérités.

« Cependant, au grand étonnement de Teresa, Luigi demeura muet, et pas une parole n'entrouvrit ses lèvres pendant tout le reste de la soirée. Seulement, lorsque le froid de la nuit eut chassé les invités des jardins et que les portes de la villa se furent refermées sur eux pour une fête intérieure, il reconduisit Teresa ; puis, comme elle allait rentrer chez elle :

« – Teresa, dit-il, à quoi pensais-tu lorsque tu dansais en face de la jeune comtesse de San-Felice ?

« – Je pensais, répondit la jeune fille dans toute la franchise de son âme, que je donnerais la moitié de ma vie pour avoir un costume comme celui qu'elle portait.

« – Et que te disait ton cavalier ?

« – Il me disait qu'il ne tiendrait qu'à moi de l'avoir, et que je n'avais qu'un mot à dire pour cela.

« – Il avait raison, répondit Luigi. Le désires-tu aussi ardemment que tu le dis ?

« – Oui.

« – Eh bien tu l'auras !

« La jeune fille, étonnée, leva la tête pour le questionner ; mais son visage était si sombre et si terrible que la parole se glaça sur ses lèvres.

« D'ailleurs, en disant ces paroles, Luigi s'était éloigné.

« Teresa le suivit des yeux dans la nuit tant qu'elle put l'apercevoir. Puis, lorsqu'il eut disparu, elle rentra chez elle en soupirant.

« Cette même nuit, il arriva un grand événement par l'imprudence sans doute de quelque domestique qui avait négligé d'éteindre les lumières ; le feu prit à la villa San-Felice, juste dans les dépendances de l'appartement de la belle Carmela. Réveillée au milieu de la nuit par la lueur des flammes, elle avait sauté au bas de son lit, s'était enveloppée de sa robe de chambre, et avait essayé de fuir par la porte ; mais le corridor par lequel il fallait passer était déjà la proie de l'incendie. Alors elle était rentrée dans sa chambre, appelant à grands cris du secours, quand tout à coup sa fenêtre, située à vingt pieds du sol, s'était ouverte ; un jeune paysan s'était élancé dans l'appartement, l'avait prise dans ses bras, et, avec une force et une adresse surhumaines l'avait transportée sur le gazon de la pelouse, où elle s'était évanouie. Lorsqu'elle avait repris ses sens, son père était devant elle. Tous les serviteurs l'entouraient, lui portant des secours. Une aile tout entière de la villa était brûlée ; mais qu'importait, puisque Carmela était saine et sauve.

« On chercha partout son libérateur, mais son libérateur ne reparut point ; on le demanda à tout le monde, mais personne ne l'avait vu. Quant à Carmela, elle était si troublée qu'elle ne l'avait point reconnu.

« Au reste, comme le comte était immensément riche, à part le danger qu'avait couru Carmela, et qui lui parut, par la manière miraculeuse dont elle y avait échappé, plutôt une nouvelle faveur de la Providence qu'un malheur réel, la perte occasionnée par les flammes fut peu de chose pour lui.

« Le lendemain, à l'heure habituelle, les deux jeunes gens se retrouvèrent à la lisière de la forêt. Luigi était arrivé le premier. Il vint au-devant de la jeune fille avec une grande gaieté ; il semblait avoir complètement oublié la scène de la veille. Teresa était visiblement pensive, mais en voyant Luigi ainsi disposé, elle affecta de son côté l'insouciance rieuse qui était le fond de son caractère quand quelque passion ne le venait pas troubler.

« Luigi prit le bras de Teresa sous le sien, et la conduisit jusqu'à la porte de la grotte. Là il s'arrêta. La jeune fille, comprenant qu'il y avait quelque chose d'extraordinaire, le regarda fixement.

« – Teresa, dit Luigi, hier soir tu m'as dit que tu donnerais tout au monde pour avoir un costume pareil à celui de la fille du comte ?

« – Oui, dit Teresa, avec étonnement, mais j'étais folle de faire un pareil souhait.

« – Et moi, je t'ai répondu : C'est bien, tu l'auras.

« – Oui, reprit la jeune fille, dont l'étonnement croissait à chaque parole de Luigi ; mais tu as répondu cela sans doute pour me faire plaisir.

« – Je ne t'ai jamais rien promis que je ne te l'aie donné, Teresa, dit orgueilleusement Luigi ; entre dans la grotte et habille-toi.

« À ces mots, il tira la pierre, et montra à Teresa la grotte éclairée par deux bougies qui brûlaient de chaque côté d'un magnifique miroir ; sur la table rustique, faite par Luigi, étaient étalés le collier de perles et les épingles de diamants ; sur une chaise à côté était déposé le reste du costume.

« Teresa poussa un cri de joie, et, sans s'informer d'où venait ce costume, sans prendre le temps de remercier Luigi, elle s'élança dans la grotte transformée en cabinet de toilette.

« Derrière elle Luigi repoussa la pierre, car il venait d'apercevoir, sur la crête d'une petite colline qui empêchait que de la place où il était on ne vît Palestrina, un voyageur à cheval, qui s'arrêta un instant comme incertain de sa route, se dessinant sur l'azur du ciel avec cette netteté de contour particulière aux lointains des pays méridionaux.

« En apercevant Luigi, le voyageur mit son cheval au galop, et vint à lui.

« Luigi ne s'était pas trompé ; le voyageur, qui allait de Palestrina à Tivoli, était dans le doute de son chemin.

« Le jeune homme le lui indiqua ; mais, comme à un quart de mille de là la route se divisait en trois sentiers, et qu'arrivé à ces trois sentiers le voyageur pouvait de nouveau s'égarer, il pria Luigi de lui servir de guide.

« Luigi détacha son manteau et le déposa à terre, jeta sur son épaule sa carabine, et, dégagé ainsi du lourd vêtement, marcha devant le voyageur de ce pas rapide du montagnard que le pas d'un cheval a peine à suivre.

« En dix minutes, Luigi et le voyageur furent à l'espèce de carrefour indiqué par le jeune pâtre.

« Arrivés là, d'un geste majestueux comme celui d'un empereur, il étendit la main vers celle des trois routes que le voyageur devait suivre :

« – Voilà votre chemin, dit-il, Excellence, vous n'avez plus à vous tromper maintenant.

« – Et toi, voici ta récompense, dit le voyageur en offrant au jeune pâtre quelques pièces de menue monnaie.

« – Merci, dit Luigi en retirant sa main ; je rends un service, je ne le vends pas.

« – Mais », dit le voyageur, qui paraissait du reste habitué à cette différence entre la servilité de l'homme des villes et l'orgueil du campagnard, « si tu refuses un salaire, tu acceptes au moins un cadeau.

« – Ah ! oui, c'est autre chose.

« – Eh bien, dit le voyageur, prends ces deux sequins de Venise, et donne-les à ta fiancée pour en faire une paire de boucles d'oreilles.

« – Et vous, alors, prenez ce poignard, dit le jeune pâtre, vous n'en trouveriez pas un dont la poignée fût mieux sculptée d'Albano à Civita-Castellana.

« – J'accepte, dit le voyageur ; mais alors, c'est moi qui suis ton obligé, car ce poignard vaut plus de deux sequins.

« – Pour un marchand peut-être, mais pour moi, qui l'ai sculpté moi-même, il vaut à peine une piastre.

« – Comment t'appelles-tu ? demanda le voyageur.

« – Luigi Vampa, répondit le pâtre du même air qu'il eût répondu : Alexandre, roi de Macédoine. Et vous ?

« – Moi, dit le voyageur, je m'appelle Simbad le marin. »
Franz d'Épinay jeta un cri de surprise.

« Simbad le marin ! dit-il.

– Oui, reprit le narrateur, c'est le nom que le voyageur donna à Vampa comme étant le sien.

– Eh bien, mais, qu'avez-vous à dire contre ce nom ? interrompit Albert ; c'est un fort beau nom, et les aventures du patron de ce monsieur m'ont, je dois l'avouer, fort amusé dans ma jeunesse. »
Franz n'insista pas davantage. Ce nom de Simbad le marin, comme on le comprend bien, avait réveillé en lui tout un

monde de souvenirs, comme avait fait la veille celui du comte de Monte-Cristo.

« Continuez, dit-il à l'hôte.

– Vampa mit dédaigneusement les deux sequins dans sa poche, et reprit lentement le chemin par lequel il était venu. Arrivé à deux ou trois cents pas de la grotte, il crut entendre un cri.

« Il s'arrêta,

« Au bout d'une seconde, il entendit son nom prononcé distinctement.

« L'appel venait du côté de la grotte.

« Il bondit comme un chamois, armant son fusil tout en courant, et parvint en moins d'une minute au sommet de la colline opposée à celle où il avait aperçu le voyageur.

« Là, les cris : Au secours ! arrivèrent à lui plus distincts.

« Il jeta les yeux sur l'espace qu'il dominait ; un homme enlevait Teresa, comme le centaure Nessus Déjanire.

« Cet homme, qui se dirigeait vers le bois, était déjà aux trois quarts du chemin de la grotte à la forêt.

« Vampa mesura l'intervalle ; cet homme avait deux cents pas d'avance au moins sur lui, il n'y avait pas de chance de le rejoindre avant qu'il eût gagné le bois.

« Le jeune pâtre s'arrêta comme si ses pieds eussent pris racine. Il appuya la crosse de son fusil à l'épaule, leva lentement le canon dans la direction du ravisseur, le suivit une seconde dans sa course et fit feu.

« Le ravisseur s'arrêta court ; ses genoux plièrent et il tomba entraînant Teresa dans sa chute.

« Mais Teresa se releva aussitôt, quant au fugitif, il resta couché, se débattant dans les convulsions de l'agonie.

« Vampa s'élança aussitôt vers Teresa, car à dix pas du moribond les jambes lui avaient manqué à son tour, et elle était retombée à genoux : le jeune homme avait cette crainte terrible que la balle qui venait d'abattre son ennemi n'eût en même temps blessé sa fiancée.

« Heureusement il n'en était rien, c'était le terreur seule qui avait paralysé les forces de Teresa. Lorsque Luigi se fut bien assuré qu'elle était saine et sauve, il se retourna vers le blessé.

« Il venait d'expirer les poings fermés, la bouche contractée par la douleur, et les cheveux hérissés sous la sueur de l'agonie.

« Ses yeux étaient restés ouverts et menaçants.

« Vampa s'approcha du cadavre, et reconnut Cucumetto.

« Depuis le jour où le bandit avait été sauvé par les deux jeunes gens, il était devenu amoureux de Teresa et avait juré que la jeune fille serait à lui. Depuis ce jour il l'avait épiée ; et, profitant du moment où son amant l'avait laissée seule pour indiquer le chemin au voyageur, il l'avait enlevée et la croyait déjà à lui, lorsque la balle de Vampa, guidée par le coup d'œil infaillible du jeune pâtre, lui avait traversé le cœur.

« Vampa le regarda un instant sans que la moindre émotion se trahît sur son visage, tandis qu'au contraire Teresa, toute tremblante encore, n'osait se rapprocher du bandit mort qu'à petits pas, et jetait en hésitant un coup d'œil sur le cadavre par-dessus l'épaule de son amant.

« Au bout d'un instant, Vampa se retourna vers sa maîtresse :

« – Ah ! ah ! dit-il, c'est bien, tu es habillée ; à mon tour de faire ma toilette.

« En effet, Teresa était revêtue de la tête aux pieds du costume de la fille du comte de San-Felice.

« Vampa prit le corps de Cucumetto entre ses bras, l'emporta dans la grotte, tandis qu'à son tour Teresa restait dehors.

« Si un second voyageur fût alors passé, il eût vu une chose étrange : c'était une bergère gardant ses brebis avec une robe de cachemire, des boucles d'oreilles et un collier de perles, des épingles de diamants et des boutons de saphirs, d'émeraudes et de rubis.

« Sans doute, il se fût cru revenu au temps de Florian, et eût affirmé, en revenant à Paris, qu'il avait rencontré la bergère des Alpes assise au pied des monts Sabins.

« Au bout d'un quart d'heure, Vampa sortit à son tour de la grotte. Son costume n'était pas moins élégant, dans son genre, que celui de Teresa.

« Il avait une veste de velours grenat à boutons d'or ciselé, un gilet de soie tout couvert de broderies. une écharpe romaine nouée autour du cou, une cartouchière toute piquée d'or et de soie rouge et verte ; des culottes de velours bleu de ciel attachées au-dessous du genou par des boucles de diamants, des guêtres de peau de daim bariolées de mille arabesques, et un chapeau où flottaient des rubans de toutes couleurs ; deux montres pendaient à sa ceinture, et un magnifique poignard était passé à sa cartouchière.

« Teresa jeta un cri d'admiration. Vampa, sous cet habit, ressemblait à une peinture de Léopold Robert ou de Schnetz.

« Il avait revêtu le costume complet de Cucumetto.

« Le jeune homme s'aperçut de l'effet qu'il produisait sur sa fiancée, et un sourire d'orgueil passa sur sa bouche.

« – Maintenant, dit-il à Teresa, es-tu prête à partager ma fortune quelle qu'elle soit ?

« – Oh oui ! s'écria la jeune fille avec enthousiasme.

« – À me suivre partout où j'irai ?

« – Au bout du monde.

« – Alors, prends mon bras et partons, car nous n'avons pas de temps à perdre. »

« La jeune fille passa son bras sous celui de son amant, sans même lui demander où il la conduisait ; car, en ce moment, il lui paraissait beau, fier et puissant comme un dieu.

« Et tous deux s'avancèrent dans la forêt, dont au bout de quelques minutes, ils eurent franchi la lisière.

« Il va sans dire que tous les sentiers de la montagne étaient connus de Vampa ; il avança donc dans la forêt sans hésiter un seul instant, quoiqu'il n'y eût aucun chemin frayé, mais seulement reconnaissant la route qu'il devait suivre à la seule inspection des arbres et des buissons ; ils marchèrent ainsi une heure et demie à peu près.

« Au bout de ce temps, ils étaient arrivés à l'endroit le plus touffu du bois. Un torrent dont le lit était à sec conduisait dans une gorge profonde. Vampa prit cet étrange chemin, qui, encaissé entre deux rives et rembruni par l'ombre épaisse des pins, semblait, moins la descente facile, ce sentier de l'Averne dont parle Virgile.

« Teresa, redevenue craintive à l'aspect de ce lieu sauvage et désert, se serrait contre son guide, sans dire une parole ; mais comme elle le voyait marcher toujours d'un pas égal, comme un calme profond rayonnait sur son visage, elle avait elle-même la force de dissimuler son émotion.

« Tout à coup, à dix pas d'eux, un homme sembla se détacher d'un arbre derrière lequel il était caché, et mettait Vampa en joue :

« – Pas un pas de plus ! cria-t-il, ou tu es mort.

« – Allons donc », dit Vampa en levant la main avec un geste de mépris ; tandis que Teresa, ne dissimulant plus sa terreur, se pressait contre lui, « est-ce que les loups se déchirent entre eux !

« – Qui es-tu ? demanda la sentinelle.

« – Je suis Luigi Vampa, le berger de la ferme de San-Felice.

« – Que veux-tu ?

« – Je veux parler à tes compagnons qui sont à la clairière de Rocca Bianca.

« – Alors, suis-moi, dit la sentinelle, ou plutôt, puisque tu sais où cela est, marche devant.

« Vampa sourit d'un air de mépris à cette précaution du bandit, passa devant avec Teresa et continua son chemin du même pas ferme et tranquille qui l'avait conduit jusque-là.

« Au bout de cinq minutes, le bandit leur fit signe de s'arrêter.

« Les deux jeunes gens obéirent.

« Le bandit imita trois fois le cri du corbeau.

« Un croassement répondit à ce triple appel.

« – C'est bien, dit le bandit. Maintenant tu peux continuer ta route. »

« Luigi et Teresa se remirent en chemin.

« Mais à mesure qu'ils avançaient, Teresa, tremblante se serrait contre son amant ; en effet, à travers les arbres, on voyait apparaître des armes et étinceler des canons de fusil.

« La clairière de Rocca Bianca était au sommet d'une petite montagne qui autrefois sans doute avait été un volcan, volcan éteint avant que Rémus et Romulus eussent déserté Albe pour venir bâtir Rome.

« Teresa et Luigi atteignirent le sommet et se trouvèrent au même instant en face d'une vingtaine de bandits.

« – Voici un jeune homme qui vous cherche et qui désire vous parler dit la sentinelle.

« – Et que veut-il nous dire ? demanda celui qui, en l'absence du chef, faisait l'intérim du capitaine.

« – Je veux dire que je m'ennuie de faire le métier de berger, dit Vampa.

« – Ah ! je comprends, dit le lieutenant, et tu viens nous demander à être admis dans nos rangs ?

« – Qu'il soit le bienvenu ! crièrent plusieurs bandits de Ferrusino, de Pampinara et d'Anagni, qui avaient reconnu Luigi Vampa.

« – Oui, seulement je viens vous demander une autre chose que d'être votre compagnon.

« – Et que viens-tu nous demander ? dirent les bandits avec étonnement.

« – Je viens vous demander à être votre capitaine, dit le jeune homme.

« Les bandits éclatèrent de rire.

« – Et qu'as-tu fait pour aspirer à cet honneur ? demanda le lieutenant.

« – J'ai tué votre chef Cucumetto, dont voici la dépouille, dit Luigi, et j'ai mis le feu à la villa de San-Felice pour donner une robe de noce à ma fiancée.

« Une heure après, Luigi Vampa était élu capitaine en remplacement de Cucumetto.

– Eh bien, mon cher Albert, dit Franz en se retournant vers son ami, que pensez-vous maintenant du citoyen Luigi Vampa ?

– Je dis que c'est un mythe, répondit Albert, et qu'il n'a jamais existé.

– Qu'est-ce que c'est qu'un mythe ? demanda Pastrini.

– Ce serait trop long à vous expliquer, mon cher hôte, répondit Franz. Et vous dites donc que maître Vampa exerce en ce moment sa profession aux environs de Rome ?

– Et avec une hardiesse dont jamais bandit avant lui n'avait donné l'exemple.

– La police a tenté vainement de s'en emparer, alors ?

– Que voulez-vous ! il est d'accord à la fois avec les bergers de la plaine, les pêcheurs du Tibre et les contrebandiers de la côte. On le cherche dans la montagne, il est sur le fleuve ; on le poursuit sur le fleuve, il gagne la pleine mer ; puis tout à coup, quand on le croit réfugié dans l'île del Giglio, del Guanouti ou de Monte-Cristo, on le voit reparaître à Albano, à Tivoli ou à la Riccia.

– Et quelle est sa manière de procéder à l'égard des voyageurs ?

– Ah ! mon Dieu ! c'est bien simple. Selon la distance où l'on est de la ville, il leur donne huit heures, douze heures, un jour, pour payer leur rançon ; puis, ce temps écoulé, il accorde une heure de grâce. À la soixantième minute de cette heure, s'il n'a pas l'argent, il fait sauter la cervelle du prisonnier d'un coup de pistolet, ou lui plante son poignard dans le cœur, et tout est dit.

– Eh bien, Albert, demanda Franz à son compagnon, êtes-vous toujours disposé à aller au Colisée par les boulevards extérieurs ?

– Parfaitement, dit Albert, si la route est plus pittoresque. »

En ce moment, neuf heures sonnèrent, la porte s'ouvrit et notre cocher parut.

« Excellences, dit-il, la voiture vous attend.

– Eh bien, dit Franz, en ce cas, au Colisée !

– Par la porte del Popolo, Excellences, ou par les rues ?

– Par les rues, morbleu ! par les rues ! s'écria Franz.

– Ah ! mon cher ! dit Albert en se levant à son tour et en allumant son troisième cigare, en vérité, je vous croyais plus brave que cela. »

Sur ce, les deux jeunes gens descendirent l'escalier et montèrent en voiture.

XXXIV – Apparition.

Franz avait trouvé un terme moyen pour qu'Albert arrivât au Colisée sans passer devant aucune ruine antique, et par conséquent sans que les préparations graduelles ôtassent au colosse une seule coudée de ses gigantesques proportions. C'était de suivre la via Sistinia, de couper à angle droit devant Sainte-Marie-Majeure, et d'arriver par la via Urbana et San Pietro in Vincoli jusqu'à la via del Colosseo.

Cet itinéraire offrait d'ailleurs un autre avantage : c'était celui de ne distraire en rien Franz de l'impression produite sur lui par l'histoire qu'avait racontée maître Pastrini, et dans laquelle se trouvait mêlé son mystérieux amphitryon de Monte-Cristo. Aussi s'était-il accoudé dans son coin et était-il retombé dans ces mille interrogatoires sans fin qu'il s'était faits à lui-même et dont pas un ne lui avait donné une réponse satisfaisante.

Une chose, au reste, lui avait encore rappelé son ami Simbad le marin : c'étaient ces mystérieuses relations entre les brigands et les matelots. Ce qu'avait dit maître Pastrini du refuge que trouvait Vampa sur les barques des pêcheurs et des contrebandiers rappelait à Franz ces deux bandits corses qu'il avait trouvés soupant avec l'équipage du petit yacht, lequel s'était détourné de son chemin et avait abordé à Porto-Vecchio, dans le seul but de les remettre à terre. Le nom que se donnait son hôte de Monte-Cristo, prononcé par son hôte de l'hôtel d'Espagne, lui prouvait qu'il jouait le même rôle philanthropique sur les côtes de Piombino, de Civita-Vecchia, d'Ostie et de Gaëte que sur celles de Corse, de Toscane et d'Espagne ; et comme lui-même, autant que pouvait se le rappeler Franz, avait parlé de Tunis et de Palerme, c'était une preuve qu'il embrassait un cercle de relations assez étendu.

Mais si puissantes que fussent sur l'esprit du jeune homme toutes ces réflexions, elles s'évanouirent à l'instant où il vit s'élever devant lui le spectre sombre et gigantesque du Colisée, à travers les ouvertures duquel la lune projetait ces longs et pâles rayons qui tombent des yeux des fantômes. La voiture arrêta à quelques pas de la Mesa Sudans. Le cocher vint ouvrir la portière ; les deux jeunes gens sautèrent à bas de la voiture et se trouvèrent en face d'un cicérone qui semblait sortir de dessous terre.

Comme celui de l'hôtel les avait suivis, cela leur en faisait deux.

Impossible, au reste, d'éviter à Rome ce luxe des guides outre le cicérone général qui s'empare de vous au moment où vous mettez le pied sur le seuil de la porte de l'hôtel, et qui ne vous abandonne plus que le jour où vous mettez le pied hors de la ville, il y a encore un cicérone spécial attaché à chaque monument, et je dirai presque à chaque fraction du monument. Qu'on juge donc si l'on doit manquer de ciceroni au Colosseo, c'est-à-dire au monument par excellence, qui faisait dire à Martial :

« Que Memphis cesse de nous vanter les barbares miracles de ses pyramides, que l'on ne chante plus les merveilles de Babylone ; tout doit céder devant l'immense travail de l'amphithéâtre des Césars, toutes les voix de la renommée doivent se réunir pour vanter ce monument. »

Franz et Albert n'essayèrent point de se soustraire à la tyrannie cicéronienne. Au reste, cela serait d'autant plus difficile que ce sont les guides seulement qui ont le droit de parcourir le monument avec des torches. Ils ne firent donc aucune résistance, et se livrèrent pieds et poings liés à leurs conducteurs.

Franz connaissait cette promenade pour l'avoir faite dix fois déjà. Mais comme son compagnon, plus novice, mettait pour la première fois le pied dans le monument de Flavius Vespasien, je dois l'avouer à sa louange, malgré le caquetage ignorant de ses guides, il était fortement impressionné. C'est qu'en effet on n'a aucune idée, quand on ne l'a pas vue, de la majesté d'une pareille ruine, dont toutes les proportions sont doublées encore par la mystérieuse clarté de cette lune méridionale dont les rayons semblent un crépuscule d'Occident.

Aussi à peine Franz le penseur eut-il fait cent pas sous les portiques intérieurs, qu'abandonnant Albert à ses guides, qui ne voulaient pas renoncer au droit imprescriptible de lui faire voir dans tous leurs détails la Fosse des Lions, la Loge des Gladiateurs, le Podium des Césars, il prit un escalier à moitié ruiné et, leur laissant continuer leur route symétrique, il alla tout simplement s'asseoir à l'ombre d'une colonne, en face d'une échancrure qui lui permettait d'embrasser le géant de granit dans toute sa majestueuse étendue.

Franz était là depuis un quart d'heure à peu près, perdu, comme je l'ai dit, dans l'ombre d'une colonne, occupé à regarder Albert, qui, accompagné de ses deux porteurs de torches, venait de sortir d'un vomitorium placé à l'autre extrémité du Colisée, et lesquels, pareils à des ombres qui suivent un feu follet, descendaient de gradin en gradin vers les places réservées aux vestales, lorsqu'il lui sembla entendre rouler dans les profondeurs du monument une pierre détachée de l'escalier situé en face de celui qu'il venait de prendre pour arriver à l'endroit où il était assis. Ce n'est pas chose rare sans doute qu'une pierre qui se détache sous le pied du temps et va rouler dans l'abîme ; mais, cette fois, il lui semblait que c'était aux pieds d'un homme que la pierre avait cédé et qu'un bruit de pas arrivait jusqu'à lui, quoique celui qui l'occasionnait fît tout ce qu'il put pour l'assourdir.

En effet, au bout d'un instant, un homme parut sortant graduellement de l'ombre à mesure qu'il montait l'escalier, dont l'orifice, situé en face de Franz, était éclairé par la lune, mais dont les degrés, à mesure qu'on les descendait, s'enfonçaient dans l'obscurité.

Ce pouvait être un voyageur comme lui, préférant une méditation solitaire au bavardage insignifiant de ses guides, et par conséquent son apparition n'avait rien qui pût le surprendre ; mais à l'hésitation avec laquelle il monta les dernières marches, à la façon dont, arrivé sur la plate-forme, il s'arrêta et parut écouter, il était évident qu'il était venu là dans un but particulier et qu'il attendait quelqu'un.

Par un mouvement instinctif, Franz s'effaça le plus qu'il put derrière la colonne.

À dix pieds du sol où ils se trouvaient tous deux, la voûte était enfoncée, et une ouverture ronde, pareille à celle d'un puits, permettait d'apercevoir le ciel tout constellé d'étoiles.

Autour de cette ouverture, qui donnait peut-être déjà depuis des centaines d'années passage aux rayons de la lune, poussaient des broussailles dont les vertes et frêles découpures se détachaient en vigueur sur l'azur mat du firmament, tandis que de grandes lianes et de puissants jets de lierre pendaient de cette terrasse supérieure et se balançaient sous la voûte, pareils à des cordages flottants.

Le personnage dont l'arrivée mystérieuse avait attiré l'attention de Franz était placé dans une demi-teinte qui ne lui permettait pas de distinguer ses traits, mais qui cependant n'était pas assez obscure pour l'empêcher de détailler son costume : il était enveloppé d'un grand manteau brun dont un des pans, rejeté sur son épaule gauche, lui cachait le bas du visage, tandis que son chapeau à larges bords en couvrait la partie supérieure. L'extrémité seule de ses vêtements se trouvait éclairée par la lumière oblique qui passait par l'ouverture, et qui permettait de distinguer un pantalon noir encadrant coquettement une botte vernie.

Cet homme appartenait évidemment, sinon à l'aristocratie, du moins à la haute société.

Il était là depuis quelques minutes et commençait à donner des signes visibles d'impatience, lorsqu'un léger bruit se fit entendre sur la terrasse supérieure.

Au même instant une ombre parut intercepter la lumière, un homme apparut à l'orifice de l'ouverture, plongea son regard perçant dans les ténèbres, et aperçut l'homme au manteau ; aussitôt il saisit une poignée de ces lianes pendantes et de ces lierres flottants, se laissa glisser, et, arrivé à trois ou quatre pieds du sol sauta légèrement à terre. Celui-ci avait le costume d'un Transtévère complet.

« Excusez-moi, Excellence, dit-il en dialecte romain, je vous ai fait attendre. Cependant, je ne suis en retard que de quelques minutes. Dix heures viennent de sonner à Saint-Jean-de-Latran.

— C'est moi qui étais en avance et non vous qui étiez en retard, répondit l'étranger dans le plus pur toscan ; ainsi pas de cérémonie : d'ailleurs m'eussiez-vous fait attendre, que je me serais bien douté que c'était par quelque motif indépendant de votre volonté.

— Et vous auriez eu raison, Excellence, je viens du château Saint-Ange, et j'ai eu toutes les peines du monde à parler à Beppo.

— Qu'est-ce que Beppo ?

– Beppo est un employé de la prison, à qui je fais une petite rente pour savoir ce qui se passe dans l'intérieur du château de Sa Sainteté.

– Ah ! ah ! je vois que vous êtes homme de précaution, mon cher !

– Que voulez-vous, Excellence ! on ne sait pas ce qui peut arriver ; peut-être moi aussi serai-je un jour pris au filet comme ce pauvre Peppino ; et aurai-je besoin d'un rat pour ronger quelques mailles de ma prison.

– Bref, qu'avez-vous appris ?

– Il y aura deux exécutions mardi à deux heures comme c'est l'habitude à Rome lors des ouvertures des grandes fêtes. Un condamné sera *mazzolato*, c'est un misérable qui a tué un prêtre qui l'avait élevé, et qui ne mérite aucun intérêt. L'autre sera *decapitato*, et celui-là, c'est le pauvre Peppino.

– Que voulez-vous, mon cher, vous inspirez une si grande terreur, non seulement au gouvernement pontifical mais encore aux royaumes voisins qu'on veut absolument faire un exemple.

– Mais Peppino ne fait pas même partie de ma bande ; c'est un pauvre berger qui n'a commis d'autre crime que de nous fournir des vivres.

– Ce qui le constitue parfaitement votre complice. Aussi, voyez qu'on a des égards pour lui : au lieu de l'assommer, comme vous le serez, si jamais on vous met la main dessus, on se contentera de le guillotiner. Au reste, cela variera les plaisirs du peuple, et il y aura spectacle pour tous les goûts.

– Sans compter celui que je lui ménage et auquel il ne s'attend pas, reprit le Transtévère.

– Mon cher ami, permettez-moi de vous dire, reprit l'homme au manteau, que vous me paraissez tout disposé à faire quelque sottise.

– Je suis disposé à tout pour empêcher l'exécution du pauvre diable qui est dans l'embarras pour m'avoir servi ; par la Madone ! je me regarderai comme un lâche, si je ne faisais pas quelque chose pour ce brave garçon.

– Et que ferez-vous ?

– Je placerai une vingtaine d'hommes autour de l'échafaud, et, au moment où on l'amènera, au signal que je donnerai, nous nous élancerons le poignard au poing sur l'escorte, et nous l'enlèverons.

– Cela me paraît fort chanceux, et je crois décidément que mon projet vaut mieux que le vôtre.

– Et quel est votre projet, Excellence ?

– Je donnerai dix mille piastres à quelqu'un que je sais, et qui obtiendra que l'exécution de Peppino soit remise à l'année prochaine ; puis, dans le courant de l'année, je donnerai mille autres piastres à un autre quelqu'un que je sais encore, et le ferai évader de prison.

– Êtes-vous sûr de réussir ?

– Pardieu ! dit en français l'homme au manteau.

– Plaît-il ? demanda le Transtévère.

– Je dis, mon cher, que j'en ferai plus à moi seul avec mon or que vous et tous vos gens avec leurs poignards, leurs pistolets, leurs carabines et leurs tromblons. Laissez-moi donc faire.

– À merveille ; mais si vous échouez, nous nous tiendrons toujours prêts.

– Tenez-vous toujours prêts, si c'est votre plaisir mais soyez certain que j'aurai sa grâce.

– C'est après-demain mardi, faites-y attention. Vous n'avez plus que demain.

– Eh bien, mais le jour se compose de vingt-quatre heures, chaque heure se compose de soixante minutes, chaque minute de soixante secondes ; en quatre-vingt-six mille quatre cents secondes on fait bien des choses.

– Si vous avez réussi, Excellence, comment le saurons-nous ?

– C'est bien simple. J'ai loué les trois dernières fenêtres du café Rospoli ; si j'ai obtenu le sursis, les deux fenêtres du coin seront tendues en damas jaune mais celle du milieu sera tendue en damas blanc avec une croix rouge.

– À merveille. Et par qui ferez-vous passer la grâce ?

– Envoyez-moi un de vos hommes déguisé en pénitent et je la lui donnerai. Grâce à son costume, il arrivera jusqu'au pied de l'échafaud et remettra la bulle au chef de la confrérie, qui la remettra au bourreau. En attendant, faites savoir cette nouvelle à Peppino ; qu'il n'aille pas mourir de peur ou devenir fou, ce qui serait cause que nous aurions fait pour lui une dépense inutile.

– Écoutez, Excellence, dit le paysan, je vous suis bien dévoué, et vous en êtes convaincu, n'est-ce pas ?

– Je l'espère, au moins.

– Eh bien, si vous sauvez Peppino ce sera plus que du dévouement à l'avenir, ce sera de l'obéissance.

– Fais attention à ce que tu dis là, mon cher ! je te le rappellerai peut-être un jour, car peut-être un jour moi aussi, j'aurai besoin de toi...

– Eh bien, alors, Excellence, vous me trouverez à l'heure du besoin comme je vous aurai trouvé à cette même heure ; alors, fussiez-vous à l'autre bout du monde, vous n'aurez qu'à m'écrire : « Fais cela », et je le ferai, foi de...

– Chut ! dit l'inconnu, j'entends du bruit.

– Ce sont des voyageurs qui visitent le Colisée aux flambeaux.

– Il est inutile qu'ils nous trouvent ensemble. Ces mouchards de guides pourraient vous reconnaître ; et, si honorable que soit votre amitié, mon cher ami, si on nous savait liés comme nous le sommes, cette liaison, j'en ai bien peur, me ferait perdre quelque peu de mon crédit.

– Ainsi, si vous avez le sursis ?

– La fenêtre du milieu tendue en damas avec une croix rouge.

– Si vous ne l'avez pas ?...

– Trois tentures jaunes.

– Et alors ?...

– Alors, mon cher ami, jouez du poignard tout à votre aise, je vous le permets, et je serai là pour vous voir faire.

– Adieu, Excellence, je compte sur vous, comptez sur moi. »

À ces mots le Transtévère disparut par l'escalier, tandis que l'inconnu, se couvrant plus que jamais le visage de son manteau, passa à deux pas de Franz et descendit dans l'arène par les gradins extérieurs.

Une seconde après, Franz entendit son nom retentir sous les voûtes : c'était Albert qui l'appelait.

Il attendit pour répondre que les deux hommes fussent éloignés, ne se souciant pas de leur apprendre qu'ils avaient eu un témoin qui, s'il n'avait pas vu leur visage, n'avait pas perdu un mot de leur entretien.

Dix minutes après, Franz roulait vers l'hôtel d'Espagne, écoutant avec une distraction fort impertinente la savante dissertation qu'Albert faisait, d'après Pline et Calpurnius, sur les filets garnis de pointes de fer qui empêchaient les animaux féroces de s'élancer sur les spectateurs.

Il le laissait aller sans le contredire ; il avait hâte de se trouver seul pour penser sans distraction à ce qui venait de se passer devant lui.

De ces deux hommes, l'un lui était certainement étranger, et c'était la première fois qu'il le voyait et l'entendait, mais il n'en était pas ainsi de l'autre ; et, quoique Franz n'eût pas distingué son visage constamment enseveli dans l'ombre ou caché par son manteau, les accents de cette voix l'avaient trop frappé la première fois qu'il les avait entendus pour qu'ils pussent jamais retentir devant lui sans qu'il les reconnût.

Il y avait surtout dans les intonations railleuses quelque chose de strident et de métallique qui l'avait fait tressaillir dans les ruines du Colisée comme dans la grotte de Monte-Cristo.

Aussi était-il bien convaincu que cet homme n'était autre que Simbad le marin.

Aussi, en toute autre circonstance, la curiosité que lui avait inspirée cet homme eût été si grande qu'il se serait fait reconnaître à lui, mais dans cette occasion ; la conversation qu'il venait d'entendre était trop intime pour qu'il ne fût pas retenu par la crainte très sensée que son apparition ne lui serait pas agréable. Il l'avait donc laissé s'éloigner, comme on l'a vu, mais en se promettant, s'il le rencontrait une autre fois, de ne pas laisser échapper cette seconde occasion comme il avait fait de la première.

Franz était trop préoccupé pour bien dormir. Sa nuit fut employée à passer et repasser dans son esprit toutes les circonstances qui se rattachaient à l'homme de la grotte et à l'inconnu du Colisée, et qui tendaient à faire de ces deux personnages le même individu ; et plus Franz y pensait, plus il s'affermissait dans cette opinion.

Il s'endormit au jour, et ce qui fit qu'il ne s'éveilla que fort tard. Albert, en véritable Parisien, avait déjà pris ses précautions pour la soirée. Il avait envoyé chercher une loge au théâtre Argentina.

Franz avait plusieurs lettres à écrire en France, il abandonna donc pour toute la journée la voiture à Albert.

À cinq heures, Albert rentra ; il avait porté ses lettres de recommandation, avait des invitations pour toutes ses soirées et avait vu Rome.

Une journée avait suffi à Albert pour faire tout cela.

Et encore avait-il eu le temps de s'informer de la pièce qu'on jouait et des acteurs qui la joueraient.

La pièce avait pour titre : *Parisiana* ; les acteurs avaient nom : Coselli, Moriani et la Spech.

Nos deux jeunes gens n'étaient pas si malheureux, comme on le voit : ils allaient assister à la représentation d'un des meilleurs opéras de l'auteur de *Lucia di lammermoor*, joué par trois des artistes les plus renommés de l'Italie.

Albert n'avait jamais pu s'habituer aux théâtres ultramontains, à l'orchestre desquels on ne va pas, et qui n'ont ni balcons, ni loges découvertes ; c'était dur pour un homme qui avait sa stalle aux Bouffes et sa part de la loge infernale à l'Opéra.

Ce qui n'empêchait pas Albert de faire des toilettes flamboyantes toutes les fois qu'il allait à l'Opéra avec Franz, toilettes perdues ; car, il faut l'avouer à la honte d'un des représentants les plus dignes de notre fashion, depuis quatre mois qu'il sillonnait l'Italie en tous sens, Albert n'avait pas eu une seule aventure.

Albert essayait quelquefois de plaisanter à cet endroit ; mais au fond il était singulièrement mortifié, lui, Albert de Morcerf, un des jeunes gens les plus courus, d'en être encore pour ses frais. La chose était d'autant plus pénible que, selon l'habitude modeste de nos chers compatriotes, Albert était parti de Paris avec cette conviction qu'il allait avoir en Italie les plus grands succès, et qu'il viendrait faire les délices du boulevard de Gand du récit de ses bonnes fortunes.

Hélas ! il n'en avait rien été : les charmantes comtesses génoises, florentines et napolitaines s'en étaient tenues, non pas à leurs maris, mais à leurs amants, et Albert avait acquis cette cruelle conviction, que les Italiennes ont du moins sur les Françaises l'avantage d'être fidèles à leur infidélité.

Je ne veux pas dire qu'en Italie, comme partout, il n'y ait pas des exceptions.

Et cependant Albert était non seulement un cavalier parfaitement élégant, mais encore un homme de beaucoup d'esprit ; de plus il était vicomte : de nouvelle noblesse, c'est vrai ; mais aujourd'hui qu'on ne fait plus ses preuves, qu'importe qu'on date de 1399 ou de 1815 ! Par-dessus tout cela il avait cinquante mille livres de rente. C'était plus qu'il n'en faut, comme on le voit, pour être à la mode à Paris. C'était donc quelque peu humiliant de n'avoir encore été sérieusement remarqué par personne dans aucune des villes où il avait passé.

Mais aussi comptait-il se rattraper à Rome, le carnaval étant, dans tous les pays de la terre qui célèbrent cette estimable institution, une époque de liberté où les plus sévères se laissent entraîner à quelque acte de folie. Or, comme le carnaval s'ouvrait le lendemain, il était fort important qu'Albert lançât son prospectus avant cette ouverture.

Albert avait donc, dans cette intention, loué une des loges les plus apparentes du théâtre, et fait, pour s'y rendre, une toilette irréprochable. C'était au premier rang, qui remplace chez nous la galerie. Au reste, les trois premiers étages sont aussi aristocratiques les uns que les autres, et on les appelle pour cette raison les rangs nobles.

D'ailleurs cette loge, où l'on pouvait tenir à douze sans être serrés, avait coûté aux deux amis un peu moins cher qu'une loge de quatre personnes à l'Ambigu.

Albert avait encore un autre espoir, c'est que s'il arrivait à prendre place dans le cœur d'une belle Romaine, cela le conduirait naturellement à conquérir un *posto* dans la voiture, et par conséquent à voir le carnaval du haut d'un véhicule aristocratique ou d'un balcon princier.

Toutes ces considérations rendaient donc Albert plus sémillant qu'il ne l'avait jamais été. Il tournait le dos aux acteurs, se penchant à moitié hors de la loge et lorgnant toutes les jolies femmes avec une jumelle de six pouces de long.

Ce qui n'amenait pas une seule jolie femme à récompenser d'un seul regard, même de curiosité, tout le mouvement que se donnait Albert.

En effet, chacun causait de ses affaires, de ses amours, de ses plaisirs, du carnaval qui s'ouvrait le lendemain de la semaine sainte prochaine, sans faire attention un seul instant ni aux acteurs, ni à la pièce, à l'exception des moments indiqués, où chacun alors se retournait, soit pour entendre une portion du récitatif de Coselli, soit pour applaudir quelque trait brillant de Moriani, soit pour crier bravo à la Spech ; puis les conversations particulières reprenaient leur train habituel.

Vers la fin du premier acte, la porte d'une loge restée vide jusque-là s'ouvrit, et Franz vit entrer une personne à laquelle il avait eu l'honneur d'être présenté à Paris et qu'il croyait encore en France. Albert vit le mouvement que fit son ami à cette apparition, et se retournant vers lui :

« Est-ce que vous connaissez cette femme ? dit-il.

– Oui ; comment la trouvez-vous ?

– Charmante, mon cher, et blonde. Oh ! les adorables cheveux ! C'est une Française ?

– C'est une Vénitienne.

– Et vous l'appelez ?

– La comtesse G...

– Oh ! je la connais de nom, s'écria Albert ; on la dit aussi spirituelle que jolie. Parbleu, quand je pense que j'aurais pu me faire présenter à elle au dernier bal de Mme de Villefort, où elle était, et que j'ai négligé cela : je suis un grand niais !

– Voulez-vous que je répare ce tort ? demanda Franz.

– Comment ! vous la connaissez assez pour me conduire dans sa loge ?

– J'ai eu l'honneur de lui parler trois ou quatre fois dans ma vie ; mais, vous le savez, c'est strictement assez pour ne pas commettre une inconvenance. »

En ce moment la comtesse aperçut Franz et lui fit de la main un signe gracieux, auquel il répondit par une respectueuse inclination de tête.

« Ah çà ! mais il me semble que vous êtes au mieux avec elle ? dit Albert.

– Eh bien, voilà ce qui vous trompe et ce qui nous fera faire sans cesse, à nous autres Français, mille sottises à l'étranger : c'est de tout soumettre à nos points de vue parisiens ; en Espagne, et en Italie surtout, ne jugez jamais de l'intimité des gens sur la liberté des rapports. Nous nous sommes trouvés en sympathie avec la comtesse, voilà tout.

– En sympathie de cœur ? demanda Albert en riant.

– Non, d'esprit, voilà tout, répondit sérieusement Franz.

– Et à quelle occasion ?

– À l'occasion d'une promenade au Colisée pareille à celle que nous avons faite ensemble.

– Au clair de la lune ?

– Oui.

– Seuls ?

– À peu près !

– Et vous avez parlé...

– Des morts.

– Ah ! s'écria Albert, c'était en vérité fort récréatif. Eh bien, moi, je vous promets que si j'ai le bonheur d'être le cavalier de la belle comtesse dans une pareille promenade, je ne lui parlerai que des vivants.

– Et vous aurez peut-être tort.

– En attendant, vous allez me présenter à elle comme vous me l'avez promis ?

– Aussitôt la toile baissée.

– Que ce diable de premier acte est long !

– Écoutez le finale, il est fort beau, et Coselli le chante admirablement.

– Oui, mais quelle tournure !

– La Spech y est on ne peut plus dramatique.

– Vous comprenez que lorsqu'on a entendu la Sontag et la Malibran...

– Ne trouvez-vous pas la méthode de Moriani excellente ?

– Je n'aime pas les bruns qui chantent blond.

– Ah ! mon cher, dit Franz en se retournant, tandis qu'Albert continuait de lorgner, en vérité vous êtes par trop difficile ! »

Enfin la toile tomba à la grande satisfaction du vicomte de Morcerf, qui prit son chapeau, donna un coup de main rapide à ses cheveux, à sa cravate et à ses manchettes, et fit observer à Franz qu'il l'attendait.

Comme de son côté, la comtesse, que Franz interrogeait des yeux, lui fit comprendre par un signe, qu'il serait le bienvenu, Franz ne mit aucun retard à satisfaire l'empressement d'Albert, et faisant – suivi de son compagnon qui profitait du voyage pour rectifier les faux plis que les mouvements avaient pu imprimer à son col de chemise et au revers de son habit – le tour de l'hémicycle, il vint frapper à la loge n° 4, qui était celle qu'occupait la comtesse.

Aussitôt le jeune homme qui était assis à côté d'elle sur le devant de la loge se leva, cédant sa place, selon l'habitude italienne, au nouveau venu, qui doit la céder à son tour lorsqu'une autre visite arrive.

Franz présenta Albert à la comtesse comme un de nos jeunes gens les plus distingués par sa position sociale et par son esprit ; ce qui, d'ailleurs, était vrai ; car à Paris, et dans le milieu où vivait Albert, c'était un cavalier irréprochable. Il ajouta que, désespéré de n'avoir pas su profiter du séjour de la comtesse à Paris pour se faire présenter à elle, il l'avait chargé de réparer cette faute, mission dont il s'acquittait en priant la comtesse, près de laquelle il aurait eu besoin lui-même d'un introducteur, d'excuser son indiscrétion.

La comtesse répondit en faisant un charmant salut à Albert et en tendant la main à Franz.

Albert, invité par elle, prit la place vide sur le devant, et Franz s'assit au second rang derrière la comtesse.

Albert avait trouvé un excellent sujet de conversation : c'était Paris, il parlait à la comtesse de leurs connaissances communes. Franz comprit qu'il était sur le terrain. Il le laissa aller, et, lui demandant sa gigantesque lorgnette, il se mit à son tour à explorer la salle.

Seule sur le devant d'une loge, placée au troisième rang en face d'eux, était une femme admirablement belle, vêtue d'un costume grec, qu'elle portait avec tant d'aisance qu'il était évident que c'était son costume naturel.

Derrière elle, dans l'ombre, se dessinait la forme d'un homme dont il était impossible de distinguer le visage.

Franz interrompit la conversation d'Albert et de la comtesse pour demander à cette dernière si elle connaissait la belle Albanaise qui était si digne d'attirer non seulement l'attention des hommes, mais encore des femmes.

« Non, dit-elle ; tout ce que je sais, c'est qu'elle est à Rome depuis le commencement de la saison ; car, à l'ouverture du théâtre, je l'ai vue où elle est, et depuis un mois elle n'a pas manqué une seule représentation, tantôt accompagnée de l'homme qui est avec elle en ce moment, tantôt suivie simplement d'un domestique noir.

– Comment la trouvez-vous, comtesse ?

– Extrêmement belle. Medora devait ressembler à cette femme. »

Franz et la comtesse échangèrent un sourire. Elle se remit à causer avec Albert, et Franz à lorgner son Albanaise.

La toile se leva sur le ballet. C'était un de ces bons ballets italiens mis en scène par le fameux Henri qui s'était fait, comme chorégraphe, en Italie, une réputation colossale, que le malheureux est venu perdre au théâtre nautique ; un de ces ballets où tout le monde, depuis le premier sujet jusqu'au dernier comparse, prend une part si active à l'action, que cent cinquante personnes font à la fois le même geste et lèvent ensemble ou le même bras ou la même jambe.

On appelait ce ballet *Poliska*.

Franz était trop préoccupé de sa belle Grecque pour s'occuper du ballet, si intéressant qu'il fût. Quant à elle, elle prenait un plaisir visible à ce spectacle, plaisir qui faisait une opposition suprême avec l'insouciance profonde de celui qui l'accompagnait, et qui, tant que dura le chef-d'œuvre chorégraphique, ne fit pas un mouvement, paraissant, malgré le bruit infernal que menaient les trompettes, les cymbales et les chapeaux chinois à l'orchestre, goûter les célestes douceurs d'un sommeil paisible et radieux.

Enfin le ballet finit, et la toile tomba au milieu des applaudissements frénétiques d'un parterre enivré.

Grâce à cette habitude de couper l'opéra par un ballet, les entractes sont très courts en Italie, les chanteurs ayant le temps de se reposer et de changer de costume tandis que les danseurs exécutent leurs pirouettes et confectionnent leurs entrechats.

L'ouverture du second acte commença ; aux premiers coups d'archet, Franz vit le dormeur se soulever lentement et se rapprocher de la Grecque, qui se retourna pour lui adresser quelques paroles, et s'accouda de nouveau sur le devant de la loge.

La figure de son interlocuteur était toujours dans l'ombre, et Franz ne pouvait distinguer aucun de ses traits.

La toile se leva, l'attention de Franz fut nécessairement attirée par les acteurs, et ses yeux quittèrent un instant la loge de la belle Grecque pour se porter vers la scène.

L'acte s'ouvre, comme on sait, par le duo du rêve : Parisina, couchée, laisse échapper devant Azzo le secret de son amour pour Ugo ; l'époux trahi passe par toutes les fureurs de la jalousie, jusqu'à ce que, convaincu que sa femme lui est infidèle, il la réveille pour lui annoncer sa prochaine vengeance.

Ce duo est un des plus beaux, des plus expressifs et des plus terribles qui soient sortis de la plume féconde de Donizetti. Franz l'entendait pour la troisième fois, et quoiqu'il ne passât pas pour un mélomane enragé, il produisit sur lui un effet profond. Il allait en conséquence joindre ses applaudissements à ceux de la salle, lorsque ses mains, prêtes à se réunir, restèrent écartées, et que le bravo qui s'échappait de sa bouche expira sur ses lèvres.

L'homme de la loge s'était levé tout debout, et, sa tête se trouvant dans la lumière, Franz venait de retrouver le mystérieux habitant de Monte-Cristo, celui dont la veille il lui avait si bien semblé reconnaître la taille et la voix dans les ruines du Colisée.

Il n'y avait plus de doute, l'étrange voyageur habitait Rome.

Sans doute l'expression de la figure de Franz était en harmonie avec le trouble que cette apparition jetait dans son esprit, car la comtesse le regarda éclata de rire, et lui demanda ce qu'il avait.

« Madame la comtesse, répondit Franz, je vous ai demandé tout à l'heure si vous connaissiez cette femme albanaise : maintenant je vous demanderai si vous connaissez son mari.

– Pas plus qu'elle, répondit la comtesse.

– Vous ne l'avez jamais remarqué ?

– Voilà bien une question à la française ! Vous savez bien que, pour nous autres Italiennes, il n'y a pas d'autre homme au monde que celui que nous aimons !

– C'est juste, répondit Franz.

– En tout cas, dit-elle en appliquant les jumelles d'Albert à ses yeux et en les dirigeant vers la loge, ce doit être quelque nouveau déterré, quelque trépassé sorti du tombeau avec la permission du fossoyeur car il me semble affreusement pâle.

– Il est toujours comme cela, répondit Franz.

– Vous le connaissez donc ? demanda la comtesse ; alors c'est moi qui vous demanderai qui il est.

– Je crois l'avoir déjà vu, et il me semble le reconnaître.

– En effet, dit-elle en faisant un mouvement de ses belles épaules comme si un frisson lui passait dans les veines, je comprends que lorsqu'on a une fois vu un pareil homme on ne l'oublie jamais. »

L'effet que Franz avait éprouvé n'était donc pas une impression particulière, puisqu'une autre personne le ressentait comme lui.

« Eh bien, demanda Franz à la comtesse après qu'elle eut pris sur elle de le lorgner une seconde fois que pensez-vous de cet homme ?

– Que cela me paraît être Lord Ruthwen en chair et en os. »

En effet, ce nouveau souvenir de Byron frappa Franz : si un homme pouvait lui faire croire à l'existence des vampires, c'était cet homme.

« Il faut que je sache qui il est, dit Franz en se levant.

– Oh ! non, s'écria la comtesse ; non, ne me quittez pas, je compte sur vous pour me reconduire, et je vous garde.

– Comment ! véritablement, lui dit Franz en se penchant à son oreille, vous avez peur ?

– Écoutez, lui dit-elle, Byron m'a juré qu'il croyait aux vampires, il m'a dit qu'il en avait vu, il m'a dépeint leur visage, eh bien ! c'est absolument cela : ces cheveux noirs, ces grands yeux brillant d'une flamme étrange, cette pâleur mortelle ; puis, remarquez qu'il n'est pas avec une femme comme toutes les femmes, il est avec une étrangère… une Grecque, une schismatique… sans doute quelque magicienne comme lui. Je vous en prie, n'y allez pas. Demain mettez-vous à sa recherche si bon vous semble, mais aujourd'hui je vous déclare que je vous garde. »

Franz insista.

« Écoutez, dit-elle en se levant, je m'en vais, je ne puis rester jusqu'à la fin du spectacle, j'ai du monde chez moi : serez-vous assez peu galant pour me refuser votre compagnie ? »

Il n'y avait d'autre réponse à faire que de prendre son chapeau, d'ouvrir la porte et de présenter son bras à la comtesse.

C'est ce qu'il fit.

La comtesse était véritablement fort émue ; et Franz lui-même ne pouvait échapper à une certaine terreur superstitieuse, d'autant plus naturelle que ce qui était chez la comtesse le produit d'une sensation instinctive, était chez lui le résultat d'un souvenir.

Il sentit qu'elle tremblait en montant en voiture.

Il la reconduisit jusque chez elle : il n'y avait personne, et elle n'était aucunement attendue ; il lui en fit le reproche.

« En vérité lui dit-elle, je ne me sens pas bien, et j'ai besoin d'être seule ; la vue de cet homme m'a toute bouleversée. »

Franz essaya de rire.

« Ne riez pas, lui dit-elle ; d'ailleurs vous n'en avez pas envie. Puis promettez-moi une chose.

– Laquelle ?

– Promettez-la-moi.

– Tout ce que vous voudrez, excepté de renoncer à découvrir quel est cet homme. J'ai des motifs que je ne puis vous dire pour désirer savoir qui il est, d'où il vient et où il va.

– D'où il vient, je l'ignore ; mais où il va, je puis vous le dire : il va en enfer à coup sûr.

– Revenons à la promesse que vous vouliez exiger de moi, comtesse, dit Franz.

– Ah ! c'est de rentrer directement à l'hôtel et de ne pas chercher ce soir à voir cet homme. Il y a certaines affinités entre les personnes que l'on quitte et les personnes que l'on rejoint. Ne servez pas de conducteur entre cet homme et moi. Demain courez après lui si bon vous semble, mais ne me le présentez jamais, si vous ne voulez pas me faire mourir de peur. Sur ce, bonsoir, tâchez de dormir, moi, je sais bien qui ne dormira pas. »

Et à ces mots la comtesse quitta Franz, le laissant indécis de savoir si elle s'était amusée à ses dépens ou si elle avait véritablement ressenti la crainte qu'elle avait exprimée.

En rentrant à l'hôtel, Franz trouva Albert en robe de chambre, en pantalon à pied, voluptueusement étendu sur un fauteuil et fumant son cigare.

« Ah ! c'est vous ! lui dit-il ; ma foi, je ne vous attendais que demain.

– Mon cher Albert, répondit Franz, je suis heureux de trouver l'occasion de vous dire une fois pour toutes que vous avez la plus fausse idée des femmes italiennes ; il me semble pourtant que vos mécomptes amoureux auraient dû vous la faire perdre.

– Que voulez-vous ! ces diablesses de femmes, c'est à n'y rien comprendre ! Elles vous donnent la main, elles vous la serrent ; elles vous parlent tout bas, elles se font reconduire chez elles : avec le quart de ces manières de faire, une Parisienne se perdrait de réputation.

– Eh ! justement, c'est parce qu'elles n'ont rien à cacher, c'est parce qu'elles vivent au grand soleil, que les femmes y mettent si peu de façons dans le beau pays où résonne le si, comme dit Dante. D'ailleurs, vous avez bien vu que la comtesse a eu véritablement peur.

– Peur de quoi ? de cet honnête monsieur qui était en face de nous avec cette jolie Grecque ? Mais j'ai voulu en avoir le cœur net quand ils sont sortis, et je les ai croisés dans le corridor. Je ne sais pas où diable vous avez pris toutes vos idées de l'autre monde ! C'est un fort beau garçon qui est fort bien mis, et qui a tout l'air de se faire habiller en France chez Blin ou chez Humann ; un peu pâle, c'est vrai, mais vous savez que la pâleur est un cachet de distinction. »

Franz sourit, Albert avait de grandes prétentions à être pâle.

« Aussi, lui dit Franz, je suis convaincu que les idées de la comtesse sur cet homme n'ont pas le sens commun. A-t-il parlé près de vous, et avez-vous entendu quelques-unes de ses paroles ?

– Il a parlé, mais en romaïque. J'ai reconnu l'idiome à quelques mots grecs défigurés. Il faut vous dire, mon cher, qu'au collège j'étais très fort en grec.

– Ainsi il parlait le romaïque ?

– C'est probable.

– Plus de doute, murmura Franz, c'est lui.

– Vous dites ?...

– Rien. Que faisiez-vous donc là ?

– Je vous ménageais une surprise.

– Laquelle ?

– Vous savez qu'il est impossible de se procurer une calèche ?

– Pardieu ! puisque nous avons fait inutilement tout ce qu'il était humainement possible de faire pour cela.

– Eh bien, j'ai eu une idée merveilleuse. »

Franz regarda Albert en homme qui n'avait pas grande confiance dans son imagination.

« Mon cher, dit Albert, vous m'honorez là d'un regard qui mériterait bien que je vous demandasse réparation.

– Je suis prêt à vous la faire, cher ami, si l'idée est aussi ingénieuse que vous le dites.

– Écoutez.

– J'écoute.

– Il n'y a pas moyen de se procurer de voiture n'est-ce pas ?

– Non.

– Ni de chevaux ?

– Pas davantage.

– Mais l'on peut se procurer une charrette ?

– Peut-être.

– Une paire de bœufs ?

– C'est probable.

– Eh bien, mon cher ! voilà notre affaire. Je vais faire décorer la charrette, nous nous habillons en moissonneurs napolitains, et nous représentons au naturel le magnifique tableau de Léopold Robert. Si pour plus grande ressemblance, la comtesse veut prendre le costume d'une femme de Pouzzole ou de Sorrente, cela complétera la mascarade, et elle est assez belle pour qu'on la prenne pour l'original de la Femme à l'Enfant.

– Pardieu ! s'écria Franz, pour cette fois vous avez raison, monsieur Albert, et voilà une idée véritablement heureuse.

– Et toute nationale, renouvelée des rois fainéants, mon cher, rien que cela ! Ah ! messieurs les Romains, vous croyez qu'on courra à pied par vos rues comme des lazzaroni, et cela parce que vous manquez de calèches et de chevaux ; eh bien ! on en inventera.

– Et avez-vous déjà fait part à quelqu'un de cette triomphante imagination ?

– À notre hôte. En rentrant, je l'ai fait monter et lui ai exposé mes désirs. Il m'a assuré que rien n'était plus facile ; je voulais faire dorer les cornes des bœufs, mais il m'a dit que cela demandait trois jours : il faudra donc nous passer de cette superfluité.

– Et où est-il ?

– Qui ?

– Notre hôte ?

– En quête de la chose. Demain il serait déjà peut-être un peu tard.

– De sorte qu'il va nous rendre réponse ce soir même ?

– Je l'attends. »

En ce moment la porte s'ouvrit, et maître Pastrini passa la tête.

« *Permesso ?* dit-il.

– Certainement que c'est permis ! s'écria Franz.

– Eh bien, dit Albert, nous avez-vous trouvé la charrette requise et les bœufs demandés ?

– J'ai trouvé mieux que cela, répondit-il d'un air parfaitement satisfait de lui-même.

– Ah ! mon cher hôte, prenez garde, dit Albert, le mieux est l'ennemi du bien.

– Que Vos Excellences s'en rapportent à moi, dit maître Pastrini d'un ton capable.

– Mais enfin qu'y a-t-il ? demanda Franz à son tour.

– Vous savez dit l'aubergiste, que le comte de Monte-Cristo habite sur le même carré que vous ?

– Je le crois bien, dit Albert, puisque c'est grâce à lui que nous sommes logés comme deux étudiants de la rue Saint-Nicolas-du-Chardonnet.

– Eh bien, il sait l'embarras dans lequel vous vous trouvez, et vous fait offrir deux places dans sa voiture et deux places à ses fenêtres du palais Rospoli. »

Albert et Franz se regardèrent.

« Mais, demanda Albert, devons-nous accepter l'offre de cet étranger, d'un homme que nous ne connaissons pas ?

– Quel homme est-ce que ce comte de Monte-Cristo ? demanda Franz à son hôte.

– Un très grand seigneur sicilien ou maltais, je ne sais pas au juste, mais noble comme un Borghèse et riche comme une mine d'or.

– Il me semble, dit Franz à Albert, que, si cet homme était d'aussi bonnes manières que le dit notre hôte, il aurait dû nous faire parvenir son invitation d'une autre façon, soit en nous écrivant, soit...

En ce moment on frappa à la porte.

« Entrez », dit Franz.

Un domestique, vêtu d'une livrée parfaitement élégante, parut sur le seuil de la chambre.

« De la part du comte de Monte-Cristo, pour M. Franz d'Épinay et pour M. le vicomte Albert de Morcerf », dit-il.

Et il présenta à l'hôte deux cartes, que celui-ci remit aux jeunes gens.

« M. le comte de Monte-Cristo, continua le domestique, fait demander à ces messieurs la permission de se présenter en voisin demain matin chez eux ; il aura l'honneur de s'informer auprès de ces messieurs à quelle heure ils seront visibles.

– Ma foi, dit Albert à Franz, il n'y a rien à y reprendre, tout y est.

– Dites au comte, répondit Franz, que c'est nous qui aurons l'honneur de lui faire notre visite.

Le domestique se retira.

« Voilà ce qui s'appelle faire assaut d'élégance, dit Albert ; allons, décidément vous aviez raison, maître Pastrini, et c'est un homme tout à fait comme il faut que votre comte de Monte-Cristo.

– Alors vous acceptez son offre ? dit l'hôte.

– Ma foi, oui, répondit Albert. Cependant, je vous l'avoue, je regrette notre charrette et les moissonneurs ; et, s'il n'y avait pas la fenêtre du palais Rospoli pour faire compensation à ce que nous perdons, je crois que j'en reviendrais à ma première idée : qu'en dites-vous, Franz ?

– Je dis que ce sont aussi les fenêtres du palais Rospoli qui me décident », répondit Franz à Albert.

En effet, cette offre de deux places à une fenêtre du palais Rospoli avait rappelé à Franz la conversation qu'il avait entendue dans les ruines du Colisée entre son inconnu et son Transtévère, conversation dans laquelle l'engagement avait été pris par l'homme au manteau d'obtenir la grâce du condamné. Or, si l'homme au manteau était, comme tout portait Franz à le croire, le même que celui dont l'apparition dans la salle Argentina l'avait si fort préoccupé, il le reconnaîtrait sans aucun doute, et alors rien ne l'empêcherait de satisfaire sa curiosité à son égard.

Franz passa une partie de la nuit à rêver à ses deux apparitions et à désirer le lendemain. En effet, le lendemain tout devait s'éclaircir ; et cette fois, à moins que son hôte de Monte-Cristo ne possédât l'anneau de Gygès et, grâce à cet anneau, la faculté de se rendre invisible, il était évident qu'il ne lui échapperait pas. Aussi fut-il éveillé avant huit heures.

Quant à Albert, comme il n'avait pas les mêmes motifs que Franz d'être matinal, il dormait encore de son mieux.

Franz fit appeler son hôte, qui se présenta avec son obséquiosité ordinaire.

« Maître Pastrini, lui dit-il, ne doit-il pas y avoir aujourd'hui une exécution ?

– Oui, Excellence ; mais si vous me demandez cela pour avoir une fenêtre, vous vous y prenez bien tard.

– Non, reprit Franz ; d'ailleurs, si je tenais absolument à voir ce spectacle, je trouverais place, je pense, sur le mont Pincio.

– Oh ! je présumais que Votre Excellence ne voudrait pas se compromettre avec toute la canaille, dont c'est en quelque sorte l'amphithéâtre naturel.

– Il est probable que je n'irai pas, dit Franz ; mais je désirerais avoir quelques détails.

– Lesquels ?

– Je voudrais savoir le nombre des condamnés, leurs noms et le genre de leur supplice.

– Cela tombe à merveille, Excellence ! on vient justement de m'apporter les *tavolette.*

– Qu'est-ce que les *tavolette ?*

– Les *tavolette* sont des tablettes en bois que l'on accroche à tous les coins de rue la veille des exécutions, et sur lesquelles on colle les noms des condamnés, la cause de leur condamnation et le mode de leur supplice. Cet avis a pour but d'inviter les fidèles à prier Dieu de donner aux coupables un repentir sincère.

– Et l'on vous apporte ces *tavolette* pour que vous joigniez vos prières à celles des fidèles ? demanda Franz d'un air de doute.

– Non, Excellence ; je me suis entendu avec le colleur, et il m'apporte cela comme il m'apporte les affiches de spectacles, afin que si quelques-uns de mes voyageurs désirent assister à l'exécution, ils soient prévenus.

– Ah ! mais c'est une attention tout à fait délicate ! s'écria Franz.

– Oh ! dit maître Pastrini en souriant, je puis me vanter de faire tout ce qui est en mon pouvoir pour satisfaire les nobles étrangers qui m'honorent de leur confiance.

– C'est ce que je vois, mon hôte ! et c'est ce que je répéterai à qui voudra l'entendre, soyez en bien certain. En attendant, je désirerais lire une de ces *tavolette.*

– C'est bien facile, dit l'hôte en ouvrant la porte j'en ai fait mettre une sur le carré. »

Il sortit, détacha la *tavoletta*, et la présenta à Franz.

Voici la traduction littérale de l'affiche patibulaire :

« On fait savoir à tous que le mardi 22 février, premier jour de carnaval, seront, par arrêt du tribunal de la Rota, exécutés, sur la place del Popolo le nommé Andrea Rondolo, coupable d'assassinat sur la personne très respectable et très vénérée de don César Terlini, chanoine de l'église de Saint-Jean de Latran, et le nommé Peppino, dit *Rocca Priori* convaincu de complicité avec le détestable bandit Luigi Vampa et les hommes de sa troupe.

« Le premier sera *mazzolato*.

« Et le second *decapitato*.

« Les âmes charitables sont priées de demander à Dieu un repentir sincère pour ces deux malheureux condamnés »

C'était bien ce que Franz avait entendu la surveille, dans les ruines du Colisée, et rien n'était changé au programme : les noms des condamnés, la cause de leur supplice et le genre de leur exécution étaient exactement les mêmes.

Ainsi, selon toute probabilité, le Transtévère n'était autre que le bandit Luigi Vampa, et l'homme au manteau Simbad le marin, qui, à Rome comme à Porto-Vecchio, et à Tunis, poursuivait le cours de ses philanthropiques expéditions.

Cependant le temps s'écoulait, il était neuf heures, et Franz allait réveiller Albert, lorsque à son grand étonnement il le vit sortir tout habillé de sa chambre. Le carnaval lui avait trotté par la tête, et l'avait éveillé plus matin que son ami ne l'espérait.

« Eh bien, dit Franz à son hôte, maintenant que nous voilà prêts tous deux, croyez-vous, mon cher monsieur Pastrini, que nous puissions nous présenter chez le comte de Monte-Cristo ?

– Oh ! bien certainement ! répondit-il ; le comte de Monte-Cristo a l'habitude d'être très matinal, et je suis sûr qu'il y a plus de deux heures déjà qu'il est levé.

– Et vous croyez qu'il n'y a pas d'indiscrétion à se présenter chez lui maintenant ?

– Aucune.

– En ce cas, Albert, si vous êtes prêt…

– Entièrement prêt, dit Albert.

– Allons remercier notre voisin de sa courtoisie.

– Allons !

Franz et Albert n'avaient que le carré à traverser l'aubergiste les devança et sonna pour eux ; un domestique vint ouvrir.

« *I Signori Francesi* », dit l'hôte.

Le domestique s'inclina et leur fit signe d'entrer.

Ils traversèrent deux pièces meublées avec un luxe, qu'ils ne croyaient pas trouver dans l'hôtel de maître Pastrini, et ils arrivèrent enfin dans un salon d'une élégance parfaite. Un tapis de Turquie était tendu sur le parquet, et les meubles les plus confortables offraient leurs coussins rebondis et leurs dossiers renversés. De magnifiques tableaux de maîtres, entremêlés de trophées d'armes splendides, étaient suspendus aux murailles, et de grandes portières de tapisserie flottaient devant les portes.

« Si Leurs Excellences veulent s'asseoir, dit domestique, je vais prévenir M. le comte. »

Et il disparut par une des portes.

Au moment où cette porte s'ouvrit, le son d'une *guzla* arriva jusqu'aux deux amis, mais s'éteignit aussitôt : la porte, refermée presque en même temps qu'ouverte, n'avait pour ainsi dire laissé pénétrer dans le salon qu'une bouffée d'harmonie.

Franz et Albert échangèrent un regard et reportèrent les yeux sur les meubles, sur les tableaux et sur les armes. Tout cela, à la seconde vue, leur parut encore plus magnifique qu'à la première.

« Eh bien, demanda Franz à son ami, que dites-vous de cela ?

— Ma foi, mon cher, je dis qu'il faut que notre voisin soit quelque agent de change qui a joué à la baisse sur les fonds espagnols, ou quelque prince qui voyage incognito.

– Chut ! lui dit Franz ; c'est ce que nous allons savoir, car le voilà. »

En effet, le bruit d'une porte tournant sur ses gonds venait d'arriver jusqu'aux visiteurs ; et presque aussitôt la tapisserie, se soulevant, donna passage au propriétaire de toutes ces richesses.

Albert s'avança au-devant de lui, mais Franz resta cloué à sa place.

Celui qui venait d'entrer n'était autre que l'homme au manteau du Colisée, l'inconnu de la loge, l'hôte mystérieux de Monte-Cristo.

XXXV – La mazzolata.

« Messieurs, dit en entrant le comte de Monte-Cristo, recevez toutes mes excuses de ce que je me suis laissé prévenir, mais en me présentant de meilleure heure chez vous, j'aurais craint d'être indiscret. D'ailleurs vous m'avez fait dire que vous viendriez, et je me suis tenu à votre disposition.

– Nous avons, Franz et moi, mille remerciements à vous présenter, monsieur le comte, dit Albert ; vous nous tirez véritablement d'un grand embarras, et nous étions en train d'inventer les véhicules les plus fantastiques au moment où votre gracieuse invitation nous est parvenue.

– Eh ! mon Dieu ! messieurs, reprit le comte en faisant signe aux deux jeunes gens de s'asseoir sur un divan, c'est la faute de cet imbécile de Pastrini, si je vous ai laissés si longtemps dans la détresse ! Il ne m'avait pas dit un mot de votre embarras, à moi qui, seul et isolé comme je le suis ici, ne cherchais qu'une occasion de faire connaissance avec mes voisins. Du moment où j'ai appris que je pouvais vous être bon à quelque chose, vous avez vu avec quel empressement j'ai saisi cette occasion de vous présenter mes compliments. »

Les deux jeunes gens s'inclinèrent. Franz n'avait pas encore trouvé un seul mot à dire ; il n'avait encore pris aucune résolution, et, comme rien n'indiquait dans le comte sa volonté de le reconnaître ou le désir d'être reconnu de lui, il ne savait pas s'il devait, par un mot quelconque, faire allusion au passé, ou laisser le temps à l'avenir de lui apporter de nouvelles preuves. D'ailleurs, sûr que c'était lui qui était la veille dans la loge, il ne pouvait répondre aussi positivement que ce fût lui qui la surveille, était au Colisée, il résolut donc de laisser aller les choses sans faire au comte aucune ouverture directe. D'ailleurs il avait une supériorité sur lui, il était maître de son secret, tandis qu'au contraire il ne pouvait avoir aucune action sur Franz, qui n'avait rien à cacher.

Cependant il résolut de faire tomber la conversation sur un point qui pouvait, en attendant, amener toujours l'éclaircissement de certains doutes.

« Monsieur le comte, lui dit-il, vous nous avez offert des places dans votre voiture et des places à vos fenêtres du palais Rospoli ; maintenant, pourriez-vous nous dire comment nous pourrons nous procurer un poste quelconque, comme on dit en Italie, sur la place del Popolo ?

– Ah ! oui, c'est vrai, dit le comte d'un air distrait et en regardant Morcerf avec une attention soutenue ; n'y a-t-il pas, place del Popolo, quelque chose comme une exécution ?

– Oui, répondit Franz, voyant qu'il venait de lui-même où il voulait l'amener.

– Attendez, attendez, je crois avoir dit hier à mon intendant de s'occuper de cela ; peut-être pourrai-je vous rendre encore ce petit service. »

Il allongea la main vers un cordon de sonnette, qu'il tira trois fois.

« Vous êtes-vous préoccupé jamais, dit-il à Franz, de l'emploi du temps et du moyen de simplifier les allées et venues des domestiques ? Moi, j'en ai fait une étude : quand je sonne une fois, c'est pour mon valet de chambre ; deux fois, c'est pour mon maître d'hôtel ; trois fois, c'est pour mon intendant. De cette façon, je ne perds ni une minute ni une parole. Tenez, voici notre homme. »

On vit alors entrer un individu de quarante-cinq à cinquante ans, qui parut à Franz ressembler comme deux gouttes d'eau au contrebandier qui l'avait introduit dans la grotte, mais qui ne parut pas le moins du monde le reconnaître. Il vit que le mot était donné.

« Monsieur Bertuccio, dit le comte, vous êtes-vous occupé, comme je vous l'avais ordonné hier, de me procurer une fenêtre sur la place del Popolo ?

– Oui, Excellence, répondit l'intendant, mais il était bien tard.

– Comment ! dit le comte en fronçant le sourcil ne vous ai-je pas dit que je voulais en avoir une ?

– Et Votre Excellence en a une aussi, celle qui était louée au prince Lobanieff ; mais j'ai été obligé de la payer cent...

– C'est bien, c'est bien, monsieur Bertuccio, faites grâce à ces messieurs de tous ces détails de ménage ; vous avez la fenêtre, c'est tout ce qu'il faut. Donnez l'adresse de la maison au cocher, et tenez-vous sur l'escalier pour nous conduire : cela suffit ; allez.

L'intendant salua et fit un pas pour se retirer.

« Ah ! reprit le comte, faites-moi le plaisir de demander à Pastrini s'il a reçu la *tavoletta*, et s'il veut m'envoyer le programme de l'exécution.

– C'est inutile, reprit Franz, tirant son calepin de sa poche ; j'ai eu ces tablettes sous les yeux, je les ai copiées et les voici.

– C'est bien ; alors monsieur Bertuccio, vous pouvez vous retirer, je n'ai plus besoin de vous. Qu'on nous prévienne seulement quand le déjeuner sera servi. Ces messieurs, continua-t-il en se retournant vers les deux amis, me font-ils l'honneur de déjeuner avec moi ?

– Mais, en vérité, monsieur le comte, dit Albert, ce serait abuser.

– Non pas, au contraire, vous me faites grand plaisir, vous me rendrez tout cela un jour à Paris, l'un ou l'autre et peut-être tous les deux. Monsieur Bertuccio, vous ferez mettre trois couverts. »

Il prit le calepin des mains de Franz.

« Nous disons donc, continua-t-il du ton dont il eût lu les *Petites Affiches*, que « seront exécutés, aujourd'hui 22 février, le nommé Andrea Rondolo, coupable d'assassinat sur la personne très respectable et très vénérée de don César Torlini, chanoine de l'église Saint-Jean-de-Latran, et le nommé Peppino, dit *Rocca Priori*, convaincu de complicité avec le détestable bandit Luigi Vampa et les hommes de sa troupe... »

– Hum ! « Le premier sera *mazzolato*, le second *decapitato*. » Oui, en effet, reprit le comte, c'était bien comme cela que la chose devait se passer d'abord ; mais je crois que depuis hier il est survenu, quelque changement dans l'ordre et la marche de la cérémonie.

– Bah ! dit Franz.

– Oui, hier chez le cardinal Rospigliosi, où j'ai passé la soirée, il était question de quelque chose comme d'un sursis accordé à l'un des deux condamnés.

– À Andrea Rondolo ? demanda Franz.

– Non... reprit négligemment le comte ; à l'autre. (il jeta un coup d'œil sur le calepin comme pour se rappeler le nom), à Peppino, dit *Rocca Priori*. Cela vous prive d'une guillotinade, mais il vous reste la *mazzolata* qui est un supplice fort curieux quand on le voit pour la première fois, et même pour la seconde ; tandis que l'autre, que vous devez connaître d'ailleurs, est trop simple, trop uni : il n'y a rien d'inattendu. La *mandaïa* ne se trompe pas, elle ne tremble pas, ne frappe pas à faux, ne s'y reprend pas à trente fois comme le soldat qui coupait la tête au comte de Chalais, et auquel, au reste, Richelieu avait peut-être recommandé le patient. Ah ! Tenez, ajouta le comte d'un ton méprisant, ne me parlez pas des Européens pour les supplices, ils n'y entendent rien et en sont véritablement à l'enfance ou plutôt à la vieillesse de la cruauté.

– En vérité, monsieur le comte, répondit Franz, on croirait que vous avez fait une étude comparée des supplices chez les différents peuples du monde.

– Il y en a peu du moins que je n'aie vus, reprit froidement le comte.

– Et vous avez trouvé du plaisir à assister à ces horribles spectacles ?

– Mon premier sentiment a été la répulsion, le second l'indifférence, le troisième la curiosité.

– La curiosité ! le mot est terrible, savez-vous ?

– Pourquoi ? Il n'y a guère dans la vie qu'une préoccupation grave ; c'est la mort, eh bien ! n'est-il pas curieux d'étudier de quelles façons différentes l'âme peut sortir du corps, et comment, selon les caractères, les tempéraments et même les mœurs du pays, les individus supportent ce suprême passage de l'être au néant ? Quant à moi, je vous réponds d'une chose : c'est que plus on a vu mourir, plus il devient facile de mourir : ainsi, à mon avis, la mort est peut-être un supplice, mais n'est pas une expiation.

– Je ne vous comprends pas bien, dit Franz ; expliquez-vous, car je ne puis vous dire à quel point ce que vous me dites là pique ma curiosité.

– Écoutez, dit le comte ; et son visage s'infiltra de fiel, comme le visage d'un autre se colore de sang. Si un homme eût fait périr, par des tortures inouïes, au milieu des tourments sans fin, votre père, votre mère, votre maîtresse, un de ces êtres enfin qui, lorsqu'on les déracine de votre cœur, y laissent un vide éternel et une plaie toujours sanglante, croiriez-vous la réparation que vous accorde la société suffisante, parce que le fer de la guillotine a passé entre la base de l'occipital et les muscles trapèzes du meurtrier, et parce que celui qui vous a fait ressentir des années de souffrances morales, a éprouvé quelques secondes de douleurs physiques ?

– Oui, je le sais, reprit Franz, la justice humaine est insuffisante comme consolatrice : elle peut verser le sang en échange du sang, voilà tout ; il faut lui demander ce qu'elle peut et pas autre chose.

– Et encore je vous pose là un cas matériel, reprit le comte, celui où la société, attaquée par la mort d'un individu dans la base sur laquelle elle repose, venge la mort par la mort ; mais n'y a-t-il pas des millions de douleurs dont les entrailles de l'homme peuvent être déchirées sans que la société s'en occupe le moins du monde sans qu'elle lui offre le moyen insuffisant de vengeance dont nous parlions tout à l'heure ? N'y a-t-il pas des crimes pour lesquels le pal des Turcs, les auges des Persans, les nerfs roulés des Iroquois seraient des supplices trop doux, et que cependant la société indifférente laisse sans châtiment ?... Répondez, n'y a-t-il pas de ces crimes ?

– Oui, reprit Franz, et c'est pour les punir que le duel est toléré.

– Ah ! le duel, s'écria le comte, plaisante manière, sur mon âme, d'arriver à son but, quand le but est la vengeance ! Un homme vous a enlevé votre maîtresse, un homme a séduit votre femme, un homme a déshonoré votre fille ; d'une vie tout entière, qui avait le droit d'attendre de Dieu la part de bonheur qu'il a promise à tout être humain en le créant, il a fait une existence de douleur, de misère ou d'infamie, et vous vous croyez vengé parce qu'à cet homme, qui vous a mis le délire dans l'esprit et le désespoir dans le cœur, vous avez donné un coup d'épée dans la poitrine ou logé une balle dans la tête ? Allons donc ! Sans compter que c'est lui qui souvent sort triomphant de la lutte, lavé aux yeux du monde et en quelque sorte absous par Dieu. Non, non, continua le comte, si j'avais jamais à me venger, ce n'est pas ainsi que je me vengerais.

– Ainsi, vous désapprouvez le duel ? ainsi vous ne vous battriez pas en duel ? demanda à son tour Albert, étonné d'entendre émettre une si étrange théorie.

– Oh ! si fait ! dit le comte. Entendons-nous : je me battrais en duel pour une misère, pour une insulte, pour un démenti, pour un soufflet, et cela avec d'autant plus d'insouciance que, grâce à l'adresse que j'ai acquise à tous les exercices du corps et à la lente habitude que j'ai prise du danger, je serais à peu près sûr de tuer mon homme. Oh ! si fait ! je me battrais en duel pour tout cela ; mais pour une douleur lente, profonde, infinie, éternelle, je rendrais, s'il était possible, une douleur pareille à celle que l'on m'aurait faite : œil pour œil, dent pour dent, comme disent les Orientaux, nos maîtres en toutes choses, ces élus de la création qui ont su se faire une vie de rêves et un paradis de réalités.

— Mais, dit Franz au comte, avec cette théorie qui vous constitue juge et bourreau dans votre propre cause, il est difficile que vous vous teniez dans une mesure où vous échappiez éternellement vous-même à la puissance de la loi. La haine est aveugle, la colère étourdie, et celui qui se verse la vengeance risque de boire un breuvage amer.

— Oui, s'il est pauvre et maladroit, non, s'il est millionnaire et habile. D'ailleurs le pis-aller pour lui est ce dernier supplice dont nous parlions tout à l'heure, celui que la philanthropique révolution française a substitué à l'écartèlement et à la roue. Eh bien ! qu'est-ce que le supplice, s'il s'est vengé ? En vérité, je suis presque fâché que, selon toute probabilité, ce misérable Peppino ne soit pas *decapitato*, comme ils disent, vous verriez le temps que cela dure, et si c'est véritablement la peine d'en parler. Mais, d'honneur, messieurs, nous avons là une singulière conversation pour un jour de carnaval. Comment donc cela est-il venu ? Ah ! je me le rappelle ! vous m'avez demandé une place à ma fenêtre ; eh bien, soit, vous l'aurez ; mais mettons-nous à table d'abord, car voilà qu'on vient nous annoncer que nous sommes servis. »

En effet, un domestique ouvrit une des quatre portes du salon et fit entendre les paroles sacramentelles :

« *Al suo commodo !* »

Les deux jeunes gens se levèrent et passèrent dans la salle à manger.

Pendant le déjeuner, qui était excellent et servi avec une recherche infinie, Franz chercha des yeux le regard d'Albert, afin d'y lire l'impression qu'il ne doutait pas qu'eussent produite en lui les paroles de leur hôte ; mais, soit que dans son insouciance habituelle il ne leur eût pas prêté une grande attention, soit que la concession que le comte de Monte-Cristo lui avait faite à l'endroit du duel l'eût raccommodé avec lui, soit enfin que les antécédents que nous avons racontés, connus de Franz seul, eussent doublé pour lui seul l'effet des théories du comte, il ne s'aperçut pas que son compagnon fût préoccupé le moins du monde ; tout au contraire, il faisait honneur au repas en homme condamné depuis quatre ou cinq mois à la cuisine italienne, c'est-à-dire l'une des plus mauvaises cuisines du monde. Quant au comte, il effleurait à peine chaque plat ; on eût dit qu'en se mettant à table avec ses convives il accomplissait un simple devoir de politesse, et qu'il attendait leur départ pour se faire servir quelque mets étrange ou particulier.

Cela rappelait malgré lui à Franz l'effroi que le comte avait inspiré à la comtesse G..., et la conviction où il l'avait laissée que le comte, l'homme qu'il lui avait montré dans la loge en face d'elle, était un vampire.

À la fin du déjeuner, Franz tira sa montre.

« Eh bien, lui dit le comte, que faites-vous donc ?

— Vous nous excuserez, monsieur le comte, répondit Franz, mais nous avons encore mille choses à faire.

— Lesquelles ?

— Nous n'avons pas de déguisements, et aujourd'hui le déguisement est de rigueur.

— Ne vous occupez donc pas de cela. Nous avons à ce que je crois, place del Popolo, une chambre particulière ; j'y ferai porter les costumes que vous voudrez bien m'indiquer, et nous nous masquerons séance tenante.

— Après l'exécution ? s'écria Franz.

— Sans doute, après, pendant ou avant, comme vous voudrez.

— En face de l'échafaud ?

— L'échafaud fait partie de la fête.

— Tenez, monsieur le comte, j'ai réfléchi, dit Franz ; décidément je vous remercie de votre obligeance, mais je me contenterai d'accepter une place dans votre voiture, une place à la fenêtre du palais Rospoli, et je vous laisserai libre de disposer de ma place à la fenêtre de la piazza del Popolo.

— Mais vous perdez, je vous en préviens, une chose fort curieuse, répondit le comte.

— Vous me le raconterez, reprit Franz, et je suis convaincu que dans votre bouche le récit m'impressionnera presque autant que la vue pourrait le faire. D'ailleurs, plus d'une fois déjà j'ai voulu prendre sur moi d'assister à une exécution, et je n'ai jamais pu m'y décider ; et vous, Albert ?

– Moi, répondit le vicomte, j'ai vu exécuter Castaing ; mais je crois que j'étais un peu gris ce jour-là. C'était le jour de ma sortie du collège, et nous avions passé la nuit je ne sais à quel cabaret.

– D'ailleurs, ce n'est pas une raison, parce que vous n'avez pas fait une chose à Paris, pour que vous ne la fassiez pas à l'étranger : quand on voyage, c'est pour s'instruire ; quand on change de lieu, c'est pour voir. Songez donc quelle figure vous ferez quand on vous demandera : Comment exécute-t-on à Rome ? et que vous répondrez : Je ne sais pas. Et puis, on dit que le condamné est un infâme coquin, un drôle qui a tué à coups de chenet un bon chanoine qui l'avait élevé comme son fils. Que diable ! quand on tue un homme d'Église, on prend une arme plus convenable qu'un chenet, surtout quand cet homme d'église est peut-être notre père. Si vous voyagiez en Espagne, vous iriez voir les combats de taureaux, n'est-ce pas ? Eh bien, supposez que c'est un combat que nous allons voir ; souvenez-vous des anciens Romains du Cirque, des chasses où l'on tuait trois cents lions et une centaine d'hommes. Souvenez-vous donc de ces quatre-vingt mille spectateurs qui battaient des mains, de ces sages matrones qui conduisaient là leurs filles à marier, et de ces charmantes vestales aux mains blanches qui faisaient avec le pouce un charmant petit signe qui voulait dire : Allons, pas de paresse ! achevez-moi cet homme-là qui est aux trois quarts mort.

– Y allez-vous, Albert ? dit Franz.

– Ma foi, oui, mon cher ! J'étais comme vous mais l'éloquence du comte me décide.

– Allons-y donc, puisque vous le voulez, dit Franz ; mais en me rendant place del Popolo, je désire passer par la rue du Cours ; est-ce possible monsieur le comte ?

– À pied, oui ; en voiture, non.

– Eh bien, j'irai à pied.

– Il est bien nécessaire que vous passiez par la rue du Cours ?

– Oui, j'ai quelque chose à y voir.

– Eh bien, passons par la rue du Cours, nous enverrons la voiture nous attendre sur la piazza del Popolo, par la strada del

Babuino ; d'ailleurs je ne suis pas fâché non plus de passer par la rue du Cours pour voir si des ordres que j'ai donnés ont été exécutés.

– Excellence, dit le domestique en ouvrant la porte, un homme vêtu en pénitent demande à vous parler.

– Ah ! oui, dit le comte, je sais ce que c'est. Messieurs, voulez-vous repasser au salon, vous trouverez sur la table du milieu d'excellents cigares de la Havane, je vous y rejoins dans un instant. »

Les deux jeunes gens se levèrent et sortirent par une porte, tandis que le comte, après leur avoir renouvelé ses excuses, sortait par l'autre. Albert, qui était un grand amateur, et qui, depuis qu'il était en Italie, ne comptait pas comme un mince sacrifice celui d'être privé des cigares du café de Paris, s'approcha de la table et poussa un cri de joie en apercevant de véritables puros.

« Eh bien, lui demanda Franz, que pensez-vous du comte de Monte-Cristo ?

– Ce que j'en pense ! dit Albert visiblement étonné que son compagnon lui fît une pareille question ; je pense que c'est un homme charmant, qui fait à merveille les honneurs de chez lui, qui a beaucoup vu, beaucoup étudié, beaucoup réfléchi, qui est, comme Brutus, de l'école stoïque, et, ajouta-t-il en poussant amoureusement une bouffée de fumée qui monta en spirale vers le plafond, et qui par-dessus tout cela possède d'excellents cigares. »

C'était l'opinion d'Albert sur le comte ; or, comme Franz savait qu'Albert avait la prétention de ne se faire une opinion sur les hommes et sur les choses qu'après de mûres réflexions, il ne tenta pas de rien changer à la sienne.

« Mais, dit-il, avez-vous remarqué une chose singulière ?

– Laquelle ?

– L'attention avec laquelle il vous regardait.

– Moi ?

– Oui, vous. »

Albert réfléchit.

« Ah ! dit-il en poussant un soupir, rien d'étonnant à cela. Je suis depuis près d'un an absent de Paris, je dois avoir des habits de l'autre monde. Le comte m'aura pris pour un provincial ; détrompez-le, cher ami, et dites-lui, je vous prie, à la première occasion, qu'il n'en est rien. »

Franz sourit ; un instant après le comte rentra.

« Me voici, messieurs, dit-il, et tout à vous, les ordres sont donnés ; la voiture va de son côté place del Popolo, et nous allons nous y rendre du nôtre, si vous voulez bien, par la rue du Cours. Prenez donc quelques-uns de ces cigares, monsieur de Morcerf.

– Ma foi, avec grand plaisir, dit Albert, car vos cigares italiens sont encore pires que ceux de la régie. Quand vous viendrez à Paris, je vous rendrai tout cela.

– Ce n'est pas de refus ; je compte y aller quelque jour, et, puisque vous le permettez, j'irai frapper à votre porte. Allons, messieurs, allons, nous n'avons pas de temps à perdre ; il est midi et demi, partons. »

Tous trois descendirent. Alors le cocher prit les derniers ordres de son maître, et suivit la via del Babuino, tandis que les piétons remontaient par la place d'Espagne et par la via Frattina, qui les conduisait tout droit entre le palais Fiano et le palais Rospoli.

Tous les regards de Franz furent pour les fenêtres de ce dernier palais, il n'avait pas oublié le signal convenu dans le Colisée entre l'homme au manteau et le Transtévère.

« Quelles sont vos fenêtres ? demanda-t-il au comte du ton le plus naturel qu'il pût prendre.

– Les trois dernières », répondit-il avec une négligence qui n'avait rien d'affecté ; car il ne pouvait deviner dans quel but cette question lui était faite.

Les yeux de Franz se portèrent rapidement sur les trois fenêtres. Les fenêtres latérales étaient tendues en damas jaune, et celle du milieu en damas blanc avec une croix rouge.

L'homme au manteau avait tenu sa parole au Transtévère, et il n'y avait plus de doute : l'homme au manteau, c'était bien le comte.

Les trois fenêtres étaient encore vides.

Au reste, de tous côtés se faisaient les préparatifs ; on plaçait des chaises, on dressait des échafaudages, on tendait des fenêtres. Les masques ne pouvaient paraître, les voitures ne pouvaient circuler qu'au son de la cloche ; mais on sentait les masques derrière toutes les fenêtres, les voitures derrière toutes les portes.

Franz, Albert et le comte continuèrent de descendre la rue du Cours. À mesure qu'ils approchaient de la place du Peuple, la foule devenait plus épaisse et au-dessus des têtes de cette foule, on voyait s'élever deux choses : l'obélisque surmonté d'une croix qui indique le centre de la place, et, en avant de l'obélisque, juste au point de correspondance visuelle des trois rues del Babuino, del Corso et di Ripetta, les deux poutres suprêmes de l'échafaud, entre lesquelles brillait le fer arrondi de la mandaïa.

À l'angle de la rue on trouva l'intendant du comte, qui attendait son maître.

La fenêtre louée à ce prix exorbitant sans doute dont le comte n'avait point voulu faire part à ses invités, appartenait au second étage du grand palais, situé entre la rue del Babuino et le monte Pincio ; c'était, comme nous l'avons dit, une espèce de cabinet de toilette donnant dans une chambre à coucher en fermant la porte de la chambre à coucher, les locataires du cabinet étaient chez eux ; sur les chaises on avait déposé des costumes de paillasse en satin blanc et bleu des plus élégants.

« Comme vous m'avez laissé le choix des costumes, dit le comte aux deux amis, je vous ai fait préparer ceux-ci. D'abord, c'est ce qu'il y aura de mieux porté cette année ; ensuite, c'est ce qu'il y a de plus commode pour les confettis, attendu que la farine n'y paraît pas. »

Franz n'entendit que fort imparfaitement les paroles du comte, et il n'apprécia peut-être pas à sa valeur cette nouvelle gracieuseté ; car toute son attention était attirée par le spectacle que présentait la piazza del Popolo, et par l'instrument terrible qui en faisait à cette heure le principal ornement.

C'était la première fois que Franz apercevait une guillotine ; nous disons guillotine, car la mandaïa romaine est taillée à peu près sur le même patron que notre instrument de mort. Le couteau, qui a la forme d'un croissant qui couperait par la partie convexe, tombe de moins haut, voilà tout.

Deux hommes, assis sur la planche à bascule où l'on couche le condamné, déjeunaient en attendant, et mangeaient, autant que Franz pût le voir, du pain et des saucisses ; l'un d'eux souleva la planche, en tira un flacon de vin, but un coup et passa le flacon à son camarade ; ces deux hommes, c'étaient les aides du bourreau !

À ce seul aspect, Franz avait senti la sueur poindre à la racine de ses cheveux.

Les condamnés, transportés la veille au soir des Carceri Nuove dans la petite église Sainte-Marie-del-Popolo, avaient passé la nuit, assistés chacun de deux prêtres, dans une chapelle ardente fermée d'une grille, devant laquelle se promenaient des sentinelles relevées d'heure en heure.

Une double haie de carabiniers placés de chaque côté de la porte de l'église s'étendait jusqu'à l'échafaud, autour duquel elle s'arrondissait, laissant libre un chemin de dix pieds de large à peu près, et autour de la guillotine un espace d'une centaine de pas de circonférence. Tout le reste de la place était pavé de têtes d'hommes et de femmes. Beaucoup de femmes tenaient leurs enfants sur leurs épaules. Ces enfants, qui dépassaient la foule de tout le torse, étaient admirablement placés.

Le monte Pincio semblait un vaste amphithéâtre dont tous les gradins eussent été chargés de spectateurs ; les balcons des deux églises qui font l'angle de la rue del Babaino et de la rue di Ripetta regorgeaient de curieux privilégiés ; les marches des péristyles semblaient un flot mouvant et bariolé qu'une marée incessante poussait vers le portique : chaque aspérité de la muraille qui pouvait donner place à un homme avait sa statue vivante.

Ce que disait le comte est donc vrai, ce qu'il y a de plus curieux dans la vie est le spectacle de la mort.

Et cependant, au lieu du silence que semblait commander la solennité du spectacle, un grand bruit montait de cette foule, bruit composé de rires, de huées et de cris joyeux ; il était évident encore, comme l'avait dit le comte que cette exécution n'était rien autre chose, pour tout le peuple, que le commencement du carnaval.

Tout à coup ce bruit cessa comme par enchantement, la porte de l'église venait de s'ouvrir.

Une confrérie de pénitents, dont chaque membre était vêtu d'un sac gris percé aux yeux seulement, et tenait un cierge allumé à la main, parut d'abord ; en tête marchait le chef de la confrérie.

Derrière les pénitents venait un homme de haute taille. Cet homme était nu, à l'exception d'un caleçon de toile au côté gauche duquel était attaché un grand couteau caché dans sa gaine ; il portait sur l'épaule droite une lourde masse de fer. Cet homme, c'était le bourreau.

Il avait en outre des sandales attachées au bas de la jambe par des cordes.

Derrière le bourreau marchaient, dans l'ordre où ils devaient être exécutés, d'abord Peppino et ensuite Andrea.

Chacun était accompagné de deux prêtres.

Ni l'un ni l'autre n'avait les yeux bandés.

Peppino marchait d'un pas assez ferme ; sans doute il avait eu avis de ce qui se préparait pour lui.

Andrea était soutenu sous chaque bras par un prêtre.

Tous deux baisaient de temps en temps le crucifix que leur présentait le confesseur.

Franz sentit, rien qu'à cette vue, les jambes qui lui manquaient ; il regarda Albert. Il était pâle comme sa chemise, et par un mouvement machinal il jeta loin de lui son cigare, quoiqu'il ne l'eût fumé qu'à moitié.

Le comte seul paraissait impassible. Il y avait même plus, une légère teinte rouge semblait vouloir percer la pâleur livide de ses joues.

Son nez se dilatait comme celui d'un animal féroce qui flaire le sang, et ses lèvres, légèrement écartées, laissaient voir ses dents blanches, petites et aiguës comme celles d'un chacal.

Et cependant, malgré tout cela, son visage avait une expression de douceur souriante que Franz ne lui avait jamais vue ; ses yeux noirs surtout étaient admirables de mansuétude et de velouté.

Cependant les deux condamnés continuaient de marcher vers l'échafaud, et à mesure qu'ils avançaient on pouvait distinguer les traits de leur visage. Peppino était un beau garçon de vingt-quatre à vingt-six ans, au teint hâlé par le soleil, au regard libre et sauvage. Il portait la tête haute et semblait flairer le vent pour voir de quel côté lui viendrait son libérateur.

Andrea était gros et court : son visage, bassement cruel, n'indiquait pas d'âge ; il pouvait cependant avoir trente ans à peu près. Dans la prison, il avait laissé pousser sa barbe. Sa tête retombait sur une de ses épaules, ses jambes pliaient sous lui :

tout son être paraissait obéir à un mouvement machinal dans lequel sa volonté n'était déjà plus rien.

« Il me semble, dit Franz au comte, que vous m'avez annoncé qu'il n'y aurait qu'une exécution.

– Je vous ai dit la vérité, répondit-il froidement.

– Cependant voici deux condamnés.

– Oui ; mais de ces deux condamnés l'un touche à la mort, et l'autre a encore de longues années à vivre.

– Il me semble que si la grâce doit venir, il n'y a plus de temps à perdre.

– Aussi la voilà qui vient ; regardez », dit le Comte.

En effet, au moment où Peppino arrivait au pied de la mandaïa, un pénitent, qui semblait être en retard, perça la haie sans que les soldats fissent obstacle à son passage, et, s'avançant vers le chef de la confrérie, lui remit un papier plié en quatre.

Le regard ardent de Peppino n'avait perdu aucun de ces détails ; le chef de la confrérie déplia le papier, le lut et leva la main.

« Le Seigneur soit béni et Sa Sainteté soit louée ! dit-il à haute et intelligible voix. Il y a grâce de la vie pour l'un des condamnés.

– Grâce ! s'écria le peuple d'un seul cri ; il y a grâce ! »

À ce mot de grâce, Andrea sembla bondir et redressa la tête.

« Grâce pour qui ? » cria-t-il.

Peppino resta immobile, muet et haletant.

« Il y a grâce de la peine de mort pour Peppino Rocca Priori », dit le chef de la confrérie.

Et il passa le papier au capitaine commandant les carabiniers, lequel, après l'avoir lu, le lui rendit.

« Grâce pour Peppino ! s'écria Andrea, entièrement tiré de l'état de torpeur où il semblait être plongé ; pourquoi grâce pour lui et pas pour moi ? nous devions mourir ensemble ; on m'avait promis qu'il mourrait avant moi, on n'a pas le droit de me faire mourir seul, je ne le veux pas ! »

Et il s'arracha au bras des deux prêtres, se tordant, hurlant, rugissant et faisant des efforts insensés pour rompre les cordes qui lui liaient les mains.

Le bourreau fit signe à ses deux aides, qui sautèrent en bas de l'échafaud et vinrent s'emparer du condamné.

« Qu'y a-t-il donc ? » demanda Franz au comte.

Car, comme tout cela se passait en patois romain, il n'avait pas très bien compris.

« Ce qu'il y a ? dit le comte, ne comprenez-vous pas bien ? Il y a que cette créature humaine qui va mourir est furieuse de ce que son semblable ne meure pas avec elle et que, si on la laissait faire, elle le déchirerait avec ses ongles et avec ses dents plutôt que de le laisser jouir de la vie dont elle va être privée. Ô hommes ! hommes ! race de crocodiles ! comme dit Karl Moor, s'écria le comte en étendant les deux poings vers toute cette foule, que je vous reconnais bien là, et qu'en tout temps vous êtes bien dignes de vous-mêmes ! »

En effet, Andrea et les deux aides du bourreau se roulaient dans la poussière, le condamné criant toujours : « Il doit mourir, je veux qu'il meure ! On n'a pas le droit de me tuer tout seul ! »

« Regardez, regardez, continua le comte en saisissant chacun des deux jeunes gens par la main, regardez, car, sur mon âme, c'est curieux, voilà un homme qui était résigné à son sort, qui marchait à l'échafaud, qui allait mourir comme un lâche, c'est vrai, mais enfin il allait mourir sans résistance et sans récrimination : savez-vous ce qui lui donnait quelque force ? savez-vous ce qui le consolait ? savez-vous ce qui lui faisait prendre son supplice en patience ? c'est qu'un autre partageait son angoisse ; c'est qu'un autre allait mourir comme lui ; c'est qu'un autre allait mourir avant lui ! Menez deux moutons à la boucherie, deux bœufs à l'abattoir, et faites comprendre à l'un d'eux que son compagnon ne mourra pas, le mouton bêlera de joie, le bœuf mugira de plaisir mais l'homme, l'homme que Dieu a fait à son image, l'homme à qui Dieu a imposé pour première, pour unique, pour suprême loi, l'amour de son prochain, l'homme à qui Dieu a donné une voix pour exprimer sa pensée, quel sera son premier cri quand il apprendra que son camarade est sauvé ? un blasphème. Honneur à l'homme, ce chef-d'œuvre de la nature, ce roi de la création ! »

Et le comte éclata de rire, mais d'un rire terrible qui indiquait qu'il avait dû horriblement souffrir pour en arriver à rire ainsi.

Cependant la lutte continuait, et c'était quelque chose d'affreux à voir. Les deux valets portaient Andrea sur l'échafaud ;

tout le peuple avait pris parti contre lui, et vingt mille voix criaient d'un seul cri : « À mort ! à mort ! »

Franz se rejeta en arrière ; mais le comte ressaisit son bras et le retint devant la fenêtre.

« Que faites-vous donc ? lui dit-il ; de la pitié ? elle est, ma foi, bien placée ! Si vous entendiez crier au chien enragé, vous prendriez votre fusil, vous vous jetteriez dans la rue, vous tueriez sans miséricorde à bout portant la pauvre bête, qui, au bout du compte ne serait coupable que d'avoir été mordue par un autre chien, et de rendre ce qu'on lui a fait : et voilà que vous avez pitié d'un homme qu'aucun autre homme n'a mordu, et qui cependant a tué son bienfaiteur, et qui maintenant, ne pouvant plus tuer parce qu'il a les mains liées, veut à toute force voir mourir son compagnon de captivité, son camarade d'infortune ! Non, non, regardez, regardez. »

La recommandation était devenue presque inutile, Franz était comme fasciné par l'horrible spectacle. Les deux valets avaient porté le condamné sur l'échafaud, et là, malgré ses efforts, ses morsures, ses cris, ils l'avaient forcé de se mettre à genoux. Pendant ce temps, le bourreau s'était placé de côté et la masse en arrêt ; alors, sur un signe, les deux aides s'écartèrent. Le condamné voulut se relever, mais avant qu'il en eût le temps, la masse s'abattit sur sa tempe gauche ; on entendit un bruit sourd et mat, le patient tomba comme un bœuf, la face contre terre, puis d'un contrecoup, se retourna sur le dos. Alors le bourreau laissa tomber sa masse, tira le couteau de sa ceinture d'un seul coup lui ouvrit la gorge et, montant aussitôt sur son ventre, se mit à le pétrir avec ses pieds.

À chaque pression, un jet de sang s'élançait du cou du condamné.

Pour cette fois, Franz n'y put tenir plus longtemps ; il se rejeta en arrière, et alla tomber sur un fauteuil à moitié évanoui.

Albert, les yeux fermés, resta debout, mais cramponné aux rideaux de la fenêtre.

Le comte était debout et triomphant comme le mauvais ange.

XXXVI – La carnaval de Rome.

Quand Franz revint à lui, il trouva Albert qui buvait un verre d'eau dont sa pâleur indiquait qu'il avait grand besoin, et le comte qui passait déjà son costume de paillasse. Il jeta machinalement les yeux sur la place ; tout avait disparu, échafaud, bourreaux, victimes ; il ne restait plus que le peuple, brayant, affairé, joyeux ; la cloche du monte Citorio, qui ne retentit que pour la mort du pape et l'ouverture de la mascherata, sonnait à pleines volées.

« Eh bien, demanda-t-il au comte, que s'est-il donc passé ?

– Rien, absolument rien, dit-il, comme vous voyez ; seulement le carnaval est commencé, habillons nous vite.

– En effet, répondit Franz au comte, il ne reste de toute cette horrible scène que la trace d'un rêve.

– C'est que ce n'est pas autre chose qu'un rêve, qu'un cauchemar, que vous avez eu.

– Oui, moi ; mais le condamné ?

– C'est un rêve aussi ; seulement il est resté endormi, lui, tandis que vous vous êtes réveillé, vous ; et qui peut dire lequel de vous deux est le privilégié ?

– Mais Peppino, demanda Franz, qu'est-il devenu ?

– Peppino est un garçon de sens qui n'a pas le moindre amour-propre, et qui, contre l'habitude des hommes qui sont furieux lorsqu'on ne s'occupe pas d'eux, a été enchanté, lui, de voir que l'attention générale se portait sur son camarade ; il a en conséquence profité de cette distraction pour se glisser dans la foule et disparaître, sans même remercier les dignes prêtres qui l'avaient accompagné. Décidément, l'homme est un animal fort ingrat et fort égoïste... Mais habillez-vous ; tenez, vous voyez que M. de Morcerf vous donne l'exemple. »

En effet, Albert passait machinalement son pantalon de taffetas par-dessus son pantalon noir et ses bottes vernies.

« Eh bien ! Albert, demanda Franz, êtes-vous bien en train de faire des folies ? Voyons, répondez franchement.

– Non, dit-il, mais en vérité je suis aise maintenant d'avoir vu une pareille chose, et je comprends ce que disait M. le comte : c'est que, lorsqu'on a pu s'habituer une fois à un pareil spectacle, ce soit le seul qui donne encore des émotions.

– Sans compter que c'est en ce moment-là seulement qu'on peut faire des études de caractères, dit le comte ; sur la première marche de l'échafaud, la mort arrache le masque qu'on a porté toute la vie, et le véritable visage apparaît. Il faut en convenir, celui d'Andrea n'était pas beau à voir... Le hideux coquin !... Habillons-nous, messieurs, habillons-nous ! »

Il eût été ridicule à Franz de faire la petite maîtresse et de ne pas suivre l'exemple que lui donnaient ses deux compagnons. Il passa donc à son tour son costume et mit son masque, qui n'était certainement pas plus pâle que son visage.

La toilette achevée, on descendit. La voiture attendait à la porte, pleine de confetti et de bouquets.

On prit la file.

Il est difficile de se faire l'idée d'une opposition plus complète que celle qui venait de s'opérer. Au lieu de ce spectacle de mort sombre et silencieux, la place del Popolo présentait l'aspect d'une folle et bruyante orgie. Une foule de masques sortaient, débordant de tous les côtés, s'échappant par les portes, descendant par les fenêtres ; les voitures débouchaient à tous des coins de rue, chargées de pierrots, d'arlequins, de dominos, de marquis, de Transtévères, de grotesques, de chevaliers, de paysans : tout cela criant, gesticulant, lançant des œufs pleins de farine, des confetti, des bouquets ; attaquant de la parole et du projectile amis et étrangers, connus et inconnus, sans que personne ait le droit de s'en fâcher, sans que pas un fasse autre chose que d'en rire.

Franz et Albert étaient comme des hommes que, pour les distraire d'un violent chagrin, on conduirait dans une orgie, et qui, à mesure qu'ils boivent et qu'ils s'enivrent, sentent un voile s'épaissir entre le passé et le présent. Ils voyaient toujours, ou plutôt ils continuaient de sentir en eux le reflet de ce qu'ils avaient vu. Mais peu à peu l'ivresse générale les gagna : il leur sembla que leur raison chancelante allait les abandonner ; ils éprouvaient un besoin étrange de prendre leur part de ce bruit, de ce mouvement, de ce vertige. Une poignée de confetti qui arriva à Morcerf d'une voiture voisine, et qui, en le couvrant de poussière, ainsi que ses deux compagnons, piqua son cou et toute la portion du visage que ne garantissait pas le masque, comme si on lui eût jeté un cent d'épingles, acheva de le pousser à la lutte générale dans laquelle étaient déjà engagés tous les masques qu'ils rencontraient. Il se leva à son tour dans la voiture, il puisa à pleines mains dans les sacs, et, avec toute la vigueur et l'adresse dont il était capable, il envoya à son tour œufs et dragées à ses voisins.

Dès lors, le combat était engagé. Le souvenir de ce qu'ils avaient vu une demi-heure auparavant s'effaça tout à fait de l'esprit des deux jeunes gens, tant le spectacle bariolé, mouvant, insensé, qu'ils avaient sous les yeux était venu leur faire diversion. Quant au comte de Monte-Cristo, il n'avait jamais, comme nous l'avons dit, paru impressionné un seul instant.

En effet, qu'on se figure cette grande et belle rue du Cours, bordée d'un bout à l'autre de palais à quatre ou cinq étages avec tous leurs balcons garnis de tapisseries, avec toutes leurs fenêtres drapées ; à ces balcons et à ces fenêtres, trois cent mille spectateurs, Romains, Italiens, étrangers venus des quatre parties du monde : toutes les aristocraties réunies, aristocraties de naissance, d'argent, de génie ; des femmes charmantes, qui, subissant elles-mêmes l'influence de ce spectacle, se courbent sur les balcons, se penchent hors des fenêtres, font pleuvoir sur les voitures qui passent une grêle de confetti qu'on leur rend en bouquets ; l'atmosphère tout épaissie de dragées qui descendent et de fleurs qui montent ; puis sur le pavé des rues une foule joyeuse, incessante ; folle, avec des costumes insensés : des choux gigantesques qui se promènent, des têtes de buffles qui mugissent sur des corps d'hommes, des chiens qui semblent marcher sur les pieds de derrière ; au milieu de tout cela un masque qui se soulève, et, dans cette tentation de saint Antoine rêvée par Callot, quelque Astarté qui montre une ravissante figure qu'on veut suivre et de laquelle on est séparé par des espèces de démons pareils à ceux qu'on voit dans ses rêves, et l'on aura une faible idée de ce qu'est le carnaval de Rome.

Au second tour le comte fit arrêter la voiture et demanda à ses compagnons la permission de les quitter, laissant sa voiture à leur disposition. Franz leva les yeux : on était en face du palais Rospoli ; et à la fenêtre du milieu, à celle qui était drapée d'une pièce de damas blanc avec une croix rouge était un domino bleu, sous lequel l'imagination de Franz se représenta sans peine la belle Grecque du théâtre Argentina.

« Messieurs, dit le comte en sautant à terre, quand vous serez las d'être acteurs et que vous voudrez redevenir spectateurs, vous savez que vous avez place à mes fenêtres. En attendant, disposez de mon cocher, de ma voiture et de mes domestiques. »

Nous avons oublié de dire que le cocher du comte était gravement vêtu d'une peau d'ours noir, exactement pareille à celle d'Odry dans *l'Ours et le Pacha*, et que les deux laquais qui se tenaient debout derrière la calèche possédaient des costumes de singe vert, parfaitement adaptés à leurs tailles, et des masques à ressorts avec lesquels ils faisaient la grimace aux passants.

Franz remercia le comte de son offre obligeante : quant à Albert, il était en coquetterie avec une pleine voiture de paysannes romaines, arrêtée, comme celle du comte, par un de ces repos si communs dans les files et qu'il écrasait de bouquets.

Malheureusement pour lui la file reprit son mouvement, et tandis qu'il descendait vers la place del Popolo, la voiture qui avait attiré son attention remontait vers le palais de Venise.

« Ah ! mon cher ! dit-il à Franz, vous n'avez pas vu ?...

– Quoi ? demanda Franz.

– Tenez, cette calèche qui s'en va toute chargée de paysannes romaines.

– Non.

– Eh bien, je suis sûr que ce sont des femmes charmantes.

– Quel malheur que vous soyez masqué, mon cher Albert, dit Franz, c'était le moment de vous rattraper de vos désappointements amoureux !

– Oh ! répondit-il moitié riant, moitié convaincu, j'espère bien que le carnaval ne se passera pas sans m'apporter quelque dédommagement. »

Malgré cette espérance d'Albert, toute la journée se passa sans autre aventure que la rencontre, deux ou trois fois renouvelée, de la calèche aux paysannes romaines. À l'une de ces rencontres, soit hasard, soit calcul d'Albert, son masque se détacha.

À cette rencontre, il prit le reste du bouquet et le jeta dans la calèche.

Sans doute une des femmes charmantes qu'Albert devinait sous le costume coquet de paysannes fut touchée de cette galanterie, car à son tour, lorsque la voiture des deux amis repassa, elle y jeta un bouquet de violettes.

Albert se précipita sur le bouquet. Comme Franz n'avait aucun motif de croire qu'il était à son adresse, il laissa Albert s'en emparer. Albert le mit victorieusement à sa boutonnière, et la voiture continua sa course triomphante.

« Eh bien, lui dit Franz, voilà un commencement d'aventure !

— Riez tant que vous voudrez, répondit-il, mais en vérité je crois que oui ; aussi je ne quitte plus ce bouquet.

— Pardieu, je crois bien ! dit Franz en riant, c'est un signe de reconnaissance. »

La plaisanterie, au reste, prit bientôt un caractère de réalité, car lorsque, toujours conduits par la file, Franz et Albert croisèrent de nouveau la voiture des *contadine*, celle qui avait jeté le bouquet à Albert battit des mains en le voyant à sa boutonnière.

« Bravo, mon cher ! bravo ! lui dit Franz, voilà qui se prépare à merveille ! Voulez-vous que je vous quitte et vous est-il plus agréable d'être seul ?

— Non, dit-il, ne brusquons rien ; je ne veux pas me laisser prendre comme un sot à une première démonstration, à un rendez-vous sous l'horloge comme nous disons pour le bal de l'Opéra. Si la belle paysanne a envie d'aller plus loin, nous la retrouvons demain ou plutôt elle nous retrouvera. Alors elle me donnera signe d'existence, et je verrai ce que j'aurai à faire.

— En vérité, mon cher Albert, dit Franz, vous êtes sage comme Nestor et prudent comme Ulysse ; et si votre Circé parvient à vous changer en une bête quelconque, il faudra qu'elle soit bien adroite ou bien puissante. »

Albert avait raison. La belle inconnue avait résolu sans doute de ne pas pousser plus loin l'intrigue ce jour-là ; car, quoique les jeunes gens fissent encore plusieurs tours, ils ne revirent pas la calèche qu'ils cherchaient des yeux : elle avait disparu sans doute par une des rues adjacentes.

Alors ils revinrent au palais Rospoli, mais le comte aussi avait disparu avec le domino bleu. Les deux fenêtres tendues en damas jaune continuaient, au reste, d'être occupées par des personnes qu'il avait sans doute invitées.

En ce moment, la même cloche qui avait sonné l'ouverture de la mascherata sonna la retraite. La file du Corso se rompit aussitôt, et en un instant toutes les voitures disparurent dans les rues transversales.

Franz et Albert étaient en ce moment en face de la via delle Maratte.

Le cocher l'enfila sans rien dire, et, gagnant la place d'Espagne en longeant le palais Poli, il s'arrêta devant l'hôtel.

Maître Pastrini vint recevoir ses hôtes sur le seuil de la porte.

Le premier soin de Franz fut de s'informer du comte et d'exprimer le regret de ne l'avoir pas repris à temps, mais Pastrini le rassura en lui disant que le comte de Monte-Cristo avait commandé une seconde voiture pour lui, et que cette voiture était allée le chercher à quatre heures au palais Rospoli. Il était en outre chargé, de sa part, d'offrir aux deux amis la clef de sa loge au théâtre Argentina.

Franz interrogea Albert sur ses dispositions, mais Albert avait de grands projets à mettre à exécution avant de penser à aller au théâtre ; en conséquence, au lieu de répondre, il s'informa si maître Pastrini pourrait lui procurer un tailleur.

« Un tailleur, demanda notre hôte, et pour quoi faire ?

— Pour nous faire d'ici à demain des habits de paysans romains, aussi élégants que possible », dit Albert.

Maître Pastrini secoua la tête.

« Vous faire d'ici à demain deux habits ! s'écria-t-il, voilà bien, j'en demande pardon à Vos Excellences, une demande à la française ; deux habits ! quand d'ici à huit jours vous ne trouveriez certainement pas un tailleur qui consentît à coudre six boutons à un gilet, lui payassiez-vous ces boutons un écu la pièce !

— Alors il faut donc renoncer à se procurer les habits que je désire ?

— Non, parce que nous aurons ces habits tout faits. Laissez-moi m'occuper de cela, et demain vous trouverez en vous éveillant une collection de chapeaux, de vestes et de culottes dont vous serez satisfaits.

— Mon cher, dit Franz à Albert, rapportons-nous-en à notre hôte, il nous a déjà prouvé qu'il était homme de ressources ; dînons donc tranquillement, et après le dîner allons voir l'Italienne à Alger.

– Va pour l'*Italienne à Alger*, dit Albert ; mais songez, maître Pastrini, que moi et monsieur, continua-t-il en désignant Franz, nous mettons la plus haute importance à avoir demain les habits que nous vous avons demandés. »

L'aubergiste affirma une dernière fois à ses hôtes qu'ils n'avaient à s'inquiéter de rien et qu'ils seraient servis à leurs souhaits ; sur quoi Franz et Albert remontèrent pour se débarrasser de leurs costumes de paillasses.

Albert, en dépouillant le sien, serra avec le plus grand soin son bouquet de violettes : c'était son signe de reconnaissance pour le lendemain.

Les deux amis se mirent à table ; mais, tout en dînant, Albert ne put s'empêcher de remarquer la différence notable qui existait entre les mérites respectifs du cuisinier de maître Pastrini et celui du comte de Monte-Cristo. Or, la vérité força Franz d'avouer, malgré les préventions qu'il paraissait avoir contre le comte, que le parallèle n'était point à l'avantage du chef de maître Pastrini.

Au dessert, le domestique s'informa de l'heure à laquelle les jeunes gens désiraient la voiture. Albert et Franz se regardèrent, craignant véritablement d'être indiscrets. Le domestique les comprit.

« Son Excellence le comte de Monte-Cristo, leur dit-il, a donné des ordres positifs pour que la voiture demeurât toute la journée aux ordres de Leurs Seigneuries ; Leurs Seigneuries peuvent donc disposer sans crainte d'être indiscrètes. »

Les jeunes gens résolurent de profiter jusqu'au bout de la courtoisie du comte, et ordonnèrent d'atteler, tandis qu'ils allaient substituer une toilette du soir à leur toilette de la journée, tant soit peu froissée par les combats nombreux auxquels ils s'étaient livrés.

Cette précaution prise, ils se rendirent au théâtre Argentina, et s'installèrent dans la loge du comte.

Pendant le premier acte, la comtesse G... entra dans la sienne ; son premier regard se dirigea du côté où la veille elle avait vu le comte, de sorte qu'elle aperçut Franz et Albert dans la loge de celui sur le compte duquel elle avait exprimé, il y avait vingt-quatre heures, à Franz, une si étrange opinion.

Sa lorgnette était dirigée sur lui avec un tel acharnement, que Franz vit bien qu'il y aurait de la cruauté à tarder plus longtemps de satisfaire sa curiosité ; aussi, usant du privilège accordé aux spectateurs des théâtres italiens, qui consiste à faire des salles de spectacle leurs salons de réception, les deux amis quittèrent-ils leur loge pour aller présenter leurs hommages à la comtesse.

À peine furent-ils entrés dans sa loge qu'elle fit signe à Franz de se mettre à la place d'honneur.

Albert, à son tour, se plaça derrière.

« Eh bien, dit-elle, donnant à peine à Franz le temps de s'asseoir, il paraît que vous n'avez rien eu de plus pressé que de faire connaissance avec le nouveau Lord Ruthwen, et que vous voilà les meilleurs amis du monde ?

— Sans que nous soyons si avancés que vous le dites dans une intimité réciproque, je ne puis nier, madame la comtesse, répondit Franz, que nous n'ayons toute la journée abusé de son obligeance.

— Comment, toute la journée ?

— Ma foi, c'est le mot : ce matin nous avons accepté son déjeuner, pendant toute la mascherata nous avons couru le Corso dans sa voiture, enfin ce soir nous venons au spectacle dans sa loge.

— Vous le connaissez donc ?

— Oui et non.

— Comment cela ?

— C'est toute une longue histoire.

— Que vous me raconterez ?

— Elle vous ferait trop peur.

— Raison de plus.

— Attendez au moins que cette histoire ait un dénouement.

— Soit, j'aime les histoires complètes. En attendant, comment vous êtes-vous trouvés en contact ? qui vous a présentés à lui ?

— Personne ; c'est lui au contraire qui s'est fait présenter à nous.

— Quand cela ?

— Hier soir, en vous quittant.

— Par quel intermédiaire ?

— Oh ! mon Dieu ! par l'intermédiaire très prosaïque de notre hôte !

— Il loge donc hôtel d'Espagne, comme vous ?

– Non seulement dans le même hôtel, mais sur le même carré.

– Comment s'appelle-t-il ? car sans doute vous savez son nom ?

– Parfaitement, le comte de Monte-Cristo.

– Qu'est-ce que ce nom-là ? ce n'est pas un nom de race.

– Non, c'est le nom d'une île qu'il a achetée.

– Et il est comte ?

– Comte toscan.

– Enfin, nous avalerons celui-là avec les autres, reprit la comtesse, qui était d'une des plus vieilles familles des environs de Venise ; et quel homme est-ce d'ailleurs ?

– Demandez au vicomte de Morcerf.

– Vous entendez, monsieur, on me renvoie à vous, dit la comtesse.

– Nous serions difficiles si nous ne le trouvions pas charmant, madame, répondit Albert ; un ami de dix ans n'eût pas fait pour nous plus qu'il n'a fait, et cela avec une grâce, une délicatesse, une courtoisie qui indiquent véritablement un homme du monde.

– Allons, dit la comtesse en riant, vous verrez que mon vampire sera tout bonnement quelque nouvel enrichi qui veut se faire pardonner ses millions, et qui aura pris le regard de Lara pour qu'on ne le confonde pas avec M. de Rothschild. Et elle, l'avez-vous vue ?

– Qui elle ? demanda Franz en souriant.

– La belle Grecque d'hier.

– Non. Nous avons, je crois bien, entendu le son de sa guzla, mais elle est restée parfaitement invisible.

– C'est-à-dire, quand vous dites invisible, mon cher Franz, dit Albert, c'est tout bonnement pour faire du mystérieux. Pour qui prenez-vous donc ce domino bleu qui était à la fenêtre tendue de damas blanc ?

– Et où était cette fenêtre tendue de damas blanc ? demanda la comtesse.

– Au palais Rospoli.

– Le comte avait donc trois fenêtres au palais Rospoli ?

– Oui. Êtes-vous passée rue du Cours ?

– Sans doute.

– Eh bien, avez-vous remarqué deux fenêtres tendues de damas jaune et une fenêtre tendue de damas blanc avec une croix rouge ? Ces trois fenêtres étaient au comte.

– Ah çà ! mais c'est donc un nabab que cet homme ? Savez-vous ce que valent trois fenêtres comme celles-là pour huit jours de carnaval, et au palais Rospoli, c'est-à-dire dans la plus belle situation du Corso ?

– Deux ou trois cents écus romains.

– Dites deux ou trois mille.

– Ah, diable.

– Et est-ce son île qui lui fait ce beau revenu ?

– Son île ? elle ne rapporte pas un bajocco.

– Pourquoi l'a-t-il achetée alors ?

– Par fantaisie.

– C'est donc un original ?

– Le fait est, dit Albert, qu'il m'a paru assez excentrique. S'il habitait Paris, s'il fréquentait nos spectacles, je vous dirais, mon cher, ou que c'est un mauvais plaisant qui pose, ou que c'est un pauvre diable que la littérature a perdu ; en vérité, il a fait ce matin deux ou trois sorties dignes de Didier ou d'Antony. »

En ce moment une visite entra, et, selon l'usage, Franz céda sa place au nouveau venu ; cette circonstance, outre le déplacement, eut encore pour résultat de changer le sujet de la conversation.

Une heure après, les deux amis rentraient à l'hôtel. Maître Pastrini s'était déjà occupé de leurs déguisements du lendemain et il leur promit qu'ils seraient satisfaits de son intelligente activité.

En effet, le lendemain à neuf heures il entrait dans la chambre de Franz avec un tailleur chargé de huit ou dix costumes de paysans romains. Les deux amis en choisirent deux pareils, qui allaient à peu près leur taille, et chargèrent leur hôte de leur faire coudre une vingtaine de mètres de rubans à chacun de leurs chapeaux, et de leur procurer deux de ces charmantes écharpes de soie aux bandes transversales et aux vives couleurs dont les hommes du peuple, dans les jours de fête, ont l'habitude de se serrer la taille.

Albert avait hâte de voir comment son nouvel habit lui irait : c'était une veste et une culotte de velours bleu, des bas à coins brodés, des souliers à boucles et un gilet de soie. Albert ne pouvait, au reste, que gagner à ce costume pittoresque ; et lorsque sa ceinture eut serré sa taille élégante, lorsque son chapeau légèrement incliné de côté, laissa tomber sur son épaule des flots de rubans, Franz fut forcé d'avouer que le costume est souvent pour beaucoup dans la supériorité physique que nous accordons à certains peuples. Les Turcs, si pittoresques autrefois avec leurs longues robes aux vives couleurs, ne sont-ils pas hideux maintenant avec leurs redingotes bleues boutonnées et leurs calottes grecques qui leur donnent l'air de bouteilles de vin à cachet rouge ?

Franz fit ses compliments à Albert, qui, au reste, debout devant la glace, se souriait avec un air de satisfaction qui n'avait rien d'équivoque.

Ils en étaient là lorsque le comte de Monte-Cristo entra.

« Messieurs, leur dit-il, comme, si agréable que soit un compagnon de plaisir, la liberté est plus agréable encore, je viens vous dire que pour aujourd'hui et les jours suivants je laisse à votre disposition la voiture dont vous vous êtes servis hier. Notre hôte a dû vous dire que j'en avais trois ou quatre en pension chez lui, vous ne m'en privez donc pas : usez-en librement, soit pour aller à votre plaisir, soit pour aller à vos affaires. Notre rendez-vous, si nous avons quelque chose à nous dire, sera au palais Rospoli. »

Les deux jeunes gens voulurent lui faire quelque observation, mais ils n'avaient véritablement aucune bonne raison de refuser une offre qui d'ailleurs leur était agréable. Ils finirent donc par accepter.

Le comte de Monte-Cristo resta un quart d'heure à peu près avec eux, parlant de toutes choses avec une facilité extrême. Il était, comme on a déjà pu le remarquer, fort au courant de la littérature de tous les pays. Un coup d'œil jeté sur les murailles de son salon avait prouvé à Franz et à Albert qu'il était amateur de tableaux. Quelques mots sans prétention, qu'il laissa tomber en passant, leur prouvèrent que les sciences ne lui étaient pas étrangères ; il paraissait surtout s'être particulièrement occupé de chimie.

Les deux amis n'avaient pas la prétention de rendre au comte le déjeuner qu'il leur avait donné ; ç'eût été une trop mauvaise plaisanterie à lui faire que lui offrir, en échange de son excellente table, l'ordinaire fort médiocre de maître Pastrini. Ils le lui dirent tout franchement, et il reçut leurs excuses en homme qui appréciait leur délicatesse.

Albert était ravi des manières du comte, que sa science seule l'empêchait de reconnaître pour un véritable gentilhomme. La liberté de disposer entièrement de la voiture le comblait surtout de joie : il avait ses vues sur ses gracieuses paysannes ; et, comme elles lui étaient apparues la veille dans une voiture fort élégante, il n'était pas fâché de continuer à paraître sur ce point avec elles sur un pied d'égalité.

À une heure et demie, les deux jeunes gens descendirent ; le cocher et les laquais avaient eu l'idée de mettre leurs habits de livrées sur leurs peaux de bêtes, ce qui leur donnait une tournure encore plus grotesque que la veille, et ce qui leur valut tous les compliments de Franz et d'Albert.

Albert avait attaché sentimentalement son bouquet de violettes fanées à sa boutonnière.

Au premier son de cloche, ils partirent et se précipitèrent dans la rue du Cours par la via Vittoria.

Au second tour, un bouquet de violettes fraîches, parti d'une calèche chargée de paillassines, et qui vint tomber dans la calèche du comte, indiqua à Albert que, comme lui et son ami, les paysannes de la veille avaient changé de costume, et que, soit par hasard, soit par un sentiment pareil à celui qui l'avait fait agir, tandis qu'il avait galamment pris leur costume, elles, de leur côté, avaient pris le sien.

Albert mit le bouquet frais à la place de l'autre, mais il garda le bouquet fané dans sa main ; et, quand il croisa de nouveau la calèche, il le porta amoureusement à ses lèvres : action qui parut récréer beaucoup non seulement celle qui le lui avait jeté, mais encore ses folles compagnes.

La journée fut non moins animée que la veille : il est probable même qu'un profond observateur y eût encore reconnu une augmentation de bruit et de gaieté. Un instant on aperçut le comte à la fenêtre ; mais lorsque la voiture repassa il avait déjà disparu.

Il va sans dire que l'échange de coquetteries entre Albert et la paillassine aux bouquets de violettes dura toute la journée.

Le soir, en rentrant, Franz trouva une lettre de l'ambassade ; on lui annonçait qu'il aurait l'honneur d'être reçu le lendemain par Sa Sainteté. À chaque voyage précédent qu'il avait fait à Rome, il avait sollicité et obtenu la même faveur ; et, autant par religion que par reconnaissance, il n'avait pas voulu toucher barre dans la capitale du monde chrétien sans mettre son respectueux hommage aux pieds d'un des successeurs de saint Pierre qui a donné le rare exemple de toutes les vertus.

Il ne s'agissait donc pas pour lui, ce jour-là, de songer au carnaval ; car, malgré la bonté dont il entoure sa grandeur, c'est toujours avec un respect plein de profonde émotion que l'on s'apprête à s'incliner devant ce noble et saint vieillard qu'on nomme Grégoire XVI.

En sortant du Vatican, Franz revint droit à l'hôtel en évitant même de passer par la rue du Cours. Il emportait un trésor de pieuses pensées, pour lesquelles le contact des folles joies de la mascherata eût été une profanation.

À cinq heures dix minutes, Albert rentra. Il était au comble de la joie ; la paillassine avait repris son costume de paysanne, et en croisant la calèche d'Albert elle avait levé son masque.

Elle était charmante.

Franz fit à Albert ses compliments bien sincères ; il les reçut en homme à qui ils sont dus. Il avait reconnu, disait-il, à certains signes d'élégance inimitable, que sa belle inconnue devait appartenir à la plus haute aristocratie.

Il était décidé à lui écrire le lendemain.

Franz, tout en recevant cette confidence, remarqua qu'Albert paraissait avoir quelque chose à lui demander, et que cependant il hésitait à lui adresser cette demande. Il insista, en lui déclarant d'avance qu'il était prêt à faire, au profit de son bonheur, tous les sacrifices qui seraient en son pouvoir. Albert se fit prier tout juste le temps qu'exigeait une amicale politesse : puis enfin il avoua à Franz qu'il lui rendrait service en lui abandonnant pour le lendemain la calèche à lui tout seul.

Albert attribuait à l'absence de son ami l'extrême bonté qu'avait eue la belle paysanne de soulever son masque.

On comprend que Franz n'était pas assez égoïste pour arrêter Albert au milieu d'une aventure qui promettait à la fois d'être si agréable pour sa curiosité et si flatteuse pour son amour-propre. Il connaissait assez la parfaite indiscrétion de son digne ami pour être sûr qu'il le tiendrait au courant des moindres détails de sa bonne fortune ; et comme, depuis deux ou trois ans qu'il parcourait l'Italie en tous sens, il n'avait jamais eu la chance même d'ébaucher semblable intrigue pour son compte, Franz n'était pas fâché d'apprendre comment les choses se passaient en pareil cas.

Il promit donc à Albert qu'il se contenterait le lendemain de regarder le spectacle des fenêtres du palais Rospoli.

En effet, le lendemain il vit passer et repasser Albert. Il avait un énorme bouquet que sans doute il avait chargé d'être le porteur de son épître amoureuse. Cette probabilité se chargea en certitude quand Franz revit le même bouquet, remarquable par un cercle de camélias blancs, entre les mains d'une charmante paillassine habillée de satin rose.

Aussi le soir ce n'était plus de la joie, c'était du délire. Albert ne doutait pas que la belle inconnue ne lui répondît par la même voie. Franz alla au-devant de ses désirs en lui disant que tout ce bruit le fatiguait, et qu'il était décidé à employer la journée du lendemain à revoir son album et à prendre des notes.

Au reste, Albert ne s'était pas trompé dans ses prévisions : le lendemain au soir Franz le vit entrer d'un seul bond dans sa chambre, secouant machinalement un carré de papier qu'il tenait par un de ses angles.

« Eh bien, dit-il, m'étais-je trompé ?

– Elle a répondu ? s'écria Franz.

– Lisez. »

Ce mot fut prononcé avec une intonation impossible à rendre. Franz prit le billet et lut :

« Mardi soir, à sept heures, descendez de votre voiture en face de la via dei Pontefici, et suivez la paysanne romaine qui vous arrachera votre moccoletto. Lorsque vous arriverez sur la première marche de l'église de San-Giacomo, ayez soin, pour qu'elle puisse vous reconnaître, de nouer un ruban rose sur l'épaule de votre costume de paillasse.

« D'ici là vous ne me verrez plus.

« Constance et discrétion. »

« Eh bien, dit-il à Franz, lorsque celui-ci eut terminé cette lecture, que pensez-vous de cela, cher ami ?

– Mais je pense, répondit Franz, que la chose prend tout le caractère d'une aventure fort agréable.

« – C'est mon avis aussi, dit Albert, et j'ai grand peur que vous n'alliez seul au bal du duc de Bracciano. »

Franz et Albert avaient reçu le matin même chacun une invitation du célèbre banquier romain.

« Prenez garde, mon cher Albert, dit Franz, toute l'aristocratie sera chez le duc ; et si votre belle inconnue est véritablement de l'aristocratie, elle ne pourra se dispenser d'y paraître.

– Qu'elle y paraisse ou non, je maintiens mon opinion sur elle, continua Albert. Vous avez lu le billet ?

– Oui.

– Vous savez la pauvre éducation que reçoivent en Italie les femmes du mezzo cito ? »

On appelle ainsi la bourgeoisie.

« Oui, répondit encore Franz.

– Eh bien, relisez ce billet, examinez l'écriture et cherchez-moi une faute ou de langue ou d'orthographe. »

En effet, l'écriture était charmante et l'orthographe irréprochable.

« Vous êtes prédestiné, dit Franz à Albert en lui rendant pour la seconde fois le billet.

– Riez tant que vous voudrez, plaisantez tout à votre aise, reprit Albert, je suis amoureux.

– Oh ! mon Dieu ! vous m'effrayez ! s'écria Franz, et je vois que non seulement j'irai seul au bal du duc de Bracciano, mais encore que je pourrais bien retourner seul à Florence.

– Le fait est que si mon inconnue est aussi aimable qu'elle est belle, je vous déclare que je me fixe à Rome pour six semaines au moins. J'adore Rome, et d'ailleurs j'ai toujours eu un goût marqué pour l'archéologie.

– Allons, encore une rencontre ou deux comme celle-là, et je ne désespère pas de vous voir membre de l'Académie des Inscriptions et Belles-Lettres. »

Sans doute Albert allait discuter sérieusement ses droits au fauteuil académique, mais on vint annoncer aux deux jeunes gens qu'ils étaient servis. Or, l'amour chez Albert n'était nullement contraire à l'appétit. Il s'empressa donc, ainsi que son ami, de se mettre à table, quitte à reprendre la discussion après le dîner.

Après le dîner, on annonça le comte de Monte-Cristo. Depuis deux jours les jeunes gens ne l'avaient pas aperçu. Une affaire, avait dit maître Pastrini, l'avait appelé à Civita-Vecchia. Il était parti la veille au soir, et se trouvait de retour depuis une heure seulement.

Le comte fut charmant ; soit qu'il s'observât, soit que l'occasion n'éveillât point chez lui les fibres acrimonieuses que certaines circonstances avaient déjà fait résonner deux ou trois fois dans ses amères paroles, il fut à peu près comme tout le monde. Cet homme était pour Franz une véritable énigme. Le comte ne pouvait douter que le jeune voyageur ne l'eût reconnu ; et cependant, pas une seule parole, depuis leur nouvelle rencontre ne semblait indiquer dans sa bouche qu'il se rappelât l'avoir vu ailleurs. De son côté, quelque envie qu'eut Franz de faire allusion à leur première entrevue, la crainte d'être désagréable à un homme qui l'avait comblé, lui et son ami, de prévenances, le retenait ; il continua donc de rester sur la même réserve que lui.

Il avait appris que les deux amis avaient voulu faire prendre une loge dans le théâtre Argentina, et qu'il leur avait répondu que tout était loué.

En conséquence, il leur apportait la clef de la sienne ; du moins c'était le motif apparent de sa visite.

Franz et Albert firent quelques difficultés, alléguant la crainte de l'en priver lui-même, mais le comte leur répondit qu'allant ce soir-là au théâtre Palli, sa loge au théâtre Argentina serait perdue s'ils n'en profitaient pas.

Cette assurance détermina les deux amis à accepter.

Franz s'était peu à peu habitué à cette pâleur du comte qui l'avait si fort frappé la première fois qu'il l'avait vu. Il ne pouvait s'empêcher de rendre justice à la beauté de sa tête sévère, dont la pâleur était le seul défaut ou peut-être la principale qualité. Véritable héros de Byron, Franz ne pouvait, nous ne dirons pas le voir, mais seulement songer à lui sans qu'il se représentât ce visage sombre sur les épaules de Manfred ou sous la toque de Lara. Il avait ce pli du front qui indique la présence incessante d'une pensée amère, il avait ces yeux ardents qui lisent au plus profond des âmes ; il avait cette lèvre hautaine et moqueuse qui donne aux paroles qui s'en échappent ce caractère particulier qui fait qu'elles se gravent profondément dans la mémoire de ceux qui les écoutent.

Le comte n'était plus jeune ; il avait quarante ans au moins, et cependant on comprenait à merveille qu'il était fait pour l'emporter sur les jeunes gens avec lesquels il se trouverait. En réalité, c'est que, par une dernière ressemblance avec les héros fantastiques du poète anglais, le comte semblait avoir le don de la fascination.

Albert ne tarissait pas sur le bonheur que lui et Franz avaient eu de rencontrer un pareil homme. Franz était moins enthousiaste, et cependant il subissait l'influence qu'exerce tout homme supérieur sur l'esprit de ceux qui l'entourent.

Il pensait à ce projet qu'avait déjà deux ou trois fois manifesté le comte d'aller à Paris, et il ne doutait pas qu'avec son caractère excentrique, son visage caractérisé et sa fortune colossale le comte n'y produisit le plus grand effet.

Et cependant il ne désirait pas se trouver à Paris quand il y viendrait.

La soirée se passa comme les soirées se passent d'habitude au théâtre en Italie, non pas à écouter les chanteurs, mais à faire des visites et à causer. La comtesse G... voulait ramener la conversation sur le comte, mais Franz lui annonça qu'il avait quelque chose de beaucoup plus nouveau à lui apprendre, et, malgré les démonstrations de fausse modestie auxquelles se livra Albert, il raconta à la comtesse le grand événement qui, depuis trois jours, formait l'objet de la préoccupation des deux amis.

Comme ces intrigues ne sont pas rares en Italie, du moins s'il faut en croire les voyageurs, la comtesse ne fit pas le moins du monde l'incrédule, et félicita Albert sur les commencements d'une aventure qui promettait de se terminer d'une façon si satisfaisante.

On se quitta en se promettant de se retrouver au bal du duc de Bracciano, auquel Rome entière était invitée.

La dame au bouquet tint sa promesse : ni le lendemain ni le surlendemain elle ne donna à Albert signe d'existence.

Enfin arriva le mardi, le dernier et le plus bruyant des jours du carnaval. Le mardi, les théâtres s'ouvrent à dix heures du matin ; car, passé huit heures du soir, on entre dans le carême. Le mardi, tout ce qui, faute de temps, d'argent ou d'enthousiasme, n'a pas pris part encore aux fêtes précédentes, se mêle à la bacchanale, se laisse entraîner par l'orgie, et apporte sa part de bruit et de mouvement au mouvement et au bruit général.

Depuis deux heures jusqu'à cinq heures, Franz et Albert suivirent la file, échangeant des poignées de confetti avec les voitures de la file opposée et les piétons qui circulaient entre les pieds des chevaux, entre les roues des carrosses, sans qu'il survînt au milieu de cette affreuse cohue un seul accident, une seule dispute, une seule rixe. Les Italiens sont le peuple par excellence sous ce rapport. Les fêtes sont pour eux de véritables fêtes. L'auteur de cette histoire, qui a habité l'Italie cinq ou six ans, ne se rappelle pas avoir jamais vu une solennité troublée par un seul de ces événements qui servent toujours de corollaire aux nôtres.

Albert triomphait dans son costume de paillasse. Il avait sur l'épaule un nœud de ruban rose dont les extrémités lui tombaient jusqu'aux jarrets. Pour n'amener aucune confusion entre lui et Franz celui-ci avait conservé son costume de paysan romain.

Plus la journée s'avançait, plus le tumulte devenait grand ; il n'y avait pas sur tous ces pavés, dans toutes ces voitures, à toutes ces fenêtres, une bouche qui restât muette, un bras qui demeurât oisif, c'était véritablement un orage humain composé d'un tonnerre de cris et d'une grêle de dragées, de bouquets, d'œufs, d'oranges, de fleurs.

À trois heures, le bruit de boites tirées à la fois sur la place du Peuple et au palais de Venise, perçant à grand-peine cet horrible tumulte, annonça que les courses allaient commencer.

Les courses, comme les moccoli, sont un des épisodes particuliers des derniers jours du carnaval. Au bruit de ces boites, les voitures rompirent à l'instant même leurs rangs et se réfugièrent chacune dans la rue transversale la plus proche de l'endroit où elles se trouvaient.

Toutes ces évolutions se font, au reste, avec une inconcevable adresse et une merveilleuse rapidité, et cela sans que la police se préoccupe le moins du monde d'assigner à chacun son poste ou de tracer à chacun sa route.

Les piétons se collèrent contre les palais, puis on entendit un grand bruit de chevaux et de fourreaux de sabre.

Une escouade de carabiniers sur quinze de front parcourait au galop et dans toute sa largeur la rue du Cours, qu'elle balayait pour faire place aux barberi. Lorsque l'escouade arriva au palais de Venise, le retentissement d'une autre batterie de boites annonça que la rue était libre.

Presque aussitôt, au milieu d'une clameur immense, universelle, inouïe, on vit passer comme des ombres sept ou huit chevaux excités par les clameurs de trois cent mille personnes et par les châtaignes de fer qui leur bondissent sur le dos ; puis le canon du château Saint-Ange tira trois coups : c'était pour annoncer que le numéro trois avait gagné.

Aussitôt sans autre signal que celui-là, les voitures se remirent en mouvement, refluant vers le Corso, débordant par toutes les rues comme des torrents un instant contenus qui se rejettent tous ensemble dans le lit du fleuve qu'ils alimentent, et le flot immense reprit, plus rapide que jamais, son cours entre les deux rives de granit.

Seulement un nouvel élément de bruit et de mouvement s'était encore mêlé à cette foule : les marchands de moccoli venaient d'entrer en scène.

Les moccoli ou moccoletti sont des bougies qui varient de grosseur, depuis le cierge pascal jusqu'au rat de cave, et qui éveillent chez les acteurs de la grande scène qui termine le carnaval romain deux préoccupations opposées :

1 Celle de conserver allumé son moccoletto ;

2 Celle d'éteindre le moccoletto des autres.

Il en est du moccoletto comme de la vie : l'homme n'a encore trouvé qu'un moyen de la transmettre ; et ce moyen il le tient de Dieu.

Mais il a découvert mille moyens de l'ôter ; il est vrai que pour cette suprême opération le diable lui est quelque peu venu en aide.

Le moccoletto s'allume en l'approchant d'une lumière quelconque.

Mais qui décrira les mille moyens inventés pour éteindre le moccoletto, les soufflets gigantesques, les éteignoirs monstres, les éventails surhumains ?

Chacun se hâta donc d'acheter des moccoletti, Franz et Albert comme les autres.

La nuit s'approchait rapidement ; et déjà, au cri de : *Moccoli !* répété par les voix stridentes d'un millier d'industriels, deux ou trois étoiles commencèrent à briller au-dessus de la foule. Ce fut comme signal.

Au bout de dix minutes, cinquante mille lumières scintillèrent descendant du palais de Venise à la place du Peuple, et remontant de la place du Peuple au palais de Venise.

On eût dit la fête des feux follets.

On ne peut se faire une idée de cet aspect si on ne l'a pas vu.

Supposez toutes les étoiles se détachant du ciel et venant se mêler sur la terre à une danse insensée.

Le tout accompagné de cris comme jamais oreille humaine n'en a entendu sur le reste de la surface du globe.

C'est en ce moment surtout qu'il n'y a plus de distinction sociale. Le facchino s'attache au prince, le prince au Transtévère, le Transtévère au bourgeois chacun soufflant, éteignant, rallumant. Si le vieil Éole apparaissait en ce moment, il serait proclamé roi des moccoli, et Aquilon héritier présomptif de la couronne.

Cette course folle et flamboyante dura deux heures à peu près ; la rue du Cours était éclairée comme en plein jour, on distinguait les traits des spectateurs jusqu'au troisième et quatrième étage.

De cinq minutes en cinq minutes Albert tirait sa montre ; enfin elle marqua sept heures.

Les deux amis se trouvaient justement à la hauteur de la via dei Pontefici ; Albert sauta à bas de la calèche, son moccoletto à la main.

Deux ou trois masques voulurent s'approcher de lui pour l'éteindre ou le lui arracher, mais, en habile boxeur, Albert les envoya les uns après les autres rouler à dix pas de lui en continuant sa course vers l'église de San-Giacomo.

Les degrés étaient chargés de curieux et de masques qui luttaient à qui s'arracherait le flambeau des mains. Franz suivait des yeux Albert, et le vit mettre le pied sur la première marche ; puis presque aussitôt un masque, portant le costume bien connu de la paysanne au bouquet, allongea le bras, et, sans que cette fois il fît aucune résistance, lui enleva le moccoletto.

Franz était trop loin pour entendre les paroles qu'ils échangèrent, mais sans doute elles n'eurent rien d'hostile, car il vit s'éloigner Albert et la paysanne bras dessus, bras dessous.

Quelque temps il les suivit au milieu de la foule, mais à la via Macello il les perdit de vue.

Tout à coup le son de la cloche qui donne le signal de la clôture du carnaval retentit, et au même instant tous les moccoli s'éteignirent comme par enchantement. On eût dit qu'une seule et immense bouffée de vent avait tout anéanti.

Franz se trouva dans l'obscurité la plus profonde.

Du même coup tous les cris cessèrent, comme si le souffle puissant qui avait emporté les lumières emportait en même temps le bruit.

On n'entendit plus que le roulement des carrosses qui ramenaient les masques chez eux ; on ne vit plus que les rares lumières qui brillaient derrière les fenêtres.

Le carnaval était fini.

XXXVII – Les catacombes de Saint-Sébastien.

Peut-être, de sa vie, Franz n'avait-il éprouvé une impression si tranchée, un passage si rapide de la gaieté à la tristesse, que dans ce moment ; on eût dit que Rome, sous le souffle magique de quelque démon de la nuit, venait de se changer en un vaste tombeau. Par un hasard qui ajoutait encore à l'intensité des ténèbres, la lune, qui était dans sa décroissance ne devait se lever que vers les onze heures du soir ; les rues que le jeune homme traversait étaient donc plongées dans la plus profonde obscurité. Au reste, le trajet était court ; au bout de dix minutes, sa voiture ou plutôt celle du comte s'arrêta devant l'hôtel de Londres.

Le dîner attendait ; mais comme Albert avait prévenu qu'il ne comptait pas rentrer de sitôt, Franz se mit à table sans lui.

Maître Pastrini, qui avait l'habitude de les voir dîner ensemble, s'informa des causes de son absence ; mais Franz se contenta de répondre qu'Albert avait reçu la surveille une invitation à laquelle il s'était rendu. L'extinction subite des moccoletti, cette obscurité qui avait remplacé la lumière, ce silence qui avait succédé au bruit, avaient laissé dans l'esprit de Franz une certaine tristesse qui n'était pas exempte d'inquiétude. Il dîna donc fort silencieusement malgré l'officieuse sollicitude de son hôte, qui entra deux ou trois fois pour s'informer s'il n'avait besoin de rien.

Franz était résolu à attendre Albert aussi tard que possible. Il demanda donc la voiture pour onze heures seulement, en priant maître Pastrini de le faire prévenir à l'instant même si Albert reparaissait à l'hôtel pour quelque chose que ce fût. À onze heures, Albert n'était pas rentré. Franz s'habilla et partit, en prévenant son hôte qu'il passait la nuit chez le duc de Bracciano.

La maison du duc de Bracciano est une des plus charmantes maisons de Rome ; sa femme, une des dernières héritières des Colonna, en fait les honneurs d'une façon parfaite : il en résulte que les fêtes qu'il donne ont une célébrité européenne. Franz et Albert étaient arrivés à Rome avec des lettres de recommandation pour lui ; aussi sa première question fut-elle pour demander à Franz ce qu'était devenu son compagnon de voyage. Franz lui répondit qu'il l'avait quitté au moment où on allait éteindre les moccoli, et qu'il l'avait perdu de vue à la via Macello.

« Alors il n'est pas rentré ? demanda le duc.

— Je l'ai attendu jusqu'à cette heure, répondit Franz.

— Et savez-vous où il allait ?

— Non, pas précisément ; cependant je crois qu'il s'agissait de quelque chose comme un rendez-vous.

— Diable ! dit le duc, c'est un mauvais jour, ou plutôt c'est une mauvaise nuit pour s'attarder, n'est-ce pas, madame la comtesse ? »

Ces derniers mots s'adressaient à la comtesse G... qui venait d'arriver, et qui se promenait au bras de M. Torlonia, frère du duc.

« Je trouve au contraire que c'est une charmante nuit, répondit la comtesse ; et ceux qui sont ici ne se plaindront que d'une chose, c'est qu'elle passera trop vite.

— Aussi, reprit le duc en souriant, je ne parle pas des personnes qui sont ici, elles ne courent d'autres dangers, les hommes que de devenir amoureux de vous, les femmes de tomber malades de jalousie en vous voyant si belle ; je parle de ceux qui courent les rues de Rome.

— Eh ! bon Dieu, demanda la comtesse, qui court les rues de Rome à cette heure-ci, à moins que ce ne soit pour aller au bal ?

— Notre ami Albert de Morcerf, madame la comtesse, que j'ai quitté à la poursuite de son inconnue vers les sept heures du soir, dit Franz, et que je n'ai pas revu depuis.

— Comment ! et vous ne savez pas où il est ?

— Pas le moins du monde.

— Et a-t-il des armes ?

— Il est en paillasse.

— Vous n'auriez pas dû le laisser aller, dit le duc à Franz, vous qui connaissez Rome mieux que lui.

— Oh ! bien oui, autant aurait valu essayer d'arrêter le numéro trois des barberi qui a gagné aujourd'hui le prix de la course, répondit Franz ; et puis, d'ailleurs, que voulez-vous qu'il lui arrive ?

— Qui sait ! la nuit est très sombre, et le Tibre est bien près de la via Macello. »

Franz sentit un frisson qui lui courait dans les veines en voyant l'esprit du duc et de la comtesse si bien d'accord avec ses inquiétudes personnelles.

« Aussi ai-je prévenu à l'hôtel que j'avais l'honneur de passer la nuit chez vous, monsieur le duc, dit Franz, et on doit venir m'annoncer son retour.

– Tenez, dit le duc, je crois justement que voilà un de mes domestiques qui vous cherche. »

Le duc ne se trompait pas ; en apercevant Franz, le domestique s'approcha de lui :

« Excellence, dit-il, le maître de l'hôtel de Londres vous fait prévenir qu'un homme vous attend chez lui avec une lettre du vicomte de Morcerf.

– Avec une lettre du vicomte ! s'écria Franz.

– Oui.

– Et quel est cet homme ?

– Je l'ignore.

– Pourquoi n'est-il point venu me l'apporter ici ?

– Le messager ne m'a donné aucune explication.

– Et où est le messager ?

– Il est parti aussitôt qu'il m'a vu entrer dans la salle du bal pour vous prévenir.

– Oh ! mon Dieu ! dit la comtesse à Franz, allez vite. Pauvre jeune homme, il lui est peut-être arrivé quelque accident.

– J'y cours, dit Franz.

– Vous reverrons-nous pour nous donner des nouvelles ? demanda la comtesse.

– Oui, si la chose n'est pas grave ; sinon, je ne réponds pas de ce que je vais devenir moi-même.

– En tout cas, de la prudence, dit la comtesse.

– Oh ! soyez tranquille. »

Franz prit son chapeau et partit en toute hâte. Il avait renvoyé sa voiture en lui donnant l'ordre pour deux heures ; mais, par bonheur, le palais Bracciano, qui donne d'un côté rue du Cours et de l'autre place des Saints-Apôtres, est à dix minutes de chemin à peine de l'hôtel de Londres. En approchant de l'hôtel, Franz vit un homme debout au milieu de la rue, il ne douta pas un seul instant que ce ne fût le messager d'Albert. Cet homme était lui-même enveloppé d'un grand manteau. Il alla à lui ; mais au grand étonnement de Franz, ce fut cet homme qui lui adressa la parole le premier.

« Que me voulez-vous, Excellence ? dit-il en faisant un pas en arrière comme un homme qui désire demeurer sur ses gardes.

– N'est-ce pas vous, demanda Franz, qui m'apportez une lettre du vicomte de Morcerf ?

– C'est Votre Excellence qui loge à l'hôtel de Pastrini ?

– Oui.

– C'est Votre Excellence qui est le compagnon de voyage du vicomte ?

– Oui.

– Comment s'appelle Votre Excellence ?

– Le baron Franz d'Épinay.

– C'est bien à Votre Excellence alors que cette lettre est adressée.

– Y a-t-il une réponse ? demanda Franz en lui prenant la lettre des mains.

– Oui, du moins votre ami l'espère bien.

– Montez chez moi, alors, je vous la donnerai.

– J'aime mieux l'attendre ici, dit en riant le message.

– Pourquoi cela ?

– Votre Excellence comprendra la chose quand elle aura lu la lettre.

– Alors je vous retrouverai ici ?

– Sans aucun doute. »

Franz rentra ; sur l'escalier il rencontra maître Pastrini.

« Eh bien ? lui demanda-t-il.

– Eh bien quoi ? répondit Franz.

– Vous avez vu l'homme qui désirait vous parler de la part de votre ami ? demanda-t-il à Franz.

– Oui, je l'ai vu, répondit celui-ci, et il m'a remis cette lettre. Faites allumer chez moi, je vous prie. »

L'aubergiste donna l'ordre à un domestique de précéder Franz avec une bougie. Le jeune homme avait trouvé à maître Pastrini un air effaré, et cet air ne lui avait donné qu'un désir plus grand de lire la lettre d'Albert : il s'approcha de la bougie aussitôt qu'elle fut allumée, et déplia le papier. La lettre était écrite de la main d'Albert et signée par lui. Franz la relut deux fois, tant il était loin de s'attendre à ce qu'elle contenait.

La voici textuellement reproduite :

« Cher ami, aussitôt la présente reçue, ayez l'obligeance de prendre dans mon portefeuille, que vous trouverez dans le tiroir carré du secrétaire, la lettre de crédit ; joignez-y la vôtre si elle n'est pas suffisante. Courez chez Torlonia, prenez-y à l'instant même quatre mille piastres et remettez-les au porteur. Il est urgent que cette somme me soit adressée sans aucun retard.

« Je n'insiste pas davantage, comptant sur vous comme vous pourriez compter sur moi.

« P.- S. I believe now to italian banditti.

« Votre ami,

« ALBERT DE MORCERF. »

Au-dessous de ces lignes étaient écrits d'une main étrangère ces quelques mots italiens :

« Se alle sei della mattina le quattro mille piastre non sono nelle mie mani, alle sette il comte Alberto avrà cessato. di vivere [1].

« LUIGI VAMPA. »

Cette seconde signature expliqua tout à Franz, qui comprit la répugnance du messager à monter chez lui ; la rue lui paraissait plus sûre que la chambre de Franz. Albert était tombé entre les mains du fameux chef de bandits à l'existence duquel il s'était si longtemps refusé de croire.

Il n'y avait pas de temps à perdre. Il courut au secrétaire, l'ouvrit, dans le tiroir indiqué trouva le portefeuille, et dans le portefeuille la lettre de crédit : elle était en tout de six mille piastres, mais sur ces six mille piastres Albert en avait déjà dépensé trois mille. Quant à Franz, il n'avait aucune lettre de crédit ; comme il habitait Florence, et qu'il était venu à Rome pour passer sept à huit jours seulement, il avait pris une centaine de louis, et de ces cent louis il en restait cinquante tout au plus.

Il s'en fallait donc de sept à huit cents piastres pour qu'à eux deux Franz et Albert pussent réunir la somme demandée. Il est vrai que Franz pouvait compter, dans un cas pareil, sur l'obligeance de MM. Torlonia.

1.[Note - Si, à six heures du matin, les quatre mille piastres ne sont point entre mes mains, à sept heures, le vicomte Albert de Morcerf aura cessé d'exister.]

Il se préparait donc à retourner au palais Bracciano sans perdre un instant, quand tout à coup une idée lumineuse traversa son esprit.

Il songea au comte de Monte-Cristo. Franz allait donner l'ordre qu'on fît venir maître Pastrini, lorsqu'il le vit apparaître en personne sur le seuil de sa porte.

« Mon cher monsieur Pastrini, lui dit-il vivement, croyez-vous que le comte soit chez lui ?

– Oui, Excellence, il vient de rentrer.

– A-t-il eu le temps de se mettre au lit ?

– J'en doute.

– Alors, sonnez à sa porte, je vous prie, et demandez-lui pour moi la permission de me présenter chez lui. »

Maître Pastrini s'empressa de suivre les instructions qu'on lui donnait ; cinq minutes après il était de retour.

« Le comte attend Votre Excellence », dit-il.

Franz traversa le carré, un domestique l'introduisit chez le comte. Il était dans un petit cabinet que Franz n'avait pas encore vu, et qui était entouré de divans. Le comte vint au-devant de lui.

« Eh ! quel bon vent vous amène à cette heure, lui dit-il ; viendriez-vous me demander à souper, par hasard ? Ce serait pardieu bien aimable à vous.

– Non, je viens pour vous parler d'une affaire grave.

– D'une affaire ! dit le comte en regardant Franz de ce regard profond qui lui était habituel ; et de quelle affaire ?

– Sommes-nous seuls ? »

Le comte alla à la porte et revint.

« Parfaitement seuls », dit-il.

Franz lui présenta la lettre d'Albert.

« Lisez », lui dit-il.

Le comte lut la lettre.

« Ah ! ah ! fit-il.

– Avez-vous pris connaissance du post-scriptum ?

– Oui, dit-il, je vois bien :

« *Se alle sei della mattina le quattro mille piastre* non sono *nelle mie mani, alle sette il comte Alberto* avrà cessato di vivere.

« LUIGI VAMPA. »

« Que dites-vous de cela ? demanda Franz.

– Avez-vous la somme qu'on vous a demandée ?

– Oui, moins huit cents piastres. »

Le comte alla à son secrétaire, l'ouvrit, et faisant glisser un tiroir plein d'or :

« J'espère, dit-il à Franz, que vous ne me ferez pas l'injure de vous adresser à un autre qu'à moi ?

– Vous voyez, au contraire, que je suis venu droit à vous, dit Franz.

– Et je vous en remercie ; prenez. »

Et il fit signe à Franz de puiser dans le tiroir.

« Est-il bien nécessaire d'envoyer cette somme à Luigi Vampa ? demanda le jeune homme en regardant à son tour fixement le comte.

– Dame ! fit-il, jugez-en vous-même, le post-scriptum est précis.

– Il me semble que si vous vous donniez la peine de chercher, vous trouveriez quelque moyen qui simplifierait beaucoup la négociation, dit Franz.

– Et lequel ? demanda le comte étonné.

– Par exemple, si nous allions trouver Luigi Vampa ensemble, je suis sûr qu'il ne vous refuserait pas la liberté d'Albert ?

– À moi ? et quelle influence voulez-vous que j'aie sur ce bandit ?

– Ne venez-vous pas de lui rendre un de ces services qui ne s'oublient point ?

– Et lequel ?

– Ne venez-vous pas de sauver la vie à Peppino ?

– Ah ! ah ! qui vous a dit cela ?

– Que vous importe ? Je le sais. »

Le comte resta un instant muet et les sourcils froncés.

« Et si j'allais trouver Vampa, vous m'accompagneriez ?

– Si ma compagnie ne vous était pas trop désagréable.

– Eh bien, soit ; le temps est beau, une promenade dans la campagne de Rome ne peut que nous faire du bien.

– Faut-il prendre des armes ?

– Pour quoi faire ?

– De l'argent ?

– C'est inutile. Où est l'homme qui a apporté ce billet ?

– Dans la rue.

– Il attend la réponse ?

– Oui.

– Il faut un peu savoir où nous allons ; je vais l'appeler.

– Inutile, il n'a pas voulu monter.

– Chez vous, peut-être ; mais, chez moi, il ne fera pas de difficultés. »

Le comte alla à la fenêtre du cabinet qui donnait sur la rue, et siffla d'une certaine façon. L'homme au manteau se détacha de la muraille et s'avança jusqu'au milieu de la rue.

« *Salite !* » dit le comte, du ton dont il aurait donné un ordre à un domestique.

Le messager obéit sans retard, sans hésitation, avec empressement même, et, franchissant les quatre marches du perron, entra dans l'hôtel. Cinq secondes après, il était à la porte du cabinet.

« Ah ! c'est toi, Peppino ! » dit le comte.

Mais Peppino, au lieu de répondre, se jeta à genoux, saisit la main du comte et y appliqua ses lèvres à plusieurs reprises.

« Ah ! ah ! dit le comte, tu n'as pas encore oublié que je t'ai sauvé la vie ! C'est étrange, il y a pourtant, aujourd'hui huit jours de cela.

– Non, Excellence, et je ne l'oublierai jamais, répondit Peppino avec l'accent d'une profonde reconnaissance.

– Jamais, c'est bien long ! mais enfin c'est déjà beaucoup que tu le croies. Relève-toi et réponds. »

Peppino jeta un coup d'œil inquiet sur Franz.

« Oh ! tu peux parler devant Son Excellence, dit-il, c'est un de mes amis.

« Vous permettez que je vous donne ce titre, dit en français le comte en se tournant du côté de Franz ; il est nécessaire pour exciter la confiance de cet homme.

– Vous pouvez parler devant moi, reprit Franz, je suis un ami du comte.

– À la bonne heure, dit Peppino en se retournant à son tour vers le comte ; que Votre Excellence m'interroge, et je répondrai.

– Comment le vicomte Albert est-il tombé entre les mains de Luigi ?

– Excellence, la calèche du Français a croisé plusieurs fois celle où était Teresa.

– La maîtresse du chef ?

– Oui. Le Français lui a fait les yeux doux, Teresa s'est amusée à lui répondre ; le Français lui a jeté des bouquets, elle lui en a rendu : tout cela, bien entendu, du consentement du chef, qui était dans la même calèche.

– Comment ! s'écria Franz, Luigi Vampa était dans la calèche des paysannes romaines ?

– C'était lui qui conduisait, déguisé en cocher, répondit Peppino.

– Après ? demanda le comte.

– Eh bien, après, le Français se démasqua ; Teresa toujours du consentement du chef, en fit autant ; le Français demanda un rendez-vous, Teresa accorda le rendez-vous demandé ; seulement, au lieu de Teresa, ce fut Beppo qui se trouva sur les marches de l'église San-Giacomo.

– Comment ! interrompit encore Franz, cette paysanne qui lui a arraché son moccoletto ?...

– C'était un jeune garçon de quinze ans, répondit Peppino ; mais il n'y a pas de honte pour votre ami à y avoir été pris ; Beppo en a attrapé bien d'autres, allez.

– Et Beppo l'a conduit hors des murs ? dit le comte.

– Justement, une calèche attendait au bout de la via Macello ; Beppo est monté dedans en invitant le Français à le suivre ; il ne se l'est pas fait dire deux fois. Il a galamment offert la droite à Beppo, et s'est placé près de lui. Beppo lui a annoncé alors qu'il allait le conduire à une villa située à une lieue de Rome. Le Français a assuré Beppo qu'il était prêt à le suivre au bout du monde. Aussitôt le cocher a remonté la rue di Ripetta, a gagné la porte San-Paolo ; et à deux cents pas dans la campagne, comme le Français devenait trop entreprenant, ma foi, Beppo lui a mis une paire de pistolets sur la gorge ; aussitôt le cocher a arrêté ses chevaux, s'est retourné sur son siège et en a fait autant. En même temps quatre des nôtres, qui étaient cachés sur les bords de l'Almo, se sont élancés aux portières. Le Français avait bonne envie de se détendre, il a même un peu étranglé Beppo, à ce que j'ai entendu dire, mais il n'y avait rien à faire contre cinq hommes armés. Il a bien fallu se rendre ; on l'a fait descendre de voiture, on a suivi les bords de la petite rivière, et on l'a conduit à Teresa et à Luigi, qui l'attendaient dans les catacombes de Saint-Sébastien.

– Eh bien, mais, dit le comte en se tournant du côté de Franz il me semble qu'elle en vaut bien une autre, cette histoire. Qu'en dites-vous, vous qui êtes connaisseur ?

– Je dis que je la trouverais fort drôle, répondit Franz, si elle était arrivée à un autre qu'à ce pauvre Albert.

– Le fait est, dit le comte, que si vous ne m'aviez pas trouvé là, c'était une bonne fortune qui coûtait un peu cher à votre ami ; mais, rassurez-vous, il en sera quitte pour la peur.

– Et nous allons toujours le chercher ? demanda Franz.

– Pardieu ! d'autant plus qu'il est dans un endroit fort pittoresque. Connaissez-vous les catacombes de Saint-Sébastien ?

– Non, je n'y suis jamais descendu, mais je me promettais d'y descendre un jour.

– Eh bien, voici l'occasion toute trouvée et il serait difficile d'en rencontrer une autre meilleure. Avez-vous votre voiture ?

– Non.

– Cela ne fait rien ; on a l'habitude de m'en tenir une tout attelée, nuit et jour.

– Tout attelée ?

– Oui, je suis un être fort capricieux ; il faut vous dire que parfois en me levant, à la fin de mon dîner, au milieu de la nuit, il me prend l'envie de partir pour un point du monde quelconque, et je pars. »

Le comte sonna un coup, son valet de chambre parut.

« Faites sortir la voiture de la remise, dit-il, et ôtez en les pistolets qui sont dans les poches, il est inutile de réveiller le cocher, Ali conduira. »

Au bout d'un instant on entendit le bruit de la voiture qui s'arrêtait devant la porte.

Le comte tira sa montre.

« Minuit et demi, dit-il, nous aurions pu partir d'ici à cinq heures du matin et arriver encore à temps ; mais peut-être ce retard aurait-il fait passer une mauvaise nuit à votre compagnon, il vaut donc mieux aller tout courant le tirer des mains des infidèles. Êtes-vous toujours décidé à m'accompagner ?

– Plus que jamais.

– Eh bien, venez alors. »

Franz et le comte sortirent, suivis de Peppino.

À la porte, ils trouvèrent la voiture. Ali était sur le siège. Franz reconnut l'esclave muet de la grotte de Monte-Cristo.

Franz et le comte montèrent dans la voiture, qui était un coupé, Peppino se plaça près d'Ali, et l'on partit au galop. Ali avait reçu des ordres d'avance, car il prit la rue du Cours, traversa le Campo Vaccino, remonta la strada San-Gregorio et arriva à la porte Saint-Sébastien ; là le concierge voulut faire quelques difficultés, mais le comte de Monte-Cristo présenta une autorisation du gouverneur de Rome d'entrer dans la ville et d'en sortir à toute heure du jour et de la nuit ; la herse fut donc levée, le concierge reçut un louis pour sa peine, et l'on passa.

La route que suivait la voiture était l'ancienne voie Appienne, toute bordée de tombeaux. De temps en temps, au clair de la lune qui commençait à se lever, il semblait à Franz voir comme une sentinelle se détacher d'une ruine, mais aussitôt, à un signe échangé entre Peppino et cette sentinelle, elle rentrait dans l'ombre et disparaissait.

Un peu avant le cirque de Caracalla, la voiture s'arrêta, Peppino vint ouvrir la portière, et le comte et Franz descendirent.

« Dans dix minutes, dit le comte à son compagnon, nous serons arrivés. »

Puis il prit Peppino à part, lui donna un ordre tout bas, et Peppino partit après s'être muni d'une torche que l'on tira du coffre du coupé.

Cinq minutes s'écoulèrent encore, pendant lesquelles Franz vit le berger s'enfoncer par un petit sentier au milieu des mouvements de terrain qui forment le sol convulsionné de la plaine de Rome, et disparaître dans ces hautes herbes rougeâtres qui semblent la crinière hérissée de quelque lion gigantesque.

« Maintenant, dit le comte, suivons-le. »

Franz et le comte s'engagèrent à leur tour dans le même sentier qui, au bout de cent pas, les conduisit par une pente inclinée au fond d'une petite vallée.

Bientôt on aperçut deux hommes causant dans l'ombre.

« Devons-nous continuer d'avancer ? demanda Franz au comte, ou faut-il attendre ?

– Marchons ; Peppino doit avoir prévenu la sentinelle de notre arrivée. »

En effet, l'un de ces deux hommes était Peppino, l'autre était un bandit placé en vedette.

Franz et le comte s'approchèrent ; le bandit salua.

« Excellence, dit Peppino en s'adressant au comte, si vous voulez me suivre, l'ouverture des catacombes est à deux pas d'ici.

– C'est bien, dit le comte, marche devant. »

En effet, derrière un massif de buissons et au milieu de quelques roches s'offrait une ouverture par laquelle un homme pouvait à peine passer.

Peppino se glissa le premier par cette gerçure, mais à peine eut-il fait quelques pas que le passage souterrain s'élargit. Alors il s'arrêta, alluma sa torche et se retourna pour voir s'il était suivi.

Le comte s'était engagé le premier dans une espèce de soupirail, et Franz venait après lui.

Le terrain s'enfonçait par une pente douce et s'élargissait à mesure que l'on avançait ; mais cependant Franz et le comte étaient encore forcés de marcher courbés et eussent eu peine à passer deux de front. Ils firent encore cent cinquante pas ainsi, puis ils furent arrêtés par le cri de : *Qui vive ?*

En même temps ils virent au milieu de l'obscurité briller sur le canon d'une carabine le reflet de leur propre torche.

« *Ami !* » dit Peppino.

Et il s'avança seul et dit quelques mots à voix basse à cette seconde sentinelle, qui, comme la première, salua en faisant signe aux visiteurs nocturnes qu'ils pouvaient continuer leur chemin.

Derrière la sentinelle était un escalier d'une vingtaine de marches ; Franz et le comte descendirent les vingt marches, et se trouvèrent dans une espèce de carrefour mortuaire. Cinq routes divergeaient comme les rayons d'une étoile, et les parois des murailles creusées de niches superposées ayant la forme de cercueils, indiquaient que l'on était entré enfin dans les catacombes.

Dans l'une de ces cavités, dont il était impossible de distinguer l'étendue, on voyait, le jour, quelques reflets de lumière.

Le comte posa la main sur l'épaule de Franz.

« Voulez-vous voir un camp de bandits au repos ? lui dit-il.

– Certainement, répondit Franz.

– Eh bien, venez avec moi... Peppino, éteins la torche. »

Peppino obéit, et Franz et le comte se trouvèrent dans la plus profonde obscurité ; seulement, à cinquante pas à peu près en avant d'eux, continuèrent de danser le long des murailles quelques lueurs rougeâtres devenues encore plus visibles depuis que Peppino avait éteint sa torche.

Ils avancèrent silencieusement, le comte guidant Franz comme s'il avait eu cette singulière faculté de voir dans les ténèbres. Au reste, Franz lui-même distinguait plus facilement son chemin à mesure qu'il s'approchait de ces reflets qui leur servaient de guides.

Trois arcades, dont celle du milieu servait de porte, leur donnaient passage.

Ces arcades s'ouvraient d'un côté sur le corridor où étaient le comte et Franz, et de l'autre sur une grande chambre carrée tout entourée de niches pareilles à celles dont nous avons déjà parlé. Au milieu de cette chambre s'élevaient quatre pierres qui autrefois avaient servi d'autel, comme l'indiquait la croix qui les surmontait encore.

Une seule lampe, posée sur un fût de colonne, éclairait d'une lumière pâle et vacillante l'étrange scène qui s'offrait aux yeux des deux visiteurs cachés dans l'ombre.

Un homme était assis, le coude appuyé sur cette colonne, et lisait, tournant le dos aux arcades par l'ouverture desquelles les nouveaux arrivés le regardaient.

C'était le chef de la bande Luigi Vampa.

Tout autour de lui, groupés selon leur caprice, couchés dans leurs manteaux ou adossés à une espèce de banc de pierre qui régnait tout autour du columbarium, on distinguait une vingtaine de brigands ; chacun avait sa carabine à portée de la main.

Au fond, silencieuse, à peine visible et pareille à une ombre, une sentinelle se promenait de long en large devant une espèce d'ouverture qu'on ne distinguait que parce que les ténèbres semblaient plus épaisses en cet endroit.

Lorsque le comte crut que Franz avait suffisamment réjoui ses regards de ce pittoresque tableau, il porta le doigt à ses lèvres pour lui recommander le silence, et montant les trois marches qui conduisaient du corridor au columbarium, il entra dans la chambre par l'arcade du milieu et s'avança vers

Vampa, qui était si profondément plongé dans sa lecture qu'il n'entendit point le bruit de ses pas.

« Qui vive ? » cria la sentinelle moins préoccupée, et qui vit à la lueur de la lampe une espèce d'ombre qui grandissait derrière son chef.

À ce cri Vampa se leva vivement, tirant du même coup un pistolet de sa ceinture.

En un instant tous les bandits furent sur pied, et vingt canons de carabine se dirigèrent sur le comte.

« Eh bien, dit tranquillement celui-ci d'une voix parfaitement calme et sans qu'un seul muscle de son visage bougeât ; eh bien, mon cher Vampa, il me semble que voilà bien des frais pour recevoir un ami !

– Armes bas ! » cria le chef en faisant un signe impératif d'une main, tandis que de l'autre il ôtait respectueusement son chapeau.

Puis se retournant vers le singulier personnage qui dominait toute cette scène :

« Pardon, monsieur le comte, lui dit-il, mais j'étais si loin de m'attendre à l'honneur de votre visite, que je ne vous ai pas reconnu.

– Il paraît que vous avez la mémoire courte en toute chose, Vampa, dit le comte, et que non seulement vous oubliez le visage des gens, mais encore les conditions faites avec eux.

– Et quelles conditions ai-je donc oubliées, monsieur le comte ? demanda le bandit en homme qui, s'il a commis une erreur, ne demande pas mieux que de la réparer.

– N'a-t-il pas été convenu, dit le comte, que non seulement ma personne, mais encore celle de mes amis, vous seraient sacrées ?

– Et en quoi ai-je manqué au traité, Excellence ?

– Vous avez enlevé ce soir et vous avez transporté ici le vicomte Albert de Morcerf ; eh bien, continua le comte avec un accent qui fit frissonner Franz, ce jeune homme est *de mes amis*, ce jeune homme loge dans le même hôtel que moi, ce jeune homme a fait Corso pendant huit jours dans ma propre calèche, et cependant, je vous le répète, vous l'avez enlevé, vous l'avez transporté ici, et, ajouta le comte en tirant la lettre de sa poche, vous l'avez mis à rançon comme s'il était le premier venu.

– Pourquoi ne m'avez-vous pas prévenu de cela, vous autres ? dit le chef en se tournant vers ses hommes, qui reculèrent tous devant son regard ; pourquoi m'avez-vous exposé ainsi à manquer à ma parole envers un homme comme M. le comte, qui tient notre vie à tous entre ses mains ? Par le sang du Christ ! si je croyais qu'un de vous eût su que le jeune homme était l'ami de Son Excellence, je lui brûlerais la cervelle de ma propre main.

– Eh bien, dit le comte en se retournant du côté de Franz, je vous avais bien dit qu'il y avait quelque erreur là-dessous.

– N'êtes-vous pas seul ? demanda Vampa avec inquiétude.

– Je suis avec la personne à qui cette lettre était adressée, et à qui j'ai voulu prouver que Luigi Vampa est un homme de parole. Venez, Excellence, dit-il à Franz, voilà Luigi Vampa qui va vous dire lui-même qu'il est désespéré de l'erreur qu'il vient de commettre. »

Franz s'approcha ; le chef fit quelques pas au-devant de Franz.

« Soyez le bienvenu parmi nous, Excellence, lui dit-il ; vous avez entendu ce que vient de dire le comte, et ce que je lui ai répondu : j'ajouterai que je ne voudrais pas, pour les quatre mille piastres auxquelles j'avais fixé la rançon de votre ami, que pareille chose fût arrivée.

– Mais dit Franz en regardant tout autour de lui avec inquiétude, où donc est le prisonnier ? je ne le vois pas.

– Il ne lui est rien arrivé, j'espère ! demanda le comte en fronçant le sourcil.

– Le prisonnier est là, dit Vampa en montrant de la main l'enfoncement devant lequel se promenait le bandit en faction, et je vais lui annoncer moi-même qu'il est libre. »

Le chef s'avança vers l'endroit désigné par lui comme servant de prison à Albert, et Franz et le comte le suivirent.

« Que fait le prisonnier ? demanda Vampa à la sentinelle.

– Ma foi, capitaine, répondit celle-ci, je n'en sais rien ; depuis plus d'une heure, je ne l'ai pas entendu remuer.

– Venez, Excellence ! » dit Vampa.

Le comte et Franz montèrent sept ou huit marches, toujours précédés par le chef, qui tira un verrou et poussa une porte.

Alors, à la lueur d'une lampe pareille à celle qui éclairait le columbarium, on put voir Albert, enveloppé d'un manteau que lui avait prêté un des bandits couché dans un coin et dormant du plus profond sommeil.

« Allons ! dit le comte souriant de ce sourire qui lui était particulier, pas mal pour un homme qui devait être fusillé à sept heures du matin. »

Vampa regardait Albert endormi avec une certaine admiration ; on voyait qu'il n'était pas insensible à cette preuve de courage.

« Vous avez raison, monsieur le comte, dit-il, cet homme doit être de vos amis. »

Puis s'approchant d'Albert et lui touchant l'épaule :

« Excellence ! dit-il, vous plaît-il de vous éveiller ? »

Albert étendit les bras, se frotta les paupières et ouvrit les yeux.

« Ah ! ah ! dit-il, c'est vous, capitaine ! pardieu, vous auriez bien dû me laisser dormir ; je faisais un rêve charmant : je rêvais que je dansais le galop chez Torlonia avec la comtesse G... ! »

Il tira sa montre, qu'il avait gardée pour juger lui-même le temps écoulé.

« Une heure et demie du matin ! dit-il, mais pourquoi diable m'éveillez-vous à cette heure-ci ?

– Pour vous dire que vous êtes libre, Excellence.

– Mon cher, reprit Albert avec une liberté d'esprit parfaite, retenez bien à l'avenir cette maxime de Napoléon le Grand : « Ne m'éveillez que pour les mauvaises nouvelles. » Si vous m'aviez laissé dormir, j'achevais mon galop, et je vous en aurais été reconnaissant toute ma vie... On a donc payé ma rançon ?

– Non, Excellence.

– Eh bien, alors, comment suis-je libre ?

– Quelqu'un, à qui je n'ai rien à refuser, est venu vous réclamer.

– Jusqu'ici ?

– Jusqu'ici.

– Ah ! pardieu, ce quelqu'un-là est bien aimable ! »

Albert regarda tout autour de lui et aperçut Franz.

« Comment lui dit-il, c'est vous, mon cher Franz, qui poussez le dévouement jusque-là ?

– Non, pas moi, répondit Franz, mais notre voisin, M. le comte de Monte-Cristo.

– Ah pardieu ! monsieur le comte, dit gaiement Albert en rajustant sa cravate et ses manchettes, vous êtes un homme véritablement précieux, et j'espère que vous me regarderez comme votre éternel obligé, d'abord pour l'affaire de la voiture, ensuite pour celle-ci ! » et il tendit la main au comte, qui frissonna au moment de lui donner la sienne, mais qui cependant la lui donna.

Le bandit regardait toute cette scène d'un air stupéfait ; il était évidemment habitué à voir ses prisonniers trembler devant lui, et voilà qu'il y en avait un dont l'humeur railleuse n'avait subi aucune altération : quant à Franz, il était enchanté qu'Albert eût soutenu, même vis-à-vis d'un bandit, l'honneur national.

« Mon cher Albert, lui dit-il, si vous voulez vous hâter, nous aurons encore le temps d'aller finir la nuit chez Torlonia ; vous prendrez votre galop où vous l'avez interrompu, de sorte que vous ne garderez aucune rancune au seigneur Luigi, qui s'est véritablement, dans toute cette affaire, conduit en galant homme.

– Ah ! vraiment, dit-il, vous avez raison, et nous pourrons y être à deux heures. Seigneur Luigi, continua Albert, y a-t-il quelque autre formalité à remplir pour prendre congé de Votre Excellence ?

– Aucune, monsieur, répondit le bandit, et vous êtes libre comme l'air.

– En ce cas, bonne et joyeuse vie ; venez, messieurs, venez !

Et Albert, suivi de Franz et du comte, descendit l'escalier et traversa la grande salle carrée ; tous les bandits étaient debout et le chapeau à la main.

« Peppino, dit le chef, donne-moi la torche.

– Eh bien, que faites-vous donc ? demanda le comte.

– Je vous reconduis, dit le capitaine ; c'est bien le moindre honneur que je puisse rendre à Votre Excellence. »

Et prenant la torche allumée des mains du pâtre, il marcha devant ses hôtes, non pas comme un valet qui accomplit une œuvre de servilité, mais comme un roi qui précède des ambassadeurs.

Arrivé à la porte il s'inclina.

« Et maintenant, monsieur le comte, dit-il, je vous renouvelle mes excuses, et j'espère que vous ne me gardez aucun ressentiment de ce qui vient d'arriver ?

– Non, mon cher Vampa, dit le comte ; d'ailleurs vous rachetez vos erreurs d'une façon si galante, qu'on est presque tenté de vous savoir gré de les avoir commises.

– Messieurs ! reprit le chef en se retournant du côté des jeunes gens, peut-être l'offre ne vous paraîtra-t-elle pas bien attrayante ; mais, s'il vous prenait jamais envie de me faire une seconde visite, partout où je serai vous serez les bienvenus. »

Franz et Albert saluèrent. Le comte sortit le premier, Albert ensuite, Franz restait le dernier.

« Votre Excellence a quelque chose à me demander ? dit Vampa en souriant.

– Oui, je l'avoue, répondit Franz, je serais curieux de savoir quel était l'ouvrage que vous lisiez avec tant d'attention quand nous sommes arrivés.

– Les *Commentaires de César*, dit le bandit, c'est mon livre de prédilection.

– Eh bien, ne venez-vous pas ? demanda Albert.

– Si fait, répondit Franz, me voilà ! »

Et il sortit à son tour du soupirail.

On fit quelques pas dans la plaine.

« Ah ! pardon ! dit Albert en revenant en arrière, voulez-vous permettre, capitaine ?

Et il alluma son cigare à la torche de Vampa.

« Maintenant, monsieur le comte, dit-il, la plus grande diligence possible ! je tiens énormément à aller finir ma nuit chez le duc de Bracciano. »

On retrouva la voiture où on l'avait laissée ; le comte dit un seul mot arabe à Ali, et les chevaux partirent à fond de train.

Il était deux heures juste à la montre d'Albert quand les deux amis rentrèrent dans la salle de danse.

Leur retour fit événement ; mais, comme ils entraient ensemble, toutes les inquiétudes que l'on avait pu concevoir sur Albert cessèrent à l'instant même.

« Madame, dit le vicomte de Morcerf en s'avançant vers la comtesse hier vous avez eu la bonté de me promettre un galop, je viens un peu tard réclamer cette gracieuse promesse ; mais voilà mon ami, dont vous connaissez la véracité, qui vous affirmera qu'il n'y a pas de ma faute. »

Et comme en ce moment la musique donnait le signal de la valse, Albert passa son bras autour de la taille de la comtesse et disparut avec elle dans le tourbillon des danseurs.

Pendant ce temps Franz songeait au singulier frissonnement qui avait passé par tout le corps du comte de Monte-Cristo au moment où il avait été en quelque sorte forcé de donner la main à Albert.

XXXVIII – Le rendez-vous.

Le lendemain, en se levant, le premier mot d'Albert fut pour proposer à Franz d'aller faire une visite au comte ; il l'avait déjà remercié la veille, mais il comprenait qu'un service comme celui qu'il lui avait rendu valait bien deux remerciements.

Franz, qu'un attrait mêlé de terreur attirait vers le comte de Monte-Cristo, ne voulut pas le laisser aller seul chez cet homme et l'accompagna ; tous deux furent introduits dans le salon : cinq minutes après, le comte parut.

« Monsieur le comte, lui dit Albert en allant à lui, permettez-moi de vous répéter ce matin ce que je vous ai mal dit hier : c'est que je n'oublierai jamais dans quelle circonstance vous m'êtes venu en aide, et que je me souviendrai toujours que je vous dois la vie ou à peu près.

– Mon cher voisin, répondit le comte en riant, vous vous exagérez vos obligations envers moi. Vous me devez une petite économie d'une vingtaine de mille francs sur votre budget de voyage et voilà tout ; vous voyez bien que ce n'est pas la peine d'en parler. De votre côté, ajouta-t-il, recevez tous mes compliments, vous avez été adorable de sans-gêne et de laisser-aller.

– Que voulez-vous, comte, dit Albert ; je me suis figuré que je m'étais fait une mauvaise querelle et qu'un duel s'en était suivi, et j'ai voulu faire comprendre une chose à ces bandits : c'est qu'on se bat dans tous les pays du monde, mais qu'il n'y a que les Français qui se battent en riant. Néanmoins, comme mon obligation vis-à-vis de vous n'en est pas moins grande, je viens vous demander si, par moi, par mes amis et par mes connaissances, je ne pourrais pas vous être bon à quelque chose. Mon père, le comte de Morcerf, qui est d'origine espagnole, a une haute position en France et en Espagne, je viens me mettre, moi et tous les gens qui m'aiment, à votre disposition.

– Eh bien, dit le comte, je vous avoue, monsieur de Morcerf, que j'attendais votre offre et que je l'accepte de grand cœur. J'avais déjà jeté mon dévolu sur vous pour vous demander un grand service.

– Lequel ?

– Je n'ai jamais été à Paris ! je ne connais pas Paris...

– Vraiment ! s'écria Albert, vous avez pu vivre jusqu'à présent sans voir Paris ? c'est incroyable !

– C'est ainsi, cependant ; mais je sens comme vous qu'une plus longue ignorance de la capitale du monde intelligent est chose impossible. Il y a plus : peut-être même aurais-je fait ce voyage indispensable depuis longtemps, si j'avais connu quelqu'un qui pût m'introduire dans ce monde où je n'avais aucune relation.

– Oh ! un homme comme vous ! s'écria Albert.

– Vous êtes bien bon, mais comme je ne me reconnais à moi-même d'autre mérite que de pouvoir faire concurrence comme millionnaire à M. Aguado ou à M. Rothschild, et que je ne vais pas à Paris pour jouer à la Bourse, cette petite circonstance m'a retenu. Maintenant votre offre me décide. Voyons, vous engagez-vous, mon cher monsieur de Morcerf (le comte accompagna ces mots d'un singulier sourire), vous engagez-vous, lorsque j'irai en France, à m'ouvrir les portes de ce monde où je serai aussi étranger qu'un Huron ou qu'un Cochinchinois ?

– Oh ! quant à cela, monsieur le comte, à merveille et de grand cœur ! répondit Albert ; et d'autant plus volontiers (mon cher Franz, ne vous moquez pas trop de moi !) que je suis rappelé à Paris par une lettre que je reçois ce matin même et où il est question pour moi d'une alliance avec une maison fort agréable et qui a les meilleures relations dans le monde parisien.

– Alliance par mariage ? dit Franz en riant.

– Oh ! mon Dieu, oui ! Ainsi, quand vous reviendrez à Paris vous me trouverez homme posé et peut-être père de famille. Cela ira bien à ma gravité naturelle, n'est-ce pas ? En tout cas, comte, je vous le répète, moi et les miens sommes à vous corps et âme.

– J'accepte, dit le comte, car je vous jure qu'il ne me manquait que cette occasion pour réaliser des projets que je rumine depuis longtemps. »

Franz ne douta point un instant que ces projets ne fussent ceux dont le comte avait laissé échapper un mot dans la grotte de Monte-Cristo, et il regarda le comte pendant qu'il disait ces paroles pour essayer de saisir sur sa physionomie quelque révélation de ces projets qui le conduisaient à Paris ; mais il était bien difficile de pénétrer dans l'âme de cet homme, surtout lorsqu'il la voilait avec un sourire.

« Mais, voyons, comte, reprit Albert enchanté d'avoir à produire un homme comme Monte-Cristo, n'est-ce pas là un de ces
projets en l'air, comme on en fait mille en voyage, et qui, bâtis
sur du sable, sont emportés au premier souffle du vent ?

– Non, d'honneur, dit le comte ; je veux aller à Paris, il faut
que j'y aille.

– Et quand cela ?

– Mais quand y serez-vous vous-même ?

– Moi, dit Albert ; oh ! mon Dieu ! dans quinze jours ou trois
semaines au plus tard ; le temps de revenir.

– Eh bien, dit le comte, je vous donne trois mois ; vous voyez
que je vous fais la mesure large.

– Et dans trois mois, s'écria Albert avec joie, vous venez frapper à ma porte ?

– Voulez-vous un rendez-vous jour pour jour, heure pour
heure ? dit le comte, je vous préviens que je suis d'une exactitude désespérante.

– Jour pour jour, heure pour heure, dit Albert ; cela me va à
merveille.

– Eh bien, soit. Il étendit la main vers un calendrier suspendu
près de la glace. Nous sommes aujourd'hui, dit-il, le 21 février
(il tira sa montre) ; il est dix heures et demie du matin. Voulez-
vous m'attendre le 21 mai prochain, à dix heures et demie du
matin ?

– À merveille ! dit Albert, le déjeuner sera prêt.

– Vous demeurez ?

– Rue du Helder, n° 27.

– Vous êtes chez vous en garçon, je ne vous gênerai pas ?

– J'habite dans l'hôtel de mon père, mais un pavillon au fond
de la cour entièrement séparé.

– Bien. »

Le comte prit ses tablettes et écrivit : « Rue du Helder,
n° 27, 21 mai, à dix heures et demie du matin. »

« Et maintenant, dit le comte en remettant ses tablettes dans
sa poche, soyez tranquille, l'aiguille de votre pendule ne sera
pas plus exacte que moi.

– Je vous reverrai avant mon départ ? demanda Albert.

– C'est selon : quand partez-vous ?

– Je pars demain, à cinq heures du soir.

– En ce cas, je vous dis adieu. J'ai affaire à Naples et ne serai de retour ici que samedi soir ou dimanche matin. Et vous, demanda le comte à Franz, partez-vous aussi, monsieur le baron ?

– Oui.

– Pour la France ?

– Non, pour Venise. Je reste encore un an ou deux en Italie.

– Nous ne nous verrons donc pas à Paris ?

– Je crains de ne pas avoir cet honneur.

– Allons, messieurs, bon voyage », dit le comte aux deux amis en leur tendant à chacun une main.

C'était la première fois que Franz touchait la main de cet homme ; il tressaillit, car elle était glacée comme celle d'un mort.

« Une dernière fois, dit Albert, c'est bien arrêté, sur parole d'honneur, n'est-ce pas ? rue du Helder, n° 27, le 21 mai, à dix heures et demie du matin ?

– Le 21 mai, à dix heures et demie du matin, rue du Helder, n° 27 », reprit le comte.

Sur quoi les deux jeunes gens saluèrent le comte et sortirent.

« Qu'avez-vous donc ? dit en rentrant chez lui Albert à Franz, vous avez l'air tout soucieux.

– Oui, dit Franz, je vous l'avoue, le comte est un homme singulier, et je vois avec inquiétude ce rendez-vous qu'il vous a donné à Paris.

– Ce rendez-vous... avec inquiétude ! Ah çà ! mais êtes-vous fou, mon cher Franz ? s'écria Albert.

– Que voulez-vous, dit Franz, fou ou non, c'est ainsi.

– Écoutez, reprit Albert, et je suis bien aise que l'occasion se présente de vous dire cela, mais je vous ai toujours trouvé assez froid pour le comte, que, de son côté, j'ai toujours trouvé parfait, au contraire, pour nous. Avez-vous quelque chose de particulier contre lui ?

– Peut-être.

– L'aviez-vous vu déjà quelque part avant de le rencontrer ici ?

– Justement.

– Où cela ?

– Me promettez-vous de ne pas dire un mot de ce que je vais vous raconter ?

– Je vous le promets.

– Parole d'honneur ?

– Parole d'honneur.

– C'est bien. Écoutez donc.

Et alors Franz raconta à Albert son excursion à l'île de Monte-Cristo, comment il y avait trouvé un équipage de contre-bandiers, et au milieu de cet équipage deux bandits corses. Il s'appesantit sur toutes les circonstances de l'hospitalité féerique que le comte lui avait donnée dans sa grotte des *Mille et une Nuits* ; il lui raconta le souper, le haschich, les statues, la réalité et le rêve, et comment à son réveil il ne restait plus comme preuve et comme souvenir de tous ces événements que ce petit yacht, faisant à l'horizon voile pour Porto-Vecchio.

Puis il passa à Rome, à la nuit du Colisée, à la conversation qu'il avait entendue entre lui et Vampa, conversation relative à Peppino, et dans laquelle le comte avait promis d'obtenir la grâce du bandit, promesse qu'il avait si bien tenue, ainsi que nos lecteurs ont pu en juger.

Enfin, il en arriva à l'aventure de la nuit précédente, à l'embarras où il s'était trouvé en voyant qu'il lui manquait pour compléter la somme six ou sept cents piastres ; enfin à l'idée qu'il avait eue de s'adresser au comte, idée qui avait eu à la fois un résultat si pittoresque et si satisfaisant.

Albert écoutait Franz de toutes ses oreilles.

« Eh bien, lui dit-il quand il eut fini, où voyez-vous dans tout cela quelque chose à reprendre ? Le comte est voyageur, le comte a un bâtiment à lui, parce qu'il est riche. Allez à Portsmouth ou à Southampton, vous verrez les ports encombrés de yachts appartenant à de riches Anglais qui ont la même fantaisie. Pour savoir où s'arrêter dans ses excursions, pour ne pas manger cette affreuse cuisine qui nous empoisonne, moi depuis quatre mois, vous depuis quatre ans pour ne pas coucher dans ces abominables lits où l'on ne peut dormir, il se fait meubler un pied-à-terre à Monte-Cristo : quand son pied-à-terre est meublé, il craint que le gouvernement toscan ne lui donne congé et que ses dépenses ne soient perdues, alors il achète l'île et en prend le nom. Mon cher, fouillez dans votre souvenir, et dites-moi combien de gens de votre connaissance prennent le nom des propriétés qu'ils n'ont jamais eues.

– Mais, dit Franz à Albert, les bandits corses qui se trouvent dans son équipage ?

– Eh bien, qu'y a-t-il d'étonnant à cela ? Vous savez mieux que personne, n'est-ce pas, que les bandits corses ne sont pas des voleurs, mais purement et simplement des fugitifs que quelque vendetta a exilés de leur ville ou de leur village ; on peut donc les voir sans se compromettre : quant à moi, je déclare que si jamais je vais en Corse, avant de me faire présenter au gouverneur et au préfet, je me fais présenter aux bandits de Colomba, si toutefois on peut mettre la main dessus ; je les trouve charmants.

– Mais Vampa et sa troupe, reprit Franz ; ceux-là sont des bandits qui arrêtent pour voler ; vous ne le niez pas, je l'espère. Que dites-vous de l'influence du comte sur de pareils hommes ?

– Je dirai, mon cher, que, comme selon toute probabilité je dois la vie à cette influence, ce n'est point à moi à la critiquer de trop près. Ainsi donc, au lieu de lui en faire comme vous un crime capital, vous trouverez bon que je l'excuse, sinon de m'avoir sauvé la vie, ce qui est peut-être un peu exagéré mais du moins de m'avoir épargné quatre mille piastres, qui font bel et bien vingt-quatre mille livres de notre monnaie, somme à laquelle on ne m'aurait certes pas estimé en France ; ce qui prouve, ajouta Albert en riant, que nul n'est prophète en son pays.

– Eh bien, voilà justement ; de quel pays est le comte ? quelle langue parle-t-il ? quels sont ses moyens d'existence ? d'où lui vient son immense fortune ? quelle a été cette première partie de sa vie mystérieuse et inconnue qui a répandu sur la seconde cette teinte sombre et misanthropique ? Voilà, à votre place, ce que je voudrais savoir.

– Mon cher Franz, reprit Albert, quand en recevant ma lettre vous avez vu que nous avions besoin de l'influence du comte, vous avez été lui dire : « Albert de Morcerf, mon ami, court un danger ; aidez-moi à le tirer de ce danger ! » n'est-ce pas ?

– Oui.

– Alors, vous a-t-il demandé : « Qu'est-ce que M. Albert de Morcerf ? d'où lui vient son nom ? d'où lui vient sa fortune ? quels sont ses moyens d'existence ? quel est son pays ? où est-il né ? » Vous a-t-il demandé tout cela, dites ?

– Non, je l'avoue.

– Il est venu, voilà tout. Il m'a tiré des mains de M. Vampa ; où, malgré mes apparences pleines de désinvolture, comme vous dites, je faisais fort mauvaise figure, je l'avoue. Eh bien, mon cher, quand en échange d'un pareil service il me demande de faire pour lui ce qu'on fait tous les jours pour le premier prince russe ou italien qui passe par Paris, c'est-à-dire de le présenter dans le monde, vous voulez que je lui refuse cela ! Allons donc vous êtes fou. »

Il faut dire que, contre l'habitude, toutes les bonnes raisons étaient cette fois du côté d'Albert.

« Enfin, reprit Franz avec un soupir, faites comme vous voudrez, mon cher vicomte ; car tout ce que vous me dites là est fort spécieux, je l'avoue ; mais il n'en est pas moins vrai que le comte de Monte-Cristo est un homme étrange.

– Le comte de Monte-Cristo est un philanthrope. Il ne vous a pas dit dans quel but il venait à Paris. Eh bien, il vient pour concourir aux prix Montyon ; et s'il ne lui faut que ma voix pour qu'il les obtienne, et l'influence de ce monsieur si laid qui les fait obtenir, eh bien, je lui donnerai l'une et je lui garantirai l'autre. Sur ce, mon cher Franz, ne parlons plus de cela mettons-nous à table et allons faire une dernière visite à Saint-Pierre. »

Il fut fait comme disait Albert, et le lendemain, à cinq heures de l'après-midi, les deux jeunes gens se quittaient, Albert de Morcerf pour revenir à Paris, Franz d'Épinay pour aller passer une quinzaine de jours à Venise.

Mais, avant de monter en voiture, Albert remit encore au garçon de l'hôtel, tant il avait peur que son convive ne manquât au rendez-vous, une carte pour le comte de Monte-Cristo, sur laquelle au-dessous de ces mots : « Vicomte Albert de Morcerf », il y avait écrit au crayon :

21 mai, à dix heures et demie du matin, 27, rue du Helder.

XXXIX – Les convives.

Dans cette maison de la rue du Helder, où Albert de Morcerf avait donné rendez-vous, à Rome, au comte de Monte-Cristo, tout se préparait dans la matinée du 21 mai pour faire honneur à la parole du jeune homme.

Albert de Morcerf habitait un pavillon situé à l'angle d'une grande cour et faisant face à un autre bâtiment destiné aux communs. Deux fenêtres de ce pavillon seulement donnaient sur la rue, les autres étaient percées, trois sur la cour et deux autres en retour sur le jardin.

Entre cette cour et ce jardin s'élevait, bâtie avec le mauvais goût de l'architecture impériale, l'habitation fashionable et vaste du comte et de la comtesse de Morcerf.

Sur toute la largeur de la propriété régnait, donnant sur la rue, un mur surmonté, de distance en distance, de vases de fleurs, et coupé au milieu par une grande grille aux lances dorées, qui servait aux entrées d'apparat ; une petite porte presque accolée à la loge du concierge donnait passage aux gens de service ou aux maîtres entrant ou sortant à pied.

On devinait, dans ce choix du pavillon destiné à l'habitation d'Albert, la délicate prévoyance d'une mère qui, ne voulant pas se séparer de son fils, avait cependant compris qu'un jeune homme de l'âge du vicomte avait besoin de sa liberté tout entière. On y reconnaissait aussi, d'un autre côté, nous devons le dire, l'intelligent égoïsme du jeune homme, épris de cette vie libre et oisive, qui est celle des fils de famille, et qu'on lui dorait comme à l'oiseau sa cage.

Par les deux fenêtres donnant sur la rue, Albert de Morcerf pouvait faire ses explorations au-dehors. La vue du dehors est si nécessaire aux jeunes gens qui veulent toujours voir le monde traverser leur horizon, cet horizon ne fût-il que celui de la rue ! Puis son exploration faite, si cette exploration paraissait mériter un examen plus approfondi, Albert de Morcerf pouvait, pour se livrer à ses recherches, sortir par une petite porte faisant pendant à celle que nous avons indiquée près de la loge du portier, et qui mérite une mention particulière.

C'était une petite porte qu'on eût dit oubliée de tout le monde depuis le jour où la maison avait été bâtie, et qu'on eût cru condamnée à tout jamais, tant elle semblait discrète et poudreuse, mais dont la serrure et les gonds, soigneusement huilés, annonçaient une pratique mystérieuse et suivie. Cette petite porte sournoise faisait concurrence aux deux autres et se moquait du concierge, à la vigilance et à la juridiction duquel elle échappait, s'ouvrant comme la fameuse porte de la caverne des *Mille et une Nuits,* comme la Sésame enchantée d'Ali-Baba, au moyen de quelques mots cabalistiques, ou de quelques grattements convenus, prononcés par les plus douces voix ou opérés par les doigts les plus effilés du monde.

Au bout d'un corridor vaste et calme, auquel communiquait cette petite porte et qui faisait antichambre, s'ouvrait, à droite, la salle à manger d'Albert donnant sur la cour, et, à gauche, son petit salon donnant sur le jardin. Des massifs, des plantes grimpantes s'élargissant en éventail devant les fenêtres, cachaient à la cour et au jardin l'intérieur de ces deux pièces, les seules placées au rez-de-chaussée comme elles l'étaient, où pussent pénétrer les regards indiscrets.

Au premier, ces deux pièces se répétaient, enrichies d'une troisième, prise sur l'antichambre. Ces trois pièces étaient un salon, une chambre à coucher et un boudoir.

Le salon d'en bas n'était qu'une espèce de divan algérien destiné aux fumeurs.

Le boudoir du premier donnait dans la chambre à coucher, et, par une porte invisible, communiquait avec l'escalier. On voit que toutes les mesures de précaution étaient prises.

Au-dessus de ce premier étage régnait un vaste atelier, que l'on avait agrandi en jetant bas murailles et cloisons, pandémonium que l'artiste disputait au dandy. Là se réfugiaient et s'entassaient tous les caprices successifs d'Albert, les cors de chasse, les basses, les flûtes, un orchestre complet, car Albert avait eu un instant, non pas le goût, mais la fantaisie de la musique ; les chevalets, les palettes, les pastels, car à la fantaisie de la musique avait succédé la fatuité de la peinture ; enfin les fleurets, les gants de boxe, les espadons et les cannes de tout genre ; car enfin, suivant les traditions des jeunes gens à la mode de l'époque où nous sommes arrivés, Albert de Morcerf cultivait, avec infiniment plus de persévérance qu'il n'avait fait de la musique et de la peinture, ces trois arts qui complètent l'éducation léonine, c'est-à-dire l'escrime, la boxe et le bâton, et il recevait successivement dans cette pièce, destinée à tous les exercices du corps, Grisier, Cooks et Charles Leboucher.

Le reste des meubles de cette pièce privilégiée étaient de vieux bahuts du temps de François Ier, bahuts pleins de porcelaines de Chine, de vases du Japon, de faïences de Luca della Robbia et de plats de Bernard de Palissy ; d'antiques fauteuils où s'étaient peut-être assis Henri IV ou Sully, Louis XIII ou Richelieu, car deux de ces fauteuils, ornés d'un écusson sculpté où brillaient sur l'azur les trois fleurs de lis de France surmontées d'une couronne royale sortaient visiblement des garde-meubles du Louvre ou tout au moins de celui de quelque château royal. Sur ces fauteuils aux fonds sombres et sévères, étaient jetées pêle-mêle de riches étoffes aux vives couleurs, teintes au soleil de la Perse ou écloses sous les doigts des femmes de Calcutta ou de Chandernagor. Ce que faisaient là ces étoffes, on n'eût pas pu le dire ; elles attendaient, en récréant les yeux, une destination inconnue à leur propriétaire lui-même, et, en attendant, elles illuminaient l'appartement de leurs reflets soyeux et dorés.

À la place la plus apparente se dressait un piano, taillé par Roller et Blanchet dans du bois de rose, piano à la taille de nos salons de Lilliputiens, renfermant cependant un orchestre dans son étroite et sonore cavité, et gémissant sous le poids des chefs-d'œuvre de Beethoven, de Weber, de Mozart, d'Haydn, de Grétry et de Porpora.

Puis, partout, le long des murailles, au-dessus des portes, au plafond, des épées, des poignards, des criks, des masses, des haches, des armures complètes dorées, damasquinées, incrustées ; des herbiers, des blocs de minéraux, des oiseaux bourrés de crin, ouvrant pour un vol immobile leurs ailes couleur de feu et leur bec qu'ils ne ferment jamais.

Il va sans dire que cette pièce était la pièce de prédilection d'Albert.

Cependant, le jour du rendez-vous, le jeune homme, en demi-toilette, avait établi son quartier général dans le petit salon du rez-de-chaussée. Là, sur une table entourée à distance d'un divan large et moelleux, tous les tabacs connus, depuis le tabac jaune de Pétersbourg, jusqu'au tabac noir du Sinaï, en passant par le maryland, le porto-rico et le latakiéh, resplendissaient dans les pots de faïence craquelée qu'adorent les Hollandais. À côté d'eux, dans des cases de bois odorant, étaient rangés, par ordre de taille et de qualité, les puros, les régalias, les havanes et les manilles ; enfin dans une armoire tout ouverte, une collection de pipes allemandes, de chibouques aux bouquins d'ambre, ornées de corail, et de narguilés incrustés d'or, aux longs tuyaux de maroquin roulés comme des serpents, attendaient le caprice ou la sympathie des fumeurs. Albert avait présidé lui-même à l'arrangement ou plutôt au désordre symétrique qu'après le café, les convives d'un déjeuner moderne aiment à contempler à travers la vapeur qui s'échappe de leur bouche et qui monte au plafond en longues et capricieuses spirales.

À dix heures moins un quart, un valet de chambre entra. C'était un petit groom de quinze ans, ne parlant qu'anglais et répondant au nom de John, tout le domestique de Morcerf. Bien entendu que dans les jours ordinaires le cuisinier de l'hôtel était à sa disposition, et que dans les grandes occasions le chasseur du comte l'était également.

Ce valet de chambre, qui s'appelait Germain et qui jouissait de la confiance entière de son jeune maître, tenait à la main une liasse de journaux qu'il déposa sur une table, et un paquet de lettres qu'il remit à Albert.

Albert jeta un coup d'œil distrait sur ces différentes missives, en choisit deux aux écritures fines et aux enveloppes parfumées, les décacheta et les lut avec une certaine attention.

« Comment sont venues ces lettres ? demanda-t-il.

– L'une est venue par la poste, l'autre a été apportée par le valet de chambre de Mme Danglars.

– Faites dire à Mme Danglars que j'accepte la place qu'elle m'offre dans sa loge... Attendez donc... puis, dans la journée, vous passerez chez Rosa ; vous lui direz que j'irai, comme elle m'y invite, souper avec elle en sortant de l'Opéra, et vous lui porterez six bouteilles de vins assortis, de Chypre, de Xérès, de Malaga, et un baril d'huîtres d'Ostende... Prenez les huîtres chez Borel, et dites surtout que c'est pour moi.

– À quelle heure monsieur veut-il être servi ?

– Quelle heure avons-nous ?

– Dix heures moins un quart.

– Eh bien, servez pour dix heures et demie précises. Debray sera peut-être forcé d'aller à son ministère... Et d'ailleurs...

(Albert consulta ses tablettes), c'est bien l'heure que j'ai indiquée au comte, le 21 mai, à dix heures et demie du matin, et quoique je ne fasse pas grand fond sur sa promesse, je veux être exact. À propos, savez-vous si Mme la comtesse est levée ?

– Si monsieur le vicomte le désire, je m'en informerai.

– Oui... vous lui demanderez une de ses caves à liqueurs, la mienne est incomplète, et vous lui direz que j'aurai l'honneur de passer chez elle vers trois heures, et que je lui fais demander la permission de lui présenter quelqu'un. »

Le valet sorti, Albert se jeta sur le divan, déchira l'enveloppe de deux ou trois journaux, regarda les spectacles, fit la grimace en reconnaissant que l'on jouait un opéra et non un ballet, chercha vainement dans les annonces de parfumerie un opiat pour les dents dont on lui avait parlé, et rejeta l'une après l'autre les trois feuilles les plus courues de Paris, en murmurant au milieu d'un bâillement prolongé :

« En vérité, ces journaux deviennent de plus en plus assommants. »

En ce moment une voiture légère s'arrêta devant la porte, et un instant après le valet de chambre rentra pour annoncer M. Lucien Debray. Un grand jeune homme blond, pâle, à l'œil gris et assuré, aux lèvres minces et froides, à l'habit bleu aux boutons d'or ciselés, à la cravate blanche, au lorgnon d'écaille suspendu par un fil de soie, et que, par un effort du nerf sourcilier et du nerf zygomatique, il parvenait à fixer de temps en temps dans la cavité de son œil droit, entra sans sourire, sans parler et d'un air demi-officiel.

« Bonjour, Lucien... Bonjour ! dit Albert. Ah ! vous m'effrayez, mon cher, avec votre exactitude ! Que dis-je ? exactitude ! Vous que je n'attendais que le dernier, vous arrivez à dix heures moins cinq minutes, lorsque le rendez-vous définitif n'est qu'à dix heures et demie ! C'est miraculeux ! Le ministère serait-il renversé, par hasard ?

– Non, très cher, dit le jeune homme en s'incrustant dans le divan ; rassurez-vous, nous chancelons toujours, mais nous ne tombons jamais, et je commence à croire que nous passons tout bonnement à l'inamovibilité, sans compter que les affaires de la Péninsule vont nous consolider tout à fait.

– Ah ! oui, c'est vrai, vous chassez don Carlos d'Espagne.

– Non pas, très cher, ne confondons point, nous le ramenons de l'autre côté de la frontière de France, et nous lui offrons une hospitalité royale à Bourges.

– À Bourges ?

– Oui, il n'a pas à se plaindre, que diable ! Bourges est la capitale du roi Charles VII. Comment ! vous ne saviez pas cela ? C'est connu depuis hier de tout Paris, et avant-hier la chose avait déjà transpiré à la Bourse, car M. Danglars (je ne sais point par quel moyen cet homme sait les nouvelles en même temps que nous), car M. Danglars a joué à la hausse et a gagné un million.

– Et vous, un ruban nouveau, à ce qu'il paraît ; car je vois un liséré bleu ajouté à votre brochette ?

– Heu ! ils m'ont envoyé la plaque de Charles III, répondit négligemment Debray.

– Allons ne faites donc pas l'indifférent, et avouez que la chose vous a fait plaisir à recevoir.

– Ma foi, oui, comme complément de toilette, une plaque fait bien sur un habit noir boutonné, c'est élégant.

– Et, dit Morcerf en souriant, on a l'air du prince de Galles ou du duc de Reichstadt.

– Voilà donc pourquoi vous me voyez si matin, très cher.

– Parce que vous avez la plaque de Charles III et que vous vouliez m'annoncer cette bonne nouvelle ?

– Non ; parce que j'ai passé la nuit à expédier des lettres : vingt-cinq dépêches diplomatiques. Rentré chez moi ce matin au jour, j'ai voulu dormir ; mais le mal de tête m'a pris, et je me suis relevé pour monter à cheval une heure. À Boulogne, l'ennui et la faim m'ont saisi, deux ennemis qui vont rarement ensemble, et qui cependant se sont ligués contre moi : une espèce d'alliance carlos républicaine ; je me suis alors souvenu que l'on festinait chez vous ce matin, et me voilà : j'ai faim, nourrissez-moi ; je m'ennuie, amusez-moi.

– C'est mon devoir d'amphitryon, cher ami », dit Albert en sonnant le valet de chambre, tandis que Lucien faisait sauter, avec le bout de sa badine à pomme d'or incrustée de turquoise, les journaux dépliés. « Germain, un verre de xérès et un biscuit. En attendant, mon cher Lucien, voici des cigares de contrebande, bien entendu ; je vous engage à en goûter et à inviter votre ministre à nous en vendre de pareils, au lieu de ces espèces de feuilles de noyer qu'il condamne les bons citoyens à fumer.

– Peste ! je m'en garderais bien. Du moment où ils vous viendraient du gouvernement vous n'en voudriez plus et les trouveriez exécrables. D'ailleurs, cela ne regarde point l'intérieur, cela regarde les finances : adressez-vous à M. Humann, section des contributions indirectes, corridor A, n° 26.

– En vérité, dit Albert, vous m'étonnez par l'étendue de vos connaissances. Mais prenez donc un cigare !

– Ah ! cher vicomte, dit Lucien en allumant un manille à une bougie rose brûlant dans un bougeoir de vermeil et en se renversant sur le divan, ah ! cher vicomte, que vous êtes heureux de n'avoir rien à faire ! En vérité, vous ne connaissez pas votre bonheur !

– Et que feriez-vous donc, mon cher pacificateur de royaumes, reprit Morcerf avec une légère ironie, si vous ne faisiez rien ? Comment ! secrétaire particulier d'un ministre, lancé à la fois dans la grande cabale européenne et dans les petites intrigues de Paris ; ayant des rois, et, mieux que cela, des reines à protéger, des partis à réunir, des élections à diriger ; faisant plus de votre cabinet avec votre plume et votre télégraphe, que Napoléon ne faisait de ses champs de bataille avec son épée et ses victoires ; possédant vingt-cinq mille livres de rente en dehors de votre place ; un cheval dont Château-Renaud vous a offert quatre cents louis, et que vous n'avez pas voulu donner ; un tailleur qui ne vous manque jamais un pantalon ; ayant l'Opéra, le Jockey-Club et le théâtre des Variétés, vous ne trouvez pas dans tout cela de quoi vous distraire ? Eh bien, soit, je vous distrairai, moi.

– Comment cela ?

– En vous faisant faire une connaissance nouvelle.

– En homme ou en femme ?

– En homme.

– Oh ! j'en connais déjà beaucoup !

– Mais vous n'en connaissez pas comme celui dont je vous parle.

– D'où vient-il donc ? du bout du monde ?

– De plus loin peut-être.

– Ah diable ! j'espère qu'il n'apporte pas notre déjeuner ?

– Non, soyez tranquille, notre déjeuner se confectionne dans les cuisines maternelles. Mais vous avez donc faim ?

– Oui, je l'avoue, si humiliant que cela soit à dire. Mais j'ai dîné hier chez M. de Villefort ; et avez-vous remarqué cela, cher ami ? on dîne très mal chez tous ces gens du parquet ; on dirait toujours qu'ils ont des remords.

– Ah ! pardieu, dépréciez les dîners des autres, avec cela qu'on dîne bien chez vos ministres.

– Oui, mais nous n'invitons pas les gens comme il faut, au moins ; et si nous n'étions pas obligés de faire les honneurs de notre table à quelques croquants qui pensent et surtout qui votent bien, nous nous garderions comme de la peste de dîner chez nous, je vous prie de croire.

– Alors, mon cher, prenez un second verre de xérès et un autre biscuit.

– Volontiers, votre vin d'Espagne est excellent ; vous voyez bien que nous avons eu tout à fait raison de pacifier ce pays-là.

– Oui, mais don Carlos ?

– Eh bien, don Carlos boira du vin de Bordeaux et dans dix ans nous marierons son fils à la petite reine.

– Ce qui vous vaudra la Toison d'or, si vous êtes encore au ministère.

– Je crois, Albert, que vous avez adopté pour système ce matin de me nourrir de fumée.

– Eh ! c'est encore ce qui amuse le mieux l'estomac, convenez-en ; mais, tenez, justement j'entends la voix de Beauchamp dans l'antichambre, vous vous disputerez, cela vous fera prendre patience.

– À propos de quoi ?

– À propos de journaux.

– Oh ! cher ami, dit Lucien avec un souverain mépris, est-ce que je lis les journaux !

– Raison de plus, alors vous vous disputerez bien davantage.

– M. Beauchamp ! annonça le valet de chambre.

– Entrez, entrez ! plume terrible ! dit Albert en se levant et en allant au-devant du jeune homme. Tenez, voici Debray qui vous déteste sans vous lire, à ce qu'il dit du moins.

– Il a bien raison, dit Beauchamp, c'est comme moi, je le critique sans savoir ce qu'il fait. Bonjour, commandeur.

– Ah ! vous savez déjà cela, répondit le secrétaire particulier en échangeant avec le journaliste une poignée de main et un sourire.

– Pardieu ! reprit Beauchamp.

– Et qu'en dit-on dans le monde ?

– Dans quel monde ? Nous avons beaucoup de monde en l'an de grâce 1838.

– Eh ! dans le monde critico-politique, dont vous êtes un des lions.

– Mais on dit que c'est chose fort juste, et que vous semez assez de rouge pour qu'il pousse un peu de bleu.

– Allons, allons, pas mal, dit Lucien : pourquoi n'êtes vous pas des nôtres, mon cher Beauchamp ? Ayant de l'esprit comme vous en avez, vous feriez fortune en trois ou quatre ans.

– Aussi, je n'attends qu'une chose pour suivre votre conseil : c'est un ministère qui soit assuré pour six mois. Maintenant, un seul mot, mon cher Albert, car aussi bien faut-il que je laisse respirer le pauvre Lucien. Déjeunons-nous ou dînons-nous ? J'ai la Chambre, moi. Tout n'est pas rose, comme vous le voyez, dans notre métier.

– On déjeunera seulement ; nous n'attendons plus que deux personnes, et l'on se mettra à table aussitôt qu'elles seront arrivées.

– Et quelles sortes de personnes attendez-vous à déjeuner ? dit Beauchamp.

– Un gentilhomme et un diplomate, reprit Albert.

– Alors c'est l'affaire de deux petites heures pour le gentilhomme et de deux grandes heures pour le diplomate. Je reviendrai au dessert. Gardez-moi des fraises, du café et des cigares. Je mangerai une côtelette à la Chambre.

– N'en faites rien, Beauchamp, car le gentilhomme fût-il un Montmorency, et le diplomate un Metternich, nous déjeunerons à dix heures et demie précises ; en attendant faites comme Debray, goûtez mon xérès et mes biscuits.

– Allons donc, soit, je reste. Il faut absolument que je me distraie ce matin.

– Bon, vous voilà comme Debray ! Il me semble cependant que lorsque le ministère est triste l'opposition doit être gaie.

– Ah ! voyez-vous, cher ami, c'est que vous ne savez point ce qui me menace. J'entendrai ce matin un discours de M. Danglars à la Chambre des députés, et ce soir, chez sa femme, une tragédie d'un pair de France. Le diable emporte le gouvernement constitutionnel ! et puisque nous avions le choix, à ce qu'on dit, comment avons-nous choisi celui-là ?

– Je comprends ; vous avez besoin de faire provision d'hilarité.

– Ne dites donc pas de mal des discours de M. Danglars, dit Debray : il vote pour vous, il fait de l'opposition.

– Voilà, pardieu, bien le mal ! aussi j'attends que vous l'envoyiez discourir au Luxembourg pour en rire tout à mon aise.

– Mon cher, dit Albert à Beauchamp, on voit bien que les affaires d'Espagne sont arrangées, vous êtes ce matin d'une aigreur révoltante. Rappelez-vous donc que la chronique parisienne parle d'un mariage entre moi et Mlle Eugénie Danglars. Je ne puis donc pas, en conscience, vous laisser mal parler de l'éloquence d'un homme qui doit me dire un jour : « Monsieur le vicomte, vous savez que je donne deux millions à ma fille. »

– Allons donc ! dit Beauchamp, ce mariage ne se fera jamais. Le roi a pu le faire baron, il pourra le faire pair, mais il ne le fera point gentilhomme, et le comte de Morcerf est une épée trop aristocratique pour consentir, moyennant deux pauvres millions, à une mésalliance. Le vicomte de Morcerf ne doit épouser qu'une marquise.

– Deux millions ! c'est cependant joli ! reprit Morcerf.

– C'est le capital social d'un théâtre de boulevard ou d'un chemin de fer du jardin des Plantes à la Râpée.

– Laissez-le dire, Morcerf, reprit nonchalamment Debray, et mariez-vous. Vous épousez l'étiquette d'un sac, n'est-ce pas ? eh bien, que vous importe ! mieux vaut alors sur cette étiquette un blason de moins et un zéro de plus ; vous avez sept merlettes dans vos armes, vous en donnerez trois à votre femme et il vous en restera encore quatre. C'est une de plus qu'a M. de Guise, qui a failli être roi de France, et dont le cousin germain était empereur d'Allemagne.

– Ma foi, je crois que vous avez raison, Lucien, répondit distraitement Albert.

– Et certainement ! D'ailleurs tout millionnaire est noble comme un bâtard, c'est-à-dire qu'il peut l'être.

– Chut ! ne dites pas cela, Debray, reprit en riant Beauchamp, car voici Château-Renaud qui, pour vous guérir de votre manie de paradoxer, vous passera au travers du corps l'épée de Renaud de Montauban, son ancêtre.

– Il dérogerait alors, répondit Lucien, car je suis vilain et très vilain.

– Bon ! s'écria Beauchamp, voilà le ministère qui chante du Béranger, où allons-nous, mon Dieu ?

– M. de Château-Renaud ! M. Maximilien Morrel ! dit le valet de chambre, en annonçant deux nouveaux convives.

– Complets alors ! dit Beauchamp, et nous allons déjeuner ; car, si je ne me trompe, vous n'attendiez plus que deux personnes, Albert ?

– Morrel ! murmura Albert surpris ; Morrel ! qu'est-ce que cela ? »

Mais avant qu'il eût achevé, M. de Château-Renaud, beau jeune homme de trente ans, gentilhomme des pieds à la tête, c'est-à-dire avec la figure d'un Guiche et l'esprit d'un Mortemart, avait pris Albert par la main :

« Permettez-moi, mon cher, lui dit-il, de vous présenter M. le capitaine de spahis Maximilien Morrel, mon ami, et de plus mon sauveur. Au reste, l'homme se présente assez bien par lui-même. Saluez mon héros, vicomte. »

Et il se rangea pour démasquer ce grand et noble jeune homme au front large, à l'œil perçant, aux moustaches noires, que nos lecteurs se rappellent avoir vu à Marseille, dans une circonstance assez dramatique pour qu'ils ne l'aient point encore oublié. Un riche uniforme, demi-français, demi-oriental, admirablement porté faisait valoir sa large poitrine décorée de la croix de la Légion d'honneur, et ressortir la cambrure hardie de sa taille. Le jeune officier s'inclina avec une politesse d'élégance ; Morrel était gracieux dans chacun de ses mouvements, parce qu'il était fort.

« Monsieur, dit Albert avec une affectueuse courtoisie, M. le baron de Château-Renaud savait d'avance tout le plaisir qu'il me procurait en me faisant faire votre connaissance ; vous êtes de ses amis, monsieur, soyez des nôtres.

– Très bien, dit Château-Renaud, et souhaitez, mon cher vicomte, que le cas échéant il fasse pour vous ce qu'il a fait pour moi.

— Et qu'a-t-il donc fait ? demanda Albert.

— Oh ! dit Morrel, cela ne vaut pas la peine d'en parler, et monsieur exagère.

— Comment ! dit Château-Renaud, cela ne vaut pas la peine d'en parler ! La vie ne vaut pas la peine qu'on en parle !... En vérité, c'est par trop philosophique ce que vous dites là, mon cher monsieur Morrel... Bon pour vous qui exposez votre vie tous les jours, mais pour moi qui l'expose une fois par hasard...

— Ce que je vois de plus clair dans tout cela, baron, c'est que M. le capitaine Morrel vous a sauvé la vie.

— Oh ! mon Dieu, oui, tout bonnement, reprit Château-Renaud.

— Et à quelle occasion ? demanda Beauchamp.

— Beauchamp, mon ami, vous saurez que je meurs de faim, dit Debray, ne donnez donc pas dans les histoires.

— Eh bien, mais, dit Beauchamp, je n'empêche pas qu'on se mette à table, moi... Château-Renaud nous racontera cela à table.

— Messieurs, dit Morcerf, il n'est encore que dix heures un quart, remarquez bien cela, et nous attendons un dernier convive.

— Ah ! c'est vrai, un diplomate, reprit Debray.

— Un diplomate, ou autre chose, je n'en sais rien, ce que je sais, c'est que pour mon compte je l'ai chargé d'une ambassade qu'il a si bien terminée à ma satisfaction, qui si j'avais été roi, je l'eusse fait à l'instant même chevalier de tous mes ordres, eussé-je eu à la fois la disposition de la Toison d'or et de la Jarretière.

— Alors, puisqu'on ne se met point encore à table, dit Debray, versez-vous un verre de xérès comme nous avons fait, et racontez-nous cela, baron.

— Vous savez tous que l'idée m'était venue d'aller en Afrique.

— C'est un chemin que vos ancêtres vous ont tracé, mon cher Château-Renaud, répondit galamment Morcerf.

— Oui, mais je doute que cela fût, comme eux, pour délivrer le tombeau du Christ.

— Et vous avez raison, Beauchamp, dit le jeune aristocrate ; c'était tout bonnement pour faire le coup de pistolet en amateur. Le duel me répugne, comme vous savez, depuis que deux témoins, que j'avais choisis pour accommoder une affaire, m'ont forcé de casser le bras à un de mes meilleurs amis... eh pardieu ! à ce pauvre Franz d'Épinay, que vous connaissez tous.

– Ah oui ! c'est vrai, dit Debray, vous vous êtes battu dans le temps... À quel propos ?

– Le diable m'emporte si je m'en souviens ! dit Château-Renaud ; mais ce que je me rappelle parfaitement, c'est qu'ayant honte de laisser dormir un talent comme le mien, j'ai voulu essayer sur les Arabes des pistolets neufs dont on venait de me faire cadeau. En conséquence je m'embarquai pour Oran ; d'Oran je gagnai Constantine, et j'arrivai juste pour voir lever le siège. Je me mis en retraite comme les autres. Pendant quarante-huit heures je supportai assez bien la pluie le jour, la neige la nuit ; enfin, dans la troisième matinée, mon cheval mourut de froid. Pauvre bête ! accoutumée aux couvertures et au poêle de l'écurie... un cheval arabe qui seulement s'est trouvé un peu dépaysé en rencontrant dix degrés de froid en Arabie.

– C'est pour cela que vous voulez m'acheter mon cheval anglais, dit Debray ; vous supposez qu'il supportera mieux le froid que votre arabe.

– Vous vous trompez, car j'ai fait vœu de ne plus retourner en Afrique.

– Vous avez donc eu bien peur ? demanda Beauchamp.

– Ma foi, oui, je l'avoue, répondit Château-Renaud ; et il y avait de quoi ! Mon cheval était donc mort ; je faisais ma retraite à pied ; six Arabes vinrent au galop pour me couper la tête, j'en abattis deux de mes deux coups de fusil, deux de mes deux coups de pistolet, mouches pleines ; mais il en restait deux, et j'étais désarmé. L'un me prit par les cheveux, c'est pour cela que je les porte courts maintenant, on ne sait pas ce qui peut arriver, l'autre m'enveloppa le cou de son yatagan, et je sentais déjà le froid aigu du fer, quand monsieur, que vous voyez, chargea à son tour sur eux, tua celui qui me tenait par les cheveux d'un coup de pistolet, et fendit la tête de celui qui s'apprêtait à me couper la gorge d'un coup de sabre. Monsieur s'était donné pour tâche de sauver un homme ce jour-là, le hasard a voulu que ce fût moi ; quand je serai riche, je ferai faire par Klagmann ou par Marochetti une statue du Hasard.

– Oui, dit en souriant Morrel, c'était le 5 septembre, c'est-à-dire l'anniversaire d'un jour où mon père fut miraculeusement sauvé ; aussi, autant qu'il est en mon pouvoir, je célèbre tous les ans ce jour-là par quelque action...

– Héroïque, n'est-ce pas ? interrompit Château-Renaud ; bref, je fus l'élu, mais ce n'est pas tout. Après m'avoir sauvé du fer, il me sauva du froid, en me donnant, non pas la moitié de son manteau, comme faisait saint Martin, mais en me le donnant tout entier ; puis de la faim, en partageant avec moi, devinez quoi ?

– Un pâté de chez Félix ? demanda Beauchamp.

– Non pas, son cheval, dont nous mangeâmes chacun un morceau de grand appétit : c'était dur.

– Le cheval ? demanda en riant Morcerf.

– Non, le sacrifice, répondit Château-Renaud. Demandez à Debray s'il sacrifierait son anglais pour un étranger ?

– Pour un étranger, non, dit Debray mais pour un ami, peut-être.

– Je devinai que vous deviendriez le mien, monsieur le baron, dit Morrel ; d'ailleurs, j'ai déjà eu l'honneur de vous le dire, héroïsme ou non, sacrifice ou non, ce jour-là je devais une offrande à la mauvaise fortune en récompense de la faveur que nous avait faite autrefois la bonne.

– Cette histoire à laquelle M. Morrel fait allusion, continua Château-Renaud, est toute une admirable histoire qu'il vous racontera un jour, quand vous aurez fait avec lui plus ample connaissance ; pour aujourd'hui, garnissons l'estomac et non la mémoire. À quelle heure déjeunez-vous, Albert.

– À dix heures et demie.

– Précises ? demanda Debray en tirant sa montre.

– Oh ! vous m'accorderez bien les cinq minutes de grâce, dit Morcerf, car, moi aussi, j'attends un sauveur.

– À qui ?

– À moi, parbleu ! répondit Morcerf. Croyez-vous donc qu'on ne puisse pas me sauver comme un autre et qu'il n'y a que les Arabes qui coupent la tête ! Notre déjeuner est un déjeuner philanthropique, et nous aurons à notre table, je l'espère du moins, deux bienfaiteurs de l'humanité.

– Comment ferons-nous ? dit Debray, nous n'avons qu'un prix Montyon ?

– Eh bien, mais on le donnera à quelqu'un qui n'aura rien fait pour l'avoir, dit Beauchamp. C'est de cette façon-là que d'ordinaire l'Académie se tire d'embarras.

– Et d'où vient-il ? demanda Debray ; excusez l'insistance ; vous avez déjà, je le sais bien, répondu à cette question, mais assez vaguement pour que je me permette de la poser une seconde fois.

– En vérité, dit Albert, je n'en sais rien. Quand je l'ai invité, il y a trois mois de cela, il était à Rome ; mais depuis ce temps-là, qui peut dire le chemin qu'il a fait !

– Et le croyez-vous capable d'être exact ? demanda Debray.

– Je le crois capable de tout, répondit Morcerf.

– Faites attention qu'avec les cinq minutes de grâce, nous n'avons plus que dix minutes.

– Eh bien, j'en profiterai pour vous dire un mot de mon convive.

– Pardon, dit Beauchamp, y a-t-il matière à un feuilleton dans ce que vous allez nous raconter ?

– Oui, certes, dit Morcerf, et des plus curieux, même.

– Dites alors, car je vois bien que je manquerai la Chambre ; il faut bien que je me rattrape.

– J'étais à Rome au carnaval dernier.

– Nous savons cela, dit Beauchamp.

– Oui, mais ce que vous ne savez pas, c'est que j'avais été enlevé par des brigands.

– Il n'y a pas de brigands, dit Debray.

– Si fait, il y en a, et de hideux même, c'est-à-dire d'admirables, car je les ai trouvés beaux à faire peur.

– Voyons, mon cher Albert, dit Debray, avouez que votre cuisinier est en retard, que les huîtres ne sont pas arrivées de Marennes ou d'Ostende, et qu'à l'exemple de Mme de Maintenon, vous voulez remplacer le plat par un comte. Dites-le, mon cher, nous sommes d'assez bonne compagnie pour vous le pardonner et pour écouter votre histoire, toute fabuleuse qu'elle promet d'être.

– Et, moi, je vous dis, toute fabuleuse qu'elle est, que je vous la donne pour vraie d'un bout à l'autre. Les brigands m'avaient donc enlevé et m'avaient conduit dans un endroit fort triste qu'on appelle les catacombes de Saint-Sébastien.

– Je connais cela, dit Château-Renaud, j'ai manqué d'y attraper la fièvre.

– Et, moi, j'ai fait mieux que cela, dit Morcerf, je l'ai eue réellement. On m'avait annoncé que j'étais prisonnier sauf rançon, une misère, quatre mille écus romains, vingt-six mille livres tournois. Malheureusement je n'en avais plus que quinze cents ; j'étais au bout de mon voyage et mon crédit était épuisé. J'écrivis à Franz. Et, pardieu ! tenez, Franz en était, et vous pouvez lui demander si je mens d'une virgule ; j'écrivis à Franz que s'il n'arrivait pas à six heures du matin avec les quatre mille écus, à six heures dix minutes j'aurais rejoint les bienheureux saints et les glorieux martyrs dans la compagnie desquels j'avais eu l'honneur de me trouver. Et M. Luigi Vampa, c'est le nom de mon chef de brigands, m'aurait, je vous prie de le croire, tenu scrupuleusement parole.

– Mais Franz arriva avec les quatre mille écus ? dit Château-Renaud. Que diable ! on n'est pas embarrassé pour quatre mille écus quand on s'appelle Franz d'Épinay ou Albert de Morcerf.

– Non, il arriva purement et simplement accompagné du convive que je vous annonce et que j'espère vous présenter.

– Ah çà ! mais c'est donc un Hercule tuant Cacus, que ce monsieur, un Persée délivrant Andromède ?

– Non, c'est un homme de ma taille à peu près.

– Armé jusqu'aux dents ?

– Il n'avait pas même une aiguille à tricoter.

– Mais il traita de votre rançon ?

– Il dit deux mots à l'oreille du chef, et je fus libre.

– On lui fit même des excuses de vous avoir arrêté, dit Beauchamp.

– Justement, dit Morcerf.

– Ah çà ! mais c'était donc l'Arioste que cet homme ?

– Non, c'était tout simplement le comte de Monte-Cristo.

– On ne s'appelle pas le comte de Monte-Cristo, dit Debray.

– Je ne crois pas, ajouta Château-Renaud avec le sang-froid d'un homme qui connaît sur le bout du doigt son nobiliaire européen ; qui est-ce qui connaît quelque part un comte de Monte-Cristo ?

– Il vient peut-être de Terre Sainte, dit Beauchamp ; un de ses aïeux aura possédé le Calvaire, comme les Mortemart la mer Morte.

– Pardon, dit Maximilien, mais je crois que je vais vous tirer d'embarras, messieurs ; Monte-Cristo est une petite île dont j'ai souvent entendu parler aux marins qu'employait mon père : un grain de sable au milieu de la Méditerranée un atome dans l'infini.

– C'est parfaitement cela, monsieur ! dit Albert. Eh bien, de ce grain de sable, de cet atome, est seigneur et roi celui dont je vous parle ; il aura acheté ce brevet de comte quelque part en Toscane.

– Il est donc riche, votre comte ?

– Ma foi, je le crois.

– Mais cela doit se voir, ce me semble ?

– Voilà ce qui vous trompe, Debray.

– Je ne vous comprends plus.

– Avez-vous lu les *Mille et une Nuits* ?

– Parbleu ! belle question !

– Eh bien, savez-vous donc si les gens qu'on y voit sont riches ou pauvres ? si leurs grains de blé ne sont pas des rubis ou des diamants ? Ils ont l'air de misérables pêcheurs, n'est-ce pas ? vous les traitez comme tels, et tout à coup ils vous ouvrent quelque caverne mystérieuse, où vous trouvez un trésor à acheter l'Inde.

– Après ?

– Après, mon comte de Monte-Cristo est un de ces pêcheurs-là. Il a même un nom tiré de la chose, il s'appelle Simbad le marin et possède une caverne pleine d'or.

– Et vous avez vu cette caverne, Morcerf ? demanda Beauchamp.

– Non, pas moi, Franz. Mais, chut ! il ne faut pas dire un mot de cela devant lui. Franz y est descendu les yeux bandés, et il a été servi par des muets et par des femmes près desquelles, à ce qu'il paraît, Cléopâtre n'est qu'une lorette. Seulement des femmes il n'en est pas bien sûr, vu qu'elles ne sont entrées qu'après qu'il eut mangé du haschich ; de sorte qu'il se pourrait bien que ce qu'il a pris pour des femmes fût tout bonnement un quadrille de statues. »

Les jeunes gens regardèrent Morcerf d'un œil qui voulait dire :

« Ah çà, mon cher, devenez-vous insensé, ou vous moquez-vous de nous ?

– En effet, dit Morrel pensif, j'ai entendu raconter encore par un vieux marin nommé Penelon quelque chose de pareil à ce que dit là M. de Morcerf.

– Ah ! fit Albert, c'est bien heureux que M. Morrel me vienne en aide. Cela vous contrarie, n'est-ce pas, qu'il jette ainsi un peloton de fil dans mon labyrinthe ?

– Pardon, cher ami, dit Debray, c'est que vous nous racontez des choses si invraisemblables...

– Ah parbleu ! parce que vos ambassadeurs, vos consuls ne vous en parlent pas ! Ils n'ont pas le temps, il faut bien qu'ils molestent leurs compatriotes qui voyagent.

– Ah ! bon, voilà que vous vous fâchez, et que vous tombez sur nos pauvres agents. Eh ! mon Dieu ! avec quoi voulez-vous qu'ils vous protègent ? la Chambre leur rogne tous les jours leurs appointements ; c'est au point qu'on n'en trouve plus. Voulez-vous être ambassadeur, Albert ? je vous fais nommer à Constantinople.

– Non pas ! pour que le sultan, à la première démonstration que je ferai en faveur de Méhémet-Ali, m'envoie le cordon et que mes secrétaires m'étranglent.

– Vous voyez bien, dit Debray.

– Oui, mais tout cela n'empêche pas mon comte de Monte-Cristo d'exister !

– Pardieu ! tout le monde existe, le beau miracle !

– Tout le monde existe, sans doute, mais pas dans des conditions pareilles. Tout le monde n'a pas des esclaves noirs, des galeries princières, des armes comme à la casauba, des chevaux de six mille francs pièce, des maîtresses grecques !

– L'avez-vous vue, la maîtresse grecque ?

– Oui, je l'ai vue et entendue. Vue au théâtre Valle, entendue un jour que j'ai déjeuné chez le comte.

– Il mange donc, votre homme extraordinaire ?

– Ma foi, s'il mange, c'est si peu, que ce n'est point la peine d'en parler.

– Vous verrez que c'est un vampire.

– Riez si vous voulez. C'était l'opinion de la comtesse G...,
qui, comme vous le savez, a connu Lord Ruthwen.

– Ah ! joli ! dit Beauchamp, voilà pour un homme non journaliste le pendant du fameux serpent de mer du *constitutionnel ;*
un vampire, c'est parfait !

– Oeil fauve dont la prunelle diminue et se dilate à volonté,
dit Debray ; angle facial développé, front magnifique, teint livide, barbe noire, dents blanches et aiguës, politesse toute
pareille.

– Eh bien, c'est justement cela, Lucien, dit Morcerf, et le signalement est tracé trait pour trait. Oui, politesse aiguë et inci-
sive. Cet homme m'a souvent donné le frisson ; un jour entre
autres, que nous regardions ensemble une exécution, j'ai cru
que j'allais me trouver mal, bien plus de le voir et de l'entendre
causer froidement sur tous les supplices de la terre, que de
voir le bourreau remplir son office et que d'entendre les cris du
patient.

– Ne vous a-t-il pas conduit un peu dans les ruines du Colisée
pour vous sucer le sang, Morcerf ? demanda Beauchamp.

– Ou, après vous avoir délivré, ne vous a-t-il pas fait signer
quelque parchemin couleur de feu, par lequel vous lui cédiez
votre âme, comme Ésaü son droit d'aînesse ?

– Raillez ! raillez tant que vous voudrez, messieurs ! dit Morcerf un peu piqué. Quand je vous regarde, vous autres beaux
Parisiens, habitués du boulevard de Gand, promeneurs du bois
de Boulogne, et que je me rappelle cet homme, eh bien, il me
semble que nous ne sommes pas de la même espèce.

– Je m'en flatte ! dit Beauchamp.

– Toujours est-il, ajouta Château-Renaud, que votre comte de
Monte-Cristo est un galant homme dans ses moments perdus,
sauf toutefois ses petits arrangements avec les bandits italiens.

– Eh ! il n'y a pas de bandits italiens ! dit Debray.

– Pas de vampires ! ajouta Beauchamp.

– Pas de comte de Monte-Cristo, ajouta Debray. Tenez, cher
Albert, voilà dix heures et demie qui sonnent.

– Avouez que vous avez eu le cauchemar, et allons déjeuner », dit Beauchamp.

Mais la vibration de la pendule ne s'était pas encore éteinte,
lorsque la porte s'ouvrit, et que Germain annonça :

« Son Excellence le comte de Monte-Cristo ! »

Tous les auditeurs firent malgré eux un bond qui dénotait la préoccupation que le récit de Morcerf avait infiltrée dans leurs âmes. Albert lui-même ne put se défendre d'une émotion soudaine.

On n'avait entendu ni voiture dans la rue, ni pas dans l'antichambre ; la porte elle-même s'était ouverte sans bruit.

Le comte parut sur le seuil, vêtu avec la plus grande simplicité, mais le *lion* le plus exigeant n'eût rien trouvé à reprendre à sa toilette. Tout était d'un goût exquis, tout sortait des mains des plus élégants fournisseurs, habits, chapeau et linge.

Il paraissait âgé de trente-cinq ans à peine, et, ce qui frappa tout le monde, ce fut son extrême ressemblance avec le portrait qu'avait tracé de lui Debray.

Le comte s'avança en souriant au milieu du salon, et vint droit à Albert, qui, marchant au-devant de lui, lui offrit la main avec empressement.

« L'exactitude, dit Monte-Cristo, est la politesse des rois, à ce qu'a prétendu, je crois, un de nos souverains. Mais quelle que soit leur bonne volonté, elle n'est pas toujours celle des voyageurs. Cependant j'espère, mon cher vicomte, que vous excuserez, en faveur de ma bonne volonté, les deux ou trois secondes de retard que je crois avoir mises à paraître au rendez-vous. Cinq cents lieues ne se font pas sans quelque contrariété, surtout en France, où il est défendu, à ce qu'il paraît, de battre les postillons.

– Monsieur le comte, répondit Albert, j'étais en train d'annoncer votre visite à quelques-uns de mes amis que j'ai réunis à l'occasion de la promesse que vous avez bien voulu me faire, et que j'ai l'honneur de vous présenter. Ce sont M. le comte de Château-Renaud, dont la noblesse remonte aux Douze pairs, et dont les ancêtres ont eu leur place à la Table Ronde ; M. Lucien Debray, secrétaire particulier du ministre de l'intérieur ; M. Beauchamp, terrible journaliste, l'effroi du gouvernement français, mais dont peut-être, malgré sa célébrité nationale, vous n'avez jamais entendu parler en Italie, attendu que son journal n'y entre pas ; enfin M. Maximilien Morrel, capitaine de spahis. »

À ce nom, le comte, qui avait jusque-là salué courtoisement, mais avec une froideur et une impassibilité tout anglaises, fit malgré lui un pas en avant, et un léger ton de vermillon passa comme l'éclair sur ses joues pâles.

« Monsieur porte l'uniforme des nouveaux vainqueurs français, dit-il, c'est un bel uniforme. »

On n'eût pas pu dire quel était le sentiment qui donnait à la voix du comte une si profonde vibration et qui faisait briller, comme malgré lui, son œil si beau, si calme et si limpide, quand il n'avait point un motif quelconque pour le voiler.

« Vous n'aviez jamais vu nos Africains, monsieur ? dit Albert.

– Jamais, répliqua le comte, redevenu parfaitement libre de lui.

– Eh bien, monsieur, sous cet uniforme bat un des cœurs les plus braves et les plus nobles de l'armée.

– Oh ! monsieur le comte, interrompit Morrel.

– Laissez-moi dire, capitaine… Et nous venons, continua Albert, d'apprendre de monsieur un fait si héroïque, que, quoique je l'aie vu aujourd'hui pour la première fois, je réclame de lui la faveur de vous le présenter comme mon ami. »

Et l'on put encore, à ces paroles, remarquer chez Monte-Cristo ce regard étrange de fixité, cette rougeur furtive et ce léger tremblement de la paupière qui, chez lui, décelaient l'émotion.

« Ah ! Monsieur est un noble cœur, dit le comte, tant mieux ! »

Cette espèce d'exclamation, qui répondait à la propre pensée du comte plutôt qu'à ce que venait de dire Albert, surprit tout le monde et surtout Morrel, qui regarda Monte-Cristo avec étonnement. Mais en même temps l'intonation était si douce et pour ainsi dire si suave que, quelque étrange que fût cette exclamation, il n'y avait pas moyen de s'en fâcher.

« Pourquoi en douterait-il ? dit Beauchamp à Château-Renaud.

– En vérité, répondit celui-ci, qui, avec son habitude du monde et la netteté de son œil aristocratique, avait pénétré de Monte-Cristo tout ce qui était pénétrable en lui, en vérité Albert ne nous a point trompés, et c'est un singulier personnage que le comte ; qu'en dites-vous, Morrel ?

– Ma foi, dit celui-ci, il a l'œil franc et la voix sympathique, de sorte qu'il me plaît, malgré la réflexion bizarre qu'il vient de faire à mon endroit.

– Messieurs, dit Albert, Germain m'annonce que vous êtes servis. Mon cher comte, permettez-moi de vous montrer le chemin. »

On passa silencieusement dans la salle à manger. Chacun prit sa place.

« Messieurs, dit le comte en s'asseyant, permettez-moi un aveu qui sera mon excuse pour toutes les inconvenances que je pourrai faire : je suis étranger, mais étranger à tel point que c'est la première fois que je viens à Paris. La vie française m'est donc parfaitement inconnue, et je n'ai guère jusqu'à présent pratiqué que la vie orientale, la plus antipathique aux bonnes traditions parisiennes. Je vous prie donc de m'excuser si vous trouvez en moi quelque chose de trop turc, de trop napolitain ou de trop arabe. Cela dit, messieurs, déjeunons.

– Comme il dit tout cela ! murmura Beauchamp ; c'est décidément un grand seigneur.

– Un grand seigneur, ajouta Debray.

– Un grand seigneur de tous les pays, monsieur Debray », dit Château-Renaud.

XL – Le déjeuner.

Le comte, on se le rappelle, était un sobre convive. Albert en fit la remarque en témoignant la crainte que, dès son commencement, la vie parisienne ne déplût au voyageur par son côté le plus matériel, mais en même temps le plus nécessaire.

« Mon cher comte, dit-il, vous me voyez atteint d'une crainte, c'est que la cuisine de la rue du Helder ne vous plaise pas autant que celle de la place d'Espagne. J'aurais dû vous demander votre goût et vous faire préparer quelques plats à votre fantaisie.

– Si vous me connaissiez davantage, monsieur, répondit en souriant le comte, vous ne vous préoccuperiez pas d'un soin presque humiliant pour un voyageur comme moi, qui a successivement vécu avec du macaroni à Naples, de la polenta à Milan, de l'olla podrida à Valence, du pilau à Constantinople, du karrick dans l'Inde, et des nids d'hirondelle dans la Chine. Il n'y a pas de cuisine pour un cosmopolite comme moi. Je mange de tout et partout, seulement je mange peu ; et aujourd'hui que vous me reprochez ma sobriété, je suis dans mon jour d'appétit, car depuis hier matin je n'ai point mangé.

– Comment, depuis hier matin ! s'écrièrent les convives ; vous n'avez point mangé depuis vingt-quatre heures ?

– Non, répondit Monte-Cristo ; j'avais été obligé de m'écarter de ma route et de prendre des renseignements aux environs de Nîmes, de sorte que j'étais un peu en retard, et je n'ai pas voulu m'arrêter.

– Et vous avez mangé dans votre voiture ? demanda Morcerf.

– Non, j'ai dormi comme cela m'arrive quand je m'ennuie sans avoir le courage de me distraire, ou quand j'ai faim sans avoir envie de manger.

– Mais vous commandez donc au sommeil, monsieur ? demanda Morrel.

– À peu près.

– Vous avez une recette pour cela ?

– Infaillible.

– Voilà qui serait excellent pour nous autres Africains, qui n'avons pas toujours de quoi manger, et qui avons rarement de quoi boire, dit Morrel.

– Oui, dit Monte-Cristo ; malheureusement ma recette, excellente pour un homme comme moi, qui mène une vie tout exceptionnelle, serait fort dangereuse appliquée à une armée, qui ne se réveillerait plus quand on aurait besoin d'elle.

– Et peut-on savoir quelle est cette recette ? demanda Debray.

– Oh ! mon Dieu, oui, dit Monte-Cristo, je n'en fais pas de secret : c'est un mélange d'excellent opium que j'ai été chercher moi-même à Canton pour être certain de l'avoir pur, et du meilleur haschich qui se récolte en Orient, c'est-à-dire entre le Tigre et l'Euphrate ; on réunit ces deux ingrédients en portions égales, et on fait des espèces de pilules qui s'avalent au moment où l'on en a besoin. Dix minutes après l'effet est produit. Demandez à M. le baron Franz d'Épinay, je crois qu'il en a goûté un jour.

– Oui, répondit Morcerf, il m'en a dit quelques mots et il en a gardé même un fort agréable souvenir.

– Mais dit Beauchamp, qui en sa qualité de journaliste était fort incrédule, vous portez donc toujours cette drogue sur vous ?

– Toujours, répondit Monte-Cristo.

– Serait-il indiscret de vous demander à voir ces précieuses pilules ? continua Beauchamp, espérant prendre l'étranger en défaut.

– Non, monsieur », répondit le comte.

Et il tira de sa poche une merveilleuse bonbonnière creusée dans une seule émeraude et fermée par un écrou d'or qui, en se dévissant, donnait passage à une petite boule de couleur verdâtre et de la grosseur d'un pois. Cette boule avait une odeur âcre et pénétrante ; il y en avait quatre ou cinq pareilles dans l'émeraude, et elle pouvait en contenir une douzaine.

La bonbonnière fit le tour de la table, mais c'était bien plus pour examiner cette admirable émeraude que pour voir ou pour flairer les pilules, que les convives se la faisaient passer.

« Et c'est votre cuisinier qui vous prépare ce régal ? demanda Beauchamp.

– Non pas, monsieur, dit Monte-Cristo, je ne livre pas comme cela mes jouissances réelles à la merci de mains indignes. Je suis assez bon chimiste, et je prépare mes pilules moi-même.

– Voilà une admirable émeraude et la plus grosse que j'aie jamais vue, quoique ma mère ait quelques bijoux de famille assez remarquables, dit Château-Renaud.

– J'en avais trois pareilles, reprit Monte-Cristo : j'ai donné l'une au Grand Seigneur, qui l'a fait monter sur son sabre ; l'autre à notre saint-père le pape, qui l'a fait incruster sur sa tiare en face d'une émeraude à peu près pareille, mais moins belle cependant, qui avait été donnée à son prédécesseur, Pie VII, par l'empereur Napoléon ; j'ai gardé la troisième pour moi, et je l'ai fait creuser, ce qui lui a ôté la moitié de sa valeur, mais ce qui l'a rendue plus commode pour l'usage que j'en voulais faire. »

Chacun regardait Monte-Cristo avec étonnement ; il parlait avec tant de simplicité, qu'il était évident qu'il disait la vérité ou qu'il était fou ; cependant l'émeraude qui était restée entre ses mains faisait que l'on penchait naturellement vers la première supposition.

« Et que vous ont donné ces deux souverains en échange de ce magnifique cadeau ? demanda Debray.

– Le Grand Seigneur, la liberté d'une femme, répondit le comte ; notre saint-père le pape, la vie d'un homme. De sorte qu'une fois dans mon existence j'ai été aussi puissant que si Dieu m'eût fait naître sur les marches d'un trône.

– Et c'est Peppino que vous avez délivré, n'est-ce pas ? s'écria Morcerf ; c'est à lui que vous avez fait l'application de votre droit de grâce ?

– Peut-être, dit Monte-Cristo en souriant.

– Monsieur le comte, vous ne vous faites pas l'idée du plaisir que j'éprouve à vous entendre parler ainsi ! dit Morcerf. Je vous avais annoncé d'avance à mes amis comme un homme fabuleux, comme un enchanteur des Mille et une Nuits ; comme un sorcier du Moyen Âge ; mais les Parisiens sont gens tellement subtils en paradoxes, qu'ils prennent pour des caprices de l'imagination les vérités les plus incontestables, quand ces vérités ne rentrent pas dans toutes les conditions de leur existence quotidienne. Par exemple, voici Debray qui lit, et Beauchamp qui imprime tous les jours qu'on a arrêté et qu'on a dévalisé sur le boulevard un membre du Jockey-Club attardé ; qu'on a assassiné quatre personnes rue Saint-Denis ou faubourg Saint-Germain ; qu'on a arrêté dix, quinze, vingt voleurs, soit dans un café du boulevard du Temple, soit dans les Thermes de Julien, et qui contestent l'existence des bandits des Maremmes, de la campagne de Rome ou des marais Pontins. Dites-leur donc vous-même, je vous en prie, monsieur le comte, que j'ai été pris par ces bandits, et que, sans votre généreuse intercession, j'attendrais, selon toute probabilité, aujourd'hui, la résurrection éternelle dans les catacombes de Saint-Sébastien, au lieu de leur donner à dîner dans mon indigne petite maison de la rue du Helder.

— Bah ! dit Monte-Cristo, vous m'aviez promis de ne jamais me parler de cette misère.

— Ce n'est pas moi, monsieur le comte ! s'écria Morcerf, c'est quelque autre à qui vous aurez rendu le même service qu'à moi et que vous aurez confondu avec moi. Parlons-en, au contraire, je vous en prie ; car si vous vous décidez à parler de cette circonstance, peut-être non seulement me redirez-vous un peu de ce que je sais, mais encore beaucoup de ce que je ne sais pas.

— Mais il me semble, dit en souriant le comte, que vous avez joué dans toute cette affaire un rôle assez important pour savoir aussi bien que moi ce qui s'est passé.

— Voulez-vous me promettre, si je dis tout ce que je sais, dit Morcerf, de dire à votre tour tout ce que je ne sais pas ?

— C'est trop juste, répondit Monte-Cristo.

— Eh bien, reprit Morcerf, dût mon amour-propre en souffrir, je me suis cru pendant trois jours l'objet des agaceries d'un masque que je prenais pour quelque descendante des Tullie ou des Poppée, tandis que j'étais tout purement et simplement l'objet des agaceries d'une contadine ; et remarquez que je dis contadine pour ne pas dire paysanne. Ce que je sais, c'est que, comme un niais, plus niais encore que celui dont je parlais tout à l'heure, j'ai pris pour cette paysanne un jeune bandit de quinze ou seize ans, au menton imberbe, à la taille fine, qui, au moment où je voulais m'émanciper jusqu'à déposer un baiser sur sa chaste épaule, m'a mis le pistolet sous la gorge, et, avec l'aide de sept ou huit de ses compagnons, m'a conduit ou plutôt traîné au fond des catacombes de Saint-Sébastien, où j'ai trouvé un chef de bandits fort lettré, ma foi, lequel lisait les *Commentaires de César*, et qui a daigné interrompre sa lecture pour me dire que si le lendemain, à six heures du matin, je n'avais pas versé quatre mille écus dans sa caisse, le lendemain à six heures et un quart j'aurais parfaitement cessé d'exister. La lettre existe, elle est entre les mains de Franz, signée de moi, avec un post-scriptum de maître Luigi Vampa. Si vous en doutez, j'écris à Franz, qui fera légaliser les signatures. Voilà ce que je sais. Maintenant, ce que je ne sais pas, c'est comment vous êtes parvenu, monsieur le comte, à frapper d'un si grand respect les bandits de Rome, qui respectent si peu de chose. Je vous avoue que, Franz et moi, nous en fûmes ravis d'admiration.

— Rien de plus simple, monsieur, répondit le comte, je connaissais le fameux Vampa depuis plus de dix ans. Tout jeune et quand il était encore berger, un jour que je lui donnai je ne sais plus quelle monnaie d'or parce qu'il m'avait montré mon chemin, il me donna, lui, pour ne rien devoir à moi, un poignard sculpté par lui et que vous avez dû voir dans ma collection d'armes. Plus tard, soit qu'il eût oublié cet échange de petits cadeaux qui eût dû entretenir l'amitié entre nous, soit qu'il ne m'eût pas reconnu, il tenta de m'arrêter ; mais ce fut moi tout au contraire qui le pris avec une douzaine de ses gens. Je pouvais le livrer à la justice romaine, qui est expéditive et qui se serait encore hâtée en sa faveur, mais je n'en fis rien. Je le renvoyai, lui et les siens.

— À la condition qu'ils ne pécheraient plus, dit le journaliste en riant. Je vois avec plaisir qu'ils ont scrupuleusement tenu leur parole.

— Non, monsieur, répondit Monte-Cristo, à la simple condition qu'ils me respecteraient toujours, moi et les miens. Peut-être ce que je vais vous dire vous paraîtra-t-il étrange, à vous, messieurs les socialistes, les progressifs, les humanitaires ; mais je ne m'occupe jamais de mon prochain, mais je n'essaye jamais de protéger la société qui ne me protège pas, et, je dirai même plus, qui généralement ne s'occupe de moi que pour me nuire ; et, en les supprimant dans mon estime et en gardant la neutralité vis-à-vis d'eux, c'est encore la société et mon prochain qui me doivent du retour.

— À la bonne heure ! s'écria Château-Renaud, voilà le premier homme courageux que j'entends prêcher loyalement et brutalement l'égoïsme : c'est très beau, cela ! bravo, monsieur le comte !

– C'est franc du moins, dit Morrel ; mais je suis sûr que monsieur le comte ne s'est pas repenti d'avoir manqué une fois aux principes qu'il vient cependant de nous exposer d'une façon si absolue.

– Comment ai-je manqué à ces principes, monsieur ? » demanda Monte-Cristo, qui de temps en temps ne pouvait s'empêcher de regarder Maximilien avec tant d'attention, que deux ou trois fois déjà le hardi jeune homme avait baissé les yeux devant le regard clair et limpide du comte.

« Mais il me semble, reprit Morrel, qu'en délivrant M. de Morcerf que vous ne connaissiez pas, vous serviez votre prochain et la société.

– Dont il fait le plus bel ornement, dit gravement Beauchamp en vidant d'un seul trait un verre de vin de Champagne.

– Monsieur le comte ! s'écria Morcerf, vous voilà pris par le raisonnement, vous, c'est-à-dire un des plus rudes logiciens que je connaisse ; et vous allez voir qu'il va vous être clairement démontré tout à l'heure que, loin d'être un égoïste, vous êtes au contraire un philanthrope. Ah ! monsieur le comte, vous vous dites Oriental, Levantin, Malais, Indien, Chinois, sauvage ; vous vous appelez Monte-Cristo de votre nom de famille, Simbad le marin de votre nom de baptême, et voilà que du jour où vous mettez le pied à Paris vous possédez d'instinct le plus grand mérite ou le plus grand défaut de nos excentriques Parisiens, c'est-à-dire que vous usurpez les vices que vous n'avez pas et que vous cachez les vertus que vous avez !

– Mon cher vicomte, dit Monte-Cristo, je ne vois pas dans tout ce que j'ai dit ou fait un seul mot qui me vaille, de votre part et de celle de ces messieurs le prétendu éloge que je viens de recevoir. Vous n'étiez pas un étranger pour moi, puisque je vous connaissais, puisque je vous avais cédé deux chambres, puisque je vous avais donné à déjeuner, puisque je vous avais prêté une de mes voitures, puisque nous avions vu passer les masques ensemble dans la rue du Cours, et puisque nous avions regardé d'une fenêtre de la place del Popolo cette exécution qui vous a si fort impressionné que vous avez failli vous trouver mal. Or, je le demande à tous ces messieurs pouvais-je laisser mon hôte entre les mains de ces affreux bandits, comme vous les appelez ? D'ailleurs, vous le savez, j'avais, en vous sauvant, une arrière-pensée qui était de me servir de vous pour m'introduire dans les salons de Paris quand je viendrais visiter la France. Quelque temps vous avez pu considérer cette résolution comme un projet vague et fugitif ; mais aujourd'hui, vous le voyez, c'est une bonne et belle réalité, à laquelle il faut vous soumettre sous peine de manquer à votre parole.

— Et je la tiendrai, dit Morcerf ; mais je crains bien que vous ne soyez fort désenchanté, mon cher comte, vous, habitué aux sites accidentés, aux événements pittoresques, aux fantastiques horizons. Chez nous, pas le moindre épisode du genre de ceux auxquels votre vie aventureuse vous a habitué. Notre Chimborazzo, c'est Montmartre ; notre Himalaya, c'est le mont Valérien ; notre Grand-Désert, c'est la plaine de Grenelle, encore y perce-t-on un puits artésien pour que les caravanes y trouvent de l'eau. Nous avons des voleurs, beaucoup même, quoique nous n'en ayons pas autant qu'on le dit, mais ces voleurs redoutent infiniment davantage le plus petit mouchard que le plus grand seigneur ; enfin, la France est un pays si prosaïque, et Paris une ville si fort civilisée, que vous ne trouverez pas, en cherchant dans nos quatre-vingt-cinq départements, je dis quatre-vingt-cinq départements, car, bien entendu, j'excepte la Corse de la France, que vous ne trouverez pas dans nos quatre-vingt-cinq départements la moindre montagne sur laquelle il n'y ait un télégraphe, et la moindre grotte un peu noire dans laquelle un commissaire de police n'ait fait poser un bec de gaz. Il n'y a donc qu'un seul service que je puisse vous rendre, mon cher comte, et pour celui-là je me mets à votre disposition : vous présenter partout, ou vous faire présenter par mes amis, cela va sans dire. D'ailleurs, vous n'avez besoin de personne pour cela ; avec votre nom, votre fortune et votre esprit (Monte-Cristo s'inclina avec un sourire légèrement ironique), on se présente partout soi-même, et l'on est bien reçu partout. Je ne peux donc en réalité vous être bon qu'à une chose. Si quelque habitude de la vie parisienne quelque expérience du confortable, quelque connaissance de nos bazars peuvent me recommander à vous, je me mets à votre disposition pour vous trouver une maison convenable. Je n'ose vous proposer de partager mon logement comme j'ai partagé le vôtre à Rome, moi qui ne professe pas l'égoïsme, mais qui suis égoïste par excellence ; car chez moi excepté moi, il ne tiendrait pas une ombre, à moins que cette ombre ne fût celle d'une femme.

– Ah ! fit le comte, voici une réserve toute conjugale. Vous m'avez en effet, monsieur, dit à Rome quelques mots d'un mariage ébauché ; dois-je vous féliciter sur votre prochain bonheur ?

– La chose est toujours à l'état de projet, monsieur le comte.

– Et qui dit projet, reprit Debray, veut dire éventualité.

– Non pas ! dit Morcerf ; mon père y tient, et j'espère bien, avant peu, vous présenter, sinon ma femme, du moins ma future : mademoiselle Eugénie Danglars.

– Eugénie Danglars ! reprit Monte-Cristo ; attendez donc : son père n'est-il pas M. le baron Danglars ?

– Oui, répondit Morcerf ; mais baron de nouvelle création.

– Oh ! qu'importe ? répondit Monte-Cristo, s'il a rendu à l'État des services qui lui aient mérité cette distinction.

– D'énormes, dit Beauchamp. Il a, quoique libéral dans l'âme, complété en 1829 un emprunt de six millions pour le roi Charles X, qui l'a, ma foi, fait baron et chevalier de la Légion d'honneur, de sorte qu'il porte le ruban, non pas à la poche de son gilet, comme on pourrait le croire, mais bel et bien à la boutonnière de son habit.

– Ah ! dit Morcerf en riant, Beauchamp, Beauchamp, gardez cela pour *Le Corsaire et Le Charivari* mais devant moi épargnez mon futur beau-père. »

Puis se retournant vers Monte-Cristo :

« Mais vous avez tout à l'heure prononcé son nom comme quelqu'un qui connaîtrait le baron ? dit-il.

– Je ne le connais pas, dit négligemment Monte-Cristo ; mais je ne tarderai pas probablement à faire sa connaissance, attendu que j'ai un crédit ouvert sur lui par les maisons Richard et Blount de Londres, Arstein et Eskeles de Vienne, et Thomson et French de Rome. »

Et en prononçant ces deux derniers noms, Monte-Cristo regarda du coin de l'œil Maximilien Morrel.

Si l'étranger s'était attendu à produire de l'effet sur Maximilien Morrel, il ne s'était pas trompé. Maximilien tressaillit comme s'il eût reçu une commotion électrique.

« Thomson et French, dit-il : connaissez-vous cette maison, monsieur ?

– Ce sont mes banquiers dans la capitale du monde chrétien, répondit tranquillement le comte ; puis-je vous être bon à quelque chose auprès d'eux.

– Oh ! monsieur le comte, vous pourriez nous aider peut-être dans des recherches jusqu'à présent infructueuses ; cette maison a autrefois rendu un service à la nôtre, et a toujours, je ne sais pourquoi, nié nous avoir rendu ce service.

– À vos ordres, monsieur, répondit Monte-Cristo en s'inclinant.

– Mais dit Morcerf, nous nous sommes singulièrement écartés, à propos de M. Danglars, du sujet de notre conversation. Il était question de trouver une habitation convenable au comte de Monte-Cristo ; voyons, messieurs, cotisons-nous pour avoir une idée. Où logerons-nous cet hôte nouveau du Grand-Paris ?

– Faubourg Saint-Germain, dit Château-Renaud : monsieur trouvera là un charmant petit hôtel entre cour, et jardin.

– Bah ! Château-Renaud, dit Debray, vous ne connaissez que votre triste et maussade faubourg Saint-Germain, ne l'écoutez pas, monsieur le comte, logez-vous Chaussée-d'Antin : c'est le véritable centre de Paris. »

– Boulevard de l'Opéra, dit Beauchamp ; au premier, une maison à balcon. Monsieur le comte y fera apporter des coussins de drap d'argent, et verra, en fumant sa chibouque, ou en avalant ses pilules, toute la capitale défiler sous ses yeux.

– Vous n'avez donc pas d'idées, vous, Morrel, dit Château-Renaud, que vous ne proposez rien ?

– Si fait, dit en souriant le jeune homme ; au contraire, j'en ai une, mais j'attendais que monsieur se laissât tenter par quelqu'une des offres brillantes qu'on vient de lui faire. Maintenant, comme il n'a pas répondu, je crois pouvoir lui offrir un appartement dans un petit hôtel tout charmant, tout Pompadour, que ma sœur vient de louer depuis un an dans la rue Meslay.

– Vous avez une sœur ? demanda Monte-Cristo.

– Oui, monsieur, et une excellente sœur.

– Mariée ?

– Depuis bientôt neuf ans.

– Heureuse ? demanda de nouveau le comte.

– Aussi heureuse qu'il est permis à une créature humaine de l'être, répondit Maximilien : elle a épousé l'homme qu'elle aimait, celui qui nous est resté fidèle dans notre mauvaise fortune : Emmanuel Herbaut. »

Monte-Cristo sourit imperceptiblement.

« J'habite là pendant mon semestre, continua Maximilien, et je serai, avec mon beau-frère Emmanuel, à la disposition de monsieur le comte pour tous les renseignements dont il aura besoin.

– Un moment ! s'écria Albert avant que Monte-Cristo eût eu le temps de répondre, prenez garde à ce que vous faites, monsieur Morrel, vous allez claquemurer un voyageur, Simbad le marin, dans la vie de famille ; un homme qui est venu pour voir Paris vous allez en faire un patriarche.

– Oh ! que non pas, répondit Morrel en souriant, ma sœur a vingt-cinq ans, mon beau-frère en a trente : ils sont jeunes, gais et heureux ; d'ailleurs monsieur le comte sera chez lui, et il ne rencontrera ses hôtes qu'autant qu'il lui plaira de descendre chez eux.

– Merci, monsieur, merci, dit Monte-Cristo, je me contenterai d'être présenté par vous à votre sœur et à votre beau-frère, si vous voulez bien me faire cet honneur ; mais je n'ai accepté l'offre d'aucun de ces messieurs, attendu que j'ai déjà mon habitation toute prête.

– Comment ! s'écria Morcerf, vous allez donc descendre à l'hôtel ? Ce sera fort maussade pour vous, cela.

– Étais-je donc si mal à Rome ? demanda Monte-Cristo.

– Parbleu ! à Rome, dit Morcerf, vous aviez dépensé cinquante mille piastres pour vous faire meubler un appartement ; mais je présume que vous n'êtes pas disposé à renouveler tous les jours une pareille dépense.

– Ce n'est pas cela qui m'a arrêté, répondit Monte-Cristo ; mais j'étais résolu d'avoir une maison à Paris, une maison à moi, j'entends. J'ai envoyé d'avance mon valet de chambre et il a dû acheter cette maison et me la faire meubler.

– Mais dites-nous donc que vous avez un valet de chambre qui connaît Paris ! s'écria Beauchamp.

– C'est la première fois comme moi qu'il vient en France ; il est Noir et ne parle pas, dit Monte-Cristo.

– Alors, c'est Ali ? demanda Albert au milieu de la surprise générale.

– Oui, monsieur, c'est Ali lui-même, mon Nubien, mon muet, que vous avez vu à Rome, je crois.

– Oui, certainement, répondit Morcerf, je me le rappelle à merveille. Mais comment avez-vous chargé un Nubien de vous acheter une maison à Paris, et un muet de vous la meubler ? Il aura fait toutes choses de travers le pauvre malheureux.

– Détrompez-vous, monsieur, je suis certain, au contraire, qu'il aura choisi toutes choses selon mon goût ; car, vous le savez, mon goût n'est pas celui de tout le monde. Il est arrivé il y a huit jours ; il aura couru toute la ville avec cet instinct que pourrait avoir un bon chien chassant tout seul ; il connaît mes caprices, mes fantaisies, mes besoins ; il aura tout organisé à ma guise. Il savait que j'arriverais aujourd'hui à dix heures ; depuis neuf heures il m'attendait à la barrière de Fontainebleau ; il m'a remis ce papier ; c'est ma nouvelle adresse : tenez, lisez. »

Et Monte-Cristo passa un papier à Albert.

« Champs-Élysées, 30, lut Morcerf.

– Ah ! voilà qui est vraiment original ! ne put s'empêcher de dire Beauchamp.

– Et très princier, ajouta Château-Renaud.

– Comment ! vous ne connaissez pas votre maison ? demanda Debray.

– Non, dit Monte-Cristo, je vous ai déjà dit que je ne voulais pas manquer l'heure. J'ai fait ma toilette dans ma voiture et je suis descendu à la porte du vicomte. »

Les jeunes gens se regardèrent ; ils ne savaient si c'était une comédie jouée par Monte-Cristo ; mais tout ce qui sortait de la bouche de cet homme avait, malgré son caractère original, un tel cachet de simplicité, que l'on ne pouvait supposer qu'il dût mentir. D'ailleurs pourquoi aurait-il menti ?

« Il faudra donc nous contenter, dit Beauchamp, de rendre à M. le comte tous les petits services qui seront en notre pouvoir. Moi, en ma qualité de journaliste, je lui ouvre tous les théâtres de Paris.

– Merci, monsieur, dit en souriant Monte-Cristo ; mon intendant a déjà l'ordre de me louer une loge dans chacun d'eux.

– Et votre intendant est-il aussi un Nubien, un muet ? demanda Debray.

– Non, monsieur, c'est tout bonnement un compatriote à vous, si tant est cependant qu'un Corse soit compatriote de quelqu'un : mais vous le connaissez, monsieur de Morcerf.

– Serait-ce par hasard le brave signor Bertuccio, qui s'entend si bien à louer les fenêtres ?

– Justement, et vous l'avez vu chez moi le jour où j'ai eu l'honneur de vous recevoir à déjeuner. C'est un fort brave homme, qui a été un peu soldat, un peu contrebandier, un peu de tout ce qu'on peut être enfin. Je ne jurerais même pas qu'il n'a point eu quelques démêlés avec la police pour une misère, quelque chose comme un coup de couteau.

– Et vous avez choisi cet honnête citoyen du monde pour votre intendant, monsieur le comte ? dit Debray, combien vous vole-t-il par an ?

– Eh bien, parole d'honneur, dit le comte, pas plus qu'un autre, j'en suis sûr ; mais il fait mon affaire, ne connaît pas d'impossibilité, et je le garde.

– Alors, dit Château-Renaud, vous voilà avec une maison montée : vous avez un hôtel aux Champs-Élysées, domestiques, intendant, il ne vous manque plus qu'une maîtresse. »

Albert sourit, il songeait à la belle Grecque qu'il avait vue dans la loge du comte au théâtre Valle et au théâtre Argentina.

« J'ai mieux que cela, dit Monte-Cristo : j'ai une esclave. Vous louez vos maîtresses au théâtre de l'Opéra, au théâtre du Vaudeville, au théâtre des Variétés ; moi, j'ai acheté la mienne à Constantinople ; cela m'a coûté plus, mais, sous ce rapport-là, je n'ai plus besoin de m'inquiéter de rien.

– Mais vous oubliez, dit en riant Debray, que nous sommes, comme l'a dit le roi Charles, francs de nom, francs de nature ; qu'en mettant le pied sur la terre de France, votre esclave est devenue libre ?

– Qui le lui dira ? demanda Monte-Cristo.

– Mais, dame ! le premier venu.

– Elle ne parle que le romaïque.

– Alors c'est autre chose.

– Mais la verrons-nous, au moins ? demanda Beauchamp, ou, ayant déjà un muet, avez-vous aussi des eunuques ?

– Ma foi non, dit Monte-Cristo, je ne pousse pas l'orientalisme jusque-là : tout ce qui m'entoure est libre de me quitter, et en me quittant n'aura plus besoin de moi ni de personne ; voilà peut-être pourquoi on ne me quitte pas. »

Depuis longtemps on était passé au dessert et aux cigares.

« Mon cher, dit Debray en se levant, il est deux heures et demie, votre convive est charmant, mais il n'y a si bonne compagnie qu'on ne quitte, et quelquefois même pour la mauvaise ; il faut que je retourne à mon ministère. Je parlerai du comte au ministre, et il faudra bien que nous sachions qui il est.

– Prenez garde, dit Morcerf, les plus malins y ont renoncé.

– Bah ! nous avons trois millions pour notre police : il est vrai qu'ils sont presque toujours dépensés à l'avance ; mais n'importe ; il restera toujours bien une cinquantaine de mille francs à mettre à cela.

– Et quand vous saurez qui il est, vous me le direz ?

– Je vous le promets. Au revoir, Albert ; messieurs, votre très humble. »

Et, en sortant, Debray cria très haut dans l'antichambre :

« Faites avancer !

– Bon, dit Beauchamp à Albert, je n'irai pas à la Chambre, mais j'ai à offrir à mes lecteurs mieux qu'un discours de M. Danglars.

– De grâce, Beauchamp, dit Morcerf, pas un mot, je vous en supplie ; ne m'ôtez pas le mérite de le présenter et de l'expliquer : N'est-ce pas qu'il est curieux ?

– Il est mieux que cela, répondit Château-Renaud, et c'est vraiment un des hommes les plus extraordinaires que j'aie vus de ma vie. Venez-vous, Morrel ?

– Le temps de donner ma carte à M. le comte, qui veut bien me promettre de venir nous faire une petite visite, rue Meslay, 14.

– Soyez sûr que je n'y manquerai pas, monsieur », dit en s'inclinant le comte.

Et Maximilien Morrel sortit avec le baron de Château-Renaud, laissant Monte-Cristo seul avec Morcerf.

XLI – La présentation.

Quand Albert se trouva en tête-à-tête avec Monte-Cristo :

« Monsieur le comte, lui dit-il, permettez-moi de commencer avec vous mon métier de cicérone en vous donnant le spécimen d'un appartement de garçon. Habitué aux palais d'Italie, ce sera pour vous une étude à faire que de calculer dans combien de pieds carrés peut vivre un des jeunes gens de Paris qui ne passent pas pour être les plus mal logés. À mesure que nous passerons d'une chambre à l'autre, nous ouvrirons les fenêtres pour que vous respiriez. »

Monte-Cristo connaissait déjà la salle à manger et le salon du rez-de-chaussée. Albert le conduisit d'abord à son atelier ; c'était, on se le rappelle, sa pièce de prédilection.

Monte-Cristo était un digne appréciateur de toutes les choses qu'Albert avait entassées dans cette pièce : vieux bahuts, porcelaines du Japon, étoffes d'Orient, verroteries de Venise, armes de tous les pays du monde, tout lui était familier, et, au premier coup d'œil, il reconnaissait le siècle, le pays et l'origine.

Morcerf avait cru être l'explicateur, et c'était lui au contraire qui faisait, sous la direction du comte, un cours d'archéologie, de minéralogie et d'histoire naturelle. On descendit au premier. Albert introduisit son hôte dans le salon. Ce salon était tapissé des œuvres des peintres modernes ; il y avait des paysages de Dupré, aux longs roseaux, aux arbres élancés, aux vaches beuglantes et aux ciels merveilleux ; il y avait des cavaliers arabes de Delacroix, aux longs burnous blancs, aux ceintures brillantes, aux armes damasquinées, dont les chevaux se mordaient avec rage, tandis que les hommes se déchiraient avec des masses de fer, des aquarelles de Boulanger, représentant tout *Notre-Dame de Paris* avec cette vigueur qui fait du peintre l'émule du poète ; il y avait des toiles de Diaz, qui fait les fleurs plus belles que les fleurs, le soleil plus brillant que le soleil ; des dessins de Decamps, aussi colorés que ceux de Salvator Rosa, mais plus poétiques ; des pastels de Giraud et de Muller, représentant des enfants aux têtes d'ange, des femmes aux traits de vierge ; des croquis arrachés à l'album du voyage d'Orient de Dauzats, qui avaient été crayonnés en quelques secondes sur la selle d'un chameau ou sous le dôme d'une mosquée ; enfin tout ce que l'art moderne peut donner en échange et en dédommagement de l'art perdu et envolé avec les siècles précédents.

Albert s'attendait à montrer, cette fois du moins, quelque chose de nouveau à l'étrange voyageur ; mais à son grand étonnement, celui-ci, sans avoir besoin de chercher les signatures, dont quelques-unes d'ailleurs n'étaient présentes que par des initiales, appliqua à l'instant même le nom de chaque auteur à son œuvre, de façon qu'il était facile de voir que non seulement chacun de ces noms lui était connu, mais encore que chacun de ces talents avait été apprécié et étudié par lui.

Du salon on passa dans la chambre à coucher. C'était à la fois un modèle d'élégance et de goût sévère : là un seul portrait, mais signé Léopold Robert, resplendissait dans son cadre d'or mat.

Ce portrait attira tout d'abord les regards du comte de Monte-Cristo, car il fit trois pas rapides dans la chambre et s'arrêta tout à coup devant lui.

C'était celui d'une jeune femme de vingt-cinq à vingt-six ans, au teint brun, au regard de feu, voilé sous une paupière languissante ; elle portait le costume pittoresque des pêcheuses catalanes avec son corset rouge et noir et ses aiguilles d'or piquées dans les cheveux ; elle regardait la mer, et sa silhouette élégante se détachait sur le double azur des flots et du ciel.

Il faisait sombre dans la chambre, sans quoi Albert eût pu voir la pâleur livide qui s'étendit sur les joues du comte, et surprendre le frisson nerveux qui effleura ses épaules et sa poitrine.

Il se fit un instant de silence, pendant lequel Monte-Cristo demeura l'œil obstinément fixé sur cette peinture.

« Vous avez là une belle maîtresse, vicomte, dit Monte-Cristo d'une voix parfaitement calme, et ce costume, costume de bal sans doute, lui sied vraiment à ravir.

– Ah ! monsieur, dit Albert, voilà une méprise que je ne vous pardonnerais pas, si à côté de ce portrait vous en eussiez vu quelque autre. Vous ne connaissez pas ma mère, monsieur ; c'est elle que vous voyez dans ce cadre ; elle se fit peindre ainsi, il y a six ou huit ans. Ce costume est un costume de fantaisie, à ce qu'il paraît, et la ressemblance est si grande, que je crois encore voir ma mère telle qu'elle était en 1830 La comtesse fit faire ce portrait pendant une absence du comte. Sans doute elle croyait lui préparer pour son retour une gracieuse surprise ; mais, chose bizarre, ce portrait déplut à mon père ; et la valeur de la peinture, qui est, comme vous le voyez, une des belles toiles de Léopold Robert, ne put le faire passer sur l'antipathie dans laquelle il l'avait prise. Il est vrai de dire entre nous, mon cher comte, que M. de Morcerf est un des pairs les plus assidus au Luxembourg, un général renommé pour la théorie, mais un amateur d'art des plus médiocres ; il n'en est pas de même de ma mère, qui peint d'une façon remarquable, et qui, estimant trop une pareille œuvre pour s'en séparer tout à fait, me l'a donnée pour que chez moi elle fût moins exposée à déplaire à M. de Morcerf, dont je vous ferai voir à son tour le portrait peint par Gros. Pardonnez-moi si je vous parle ainsi ménage et famille, mais, comme je vais avoir l'honneur de vous conduire chez le comte, je vous dis cela pour qu'il ne vous échappe pas de vanter ce portrait devant lui. Au reste, il a une funeste influence ; car il est bien rare que ma mère vienne chez moi sans le regarder, et plus rare encore qu'elle le regarde sans pleurer. Le nuage qu'amena l'apparition de cette peinture dans l'hôtel est du reste le seul qui se soit élevé entre le comte et la comtesse, qui, quoique mariés depuis plus de vingt ans, sont encore unis comme au premier jour. »

Monte-Cristo jeta un regard rapide sur Albert, comme pour chercher une intention cachée à ses paroles ; mais il était évident que le jeune homme les avait dites dans toute la simplicité de son âme.

« Maintenant, dit Albert, vous avez vu toutes mes richesses, monsieur le comte, permettez-moi de vous les offrir, si indignes qu'elles soient ; regardez-vous comme étant ici chez vous, et, pour vous mettre plus à votre aise encore, veuillez m'accompagner jusque chez M. de Morcerf, à qui j'ai écrit de Rome le service que vous m'avez rendu, à qui j'ai annoncé la visite que vous m'aviez promise ; et, je puis le dire, le comte et la comtesse attendaient avec impatience qu'il leur fût permis de vous remercier. Vous êtes un peu blasé sur toutes choses, je le sais, monsieur le comte, et les scènes de famille n'ont pas sur Simbad le marin beaucoup d'action : vous avez vu d'autres scènes ! Cependant acceptez que je vous propose, comme initiation à la vie parisienne, la vie de politesses, de visites et de présentations. »

Monte-Cristo s'inclina pour répondre ; il acceptait la proposition sans enthousiasme et sans regrets, comme une des convenances de société dont tout homme comme il faut se fait un devoir. Albert appela son valet de chambre, et lui ordonna d'aller prévenir M. et Mme de Morcerf de l'arrivée prochaine du comte de Monte-Cristo.

Albert le suivit avec le comte.

En arrivant dans l'antichambre du comte, on voyait au-dessus de la porte qui donnait dans le salon un écusson qui, par son entourage riche et son harmonie avec l'ornementation de la pièce, indiquait l'importance que le propriétaire de l'hôtel attachait à ce blason.

Monte-Cristo s'arrêta devant ce blason, qu'il examina avec attention.

« D'azur à sept merlettes d'or posées en bande. C'est sans-doute l'écusson de votre famille, monsieur ? demanda-t-il. À part la connaissance des pièces du blason qui me permet de le déchiffrer, je suis fort ignorant en matière héraldique, moi, comte de hasard, fabriqué par la Toscane à l'aide d'une commanderie de Saint-Étienne, et qui me fusse passé d'être grand seigneur si l'on ne m'eût répété que, lorsqu'on voyage beaucoup, c'est chose absolument nécessaire. Car enfin il faut bien, ne fût-ce que pour que les douaniers ne vous visitent pas, avoir quelque chose sur les panneaux de sa voiture. Excusez-moi donc si je vous fais une pareille question.

– Elle n'est aucunement indiscrète, monsieur, dit Morcerf avec la simplicité de la conviction, et vous aviez deviné juste : ce sont nos armes, c'est-à-dire celles du chef de mon père ; mais elles sont, comme vous voyez, accolées à un écusson qui est de gueule à la tour d'argent, et qui est du chef de ma mère ; par les femmes je suis Espagnol, mais la maison de Morcerf est française, et, à ce que j'ai entendu dire, même une des plus anciennes du Midi de la France.

– Oui, reprit Monte-Cristo, c'est ce qu'indiquent les merlettes. Presque tous les pèlerins armés qui tentèrent ou qui firent la conquête de la Terre Sainte prirent pour armes ou des croix, signe de la mission à la quelle ils s'étaient voués, ou des oiseaux voyageurs, symbole du long voyage qu'ils allaient entreprendre et qu'ils espéraient accomplir sur les ailes de la foi. Un de vos aïeux paternels aura été de quelqu'une de vos croisades, et, en supposant que ce ne soit que celle de saint Louis, cela nous fait déjà remonter au treizième siècle, ce qui est encore fort joli.

— C'est possible, dit Morcerf : il y a quelque part dans le cabinet de mon père un arbre généalogique qui nous dira cela, et sur lequel j'avais autrefois des commentaires qui eussent fort édifié d'Hozier et Jaucourt. À présent, je n'y pense plus ; cependant je vous dirai, monsieur le comte, et ceci rentre dans mes attributions de cicérone, que l'on commence à s'occuper beaucoup de ces choses-là sous notre gouvernement populaire.

— Eh bien, alors, votre gouvernement aurait bien dû choisir dans son passé quelque chose de mieux que ces deux pancartes que j'ai remarquées sur vos monuments, et qui n'ont aucun sens héraldique. Quant à vous, vicomte, reprit Monte-Cristo en revenant à Morcerf, vous êtes plus heureux que votre gouvernement, car vos armes sont vraiment belles et parlent à l'imagination. Oui, c'est bien cela, vous êtes à la fois de Provence et d'Espagne ; c'est ce qui explique, si le portrait que vous m'avez montré est ressemblant, cette belle couleur brune que j'admirais si fort sur le visage de la noble Catalane. »

Il eût fallu être Oedipe ou le Sphinx lui-même pour deviner l'ironie que mit le comte dans ces paroles, empreintes en apparence de la plus grande politesse ; aussi Morcerf le remercia-t-il d'un sourire, et, passant le premier pour lui montrer le chemin, poussa-t-il la porte qui s'ouvrait au-dessous de ses armes, et qui, ainsi que nous l'avons dit, donnait dans le salon.

Dans l'endroit le plus apparent de ce salon se voyait aussi un portrait ; c'était celui d'un homme de trente-cinq à trente-huit ans, vêtu d'un uniforme d'officier général, portant cette double épaulette en torsade, signe des grades supérieurs, le ruban de la Légion d'honneur au cou, ce qui indiquait qu'il était commandeur, et sur la poitrine, à droite, la plaque de grand officier de l'ordre du Sauveur, et, à gauche, celle de grand-croix de Charles III, ce qui indiquait que la personne représentée par ce portrait avait dû faire les guerres de Grèce et d'Espagne, ou, ce qui revient absolument au même en matière de cordons, avoir rempli quelque mission diplomatique dans les deux pays.

Monte-Cristo était occupé à détailler ce portrait avec non moins de soin qu'il avait fait de l'autre, lorsqu'une porte latérale s'ouvrit, et qu'il se trouva en face du comte de Morcerf lui-même.

C'était un homme de quarante à quarante-cinq ans, mais qui en paraissait au moins cinquante, et dont la moustache et les sourcils noirs tranchaient étrangement avec des cheveux presque blancs coupés en brosse à la mode militaire ; il était vêtu en bourgeois et portait à sa boutonnière un ruban dont les différents liserés rappelaient les différents ordres dont il était décoré. Cet homme entra d'un pas assez noble et avec une sorte d'empressement. Monte-Cristo le vit venir à lui sans faire un seul pas ; on eût dit que ses pieds étaient cloués au parquet comme ses yeux sur le visage du comte de Morcerf.

« Mon père, dit le jeune homme, j'ai l'honneur de vous présenter monsieur le comte de Monte-Cristo, ce généreux ami que j'ai eu le bonheur de rencontrer dans les circonstances difficiles que vous savez.

– Monsieur est le bienvenu parmi nous, dit le comte de Morcerf en saluant Monte-Cristo avec un sourire, et il a rendu à notre maison, en lui conservant son unique héritier, un service qui sollicitera éternellement notre reconnaissance. »

Et en disant ces paroles le comte de Morcerf indiquait un fauteuil à Monte-Cristo, en même temps que lui-même s'asseyait en face de la fenêtre.

Quant à Monte-Cristo, tout en prenant le fauteuil désigné par le comte de Morcerf, il s'arrangea de manière à demeurer caché dans l'ombre des grands rideaux de velours, et à lire de là sur les traits empreints de fatigue et de soucis du comte toute une histoire de secrètes douleurs écrites dans chacune de ses rides venues avec le temps.

« Madame la comtesse, dit Morcerf, était à sa toilette lorsque le vicomte l'a fait prévenir de la visite qu'elle allait avoir le bonheur de recevoir ; elle va descendre, et dans dix minutes elle sera au salon.

– C'est beaucoup d'honneur pour moi, dit Monte-Cristo, d'être ainsi, dès le jour de mon arrivée à Paris, mis en rapport avec un homme dont le mérite égale la réputation, et pour lequel la fortune, juste une fois, n'a pas fait d'erreur ; mais n'a-t-elle pas encore, dans les plaines de la Mitidja ou dans les montagnes de l'Atlas, un bâton de maréchal à vous offrir ?

– Oh ! répliqua Morcerf en rougissant un peu, j'ai quitté le service, monsieur. Nommé pair sous la Restauration, j'étais de la première campagne, et je servais sous les ordres du maréchal de Bourmont ; je pouvais donc prétendre à un commandement supérieur, et qui sait ce qui fût arrivé si la branche aînée fût restée sur le trône ! Mais la révolution de Juillet était, à ce qu'il paraît, assez glorieuse pour se permettre d'être ingrate ; elle le fut pour tout service qui ne datait pas de la période impériale ; je donnai donc ma démission, car, lorsqu'on a gagné ses épaulettes sur le champ de bataille, on ne sait guère manœuvrer sur le terrain glissant des salons ; j'ai quitté l'épée, je me suis jeté dans la politique, je me voue à l'industrie, j'étudie les arts utiles. Pendant les vingt années que j'étais resté au service, j'en avais bien eu le désir, mais je n'en avais pas eu le temps.

– Ce sont de pareilles choses qui entretiennent la supériorité de votre nation sur les autres pays, monsieur, répondit Monte-Cristo ; gentilhomme issu de grande maison, possédant une belle fortune, vous avez d'abord consenti à gagner les premiers grades en soldat obscur, c'est fort rare ; puis, devenu général, pair de France, commandeur de la Légion d'honneur, vous consentez à recommencer un second apprentissage, sans autre espoir, sans autre récompense que celle d'être un jour utile à vos semblables... Ah ! monsieur, voilà qui est vraiment beau ; je dirai plus, voilà qui est sublime. »

Albert regardait et écoutait Monte-Cristo avec étonnement ; il n'était pas habitué à le voir s'élever à de pareilles idées d'enthousiasme.

« Hélas ! continua l'étranger, sans doute pour faire disparaître l'imperceptible nuage que ces paroles venaient de faire passer sur le front de Morcerf, nous ne faisons pas ainsi en Italie, nous croissons selon notre race et notre espèce, et nous gardons même feuillage, même taille, et souvent même inutilité toute notre vie.

– Mais, monsieur, répondit le comte de Morcerf, pour un homme de votre mérite, l'Italie n'est pas une patrie, et la France ne sera peut-être pas ingrate pour tout le monde ; elle traite mal ses enfants, mais d'habitude elle accueille grandement les étrangers.

– Eh ! mon père, dit Albert avec un sourire, on voit bien que vous ne connaissez pas M. le comte de Monte-Cristo. Ses satisfactions à lui sont en dehors de ce monde ; il n'aspire point aux honneurs, et en prend seulement ce qui peut tenir sur un passeport.

– Voilà, à mon égard, l'expression la plus juste que j'aie jamais entendue, répondit l'étranger.

– Monsieur a été le maître de son avenir, dit le comte de Morcerf avec un soupir, et il a choisi le chemin de fleurs.

– Justement, monsieur, répliqua Monte-Cristo avec un de ces sourires qu'un peintre ne rendra jamais, et qu'un physiologiste désespéra toujours d'analyser.

– Si je n'eusse craint de fatiguer monsieur le comte, dit le général, évidemment charmé des manières de Monte-Cristo, je l'eusse emmené à la Chambre ; il y a aujourd'hui séance curieuse pour quiconque ne connaît pas nos sénateurs modernes.

– Je vous serai fort reconnaissant, monsieur, si vous voulez bien me renouveler cette offre une autre fois ; mais aujourd'hui l'on m'a flatté de l'espoir d'être présenté à Mme la comtesse, et j'attendrai.

– Ah ! voici ma mère ! » s'écria le vicomte.

En effet, Monte-Cristo, en se retournant vivement, vit Mme de Morcerf à l'entrée du salon, au seuil de la porte opposée à celle par laquelle était entré son mari : immobile et pâle, elle laissa, lorsque Monte-Cristo se retourna de son côté, tomber son bras qui, on ne sait pourquoi, s'était appuyé sur le chambranle doré, elle était là depuis quelques secondes, et avait entendu les dernières paroles prononcées par le visiteur ultramontain.

Celui-ci se leva et salua profondément la comtesse, qui s'inclina à son tour, muette et cérémonieuse.

« Eh, mon Dieu ! madame, demanda le comte, qu'avez vous donc ? serait-ce par hasard la chaleur de ce salon qui vous fait mal ?

– Souffrez-vous, ma mère ? » s'écria le vicomte en s'élançant au-devant de Mercédès.

Elle les remercia tous deux avec un sourire.

« Non, dit-elle, mais j'ai éprouvé quelque émotion en voyant pour la première fois celui sans l'intervention duquel nous serions en ce moment dans les larmes et dans le deuil. Monsieur, continua la comtesse en s'avançant avec la majesté d'une reine, je vous dois la vie de mon fils, et pour ce bienfait je vous bénis. Maintenant je vous rends grâce pour le plaisir que vous me faites en me procurant l'occasion de vous remercier comme je vous ai béni, c'est-à-dire du fond du cœur. »

Le comte s'inclina encore, mais plus profondément que la première fois ; il était plus pâle encore que Mercédès.

« Madame, dit-il, M. le comte et vous me récompensez trop généreusement d'une action bien simple. Sauver un homme, épargner un tourment à un père, ménager la sensibilité d'une femme, ce n'est point faire une bonne œuvre, c'est faire acte d'humanité. »

À ces mots, prononcés avec une douceur et une politesse exquises, Mme de Morcerf répondit avec un accent profond :

« Il est bien heureux pour mon fils, monsieur, de vous avoir pour ami, et je remercie Dieu qui a fait les choses ainsi. »

Et Mercédès leva ses beaux yeux au ciel avec une gratitude si infinie, que le comte crut y voir trembler deux larmes.

M. de Morcerf s'approcha d'elle.

« Madame, dit-il, j'ai déjà fait mes excuses à M. le comte d'être obligé de le quitter, et vous les lui renouvellerez, je vous prie. La séance ouvre à deux heures, il en est trois, et je dois parler.

– Allez, monsieur, je tâcherai de faire oublier votre absence à notre hôte, dit la comtesse avec le même accent de sensibilité. Monsieur le comte, continua-t-elle en se retournant vers Monte-Cristo nous fera-t-il l'honneur de passer le reste de la journée avec nous ?

– Merci, madame, et vous me voyez, croyez-le bien, on ne peut plus reconnaissant de votre offre ; mais je suis descendu ce matin à votre porte, de ma voiture de voyage. Comment suis-je installé à Paris, je l'ignore ; où le suis-je, je le sais à peine. C'est une inquiétude légère, je le sais, mais appréciable cependant.

– Nous aurons ce plaisir une autre fois, au moins vous nous le promettez ? » demanda la comtesse.

Monte-Cristo s'inclina sans répondre, mais le geste pouvait passer pour un assentiment.

« Alors, je ne vous retiens pas, monsieur, dit la comtesse, car je ne veux pas que ma reconnaissance devienne ou une indiscrétion ou une importunité.

– Mon cher comte, dit Albert, si vous le voulez bien, je vais essayer de vous rendre à Paris votre gracieuse politesse de Rome, et mettre mon coupé à votre disposition jusqu'à ce que vous ayez eu le temps de monter vos équipages.

– Merci mille fois de votre obligeance, vicomte, dit Monte-Cristo, mais je présume que M. Bertuccio aura convenablement employé les quatre heures et demie que je viens de lui laisser, et que je trouverai à la porte une voiture quelconque tout attelée. »

Albert était habitué à ces façons de la part du comte : il savait qu'il était, comme Néron, à la recherche de l'impossible, et il ne s'étonnait plus de rien ; seulement, il voulut juger par lui-même de quelle façon ses ordres avaient été exécutés, il l'accompagna donc jusqu'à la porte de l'hôtel.

Monte-Cristo ne s'était pas trompé : dès qu'il avait paru dans l'antichambre du comte de Morcerf, un valet de pied, le même qui à Rome était venu apporter la carte du comte aux deux jeunes gens et leur annoncer sa visite, s'était élancé hors du péristyle, de sorte qu'en arrivant au perron l'illustre voyageur trouva effectivement sa voiture qui l'attendait.

C'était un coupé sortant des ateliers de Keller, et un attelage dont Drake avait, à la connaissance de tous les lions de Paris, refusé la veille encore dix-huit mille francs.

« Monsieur, dit le comte à Albert, je ne vous propose pas de m'accompagner jusque chez moi, et je ne pourrais vous montrer qu'une maison improvisée, et j'ai, vous le savez, sous le rapport des improvisations, une réputation à ménager. Accordez-moi un jour et permettez-moi alors de vous inviter. Je serai plus sûr de ne pas manquer aux lois de l'hospitalité.

– Si vous me demandez un jour, monsieur le comte, je suis tranquille, ce ne sera plus une maison que vous me montrerez, ce sera un palais. Décidément, vous avez quelque génie à votre disposition.

– Ma foi, laissez-le croire, dit Monte-Cristo en mettant le pied sur les degrés garnis de velours de son splendide équipage, cela me fera quelque bien auprès des dames. »

Et il s'élança dans sa voiture, qui se referma derrière lui, et partit au galop, mais pas si rapidement que le comte n'aperçut le mouvement imperceptible qui fit trembler le rideau du salon où il avait laissé Mme de Morcerf.

Lorsque Albert rentra chez sa mère, il trouva la comtesse au boudoir, plongée dans un grand fauteuil de velours : toute la chambre, noyée d'ombre, ne laissait apercevoir que la paillette étincelante attachée çà et là au ventre de quelque potiche ou à l'angle de quelque cadre d'or.

Albert ne put voir le visage de la comtesse perdu dans un nuage de gaze qu'elle avait roulée autour de ses cheveux comme une auréole de vapeur ; mais il lui sembla que sa voix était altérée : il distingua aussi, parmi les parfums des roses et des héliotropes de la jardinière, la trace âpre et mordante des sels de vinaigre ; sur une des coupes ciselées de la cheminée en effet, le flacon de la comtesse, sorti de sa gaine de chagrin, attira l'attention inquiète du jeune homme.

« Souffrez-vous, ma mère ? s'écria-t-il en entrant et vous seriez-vous trouvée mal pendant mon absence ?

– Moi ? non pas, Albert ; mais, vous comprenez, ces roses, ces tubéreuses et ces fleurs d'oranger dégagent pendant ces premières chaleurs, auxquelles on n'est pas habitué, de si violents parfums.

– Alors, ma mère, dit Morcerf en portant la main à la sonnette, il faut les faire porter dans votre antichambre. Vous êtes vraiment indisposée ; déjà tantôt, quand vous êtes entrée, vous étiez fort pâle.

– J'étais pâle, dites-vous, Albert ?

– D'une pâleur qui vous sied à merveille, ma mère, mais qui ne nous a pas moins effrayés pour cela, mon père et moi.

– Votre père vous en a-t-il parlé ? demanda vivement Mercédès.

– Non, madame, mais c'est à vous-même, souvenez-vous, qu'il a fait cette observation.

– Je ne me souviens pas », dit la comtesse.

Un valet entra : il venait au bruit de la sonnette tirée par Albert.

« Portez ces fleurs dans l'antichambre ou dans le cabinet de toilette, dit le vicomte ; elles font mal à Mme la comtesse.

Le valet obéit.

Il y eut un assez long silence, et qui dura pendant tout le temps que se fit le déménagement.

« Qu'est-ce donc que ce nom de Monte-Cristo ? demanda la comtesse quand le domestique fut sorti emportant le dernier vase de fleurs, est-ce un nom de famille, un nom de terre, un titre simple ?

– C'est, je crois, un titre, ma mère, et voilà tout. Le comte a acheté une île dans l'archipel toscan, et a, d'après ce qu'il a dit lui-même ce matin, fondé une commanderie. Vous savez que cela se fait ainsi pour Saint-Étienne de Florence, pour Saint-Georges-Constantinien de Parme, et même pour l'ordre de Malte. Au reste, il n'a aucune prétention à la noblesse et s'appelle un comte de hasard, quoique l'opinion générale de Rome soit que le comte est un très grand seigneur.

– Ses manières sont excellentes, dit la comtesse, du moins d'après ce que j'ai pu en juger par les courts instants pendant lesquels il est resté ici.

– Oh ! parfaites, ma mère, si parfaites même qu'elles surpassent de beaucoup tout ce que j'ai connu de plus aristocratique dans les trois noblesses les plus fières de l'Europe, c'est-à-dire dans la noblesse anglaise, dans la noblesse espagnole et dans la noblesse allemande. »

La comtesse réfléchit un instant, puis après cette courte hésitation elle reprit :

« Vous avez vu, mon cher Albert, c'est une question de mère que je vous adresse là, vous le comprenez, vous avez vu M. de Monte-Cristo dans son intérieur ; vous avez de la perspicacité, vous avez l'habitude du monde, plus de tact qu'on n'en a d'ordinaire à votre âge ; croyez-vous que le comte soit ce qu'il paraît réellement être ?

– Et que paraît-il ?

– Vous l'avez dit vous-même à l'instant, un grand seigneur.

– Je vous ai dit, ma mère, qu'on le tenait pour tel.

– Mais qu'en pensez-vous, vous, Albert ?

– Je n'ai pas, je vous l'avouerai, d'opinion bien arrêtée sur lui ; je le crois Maltais.

– Je ne vous interroge pas sur son origine ; je vous interroge sur sa personne.

– Ah ! sur sa personne, c'est autre chose ; et j'ai vu tant de choses étranges de lui, que si vous voulez que je vous dise ce que je pense, je vous répondrai que je le regarderais volontiers comme un des hommes de Byron, que le malheur a marqué d'un sceau fatal ; quelque Manfred, quelque Lara, quelque Werner ; comme un de ces débris enfin de quelque vieille famille qui, déshérités de leur fortune paternelle, en ont trouvé une par la force de leur génie aventureux qui les a mis au-dessus des lois de la société.

– Vous dites ?...

– Je dis que Monte-Cristo est une île au milieu de la Méditerranée, sans habitants, sans garnison, repaire de contrebandiers de toutes nations, de pirates de tous pays. Qui sait si ces dignes industriels ne payent pas à leur seigneur un droit d'asile ?

– C'est possible, dit la comtesse rêveuse.

– Mais n'importe, reprit le jeune homme, contrebandier ou non, vous en conviendrez, ma mère, puisque vous l'avez vu, M. le comte de Monte-Cristo est un homme remarquable et qui aura les plus grands succès dans les salons de Paris. Et tenez, ce matin même, chez moi, il a commencé son entrée dans le monde en frappant de stupéfaction jusqu'à Château-Renaud.

– Et quel âge peut avoir le comte ? demanda Mercédès, attachant visiblement une grande importance à cette question.

– Il a trente-cinq à trente-six ans, ma mère.

– Si jeune ! c'est impossible, dit Mercédès répondant en même temps à ce que lui disait Albert et à ce que lui disait sa propre pensée.

– C'est la vérité, cependant. Trois ou quatre fois il m'a dit, et certes sans préméditation, à telle époque j'avais cinq ans, à telle autre j'avais dix ans, à telle autre douze ; moi, que la curiosité tenait éveillé sur ces détails, je rapprochais les dates, et jamais je ne l'ai trouvé en défaut. L'âge de cet homme singulier, qui n'a pas d'âge, est donc, j'en suis sûr, de trente-cinq ans. Au surplus, rappelez-vous, ma mère, combien son œil est vif, combien ses cheveux sont noirs et combien son front, quoique pâle, est exempt de rides ; c'est une nature non seulement vigoureuse, mais encore jeune. »

La comtesse baissa la tête comme sous un flot trop lourd d'amères pensées.

« Et cet homme s'est pris d'amitié pour vous, Albert ? demanda-t-elle avec un frissonnement nerveux.

– Je le crois madame.

– Et vous... l'aimez-vous aussi ?

– Il me plaît, madame, quoi qu'en dise Franz d'Épinay, qui voulait le faire passer à mes yeux pour un homme revenant de l'autre monde. »

La comtesse fit un mouvement de terreur.

« Albert, dit-elle d'une voix altérée, je vous ai toujours mis en garde contre les nouvelles connaissances. Maintenant vous êtes homme, et vous pourriez me donner des conseils à moi-même ; cependant je vous répète : Soyez prudent, Albert.

– Encore faudrait-il, chère mère, pour que le conseil me fût profitable, que je susse d'avance de quoi me méfier. Le comte ne joue jamais, le comte ne boit que de l'eau dorée par une goutte de vin d'Espagne ; le comte s'est annoncé si riche que, sans se faire rire au nez, il ne pourrait m'emprunter d'argent : que voulez-vous que je craigne de la part du comte ?

– Vous avez raison, dit la comtesse, et mes terreurs sont folles, ayant pour objet surtout un homme qui vous a sauvé la vie. À propos, votre père l'a-t-il bien reçu, Albert ? Il est important que nous soyons plus que convenables avec le comte. M. de Morcerf est parfois occupé, ses affaires le rendent soucieux, et il se pourrait que, sans le vouloir...

– Mon père a été parfait, madame, interrompit Albert ; je dirai plus : il a paru infiniment flatté de deux ou trois compliments des plus adroits que le comte lui a glissés avec autant de bonheur que d'à-propos, comme s'il l'eût connu depuis trente ans. Chacune de ces petites flèches louangeuses a dû chatouiller mon père, ajouta Albert en riant, de sorte qu'ils se sont quittés les meilleurs amis du monde, que M. de Morcerf voulait même l'emmener à la Chambre pour lui faire entendre son discours. »

La comtesse ne répondit pas ; elle était absorbée dans une rêverie si profonde que ses yeux s'étaient fermés peu à peu. Le jeune homme, debout devant elle, la regardait avec cet amour filial plus tendre et plus affectueux chez les enfants dont les mères si jeunes et belles encore ; puis, après avoir vu ses yeux se fermer, il l'écouta respirer un instant dans sa douce immobilité, et, la croyant assoupie, il s'éloigna sur la pointe du pied, poussant avec précaution la porte de la chambre où il laissait sa mère.

« Ce diable d'homme murmura-t-il en secouant la tête, je lui ai bien prédit là-bas qu'il ferait sensation dans le monde : je mesure son effet sur un thermomètre infaillible. Ma mère l'a remarqué, donc il faut qu'il soit bien remarquable. »

Et il descendit à ses écuries, non sans un dépit secret de ce que, sans y avoir même songé, le comte de Monte-Cristo avait mis la main sur un attelage qui renvoyait ses bais au numéro 2 dans l'esprit des connaisseurs.

« Décidément, dit-il, les hommes ne sont pas égaux ; il faudra que je prie mon père de développer ce théorème à la Chambre haute. »

XLII – Monsieur Bertuccio.

Pendant ce temps le comte était arrivé chez lui ; il avait mis six minutes pour faire le chemin. Ces six minutes avaient suffi pour qu'il fût vu de vingt jeunes gens qui, connaissant le prix de l'attelage qu'ils n'avaient pu acheter eux-mêmes, avaient mis leur monture au galop pour entrevoir le splendide seigneur qui se donnait des chevaux de dix mille francs la pièce.

La maison choisie par Ali, et qui devait servir de résidence de ville à Monte-Cristo, était située à droite en montant les Champs-Élysées, placée entre cour et jardin ; un massif fort touffu, qui s'élevait au milieu de la cour, masquait une partie de la façade, autour de ce massif s'avançaient, pareilles à deux bras, deux allées qui, s'étendant à droite et à gauche, amenaient à partir de la grille, les voitures à un double perron supportant à chaque marche un vase de porcelaine plein de fleurs. Cette maison, isolée au milieu d'un large espace, avait, outre l'entrée principale, une autre entrée donnant sur la rue de Ponthieu.

Avant même que le cocher eût hélé le concierge, la grille massive roula sur ses gonds ; on avait vu venir le comte, et à Paris comme à Rome, comme partout, il était servi avec la rapidité de l'éclair. Le cocher entra donc, décrivit le demi-cercle sans avoir ralenti son allure, et la grille était refermée déjà que les roues criaient encore sur le sable de l'allée.

Au côté gauche du perron la voiture s'arrêta ; deux hommes parurent à la portière : l'un était Ali, qui sourit à son maître avec une incroyable franchise de joie, et qui se trouva payé par un simple regard de Monte-Cristo.

L'autre salua humblement et présenta son bras au comte pour l'aider à descendre de la voiture.

« Merci, monsieur Bertoccio, dit le comte en sautant légèrement les trois degrés du marchepied ; et le notaire ?

– Il est dans le petit salon, Excellence, répondit Bertuccio.

– Et les cartes de visite que je vous ai dit de faire graver dès que vous auriez le numéro de la maison ?

– Monsieur le comte, c'est déjà fait ; j'ai été chez le meilleur graveur du Palais-Royal, qui a exécuté la planche devant moi ; la première carte tirée a été portée à l'instant même, selon votre ordre, à M. le baron Danglars, député, rue de la

Chaussée-d'Antin, n° 7 ; les autres sont sur la cheminée de la chambre à coucher de Votre Excellence.

– Bien.

– Quelle heure est-il ?

– Quatre heures. »

Monte-Cristo donna ses gants, son chapeau et sa canne à ce même laquais français qui s'était élancé hors de l'antichambre du comte de Morcerf pour appeler la voiture, puis il passa dans le petit salon conduit par Bertuccio, qui lui montra le chemin.

« Voilà de pauvres marbres dans cette antichambre, dit Monte-Cristo, j'espère bien qu'on m'enlèvera tout cela. »

Bertuccio s'inclina.

Comme l'avait dit l'intendant, le notaire attendait dans le petit salon.

C'était une honnête figure de deuxième clerc de Paris, élevé à la dignité infranchissable de tabellion de la banlieue.

« Monsieur est le notaire chargé de vendre la maison de campagne que je veux acheter ? demanda Monte-Cristo.

– Oui, monsieur le comte, répliqua le notaire.

– L'acte de vente est-il prêt ?

– Oui, monsieur le comte.

– L'avez-vous apporté ?

– Le voici.

– Parfaitement. Et où est cette maison que j'achète », demanda négligemment Monte-Cristo, s'adressant moitié à Bertuccio moitié au notaire.

L'intendant fit un geste qui signifiait : Je ne sais pas.

Le notaire regarda Monte-Cristo avec étonnement.

« Comment, dit-il, monsieur le comte ne sait pas où est la maison qu'il achète ?

– Non, ma foi, dit le comte.

– Monsieur le comte ne la connaît pas ?

– Et comment diable la connaîtrais-je ? j'arrive de Cadix ce matin, je ne suis jamais venu à Paris, c'est même la première fois que je mets le pied en France.

– Alors c'est autre chose, répondit le notaire ; la maison que monsieur le comte achète est située à Auteuil. »

À ces mots, Bertuccio pâlit visiblement.

« Et où prenez-vous Auteuil ? demanda Monte-Cristo.

– À deux pas d'ici, monsieur le comte, dit le notaire, un peu après Passy, dans une situation charmante, au milieu du bois de Boulogne.

– Si près que cela ! dit Monte-Cristo, mais ce n'est pas la campagne. Comment diable m'avez-vous été choisir une maison à la porte de Paris, monsieur Bertuccio ?

– Moi ! s'écria l'intendant avec un étrange empressement ; non, certes, ce n'est pas moi que monsieur le comte a chargé de choisir cette maison ; que monsieur le comte veuille bien se rappeler, chercher dans sa mémoire, interroger ses souvenirs.

– Ah ! c'est juste, dit Monte-Cristo ; je me rappelle maintenant ! j'ai lu cette annonce dans un Journal, et je me suis laissé séduire par ce titre menteur : *Maison de campagne*.

– Il est encore temps, dit vivement Bertuccio, et si Votre Excellence veut me charger de chercher partout ailleurs, je lui trouverai ce qu'il y aura de mieux, soit à Enghien, soit à Fontenay-aux-Roses, soit à Bellevue.

– Non, ma foi, dit insoucieusement Monte-Cristo ; puisque j'ai celle-là, je la garderai.

– Et monsieur a raison, dit vivement le notaire, qui craignait de perdre ses honoraires. C'est une charmante propriété : eaux vives, bois touffus, habitation confortable, quoique abandonnée depuis longtemps ; sans compter le mobilier, qui, si vieux qu'il soit, a de la valeur, surtout aujourd'hui que l'on recherche les antiquailles. Pardon, mais je crois que monsieur le comte a le goût de son époque.

– Dites toujours, fit Monte-Cristo ; c'est convenable, alors.

– Ah ! monsieur, c'est mieux que cela, c'est magnifique !

– Peste ! ne manquons pas une pareille occasion, dit Monte-Cristo ; le contrat, s'il vous plaît, monsieur le notaire ? »

Et il signa rapidement, après avoir jeté un regard à l'endroit de l'acte où étaient désignés la situation de la maison et les noms des propriétaires.

« Bertuccio, dit-il, donnez cinquante-cinq mille francs à monsieur. »

L'intendant sortit d'un pas mal assuré, et revint avec une liasse de billets de banque que le notaire compta en homme qui a l'habitude de ne recevoir son argent qu'après la purge légale.

« Et maintenant, demanda le comte, toutes les formalités sont-elles remplies ?

– Toutes, monsieur le comte.

– Avez-vous les clefs ?

– Elles sont aux mains du concierge qui garde la maison ; mais voici l'ordre que je lui ai donné d'installer monsieur dans sa propriété.

– Fort bien. »

Et Monte-Cristo fit au notaire un signe de tête qui voulait dire :

« Je n'ai plus besoin de vous, allez-vous-en. »

« Mais, hasarda l'honnête tabellion, monsieur le comte s'est trompé, il me semble ; ce n'est que cinquante mille francs, tout compris.

– Et vos honoraires ?

– Se trouvent payés moyennant cette somme, monsieur le comte.

– Mais n'êtes-vous pas venu d'Auteuil ici ?

– Oui, sans doute.

– Eh bien, il faut bien vous payer votre dérangement », dit le comte.

Et il le congédia du geste.

Le notaire sortit à reculons et en saluant jusqu'à terre ; c'était la première fois, depuis le jour où il avait pris ses inscriptions, qu'il rencontrait un pareil client.

« Conduisez monsieur », dit le comte à Bertuccio.

Et l'intendant sortit derrière le notaire.

À peine le comte fut-il seul qu'il sortit de sa poche un porte-feuille à serrure, qu'il ouvrit avec une petite clef attachée à son cou et qui ne le quittait jamais.

Après avoir cherché un instant, il s'arrêta à un feuillet qui portait quelques notes, confronta ces notes avec l'acte de vente déposé sur la table, et, recueillant ses souvenirs :

« Auteuil, rue de la Fontaine, n° 28 ; c'est bien cela, dit-il ; maintenant dois-je m'en rapporter à un aveu arraché par la terreur religieuse ou par la terreur physique ? Au reste, dans une heure je saurai tout. Bertuccio ! cria-t-il en frappant avec une espèce de petit marteau à manche pliant sur un timbre qui rendit un son aigu et prolongé pareil à celui d'un tam-tam, Bertuccio ! »

L'intendant parut sur le seuil.

« Monsieur Bertuccio, dit le comte, ne m'avez-vous pas dit autrefois que vous aviez voyagé en France ?

– Dans certaines parties de la France, oui, Excellence.

– Vous connaissez les environs de Paris, sans doute ?

– Non, Excellence, non, répondit l'intendant avec une sorte de tremblement nerveux que Monte-Cristo, connaisseur en fait d'émotions, attribua avec raison à une vive inquiétude.

– C'est fâcheux, dit-il, que vous n'ayez jamais visité les environs de Paris, car je veux aller ce soir même voir ma nouvelle propriété, et en venant avec moi vous m'eussiez donné sans doute d'utiles renseignements.

– À Auteuil ? s'écria Bertuccio dont le teint cuivré devint presque livide. Moi, aller à Auteuil !

– Eh bien, qu'y a-t-il d'étonnant que vous veniez à Auteuil, je vous le demande ? Quand je demeurerai à Auteuil, il faudra bien que vous y veniez, puisque vous faites partie de la maison. »

Bertuccio baissa la tête devant le regard impérieux du maître, et il demeura immobile et sans réponse.

« Ah çà ! mais, que vous arrive-t-il. Vous allez donc me faire sonner une seconde fois pour la voiture ? » dit Monte-Cristo du ton que Louis XIV mit à prononcer le fameux : « J'ai failli attendre ! »

Bertuccio ne fit qu'un bond du petit salon à l'antichambre, et cria d'une voix rauque :

« Les chevaux de son Excellence ! »

Monte-Cristo écrivit deux ou trois lettres ; comme il cachetait la dernière, l'intendant reparut.

« La voiture de son Excellence est à la porte, dit-il.

– Eh bien, prenez vos gants et votre chapeau, dit Monte-Cristo.

– Est-ce que je vais avec monsieur le comte ? s'écria Bertuccio.

– Sans doute, il faut bien que vous donniez vos ordres, puisque je compte habiter cette maison. »

Il était sans exemple que l'on eût répliqué à une injonction du comte ; aussi l'intendant, sans faire aucune objection, suivit-il son maître, qui monta dans la voiture et lui fit signe de

le suivre. L'intendant s'assit respectueusement sur la ban-
quette du devant.

XLIII – La maison d'Auteuil.

Monte-Cristo avait remarqué qu'en descendant le perron, Bertuccio s'était signé à la manière des Corses, c'est-à-dire en coupant l'air en croix avec le pouce, et qu'en prenant sa place dans la voiture il avait marmotté tout bas une courte prière. Tout autre qu'un homme curieux eût eu pitié de la singulière répugnance manifestée par le digne intendant pour la promenade méditée *extra muros* par le comte ; mais, à ce qu'il paraît, celui-ci était trop curieux pour dispenser Bertuccio de ce petit voyage.

En vingt minutes on fut à Auteuil. L'émotion de l'intendant avait été toujours croissant. En entrant dans le village, Bertuccio, rencogné dans l'angle de la voiture, commença à examiner avec une émotion fiévreuse chacune des maisons devant lesquelles on passait.

« Vous ferez arrêter rue de la Fontaine, au n° 28 », dit le comte en fixant impitoyablement son regard sur l'intendant, auquel il donnait cet ordre.

La sueur monta au visage de Bertuccio ; cependant il obéit, et, se penchant en dehors de la voiture, il cria au cocher :

« Rue de la Fontaine, n° 28. »

Ce n° 28 était situé à l'extrémité du village. Pendant le voyage, la nuit était venue, ou plutôt un nuage noir tout chargé d'électricité donnait à ces ténèbres prématurées l'apparence et la solennité d'un épisode dramatique.

La voiture s'arrêta et le valet de pied se précipita à la portière, qu'il ouvrit.

« Eh bien, dit le comte, vous ne descendez pas, monsieur Bertuccio ? vous restez donc dans la voiture alors ? Mais à quoi diable songez-vous donc ce soir ? »

Bertuccio se précipita par la portière et présenta son épaule au comte qui, cette fois, s'appuya dessus et descendit un à un les trois degrés du marchepied.

« Frappez, dit le comte, et annoncez-moi. »

Bertuccio frappa, la porte s'ouvrit et le concierge parut.

« Qu'est-ce que c'est ? demanda-t-il.

– C'est votre nouveau maître, brave homme », dit le valet de pied.

Et il tendit au concierge le billet de reconnaissance donné par le notaire.

« La maison est donc vendue ? demanda le concierge, et c'est monsieur qui vient l'habiter ?

– Oui, mon ami, dit le comte, et je tâcherai que vous n'ayez pas à regretter votre ancien maître.

– Oh ! monsieur, dit le concierge, je n'aurai pas à le regretter beaucoup, car nous le voyons bien rarement ; il y a plus de cinq ans qu'il n'est venu, et il a, ma foi ! bien fait de vendre une maison qui ne lui rapportait absolument rien.

– Et comment se nommait votre ancien maître ? demanda Monte-Cristo.

– M. le marquis de Saint-Méran ; ah ! il n'a pas vendu la maison ce qu'elle lui a coûté, j'en suis sûr.

– Le marquis de Saint-Méran ! reprit Monte-Cristo ; mais il me semble que ce nom ne m'est pas inconnu, dit le comte ; le marquis de Saint-Méran...

Et il parut chercher.

« Un vieux gentilhomme continua le concierge, un fidèle serviteur des Bourbons, il avait une fille unique qu'il avait mariée à M. de Villefort, qui a été procureur du roi à Nîmes et ensuite à Versailles. »

Monte-Cristo jeta un regard qui rencontra Bertuccio plus livide que le mur contre lequel il s'appuyait pour ne pas tomber.

« Et cette fille n'est-elle pas morte ? demanda Monte-Cristo ; il me semble que j'ai entendu dire cela.

– Oui, monsieur, il y a vingt et un ans, et depuis ce temps-là nous n'avons pas revu trois fois le pauvre cher marquis.

– Merci, merci, dit Monte-Cristo, jugeant à la prostration de l'intendant qu'il ne pouvait tendre davantage cette corde sans risquer de la briser ; merci ! Donnez-moi de la lumière, brave homme.

– Accompagnerai-je monsieur ?

– Non, c'est inutile, Bertuccio m'éclairera.

Et Monte-Cristo accompagna ces paroles du don de deux pièces d'or qui soulevèrent une explosion de bénédictions et de soupirs.

« Ah ! monsieur ! dit le concierge après avoir cherché inutilement sur le rebord de la cheminée et sur les planches y attenantes, c'est que je n'ai pas de bougies ici.

– Prenez une des lanternes de la voiture, Bertuccio, et montrez-moi les appartements », dit le comte.

L'intendant obéit sans observation, mais il était facile à voir, au tremblement de la main qui tenait la lanterne, ce qu'il lui en coûtait pour obéir.

On parcourut un rez-de-chaussée assez vaste ; un premier étage composé d'un salon, d'une salle de bain et de deux chambres à coucher. Par une de ces chambres à coucher, on arrivait à un escalier tournant dont l'extrémité aboutissait au jardin.

« Tiens, voilà un escalier de dégagement, dit le comte, c'est assez commode. Éclairez-moi, monsieur Bertuccio ; passez devant, et allons où cet escalier nous conduira.

– Monsieur, dit Bertuccio, il va au jardin.

– Et comment savez-vous cela, je vous prie ?

– C'est-à-dire qu'il doit y aller.

– Eh bien, assurons-nous-en. »

Bertuccio poussa un soupir et marcha devant. L'escalier aboutissait effectivement au jardin.

À la porte extérieure l'intendant s'arrêta.

« Allons donc, monsieur Bertuccio ! » dit le comte.

Mais celui auquel il s'adressait était abasourdi, stupide, anéanti. Ses yeux égarés cherchaient tout autour de lui comme les traces d'un passé terrible, et de ses mains crispées il semblait essayer de repousser des souvenirs affreux.

« Eh bien ? insista le comte.

– Non ! non ! s'écria Bertuccio en posant la main à l'angle du mur intérieur ; non, monsieur, je n'irai pas plus loin, c'est impossible !

– Qu'est-ce à dire ? articula la voix irrésistible de Monte-Cristo.

– Mais vous voyez bien, monsieur, s'écria l'intendant, que cela n'est point naturel ; qu'ayant une maison à acheter à Paris, vous l'achetiez justement à Auteuil, et que l'achetant à Auteuil, cette maison soit le n° 28 de la rue de la Fontaine ! Ah ! pourquoi ne vous ai-je pas tout dit là-bas, monseigneur. Vous n'auriez certes pas exigé que je vinsse. J'espérais que la maison de monsieur le comte serait une autre maison que celle-ci. Comme s'il n'y avait d'autre maison à Auteuil que celle de l'assassinat !

– Oh ! oh ! fit Monte-Cristo s'arrêtant tout à coup, quel vilain mot venez-vous de prononcer là ! Diable d'homme ! Corse enraciné ! toujours des mystères ou des superstitions ! Voyons, prenez cette lanterne et visitons le jardin ; avec moi vous n'aurez pas peur, j'espère ! »

Bertuccio ramassa la lanterne et obéit.

La porte en s'ouvrant, découvrit un ciel blafard dans lequel la lune s'efforçait vainement de lutter contre une mer de nuages qui la couvraient de leurs flots sombres qu'elle illuminait un instant, et qui allaient ensuite se perdre, plus sombres encore, dans les profondeurs de l'infini.

L'intendant voulut appuyer sur la gauche.

« Non pas, monsieur, dit Monte-Cristo, à quoi bon suivre les allées ? voici une belle pelouse, allons devant nous. »

Bertuccio essuya la sueur qui coulait de son front, mais obéit ; cependant, il continuait de prendre à gauche. Monte-Cristo, au contraire, appuyait à droite. Arrivé près d'un massif d'arbres, il s'arrêta.

L'intendant n'y put tenir.

« Éloignez-vous, monsieur ! s'écria-t-il, éloignez-vous, je vous en supplie, vous êtes justement à la place !

– À quelle place ?

– À la place même où il est tombé.

– Mon cher monsieur Bertuccio, dit Monte-Cristo en riant, revenez à vous, je vous y engage ; nous ne sommes pas ici à Sartène ou à Corte. Ceci n'est point un maquis, mais un jardin anglais, mal entretenu, j'en conviens, mais qu'il ne faut pas calomnier pour cela.

– Monsieur, ne restez pas là ! ne restez pas là ! je vous en supplie.

– Je crois que vous devenez fou, maître Bertuccio, dit froidement le comte ; si cela est, prévenez-moi car je vous ferai enfermer dans quelque maison de santé avant qu'il arrive un malheur.

– Hélas ! Excellence, dit Bertuccio en secouant la tête et en joignant les mains avec une attitude qui eût fait rire le comte, si des pensées d'un intérêt supérieur ne l'eussent captivé en ce moment et rendu fort attentif aux moindres expansions de cette conscience timorée. Hélas ! Excellence, le malheur est arrivé.

– Monsieur Bertuccio, dit le comte, je suis fort aise de vous dire que, tout en gesticulant, vous vous tordez les bras, et que vous roulez des yeux comme un possédé du corps duquel le diable ne veut pas sortir ; or, j'ai presque toujours remarqué que le diable le plus entêté à rester à son poste, c'est un secret. Je vous savais Corse, je vous savais sombre et ruminant toujours quelque vieille histoire de vendetta, et je vous passais cela en Italie, parce qu'en Italie ces sortes de choses sont de mise, mais en France on trouve généralement l'assassinat de fort mauvais goût : il y a des gendarmes qui s'en occupent, des juges qui le condamnent et des échafauds qui le vengent. »

Bertuccio joignit les mains et, comme en exécutant ces différentes évolutions il ne quittait point sa lanterne, la lumière éclaira son visage bouleversé.

Monte-Cristo l'examina du même œil qu'à Rome il avait examiné le supplice d'Andrea ; puis, d'un ton de voix qui fit courir un nouveau frisson par le corps du pauvre intendant :

« L'abbé Busoni m'avait donc menti, dit-il, lorsque après son voyage en France, en 1829, il vous envoya vers moi, muni d'une lettre de recommandation dans laquelle il me recommandait vos précieuses qualités. Eh bien, je vais écrire à l'abbé ; je le rendrai responsable de son protégé, et je saurai sans doute ce que c'est que toute cette affaire d'assassinat. Seulement, je vous préviens, monsieur Bertuccio, que lorsque je vis dans un pays, j'ai l'habitude de me conformer à ses lois, et que je n'ai pas envie de me brouiller pour vous avec la justice de France.

– Oh ! ne faites pas cela, Excellence, je vous ai servi fidèlement, n'est-ce pas ? s'écria Bertuccio au désespoir, j'ai toujours été honnête homme, et j'ai même, le plus que j'ai pu, fait de bonnes actions.

– Je ne dis pas non, reprit le comte, mais pourquoi diable êtes-vous agité de la sorte ? C'est mauvais signe : une conscience pure n'amène pas tant de pâleur sur les joues, tant de fièvre dans les mains d'un homme...

– Mais, monsieur le comte, reprit en hésitant Bertuccio ne m'avez-vous pas dit vous-même que M. l'abbé Busoni, qui a entendu ma confession dans les prisons de Nîmes, vous avait prévenu, en m'envoyant chez vous, que j'avais un lourd reproche à me faire ?

— Oui, mais comme il vous adressait à moi en me disant que vous feriez un excellent intendant, j'ai cru que vous aviez volé, voilà tout !

— Oh ! monsieur le comte ! fit Bertuccio avec mépris.

— Ou que, comme vous étiez Corse, vous n'aviez pu résister au désir de faire une peau, comme on dit dans le pays par anti-phrase, quand au contraire on en défait une.

— Eh bien, oui, monseigneur, oui, mon bon seigneur, c'est ce-la ! s'écria Bertuccio en se jetant aux genoux du comte ; oui, c'est une vengeance, je le jure, une simple vengeance.

— Je comprends, mais ce que je ne comprends pas, c'est que ce soit cette maison justement qui vous galvanise à ce point.

— Mais, monseigneur, n'est-ce pas bien naturel, reprit Bertuc-cio, puisque c'est dans cette maison que la vengeance s'est accomplie ?

— Quoi ! ma maison !

— Oh ! monseigneur, elle n'était pas encore à vous, répondit naïvement Bertuccio.

— Mais à qui donc était-elle ? à M. le marquis de Saint-Méran, nous a dit, je crois, le concierge. Que diable aviez-vous donc à vous venger du marquis de Saint-Méran ?

— Oh ! ce n'était pas de lui, monseigneur, c'était d'un autre.

— Voilà une étrange rencontre, dit Monte-Cristo paraissant céder à ses réflexions, que vous vous trouviez comme cela par hasard, sans préparation aucune, dans une maison où s'est passée une scène qui vous donne de si affreux remords.

— Monseigneur, dit l'intendant, c'est la fatalité qui amène tout cela, j'en suis bien sûr : d'abord, vous achetez une maison juste à Auteuil, cette maison est celle où j'ai commis un assas-sinat ; vous descendez au jardin juste par l'escalier où il est descendu ; vous vous arrêtez juste à l'endroit où il reçut le coup ; à deux pas, sous ce platane, était la fosse où il venait d'enterrer l'enfant : tout cela n'est pas du hasard, non, car en ce cas le hasard ressemblerait trop à la Providence.

— Eh bien, voyons, monsieur le Corse, supposons que ce soit la Providence ; je suppose toujours tout ce qu'on veut, moi ; d'ailleurs aux esprits malades il faut faire des concessions. Voyons, rappelez vos esprits et racontez-moi cela.

– Je ne l'ai jamais raconté qu'une fois, et c'était à l'abbé Busoni. De pareilles choses, ajouta Bertuccio en secouant la tête, ne se disent que sous le sceau de la confession.

– Alors, mon cher Bertuccio, dit le comte, vous trouverez bon que je vous renvoie à votre confesseur ; vous vous ferez avec lui chartreux ou bernardin, et vous causerez de vos secrets. Mais, moi, j'ai peur d'un hôte effrayé par de pareils fantômes ; je n'aime point que mes gens n'osent point se promener le soir dans mon jardin. Puis, je l'avoue, je serais peu curieux de quelque visite de commissaire de police ; car, apprenez ceci, maître Bertuccio : en Italie, on ne paie la justice que si elle se tait, mais en France on ne la paie au contraire que quand elle parle. Peste ! je vous croyais bien un peu Corse, beaucoup contrebandier, fort habile intendant, mais je vois que vous avez encore d'autres cordes à votre arc. Vous n'êtes plus à moi, monsieur Bertuccio.

– Oh ! monseigneur ! monseigneur ! s'écria l'intendant frappé de terreur à cette menace ; oh ! s'il ne tient qu'à cela que je demeure à votre service, je parlerai, je dirai tout ; et si je vous quitte, eh bien, alors ce sera pour marcher à l'échafaud.

– C'est différent alors, dit Monte-Cristo ; mais si vous voulez mentir, réfléchissez-y : mieux vaut que vous ne parliez pas du tout.

– Non, monsieur, je vous le jure sur le salut de mon âme, je vous dirai tout ! car l'abbé Busoni lui-même n'a su qu'une partie de mon secret. Mais d'abord, je vous en supplie, éloignez-vous de ce platane ; tenez, la lune va blanchir ce nuage, et là, placé comme vous l'êtes, enveloppé de ce manteau qui me cache votre taille et qui ressemble à celui de M. de Villefort !...

– Comment ! s'écria Monte-Cristo, c'est M. de Villefort...

– Votre excellence le connaît ?

– L'ancien procureur du roi de Nîmes ?

– Oui.

– Qui avait épousé la fille du marquis de Saint-Méran ?

– Oui.

– Et qui avait dans le barreau la réputation du plus honnête, du plus sévère, du plus rigide magistrat.

– Eh bien, monsieur, s'écria Bertuccio, cet homme à la réputation irréprochable...

– Oui.

– C'était un infâme.

– Bah ! dit Monte-Cristo, impossible.

– Cela est pourtant comme je vous le dis.

– Ah ! vraiment ! dit Monte-Cristo, et vous en avez la preuve ?

– Je l'avais du moins.

– Et vous l'avez perdue, maladroit ?

– Oui ; mais en cherchant bien on peut la retrouver.

– En vérité ! dit le comte, contez-moi cela, monsieur Bertuccio, car cela commence véritablement à m'intéresser. »

Et le comte, en chantonnant un petit air de la *Lucia*, alla s'asseoir sur un banc, tandis que Bertuccio le suivait en rappelant ses souvenirs.

Bertuccio resta debout devant lui.

XLIV – La vendetta.

« D'où monsieur le comte désire-t-il que je reprenne les choses ? demanda Bertuccio.

– Mais d'où vous voudrez, dit Monte-Cristo puisque je ne sais absolument rien.

– Je croyais cependant que M. l'abbé Busoni avait dit à Votre Excellence...

– Oui, quelques détails sans doute, mais sept ou huit ans ont passé là-dessus, et j'ai oublié tout cela.

– Alors je puis donc, sans crainte d'ennuyer Votre Excellence...

– Allez, monsieur Bertuccio, allez, vous me tiendrez lieu de journal du soir.

– Les choses remontent à 1815.

– Ah ! ah ! fit Monte-Cristo, ce n'est pas hier, 1815.

– Non, monsieur, et cependant les moindres détails me sont aussi présents à la mémoire que si nous étions seulement au lendemain. J'avais un frère, un frère aîné, qui était au service de l'empereur. Il était devenu lieutenant dans un régiment composé entièrement de Corses. Ce frère était mon unique ami ; nous étions restés orphelins, moi à cinq ans, lui à dix-huit, il m'avait élevé comme si j'eusse été son fils. En 1814, sous les Bourbons, il s'était marié ; l'Empereur revint de l'île d'Elbe, mon frère reprit aussitôt du service, et, blessé légère-ment à Waterloo, il se retira avec l'armée derrière la Loire.

– Mais c'est l'histoire des Cent-Jours que vous me faites là, monsieur Bertuccio, dit le comte, et elle est déjà faite, si je ne me trompe.

– Excusez-moi, Excellence, mais ces premiers détails sont né-cessaires, et vous m'avez promis d'être patient.

– Allez ! allez ! je n'ai qu'une parole.

– Un jour, nous reçûmes une lettre, il faut vous dire que nous habitions le petit village de Rogliano, à l'extrémité du cap Corse : cette lettre était de mon frère ; il nous disait que l'ar-mée était licenciée et qu'il revenait par Châteauroux, Clermont-Ferrand, le Puy et Nîmes ; si j'avais quelque argent, il me priait de le lui faire tenir à Nîmes, chez un aubergiste de notre connaissance, avec lequel j'avais quelques relations.

– De contrebande, reprit Monte-Cristo.

– Eh ! mon Dieu ! monsieur le comte, il faut bien.

– Certainement, continuez donc.

– J'aimais tendrement mon frère, je vous l'ai dit, Excellence ; aussi je résolus non pas de lui envoyer l'argent, mais de le lui porter moi-même. Je possédais un millier de francs, j'en laissai cinq cents à Assunta, c'était ma belle-sœur ; je pris les cinq cents autres, et je me mis en route pour Nîmes. C'était chose facile, j'avais ma barque, un chargement à faire en mer ; tout secondait mon projet. Mais le chargement fait, le vent devint contraire, de sorte que nous fûmes quatre ou cinq jours sans pouvoir entrer dans le Rhône. Enfin nous y parvînmes ; nous remontâmes jusqu'à Arles ; je laissai la barque entre Belle-garde et Beaucaire, et je pris le chemin de Nîmes.

– Nous arrivons, n'est-ce pas ?

– Oui, monsieur : excusez-moi, mais, comme Votre Excellence le verra, je ne lui dis que les choses absolument nécessaires. Or, c'était le moment où avaient lieu les fameux massacres du Midi. Il y avait là deux ou trois brigands que l'on appelait Tres-taillon, Truphemy et Graffan, qui égorgeaient dans les rues tous ceux qu'on soupçonnait de bonapartisme. Sans doute, monsieur le comte a entendu parler de ces assassinats ?

– Vaguement, j'étais fort loin de la France à cette époque. Continuez.

– En entrant à Nîmes, on marchait littéralement dans le sang ; à chaque pas on rencontrait des cadavres : les assassins, organisés par bandes, tuaient, pillaient et brûlaient.

« À la vue de ce carnage, un frisson me prit, non pas pour moi ; moi, simple pêcheur corse, je n'avais pas grand-chose à craindre ; au contraire, ce temps-là, c'était notre bon temps, à nous autres contrebandiers, mais pour mon frère, pour mon frère soldat de l'Empire, revenant de l'armée de la Loire avec son uniforme et ses épaulettes, et qui par conséquent, avait tout à craindre.

« Je courus chez notre aubergiste. Mes pressentiments ne m'avaient pas trompé : mon frère était arrivé la veille à Nîmes, et à la porte même de celui à qui il venait demander l'hospitali-té, il avait été assassiné.

« Je fis tout au monde pour connaître les meurtriers ; mais personne n'osa me dire leurs noms, tant ils étaient redoutés. Je songeai alors à cette justice française, dont on m'avait tant

parlé, qui ne redoute rien, elle, et je me présentai chez le procureur du roi.

– Et ce procureur du roi se nommait Villefort ? demanda
négligemment Monte-Cristo.

– Oui, Excellence : il venait de Marseille, où il avait été substitut. Son zèle lui avait valu de l'avancement. Il était un des
premiers, disait-on, qui eussent annoncé au gouvernement le
débarquement de l'île d'Elbe.

– Donc, reprit Monte-Cristo, vous vous présentâtes chez lui.

« – Monsieur, lui dis-je, mon frère a été assassiné hier dans
les rues de Nîmes, je ne sais point par qui, mais c'est votre
mission de le savoir. Vous êtes ici chef de la justice, et c'est à
la justice de venger ceux qu'elle n'a pas su défendre.

« – Et qu'était votre frère ? demanda le procureur du roi...

« – Lieutenant au bataillon corse.

« – Un soldat de l'usurpateur, alors ?

« – Un soldat des armées françaises.

« – Eh bien, répliqua-t-il, il s'est servi et il a péri par l'épée.

« – Vous vous trompez, monsieur ; il a péri par le poignard.

« – Que voulez-vous que j'y fasse ? répondit le magistrat.

« – Mais je vous l'ai dit : je veux que vous le vengiez.

« – Et de qui ?

« – De ses assassins.

« – Est-ce que je les connais, moi ?

« – Faites-les chercher.

« – Pour quoi faire ? Votre frère aura eu quelque querelle et
se sera battu en duel. Tous ces anciens soldats se portent à des
excès qui leur réussissaient sous l'Empire, mais qui tournent
mal pour eux maintenant ; or, nos gens du Midi n'aiment ni les
soldats, ni les excès.

« – Monsieur, repris-je, ce n'est pas pour moi que je vous
prie. Moi, je pleurerai ou je me vengerai voilà tout ; mais mon
pauvre frère avait une femme. S'il m'arrivait malheur à mon
tour, cette pauvre créature mourrait de faim, car le travail seul
de mon frère la faisait vivre. Obtenez pour elle une petite pension du gouvernement.

« – Chaque révolution a ses catastrophes, répondit
M. de Villefort ; votre frère a été victime de celle-ci, c'est un
malheur, et le gouvernement ne doit rien à votre famille pour
cela. Si nous avions à juger toutes les vengeances que les

partisans de l'usurpateur ont exercées sur les partisans du roi quand à leur tour ils disposaient du pouvoir, votre frère serait peut-être aujourd'hui condamné à mort. Ce qui s'accomplit est chose toute naturelle, car c'est la loi des représailles.

« – Eh quoi ! monsieur, m'écriai-je, il est possible que vous me parliez ainsi, vous, un magistrat !...

« – Tous ces Corses sont fous, ma parole d'honneur ! répondit M. de Villefort, et ils croient encore que leur compatriote est empereur. Vous vous trompez de temps, mon cher ; il fallait venir me dire cela il y a deux mois. Aujourd'hui il est trop tard ; allez-vous-en donc, et si vous ne vous en allez pas, moi, je vais vous faire reconduire.

« Je le regardai un instant pour voir si par une nouvelle supplication il y avait quelque chose à espérer. Cet homme était de pierre. Je m'approchai de lui :

« – Eh bien, lui dis-je à demi-voix, puisque vous connaissez les Corses, vous devez savoir comment ils tiennent leur parole. Vous trouvez qu'on a bien fait de tuer mon frère qui était bonapartiste, parce que vous êtes royaliste, vous ; eh bien, moi, qui suis bonapartiste aussi, je vous déclare une chose : c'est que je vous tuerai, vous. À partir de ce moment je vous déclare la vendetta ; ainsi, tenez-vous bien, et gardez-vous de votre mieux, car la première fois que nous nous trouverons face à face, c'est que votre dernière heure sera venue.

« Et là-dessus, avant qu'il fût revenu de sa surprise, j'ouvris la porte et je m'enfuis.

– Ah ! ah ! dit Monte-Cristo, avec votre honnête figure, vous faites de ces choses-là, monsieur Bertuccio, et à un procureur du roi, encore ! Fi donc ! et savait-il au moins ce que cela voulait dire ce mot *vendetta* ?

– Il le savait si bien qu'à partir de ce moment il ne sortit plus seul et se calfeutra chez lui, me faisant chercher partout. Heureusement j'étais si bien caché qu'il ne put me trouver. Alors la peur le prit, il trembla de rester plus longtemps à Nîmes ; il sollicita son changement de résidence, et, comme c'était en effet un homme influent, il fut nommé à Versailles ; mais, vous le savez, il n'y a pas de distance pour un Corse qui a juré de se venger de son ennemi, et sa voiture, si bien menée qu'elle fût, n'a jamais eu plus d'une demi-journée d'avance sur moi, qui cependant la suivis à pied.

« L'important n'était pas de le tuer, cent fois j'en avais trouvé l'occasion ; mais il fallait le tuer sans être découvert et surtout sans être arrêté. Désormais je ne m'appartenais plus : j'avais à protéger et à nourrir ma belle-sœur. Pendant trois mois je guettai M. de Villefort ; pendant trois mois il ne fit pas un pas, une démarche, une promenade, que mon regard ne le suivît là où il allait. Enfin, je découvris qu'il venait mystérieusement à Auteuil : je le suivis encore et je le vis entrer dans cette maison où nous sommes, seulement, au lieu d'entrer comme tout le monde par la grande porte de la rue, il venait soit à cheval, soit en voiture, laissait voiture ou cheval à l'auberge, et entrait par cette petite porte que vous voyez là. »

Monte-Cristo fit de la tête un signe qui prouvait qu'au milieu de l'obscurité il distinguait en effet l'entrée indiquée par Bertuccio.

« Je n'avais plus besoin de rester à Versailles, je me fixai à Auteuil et je m'informai. Si je voulais le prendre, c'était évidemment là qu'il me fallait tendre mon piège.

« La maison appartenait, comme le concierge l'a dit à Votre Excellence, à M. de Saint-Méran, beau-père de Villefort. M. de Saint-Méran habitait Marseille ; par conséquent, cette campagne lui était inutile ; aussi disait-on qu'il venait de la louer à une jeune veuve que l'on ne connaissait que sous le nom de la baronne.

« En effet, un soir, en regardant par-dessus le mur, je vis une femme jeune et belle qui se promenait seule dans ce jardin, que nulle fenêtre étrangère ne dominait ; elle regardait fréquemment du côté de la petite porte, et je compris que ce soir-là elle attendait M. de Villefort. Lorsqu'elle fut assez près de moi pour que malgré l'obscurité je pusse distinguer ses traits, je vis une belle jeune femme de dix-huit à dix-neuf ans, grande et blonde. Comme elle était en simple peignoir et que rien ne gênait sa taille, je pus remarquer qu'elle était enceinte et que sa grossesse même paraissait avancée.

« Quelques moments après, on ouvrit la petite porte ; un homme entra ; la jeune femme courut le plus vite qu'elle put à sa rencontre, ils se jetèrent dans les bras l'un de l'autre, s'embrassèrent tendrement et regagnèrent ensemble la maison.

« Cet homme, c'était M. de Villefort. Je jugeai qu'en sortant, surtout s'il sortait la nuit, il devait traverser seul le jardin dans toute sa longueur.

– Et demanda le comte, avez-vous su depuis le nom de cette femme ?

– Non, Excellence, répondit Bertuccio ; vous allez voir que je n'eus pas le temps de l'apprendre.

– Continuez.

– Ce soir-là, reprit Bertuccio, j'aurais pu tuer peut-être le procureur du roi ; mais je ne connaissais pas encore assez le jardin dans tous ses détails. Je craignis de ne pas le tuer raide, et, si quelqu'un accourait à ses cris, de ne pouvoir fuir. Je remis la partie au prochain rendez-vous, et, pour que rien ne m'échappât, je pris une petite chambre donnant sur la rue que longeait le mur du jardin.

« Trois jours après, vers sept heures du soir, je vis sortir de la maison un domestique à cheval qui prit au galop le chemin qui conduisait à la route de Sèvres ; je présumai qu'il allait à Versailles. Je ne me trompais pas. Trois heures après, l'homme revint tout couvert de poussière ; son message était terminé.

« Dix minutes après, un autre homme à pied, enveloppé d'un manteau, ouvrit la petite porte du jardin, qui se referma sur lui.

« Je descendis rapidement. Quoique je n'eusse pas vu le visage de Villefort, je le reconnus au battement de mon cœur : je traversai la rue, je gagnai une borne placée à l'angle du mur et à l'aide de laquelle j'avais regardé une première fois dans le jardin.

« Cette fois je ne me contentai pas de regarder, je tirai mon couteau de ma poche, je m'assurai que la pointe était bien affilée, et je sautai par-dessus le mur.

« Mon premier soin fut de courir à la porte ; il avait laissé la clef en dedans, en prenant la simple précaution de donner un double tour à la serrure.

Rien n'entravait donc ma fuite de ce côté-là. Je me mis à étudier les localités. Le jardin formait un carré long une pelouse de fin gazon anglais s'étendait au milieu, aux angles de cette pelouse étaient des massifs d'arbres au feuillage touffu et tout entremêlé de fleurs d'automne.

« Pour se rendre de la maison à la petite porte, ou de la petite porte à la maison, soit qu'il entrât, soit qu'il sortît, M. de Villefort était obligé de passer près d'un de ces massifs.

« On était à la fin de septembre ; le vent soufflait avec force ; un peu de lune pâle, et voilée à chaque instant par de gros nuages qui glissaient rapidement au ciel, blanchissait le sable des allées qui conduisaient à la maison, mais ne pouvait percer l'obscurité de ces massifs touffus dans lesquels un homme pouvait demeurer caché sans qu'il y eût crainte qu'on ne l'aperçût.

« Je me cachai dans celui le plus près duquel devait passer Villefort ; à peine y étais-je, qu'au milieu des bouffées de vent qui courbaient les arbres au-dessus de mon front, je crus distinguer comme des gémissements. Mais vous savez, ou plutôt vous ne savez pas, monsieur le comte, que celui qui attend le moment, de commettre un assassinat croit toujours entendre pousser des cris sourds dans l'air. Deux heures s'écoulèrent pendant lesquelles, à plusieurs reprises, je crus entendre les mêmes gémissements. Minuit sonna.

« Comme le dernier son vibrait encore lugubre et retentissant, j'aperçus une lueur illuminant les fenêtres de l'escalier dérobé par lequel nous sommes descendus tout à l'heure.

« La porte s'ouvrit, et l'homme au manteau reparut. C'était le moment terrible ; mais depuis si longtemps je m'étais préparé à ce moment, que rien en moi ne faiblit : je tirai mon couteau, je l'ouvris et je me tins prêt.

« L'homme au manteau vint droit à moi, mais à mesure qu'il avançait dans l'espace découvert, je croyais remarquer qu'il tenait une arme de la main droite : j'eus peur, non pas d'une lutte, mais d'un insuccès. Lorsqu'il fut à quelques pas de moi seulement, je reconnus que ce que j'avais pris pour une arme n'était rien autre chose qu'une bêche.

« Je n'avais pas encore pu deviner dans quel but M. de Villefort tenait une bêche à la main, lorsqu'il s'arrêta sur la lisière du massif, jeta un regard autour de lui, et se mit à creuser un trou dans la terre. Ce fut alors que je m'aperçus qu'il y avait quelque chose dans son manteau, qu'il venait de déposer sur la pelouse pour être plus libre de ses mouvements.

« Alors, je l'avoue, un peu de curiosité se glissa dans ma haine : je voulus voir ce que venait faire là Villefort ; je restai immobile, sans haleine, j'attendis.

« Puis une idée m'était venue, qui se confirma en voyant le procureur du roi tirer de son manteau un petit coffre long de deux pieds et large de six à huit pouces.

« Je le laissai déposer le coffre dans le trou, sur lequel il repoussa la terre ; puis, sur cette terre fraîche, il appuya ses pieds pour faire disparaître la trace de l'œuvre nocturne. Je m'élançai alors sur lui et je lui enfonçai mon couteau dans la poitrine en lui disant :

« – Je suis Giovanni Bertuccio ! ta mort pour mon frère, ton trésor pour sa veuve : tu vois bien que ma vengeance est plus complète que je ne l'espérais.

« Je ne sais s'il entendit ces paroles ; je ne le crois pas, car il tomba sans pousser un cri ; je sentis les flots de son sang rejaillir brûlants sur mes mains et sur mon visage ; mais j'étais ivre, j'étais en délire ; ce sang me rafraîchissait au lieu de me brûler. En une seconde, j'eus déterré le coffret à l'aide de la bêche ; puis, pour qu'on ne vît pas que je l'avais enlevé, je comblai à mon tour le trou, je jetai la bêche pardessus le mur, je m'élançai par la porte, que je fermai à double tour en dehors et dont j'emportai la clef.

– Bon ! dit Monte-Cristo, c'était, à ce que je vois, un petit assassinat doublé de vol.

– Non, Excellence, répondit Bertuccio, c'était une vendetta suivie de restitution.

– Et la somme était ronde, au moins ?

– Ce n'était pas de l'argent.

– Ah ! oui, je me rappelle, dit Monte-Cristo n'avez-vous pas parlé d'un enfant ?

– Justement, Excellence. Je courus jusqu'à la rivière, je m'assis sur le talus, et, pressé de savoir ce que contenait le coffre, je fis sauter la serrure avec mon couteau.

« Dans un lange de fine batiste était enveloppé un enfant qui venait de naître ; son visage empourpré, ses mains violettes annonçaient qu'il avait dû succomber à une asphyxie causée par des ligaments naturels roulés autour de son cou ; cependant, comme il n'était pas froid encore, j'hésitai à le jeter dans cette eau qui coulait à mes pieds. En effet, au bout d'un instant je crus sentir un léger battement vers la région du cœur ; je dégageai son cou du cordon qui l'enveloppait, et, comme j'avais été infirmier à l'hôpital de Bastia, je fis ce qu'aurait pu faire un médecin en pareille circonstance c'est-à-dire que je lui insufflai courageusement de l'air dans les poumons, qu'après un quart d'heure d'efforts inouïs je le vis respirer, et j'entendis un cri s'échapper de sa poitrine.

« À mon tour, je jetai un cri, mais un cri de joie. Dieu ne me maudit donc pas, me dis-je, puisqu'il permet que je rende la vie à une créature humaine en échange de la vie que j'ai ôtée à une autre !

– Et que fîtes-vous donc de cet enfant ? demanda Monte-Cristo ; c'était un bagage assez embarrassant pour un homme qui avait besoin de fuir.

– Aussi n'eus-je point un instant l'idée de le garder. Mais je savais qu'il existait à Paris un hospice où on reçoit ces pauvres créatures. En passant à la barrière, je déclarai avoir trouvé cet enfant sur la route et je m'informai. Le coffre était là qui faisait foi ; les langes de batiste indiquaient que l'enfant appartenait à des parents riches ; le sang dont j'étais couvert pouvait aussi bien appartenir à l'enfant qu'à tout autre individu. On ne me fit aucune objection ; on m'indiqua l'hospice, qui était situé tout au bout de la rue d'Enfer, et, après avoir pris la précaution de couper le lange en deux, de manière qu'une des deux lettres qui le marquaient continuât d'envelopper le corps de l'enfant, je déposai mon fardeau dans le tour, je sonnai et je m'enfuis à toutes jambes. Quinze jours après, j'étais de retour à Rogliano, et je disais à Assunta :

« – Console-toi, ma sœur ; Israël est mort, mais je l'ai vengé.

« Alors elle me demanda l'explication de ces paroles, et je lui racontai tout ce qui s'était passé.

« – Giovanni, me dit Assunta, tu aurais dû rapporter cet enfant, nous lui eussions tenu lieu des parents qu'il a perdus, nous l'eussions appelé Benedetto, et en faveur de cette bonne action Dieu nous eût bénis effectivement.

« Pour toute réponse je lui donnai la moitié de lange que j'avais conservée, afin de faire réclamer l'enfant si nous étions plus riches.

– Et de quelles lettres était marqué ce lange ? demanda Monte-Cristo.

– D'un H et d'un N surmontés d'un tortil de baron.

– Je crois, Dieu me pardonne ! que vous vous servez de termes de blason, monsieur Bertuccio ! Où diable avez-vous fait vos études héraldiques ?

– À votre service, monsieur le comte, où l'on apprend toutes choses.

– Continuez, je suis curieux de savoir deux choses.

– Lesquelles, monseigneur ?

– Ce que devint ce petit garçon ; ne m'avez-vous pas dit que c'était un petit garçon, monsieur Bertuccio ?

– Non, Excellence ; je ne me rappelle pas avoir parlé de cela.

– Ah ! je croyais avoir entendu, je me serai trompé.

– Non, vous ne vous êtes pas trompé, car c'était effectivement un petit garçon ; mais Votre Excellence désirait, disait-elle, savoir deux choses : quelle est la seconde ?

– La seconde était le crime dont vous étiez accusé quand vous demandâtes un confesseur, et que l'abbé Busoni alla vous trouver sur cette demande dans la prison de Nîmes.

– Peut-être ce récit sera-t-il bien long, Excellence.

– Qu'importe ? il est dix heures à peine, vous savez que je ne dors pas, et je suppose que de votre côté vous n'avez pas grande envie de dormir. »

Bertoccio s'inclina et reprit sa narration.

« Moitié pour chasser les souvenirs qui m'assiégeaient, moitié pour subvenir aux besoins de la pauvre veuve, je me remis avec ardeur à ce métier de contrebandier, devenu plus facile par le relâchement des lois qui suit toujours les révolutions. Les côtes du Midi, surtout, étaient mal gardées, à cause des émeutes éternelles qui avaient lieu, tantôt à Avignon, tantôt à Nîmes, tantôt à Uzès. Nous profitâmes de cette espèce de trêve qui nous était accordée par le gouvernement pour lier des relations avec tout le littoral. Depuis l'assassinat de mon frère dans les rues de Nîmes, je n'avais pas voulu rentrer dans cette ville. Il en résulta que l'aubergiste avec lequel nous faisions des affaires, voyant que nous ne voulions plus venir à lui, était venu à nous et avait fondé une succursale de son auberge sur la route de Bellegarde à Beaucaire, à l'enseigne du *Pont du Gard*. Nous avions ainsi, soit du côté d'Aigues-Mortes, soit aux Martigues, soit à Bouc, une douzaine d'entrepôts où nous déposions nos marchandises et où, au besoin, nous trouvions un refuge contre les douaniers et les gendarmes. C'est un métier qui rapporte beaucoup que celui de contrebandier, lorsqu'on y applique une certaine intelligence secondée par quelque vigueur ; quant à moi, je vivais dans les montagnes ayant maintenant une double raison de craindre gendarmes et douaniers, attendu que toute comparution devant les juges pouvait amener une enquête, que cette enquête est toujours une excursion dans le passé, et que dans mon passé, à moi, on pouvait rencontrer maintenant quelque chose plus grave que des cigares entrés en contrebande ou des barils d'eau-de-vie circulant sans laissez-passer. Aussi, préférant mille fois la mort à une arrestation, j'accomplissais des choses étonnantes, et qui, plus d'une fois, me donnèrent cette preuve, que le trop grand soin que nous prenons de notre corps est à peu près le seul obstacle à la réussite de ceux de nos projets qui ont besoin d'une décision rapide et d'une exécution vigoureuse et déterminée. En effet une fois qu'on a fait le sacrifice de sa vie, on n'est plus l'égal des autres hommes, ou plutôt les autres hommes ne sont plus vos égaux, et quiconque a pris cette résolution sent, à l'instant même, décupler ses forces et s'agrandir son horizon.

– De la philosophie, monsieur Bertuccio ! interrompit le comte ; mais vous avez donc fait un peu de tout dans votre vie ?

– Oh ! pardon, Excellence !

– Non ! non ! c'est que la philosophie à dix heures et demie du soir, c'est un peu tard. Mais je n'ai pas d'autre observation à faire, attendu que je la trouve exacte, ce qu'on ne peut pas dire de toutes les philosophies.

– Mes courses devinrent donc de plus en plus étendues, de plus en plus fructueuses. Assunta était ménagère, et notre petite fortune s'arrondissait. Un jour que je partais pour une course :

« – Va, dit-elle et à ton retour je te ménage une surprise.

« Je l'interrogeais inutilement : elle ne voulut rien me dire et je partis.

« La course dura près de six semaines ; nous avions été à Lucques charger de l'huile, et à Livourne prendre des cotons anglais ; notre débarquement se fit sans événement contraire, nous réalisâmes nos bénéfices et nous revînmes tout joyeux.

« En rentrant dans la maison, la première chose que je vis à l'endroit le plus apparent de la chambre d'Assunta dans un berceau somptueux relativement au reste de l'appartement, fut un enfant de sept à huit mois. Je jetai un cri de joie. Les seuls moments de tristesse que j'eusse éprouvés depuis l'assassinat du procureur du roi m'avaient été causés par l'abandon de cet enfant. Il va sans dire que de remords de l'assassinat lui-même je n'en avais point eu.

« La pauvre Assunta avait tout deviné : elle avait profité de mon absence, et, munie de la moitié du lange, ayant inscrit, pour ne point l'oublier, le jour et l'heure précis où l'enfant avait été déposé à l'hospice, elle était partie pour Paris et avait été elle-même le réclamer. Aucune objection ne lui avait été faite, et l'enfant lui avait été remis.

« Ah ! j'avoue, monsieur le comte, qu'en voyant cette pauvre créature dormant dans son berceau, ma poitrine se gonfla, et que des larmes sortirent de mes yeux.

« – En vérité, Assunta, m'écriai-je, tu es une digne femme, et la Providence te bénira.

– Ceci, dit Monte-Cristo, est moins exact que votre philosophie ; il est vrai que ce n'est que la foi.

– Hélas ! Excellence, reprit Bertuccio, vous avez bien raison, et ce fut cet enfant lui-même que Dieu chargea de ma punition. Jamais nature plus perverse ne se déclara plus prématurément, et cependant on ne dira pas qu'il fut mal élevé, car ma sœur le traitait comme le fils d'un prince ; c'était un garçon d'une figure charmante, avec des yeux d'un bleu clair comme ces tons de faïences chinoises qui s'harmonisent si bien avec le blanc laiteux du ton général ; seulement ses cheveux d'un blond trop vif donnaient à sa figure un caractère étrange, qui doublait la vivacité de son regard et la malice de son sourire. Malheureusement il y a un proverbe qui dit que le roux est tout bon ou tout mauvais ; le proverbe ne mentit pas pour Benedetto, et dès sa jeunesse il se montra tout mauvais. Il est vrai aussi que la douceur de sa mère encouragea ses premiers penchants ; l'enfant, pour qui ma pauvre sœur allait au marché de la ville, située à quatre ou cinq lieues de là, acheter les premiers fruits et les sucreries les plus délicates, préférait aux oranges de Palma et aux conserves de Gênes les châtaignes volées au voisin en franchissant les haies, ou les pommes séchées dans son grenier, tandis qu'il avait à sa disposition les châtaignes et les pommes de notre verger.

« Un jour, Benedetto pouvait avoir cinq ou six ans, le voisin Wasilio, qui, selon les habitudes de notre pays, n'enfermait ni sa bourse ni ses bijoux, car, monsieur le comte le sait aussi bien que personne, en Corse il n'y a pas de voleurs, le voisin Wasilio se plaignit à nous qu'un louis avait disparu de sa bourse ; on crut qu'il avait mal compté, mais lui prétendait être sûr de son fait. Ce jour-là Benedetto avait quitté la maison dès le matin, et c'était une grande inquiétude chez nous, lorsque le soir nous le vîmes revenir traînant un singe qu'il avait trouvé, disait-il, tout enchaîné au pied d'un arbre.

« Depuis un mois la passion du méchant enfant, qui ne savait quelle chose s'imaginer, était d'avoir un singe. Un bateleur qui était passé à Rogliano, et qui avait plusieurs de ces animaux dont les exercices l'avaient fort réjoui, lui avait inspiré sans doute cette malheureuse fantaisie.

« – On ne trouve pas de singe dans nos bois, lui dis-je, et surtout de singe enchaîné ; avoue-moi donc comment tu t'es procuré celui-ci.

« Benedetto soutint son mensonge, et l'accompagna de détails qui faisaient plus d'honneur à son imagination qu'à sa véracité ; je m'irritai, il se mit à rire ; je le menaçai, il fit deux pas en arrière.

« – Tu ne peux pas me battre, dit-il, tu n'en as pas le droit, tu n'es pas mon père.

« Nous ignorâmes toujours qui lui avait révélé ce fatal secret, que nous lui avions caché cependant avec tant de soin ; quoi qu'il en soit, cette réponse, dans laquelle l'enfant se révéla tout entier, m'épouvanta presque, mon bras levé retomba effectivement sans toucher le coupable ; l'enfant triompha, et cette victoire lui donna une telle audace qu'à partir de ce moment tout l'argent d'Assunta, dont l'amour semblait augmenter pour lui à mesure qu'il en était moins digne, passa en caprices qu'elle ne savait pas combattre, en folies qu'elle n'avait pas le courage d'empêcher. Quand j'étais à Rogliano, les choses marchaient encore assez convenablement ; mais dès que j'étais parti, c'était Benedetto qui était devenu le maître de la maison, et tout tournait à mal. Âgé de onze ans à peine, tous ses camarades étaient choisis parmi des jeunes gens de dix-huit ou vingt ans, les plus mauvais sujets de Bastia et de Corte, et déjà, pour quelques espiègleries qui méritaient un nom plus sérieux, la justice nous avait donné des avertissements.

« Je fus effrayé ; toute information pouvait avoir des suites funestes : j'allais justement être forcé de m'éloigner de la Corse pour une expédition importante. Je réfléchis longtemps, et, dans le pressentiment d'éviter quelque malheur, je me décidai à emmener Benedetto avec moi. J'espérais que la vie active et rude de contrebandier, la discipline sévère du bord, changeraient ce caractère prêt à se corrompre, s'il n'était pas déjà affreusement corrompu.

« Je tirai donc Benedetto à part et lui fis la proposition de me suivre, en entourant cette proposition de toutes les promesses qui peuvent séduire un enfant de douze ans.

« Il me laissa aller jusqu'au bout, et lorsque j'eus finis, éclatant de rire :

« – Êtes-vous fou, mon oncle ? dit-il (il m'appelait ainsi quand il était de belle humeur) ; moi changer la vie que je mène contre celle que vous menez, ma bonne et excellente paresse contre l'horrible travail que vous vous êtes imposé ! passer la nuit au froid, le jour au chaud ; se cacher sans cesse ; quand on se montre recevoir des coups de fusil, et tout cela pour gagner un peu d'argent ! L'argent, j'en ai tant que j'en veux ! mère Assunta m'en donne quand je lui en demande. Vous voyez donc bien que je serais un imbécile si j'acceptais ce que vous me proposez.

« J'étais stupéfait de cette audace et de ce raisonnement. Benedetto retourna jouer avec ses camarades, et je le vis de loin me montrant à eux comme un idiot.

– Charmant enfant ! murmura Monte-Cristo.

– Oh ! s'il eût été à moi, répondit Bertuccio, s'il eût été mon fils, ou tout au moins mon neveu, je l'eusse bien ramené au droit sentier, car la conscience donne la force. Mais l'idée que j'allais battre un enfant dont j'avais tué le père me rendait toute correction impossible. Je donnai de bons conseils à ma sœur, qui, dans nos discussions, prenait sans cesse la défense du petit malheureux, et comme elle m'avoua que plusieurs fois des sommes assez considérables lui avaient manqué, je lui indiquai un endroit où elle pouvait cacher notre petit trésor. Quant à moi, ma résolution était prise. Benedetto savait parfaitement lire, écrire et compter, car lorsqu'il voulait s'adonner par hasard au travail, il apprenait en un jour ce que les autres apprenaient en une semaine. Ma résolution, dis-je, était prise ; je devais l'engager comme secrétaire sur quelque navire au long cours, et, sans le prévenir de rien, le faire prendre un beau matin et le faire transporter à bord ; de cette façon, et en le recommandant au capitaine, tout son avenir dépendait de lui. Ce plan arrêté, je partis pour la France.

« Toutes nos opérations devaient cette fois s'exécuter dans le golfe du Lion, et ces opérations devenaient de plus en plus difficiles, car nous étions en 1829. La tranquillité était parfaitement rétablie, et par conséquent le service des côtes était redevenu plus régulier et plus sévère que jamais. Cette surveillance était encore augmentée momentanément par la foire de Beaucaire, qui venait de s'ouvrir.

« Les commencements de notre expédition s'exécutèrent sans encombre. Nous amarrâmes notre barque, qui avait un double fond dans lequel nous cachions nos marchandises de contrebande, au milieu d'une quantité de bateaux qui bordaient les deux rives du Rhône, depuis Beaucaire jusqu'à Arles. Arrivés là, nous commençâmes à décharger nuitamment nos marchandises prohibées, et à les faire passer dans la ville par l'intermédiaire des gens qui étaient en relations avec nous, ou des aubergistes chez lesquels nous faisions des dépôts. Soit que la réussite nous eût rendus imprudents, soit que nous ayons été trahis, un soir, vers les cinq heures de l'après-midi, comme nous allions nous mettre à goûter, notre petit mousse accourut tout effaré en disant qu'il avait vu une escouade de douaniers se diriger de notre côté. Ce n'était pas précisément l'escouade qui nous effrayait : à chaque instant, surtout dans ce moment-là, des compagnies entières rôdaient sur les bords du Rhône ; mais c'étaient les précautions qu'au dire de l'enfant cette escouade prenait pour ne pas être vue. En un instant nous fûmes sur pied, mais il était déjà trop tard ; notre barque, évidemment l'objet des recherches, était entourée. Parmi les douaniers, je remarquai quelques gendarmes ; et, aussi timide à la vue de ceux-ci que j'étais brave ordinairement à la vue de tout autre corps militaire, je descendis dans la cale, et, me glissant par un sabord, je me laissai couler dans le fleuve, puis je nageai entre deux eaux, ne respirant qu'à de longs intervalles, si bien que je gagnai sans être vu une tranchée que l'on venait de faire, et qui communiquait du Rhône au canal qui se rend de Beaucaire à Aigues-Mortes. Une fois arrivé là, j'étais sauvé, car je pouvais suivre sans être vu cette tranchée. Je gagnai donc le canal sans accident. Ce n'était pas par hasard et sans préméditation que j'avais suivi ce chemin ; j'ai déjà parlé à Votre Excellence d'un aubergiste de Nîmes qui avait établi sur la route de Bellegarde à Beaucaire une petite hôtellerie.

– Oui, dit Monte-Cristo, je me souviens parfaitement. Ce digne homme, si je ne me trompe, était même votre associé.

– C'est cela, répondit Bertoccio ; mais depuis sept ou huit ans, il avait cédé son établissement à un ancien tailleur de Marseille qui, après s'être ruiné dans son état, avait voulu essayer de faire sa fortune dans un autre. Il va sans dire que les petits arrangements que nous avions faits avec le premier propriétaire furent maintenus avec le second ; c'était donc à cet homme que je comptais demander asile.

– Et comment se nommait cet homme ? demanda le comte, qui paraissait commencer à reprendre quelque intérêt au récit de Bertuccio.

– Il s'appelait Gaspard Caderousse, il était marié à une femme du village de la Carconte, et que nous ne connaissions pas sous un autre nom que celui de son village ; c'était une pauvre femme atteinte de la fièvre des marais, qui s'en allait mourant de langueur. Quant à l'homme, c'était un robuste gaillard de quarante à quarante-cinq ans, qui plus d'une fois nous avait, dans des circonstances difficiles, donné des preuves de sa présence d'esprit et de son courage.

– Et vous dites, demanda Monte-Cristo, que ces choses se passaient vers l'année…

– 1819, monsieur le comte.

– En quel mois ?

– Au mois de juin.

– Au commencement ou à la fin.

– C'était le 3 au soir.

– Ah ! fit Monte-Cristo, le 3 juin 1829... Bien, continuez.

– C'était donc à Caderousse que je comptais demander asile ; mais, comme d'habitude, et même dans les circonstances ordinaires, nous n'entrions pas chez lui par la porte qui donnait sur la route, je résolus de ne pas déroger à cette coutume, j'enjambai la haie du jardin, je me glissai en rampant à travers les oliviers rabougris et les figuiers sauvages, et je gagnai, dans la crainte que Caderousse n'eût quelque voyageur dans son auberge, une espèce de soupente dans laquelle plus d'une fois j'avais passé la nuit aussi bien que dans le meilleur lit. Cette soupente n'était séparée de la salle commune du rez-de-chaussée de l'auberge que par une cloison en planches dans laquelle des jours avaient été ménagés à notre intention, afin que de là nous pussions guetter le moment opportun de faire reconnaître que nous étions dans le voisinage. Je comptais, si Caderousse était seul, le prévenir de mon arrivée, achever chez lui le repas interrompu par l'apparition des douaniers, et profiter de l'orage qui se préparait pour regagner les bords du Rhône et m'assurer de ce qu'étaient devenus la barque et ceux qui la montaient. Je me glissai donc dans la soupente et bien m'en prit, car à ce moment même Caderousse rentrait chez lui avec un inconnu.

« Je me tins coi et j'attendis, non point dans l'intention de surprendre les secrets de mon hôte, mais parce que je ne pouvais faire autrement ; d'ailleurs, dix fois même chose était déjà arrivée.

« L'homme qui accompagnait Caderousse était évidemment étranger au Midi de la France : c'était un de ces négociants forains qui viennent vendre des bijoux à la foire de Beaucaire et qui, pendant un mois que dure cette foire, où affluent des marchands et des acquéreurs de toutes les parties de l'Europe, font quelquefois pour cent ou cent cinquante mille francs d'affaires.

« Caderousse entra vivement et le premier. Puis voyant la salle d'en bas vide comme d'habitude et simplement gardée par son chien, il appela sa femme.

« – Hé ! la Carconte, dit-il, ce digne homme de prêtre ne nous avait pas trompés ; le diamant était bon.

« Une exclamation joyeuse se fit entendre, et presque aussitôt l'escalier craqua sous un pas alourdi par la faiblesse et la maladie.

« – Qu'est-ce que tu dis ? demanda la femme plus pâle qu'une morte.

« – Je dis que le diamant était bon, que voilà monsieur, un des premiers bijoutiers de Paris, qui est prêt à nous en donner cinquante mille francs. Seulement, pour être sûr que le diamant est bien à nous, il demande que tu lui racontes, comme je l'ai déjà fait, de quelle façon miraculeuse le diamant est tombé entre nos mains. En attendant, monsieur, asseyez-vous, s'il vous plaît, et comme le temps est lourd, je vais aller chercher de quoi vous rafraîchir.

« Le bijoutier examinait avec attention l'intérieur de l'auberge et la pauvreté bien visible de ceux qui allaient lui vendre un diamant qui semblait sortir de l'écrin d'un prince.

« – Racontez, madame, dit-il, voulant sans doute profiter de l'absence du mari pour qu'aucun signe de la part de celui-ci n'influençât la femme, et pour voir si les deux récits cadreraient bien l'un avec l'autre.

« – Eh ! mon Dieu ! dit la femme avec volubilité, c'est une bénédiction du ciel à laquelle nous étions loin de nous attendre. Imaginez-vous, mon cher monsieur, que mon mari a été lié en 1814 ou 1815 avec un marin nommé Edmond Dantès : ce pauvre garçon, que Caderousse avait complètement oublié ne l'a pas oublié, lui, et lui a laissé en mourant le diamant que vous venez de voir.

« – Mais comment était-il devenu possesseur de ce diamant ? demanda le bijoutier. Il l'avait donc avant d'entrer en prison ?

« – Non, monsieur, répondit la femme, mais en prison il a fait, à ce qu'il paraît, la connaissance d'un Anglais très riche ; et comme en prison son compagnon de chambre est tombé malade, et que Dantès en prit les mêmes soins que si c'était son frère, l'Anglais, en sortant de captivité, laissa au pauvre Dantès, qui, moins heureux que lui, est mort en prison, ce diamant qu'il nous a légué à son tour en mourant, et qu'il a chargé le digne abbé qui est venu ce matin de nous remettre.

« – C'est bien la même chose, murmura le bijoutier, et, au bout du compte l'histoire peut être vraie, tout invraisemblable qu'elle paraisse au premier abord. Il n'y a donc que le prix sur lequel nous ne sommes pas d'accord.

« – Comment ! pas d'accord, dit Caderousse ; je croyais que vous aviez consenti au prix que j'en demandais.

« – C'est-à-dire, reprit le bijoutier, que j'en ai offert quarante mille francs.

« – Quarante mille ! s'écria la Carconte ; nous ne le donnerons certainement pas pour ce prix-là. L'abbé nous a dit qu'il valait cinquante mille francs, et sans la monture encore.

« – Et comment se nommait cet abbé ? demanda l'infatigable questionneur.

« – L'abbé Busoni, répondit la femme.

« – C'était donc un étranger ?

« – C'était un Italien des environs de Mantoue, je crois.

« – Montrez-moi ce diamant, reprit le bijoutier, que je le revoie une seconde fois ; souvent on juge mal les pierres à une première vue. »

« Caderousse tira de sa poche un petit étui de chagrin noir, l'ouvrit et le passa au bijoutier. À la vue du diamant, qui était gros comme une petite noisette, je me le rappelle comme si je le voyais encore, les yeux de la Carconte étincelèrent de cupidité.

– Et que pensiez-vous de tout cela, monsieur l'écouteur aux portes ? demanda Monte-Cristo ; ajoutiez-vous foi à cette belle fable ?

– Oui, Excellence ; je ne regardais pas Caderousse comme un méchant homme, et je le croyais incapable d'avoir commis un crime ou même un vol.

– Cela fait plus honneur à votre cœur qu'à votre expérience, monsieur Bertuccio. Aviez-vous connu cet Edmond Dantès dont il était question ?

– Non, Excellence, je n'en avais jamais entendu parler jusqu'alors, et je n'en ai jamais entendu reparler depuis qu'une seule fois par l'abbé Busoni lui-même, quand je le vis dans les prisons de Nîmes.

– Bien ! continuez.

– Le bijoutier prit la bague des mains de Caderousse, et tira de sa poche une petite pince en acier et une petite paire de balances de cuivre ; puis, écartant les crampons d'or qui retenaient la pierre dans la bague, il fit sortir le diamant de son alvéole, et le pesa minutieusement dans les balances.

« – J'irai jusqu'à quarante-cinq mille francs, dit-il, mais je ne donnerai pas un sou avec ; d'ailleurs, comme c'était ce que valait le diamant, j'ai pris juste cette somme sur moi.

« – Oh ! qu'à cela ne tienne, dit Caderousse, je retournerai avec vous à Beaucaire pour chercher les cinq autres mille francs.

« – Non, dit le bijoutier en rendant l'anneau et le diamant à Caderousse ; non, cela ne vaut pas davantage, et encore je suis fâché d'avoir offert cette somme, attendu qu'il y a dans la pierre un défaut que je n'avais pas vu d'abord ; mais n'importe, je n'ai qu'une parole, j'ai dit quarante-cinq mille francs, je ne m'en dédis pas.

« – Au moins remettez le diamant dans la bague », dit aigrement la Carconte.

« – C'est juste, dit le bijoutier.

« Et il replaça la pierre dans le chaton.

« – Bon, bon, bon, dit Caderousse remettant l'étui dans sa poche, on le vendra à un autre.

« – Oui, reprit le bijoutier, mais un autre ne sera pas si facile que moi ; un autre ne se contentera pas des renseignements que vous m'avez donnés ; il n'est pas naturel qu'un homme comme vous possède un diamant de cinquante mille francs ; il ira prévenir les magistrats, il faudra retrouver l'abbé Busoni, et les abbés qui donnent des diamants de deux mille louis sont rares ; la justice commencera par mettre la main dessus, on vous enverra en prison, et si vous êtes reconnu innocent, qu'on vous mette dehors après trois ou quatre mois de captivité, la bague se sera égarée au greffe, ou l'on vous donnera une pierre fausse qui vaudra trois francs au lieu d'un diamant qui en vaut cinquante mille, cinquante-cinq mille peut-être, mais que, vous en conviendrez, mon brave homme, on court certains risques à acheter. »

« Caderousse et sa femme s'interrogèrent du regard.

« – Non, dit Caderousse, nous ne sommes pas assez riches pour perdre cinq mille francs.

« – Comme vous voudrez, mon cher ami, dit le bijoutier ; j'avais cependant, comme vous le voyez, apporté de la belle monnaie.

« Et il tira d'une de ses poches une poignée d'or qu'il fit briller aux yeux éblouis de l'aubergiste, et, de l'autre, un paquet de billets de banque.

« Un rude combat se livrait visiblement dans l'esprit de Caderousse : il était évident que ce petit étui de chagrin qu'il tournait et retournait dans sa main ne lui paraissait pas correspondre comme valeur à la somme énorme qui fascinait ses yeux. Il se retourna vers sa femme.

« – Qu'en dis-tu ? lui demanda-t-il tout bas.

« – Donne, donne, dit-elle ; s'il retourne à Beaucaire sans le diamant, il nous dénoncera ! et, comme il le dit, qui sait si nous pourrons jamais remettre la main sur l'abbé Busoni.

« – Eh bien, soit, dit Caderousse, prenez donc le diamant pour quarante-cinq mille francs ; mais ma femme veut une chaîne d'or, et moi une paire de boucles d'argent.

« Le bijoutier tira de sa poche une boîte longue et plate qui contenait plusieurs échantillons des objets demandés.

« – Tenez, dit-il, je suis rond en affaires ; choisissez.

« La femme choisit une chaîne d'or qui pouvait valoir cinq louis, et le mari une paire de boucles qui pouvait valoir quinze francs.

« – J'espère que vous ne vous plaindrez pas, dit le bijoutier.

« – L'abbé avait dit qu'il valait cinquante mille francs, murmura Caderousse.

« – Allons, allons, donnez donc ! Quel homme terrible ! reprit le bijoutier en lui tirant des mains le diamant, je lui compte quarante-cinq mille francs, deux mille cinq cents livres de rente, c'est-à-dire une fortune comme je voudrais bien en avoir une, moi, et il n'est pas encore content.

« – Et les quarante-cinq mille francs, demanda Caderousse d'une voix rauque ; voyons, où sont-ils ?

« – Les voilà, dit le bijoutier.

« Et il compta sur la table quinze mille francs en or et trente mille francs en billets de banque.

« – Attendez que j'allume la lampe, dit la Carconte, il n'y fait plus clair, et on pourrait se tromper.

« En effet, la nuit était venue pendant cette discussion, et, avec la nuit, l'orage qui menaçait depuis une demi-heure. On entendait gronder sourdement le tonnerre dans le lointain ; mais ni le bijoutier, ni Caderousse, ni la Carconte, ne paraissaient s'en occuper, possédés qu'ils étaient tous les trois du démon du gain. Moi-même, j'éprouvais une étrange fascination à la vue de tout cet or et de tous ces billets. Il me semblait que je faisais un rêve, et, comme il arrive dans un rêve, je me sentais enchaîné à ma place.

« Caderousse compta et recompta l'or et les billets, puis il les passa à sa femme, qui les compta et recompta à son tour.

« Pendant ce temps, le bijoutier faisait miroiter le diamant sous les rayons de la lampe, et le diamant jetait des éclairs qui

lui faisaient oublier ceux qui, précurseurs de l'orage, commen-
çaient à enflammer les fenêtres.

« – Eh bien, le compte y est-il ? demanda le bijoutier.

« – Oui, dit Caderousse ; donne le portefeuille et cherche un
sac, Carconte.

« La Carconte alla à une armoire et revint apportant un vieux
portefeuille de cuir, duquel on tira quelques lettres graisseuses
à la place desquelles on remit les billets, et un sac dans lequel
étaient enfermés deux ou trois écus de six livres, qui compo-
saient probablement toute la fortune du misérable ménage.

« – Là, dit Caderousse, quoique vous nous ayez soulevé une
dizaine de mille francs peut-être, voulez-vous souper avec
nous ? c'est de bon cœur.

« – Merci, dit le bijoutier, il doit se faire tard, et il faut que je
retourne à Beaucaire ; ma femme serait inquiète » ; il tira sa
montre. « Morbleu ! s'écria-t-il, neuf heures bientôt, je ne serai
pas à Beaucaire avant minuit. Adieu, mes petits enfants ; s'il
vous revient par hasard des abbés Busoni, pensez à moi.

« – Dans huit jours, vous ne serez plus à Beaucaire, dit Caderousse, puisque la foire finit la semaine prochaine.

« – Non, mais cela ne fait rien ; écrivez-moi à Paris, à
M. Joannès, au Palais-Royal, galerie de Pierre, n° 45, je ferai le
voyage exprès si cela en vaut la peine.

« Un coup de tonnerre retentit, accompagné d'un éclair si
violent qu'il effaça presque la clarté de la lampe.

« – Oh ! oh ! dit Caderousse, vous allez partir par ce temps-
là ?

« – Oh ! je n'ai pas peur du tonnerre, dit le bijoutier.

« – Et des voleurs ? demanda la Carconte. La route n'est jamais bien sûre pendant la foire.

« – Oh ! quant aux voleurs, dit Joannès, voilà pour eux.

« Et il tira de sa poche une paire de petits pistolets chargés
jusqu'à la gueule.

« – Voilà, dit-il, des chiens qui aboient et mordent en même
temps : c'est pour les deux premiers qui auraient envie de
votre diamant, père Caderousse.

« Caderousse et sa femme échangèrent un regard sombre. Il
paraît qu'ils avaient en même temps quelque terrible pensée.

« – Alors, bon voyage ! dit Caderousse.

« – Merci ! » dit le bijoutier.

« Il prit sa canne qu'il avait posée contre un vieux bahut, et sortit. Au moment où il ouvrit la porte, une telle bouffée de vent entra qu'elle faillit éteindre la lampe.

« – Oh ! dit-il, il va faire un joli temps, et deux lieues de pays à faire avec ce temps-là !

« – Restez, dit Caderousse, vous coucherez ici.

« – Oui, restez, dit la Carconte d'une voix tremblante, nous aurons bien soin de vous.

« – Non pas, il faut que j'aille coucher à Beaucaire. Adieu. »

« Caderousse alla lentement jusqu'au seuil.

« – Il ne fait ni ciel ni terre, dit le bijoutier déjà hors de la maison. Faut-il prendre à droite ou à gauche ?

« – À droite, dit Caderousse ; il n'y a pas à s'y tromper, la route est bordée d'arbres de chaque côté.

« – Bon, j'y suis, dit la voix presque perdue dans le lointain.

« – Ferme donc la porte, dit la Carconte, je n'aime pas les portes ouvertes quand il tonne.

« – Et quand il y a de l'argent dans la maison, n'est-ce pas ? » dit Caderousse en donnant un double tour à la serrure.

« Il rentra, alla à l'armoire, retira le sac et le portefeuille, et tous deux se mirent à recompter pour la troisième fois leur or et leurs billets. Je n'ai jamais vu expression pareille à ces deux visages dont cette maigre lampe éclairait la cupidité. La femme surtout était hideuse ; le tremblement fiévreux qui l'animait habituellement avait redoublé. Son visage de pâle était devenu livide ; ses yeux caves flamboyaient.

« – Pourquoi donc, demanda-t-elle d'une voix sourde, lui avais-tu offert de coucher ici ?

« – Mais, répondit Caderousse en tressaillant, pour... pour qu'il n'eût pas la peine de retourner à Beaucaire.

« – Ah ! dit la femme avec une expression impossible à rendre, je croyais que c'était pour autre chose, moi.

« – Femme ! femme ! s'écria Caderousse, pourquoi as-tu de pareilles idées, et pourquoi les ayant ne les gardes-tu pas pour toi ?

« – C'est égal, dit la Carconte après un instant de silence, tu n'es pas un homme.

« – Comment cela ? fit Caderousse.

« – Si tu avais été un homme, il ne serait pas sorti.

« – Femme !

« – Ou bien il n'arriverait pas à Beaucaire.

« – Femme !

« – La route fait un coude et il est obligé de suivre la route, tandis qu'il y a le long du canal un chemin qui raccourcit.

« – Femme, tu offenses le Bon Dieu. Tiens, écoute...

« En effet, on entendit un effroyable coup de tonnerre en même temps qu'un éclair bleuâtre enflammait toute la salle, et la foudre, décroissant lentement, sembla s'éloigner comme à regret de la maison maudite.

« – Jésus ! dit la Carconte en se signant.

« Au même instant, et au milieu de ce silence de terreur qui suit ordinairement les coups de tonnerre, on entendit frapper à la porte.

« Caderousse et sa femme tressaillirent et se regardèrent épouvantés.

« – Qui va là ? s'écria Caderousse en se levant et en réunissant en un seul tas l'or et les billets épars sur la table et qu'il couvrit de ses deux mains.

« – Moi ! dit une voix.

« – Qui, vous ?

« – Et pardieu ! Joannès le bijoutier.

« – Eh bien, que disais-tu donc, reprit la Carconte avec un effroyable sourire, que j'offensais le Bon Dieu !... Voilà le Bon Dieu qui nous le renvoie.

« Caderousse retomba pâle et haletant sur sa chaise. La Carconte, au contraire, se leva, et alla d'un pas ferme à la porte qu'elle ouvrit.

« – Entrez donc, cher monsieur Joannès, dit-elle.

« – Ma foi, dit le bijoutier ruisselant de pluie, il paraît que le diable ne veut pas que je retourne à Beaucaire ce soir. Les plus courtes folies sont les meilleures, mon cher monsieur Caderousse ; vous m'avez offert l'hospitalité, je l'accepte et je reviens coucher chez vous. »

Caderousse balbutia quelques mots en essuyant la sueur qui coulait sur son front. La Carconte referma la porte à double tour derrière le bijoutier.

XLV – La pluie de sang.

« En entrant, le bijoutier jeta un regard interrogateur autour de lui ; mais rien ne semblait faire naître les soupçons s'il n'en avait pas, rien ne semblait les confirmer s'il en avait.

« Caderousse tenait toujours des deux mains ses billets et son or. La Carconte souriait à son hôte le plus agréablement qu'elle pouvait.

« – Ah ! ah ! dit le bijoutier, il paraît que vous aviez peur de ne pas avoir votre compte, que vous repassiez votre trésor après mon départ.

« – Non pas, dit Caderousse ; mais l'événement qui nous en fait possesseur est si inattendu que nous n'y pouvons croire, et que, lorsque nous n'avons pas la preuve matérielle sous les yeux, nous croyons faire encore un rêve. »

« Le bijoutier sourit.

« – Est-ce que vous avez des voyageurs dans votre auberge ? demanda-t-il.

« – Non, répondit Caderousse, nous ne donnons point à coucher ; nous sommes trop près de la ville, et personne ne s'arrête.

« – Alors, je vais vous gêner horriblement ?

« – Nous gêner, vous ! mon cher monsieur ! dit gracieusement la Carconte, pas du tout, je vous jure.

« – Voyons, où me mettez-vous ?

« – Dans la chambre là-haut.

« – Mais n'est-ce pas votre chambre ?

« – Oh ! n'importe ; nous avons un second lit dans la pièce à côté de celle-ci.

« Caderousse regarda avec étonnement sa femme. Le bijoutier chantonna un petit air en se chauffant le dos à un fagot que la Carconte venait d'allumer dans la cheminée pour sécher son hôte.

« Pendant ce temps, elle apportait sur un coin de la table où elle avait étendu une serviette les maigres restes d'un dîner, auxquels elle joignit deux ou trois œufs frais.

« Caderousse avait renfermé de nouveau les billets dans son portefeuille, son or dans un sac, et le tout dans son armoire. Il se promenait de long en large, sombre et pensif, levant de temps en temps la tête sur le bijoutier, qui se tenait tout

fumant devant l'âtre, et qui, à mesure qu'il se séchait d'un côté, se tournait de l'autre.

« – Là, dit la Carconte en posant une bouteille de vin sur la
table, quand vous voudrez souper tout est prêt.

« – Et vous ? demanda Joannès.

« – Moi, je ne souperai pas, répondit Caderousse.

« – Nous avons dîné très tard, se hâta de dire la Carconte.

« – Je vais donc souper seul ? fit le bijoutier.

« – Nous vous servirons, répondit la Carconte avec un empressement qui ne lui était pas habituel, même envers ses
hôtes payants.

« De temps en temps Caderousse lançait sur elle un regard
rapide comme un éclair.

« L'orage continuait.

« – Entendez-vous, entendez-vous ? dit la Carconte ; vous
avez, ma foi, bien fait de revenir.

« – Ce qui n'empêche pas, dit le bijoutier, que si, pendant
mon souper, l'ouragan s'apaise, je me remettrai en route.

« – C'est le mistral, dit Caderousse en secouant la tête ; nous
en avons pour jusqu'à demain.

« Et il poussa un soupir.

« – Ma foi, dit le bijoutier en se mettant à table, tant pis pour
ceux qui sont dehors.

« – Oui, reprit la Carconte, ils passeront une mauvaise nuit.

« Le bijoutier commença de souper, et la Carconte continua
d'avoir pour lui tous les petits soins d'une hôtesse attentive ;
elle d'ordinaire si quinteuse et si revêche, elle était devenue un
modèle de prévenance et de politesse. Si le bijoutier l'eût
connue auparavant, un si grand changement l'eût certes étonné et n'eût pas manqué de lui inspirer quelque soupçon. Quant
à Caderousse, il ne disait pas une parole, continuant sa promenade et paraissant hésiter même à regarder son hôte.

« Lorsque le souper fut terminé, Caderousse alla lui-même
ouvrir la porte.

« – Je crois que l'orage se calme, dit-il.

« Mais en ce moment, comme pour lui donner un démenti, un
coup de tonnerre terrible ébranla la maison, et une bouffée de
vent mêlée de pluie entra, qui éteignit la lampe.

« Caderousse referma la porte ; sa femme alluma une chandelle au brasier mourant.

« – Tenez, dit-elle au bijoutier, vous devez être fatigué ; j'ai mis des draps blancs au lit, montez vous coucher et dormez bien.

« Joannès resta encore un instant pour s'assurer que l'ouragan ne se calmait point, et lorsqu'il eut acquis la certitude que le tonnerre et la pluie ne faisaient qu'aller en augmentant, il souhaita le bonjour à ses hôtes et monta l'escalier.

« Il passait au-dessus de ma tête, et j'entendais chaque marche craquer sous ses pas.

« La Carconte le suivit d'un œil avide, tandis qu'au contraire Caderousse lui tournait le dos et ne regardait pas même de son côté.

« Tous ces détails, qui sont revenus à mon esprit depuis ce temps-là, ne me frappèrent point au moment où ils se passaient sous ses yeux ; il n'y avait, à tout prendre, rien que de naturel dans ce qui arrivait, et, à part l'histoire du diamant qui me paraissait un peu invraisemblable, tout allait de source. Aussi comme j'étais écrasé de fatigue, que je comptais profiter moi-même du premier répit que la tempête donnerait aux éléments, je résolus de dormir quelques heures et de m'éloigner au milieu de la nuit.

« J'entendais dans la pièce au-dessus le bijoutier, qui prenait de son côté toutes ses dispositions pour passer la meilleure nuit possible. Bientôt son lit craqua sous lui ; il venait de se coucher.

« Je sentais mes yeux qui se fermaient malgré moi, et comme je n'avais conçu aucun soupçon, je ne tentai point de lutter contre le sommeil ; je jetai un dernier regard sur l'intérieur de la cuisine. Caderousse était assis à côté d'une longue table, sur un de ces bancs de bois qui, dans les auberges de village, remplacent les chaises ; il me tournait le dos, de sorte que je ne pouvais voir sa physionomie ; d'ailleurs eût-il été dans la position contraire, la chose m'eût encore été impossible, attendu qu'il tenait sa tête ensevelie dans ses deux mains.

« La Carconte le regarda quelque temps, haussa les épaules et vint s'asseoir en face de lui.

« En ce moment la flamme mourante gagna un reste de bois sec oublié par elle ; une lueur un peu plus vive éclaira le sombre intérieur... La Carconte tenait ses yeux fixés sur son mari, et comme celui-ci restait toujours dans la même position, je la vis étendre vers lui sa main crochue, et elle le toucha au front.

« Caderousse tressaillit. Il me sembla que la femme remuait les lèvres, mais, soit qu'elle parlât tout à fait bas, soit que mes sens fussent déjà engourdis par le sommeil, le bruit de sa parole n'arriva point jusqu'à moi. Je ne voyais même plus qu'à travers un brouillard et avec ce doute précurseur du sommeil pendant lequel on croit que l'on commence un rêve. Enfin mes yeux se fermèrent, et je perdis conscience de moi-même.

« J'étais au plus profond de mon sommeil, lorsque je fus réveillé par un coup de pistolet, suivi d'un cri terrible. Quelques pas chancelants retentirent sur le plancher de la chambre, et une masse inerte vint s'abattre dans l'escalier, juste au-dessus de ma tête.

« Je n'étais pas encore bien maître de moi. J'entendais des gémissements, puis des cris étouffés comme ceux qui accompagnent une lutte.

« Un dernier cri, plus prolongé que les autres et qui dégénéra en gémissements, vint me tirer complètement de ma léthargie.

« Je me soulevai sur un bras, j'ouvris les yeux, qui ne virent rien dans les ténèbres, et je portai la main à mon front, sur lequel il me semblait que dégouttait à travers les planches de l'escalier une pluie tiède et abondante.

« Le plus profond silence avait succédé à ce bruit affreux. J'entendis les pas d'un homme qui marchait au-dessus de ma tête, ses pas firent craquer l'escalier. L'homme descendit dans la salle inférieure, s'approcha de la cheminée et alluma une chandelle.

« Cet homme, c'était Caderousse ; il avait le visage pâle, et sa chemise était tout ensanglantée.

« La chandelle allumée, il remonta rapidement l'escalier, et j'entendis de nouveau ses pas rapides et inquiets.

« Un instant après il redescendit. Il tenait à la main l'écrin ; il s'assura que le diamant était bien dedans, chercha un instant dans laquelle de ses poches il le mettrait ; puis, sans doute, ne considérant point sa poche comme une cachette assez sûre, il le roula dans son mouchoir rouge, qu'il tourna autour de son cou.

« Puis il courut à l'armoire, en tira ses billets et son or, mit les uns dans le gousset de son pantalon, l'autre dans la poche de sa veste, prit deux ou trois chemises, et, s'élançant vers la porte, il disparut dans l'obscurité. Alors tout devint clair et lucide pour moi ; je me reprochai ce qui venait d'arriver, comme si j'eusse été le vrai coupable. Il me sembla entendre des gémissements : le malheureux bijoutier pouvait n'être pas mort ; peut-être était-il en mon pouvoir, en lui portant secours, de réparer une partie du mal non pas que j'avais fait, mais que j'avais laissé faire. J'appuyai mes épaules contre une de ces planches mal jointes qui séparaient l'espèce de tambour dans lequel j'étais couché de la salle inférieure ; les planches cédèrent, et je me trouvai dans la maison.

« Je courus à la chandelle, et je m'élançai dans l'escalier ; un corps le barrait en travers, c'était le cadavre de la Carconte.

« Le coup de pistolet que j'avais entendu avait été tiré sur elle : elle avait la gorge traversée de part en part, et outre sa double blessure qui coulait à flots, elle vomissait le sang par la bouche. Elle était tout à fait morte. J'enjambai par-dessus son corps, et je passai.

« La chambre offrait l'aspect du plus affreux désordre. Deux ou trois meubles étaient renversés ; les draps, auxquels le malheureux bijoutier s'était cramponné, traînaient par la chambre : lui-même était couché à terre, la tête appuyée contre le mur, nageant dans une mare de sang qui s'échappait de trois larges blessures reçues dans la poitrine.

« Dans la quatrième était resté un long couteau de cuisine, dont on ne voyait que le manche.

« Je marchai sur le second pistolet qui n'était point parti, la poudre étant probablement mouillée.

« Je m'approchai du bijoutier ; il n'était pas mort effectivement : au bruit que je fis, à l'ébranlement du plancher surtout, il rouvrit des yeux hagards, parvint à les fixer un instant sur moi, remua les lèvres comme s'il voulait parler, et expira.

« Cet affreux spectacle m'avait rendu presque insensé ; du moment où je ne pouvais plus porter de secours à personne je n'éprouvais plus qu'un besoin, celui de fuir. Je me précipitai dans l'escalier, en enfonçant mes mains dans mes cheveux et en poussant un rugissement de terreur.

« Dans la salle inférieure, il y avait cinq ou six douaniers et deux ou trois gendarmes, toute une troupe armée.

« On s'empara de moi ; je n'essayai même pas de faire résistance, je n'étais plus le maître de mes sens. J'essayai de parler, je poussai quelques cris inarticulés, voilà tout.

« Je vis que les douaniers et les gendarmes me montraient du doigt ; j'abaissai les yeux sur moi-même, j'étais tout couvert de sang. Cette pluie tiède que j'avais sentie tomber sur moi à travers les planches de l'escalier, c'était le sang de la Carconte.

« Je montrai du doigt l'endroit où j'étais caché.

« – Que veut-il dire ? demanda un gendarme.

« Un douanier alla voir.

« – Il veut dire qu'il est passé par là, répondit-il.

« Et il montra le trou par lequel j'avais passé effectivement.

« Alors, je compris qu'on me prenait pour l'assassin. Je retrouvai la voix, je retrouvai la force ; je me dégageai des mains des deux hommes qui me tenaient, en m'écriant :

« – Ce n'est pas moi ! ce n'est pas moi !

« Deux gendarmes me mirent en joue avec leurs carabines.

« – Si tu fais un mouvement, dirent-ils, tu es mort.

« – Mais, m'écriai-je, puisque je vous répète que ce n'est pas moi !

« – Tu conteras ta petite histoire aux juges de Nîmes, répondirent-ils. En attendant, suis-nous ; et si nous avons un conseil à te donner, c'est de ne pas faire résistance.

« Ce n'était point mon intention, j'étais brisé par l'étonnement et par la terreur. On me mit les menottes, on m'attacha à la queue d'un cheval, et l'on me conduisit à Nîmes.

« J'avais été suivi par un douanier ; il m'avait perdu de vue aux environs de la maison, il s'était douté que j'y passerais la nuit ; il avait été prévenir ses compagnons, et ils étaient arrivés juste pour entendre le coup de pistolet et pour me prendre au milieu de telles preuves de culpabilité, que je compris tout de suite la peine que j'aurais à faire reconnaître mon innocence.

« Aussi, ne m'attachai-je qu'à une chose : ma première demande au juge d'instruction fut pour le prier de faire chercher partout un certain abbé Busoni, qui s'était arrêté dans la journée à l'auberge du Pont-du-Gard. Si Caderousse avait inventé une histoire, si cet abbé n'existait pas, il était évident que j'étais perdu, à moins que Caderousse ne fût pris à son tour et n'avouât tout.

« Deux mois s'écoulèrent pendant lesquels, je dois le dire à la louange de mon juge, toutes les recherches furent faites pour retrouver celui que je lui demandais. J'avais déjà perdu tout espoir. Caderousse n'avait point été pris. J'allais être jugé à la première session, lorsque le 8 septembre, c'est-à-dire trois mois et cinq jours après l'événement, l'abbé Busoni, sur lequel je n'espérais plus, se présenta à la geôle, disant qu'il avait appris qu'un prisonnier désirait lui parler. Il avait su, disait-il, la chose à Marseille, et il s'empressait de se rendre à mon désir.

« Vous comprenez avec quelle ardeur je le reçus ; je lui racontai tout ce dont j'avais été témoin, j'abordai avec inquiétude l'histoire du diamant ; contre mon attente elle était vraie de point en point ; contre mon attente encore, il ajouta une foi entière à tout ce que je lui dis. Ce fut alors qu'entraîné par sa douce charité, reconnaissant en lui une profonde connaissance des mœurs de mon pays, pensant que le pardon du seul crime que j'eusse commis pouvait peut-être descendre de ses lèvres si charitables, je lui racontai, sous le sceau de la confession, l'aventure d'Auteuil dans tous ses détails. Ce que j'avais fait par entraînement obtint le même résultat que si je l'eusse fait par calcul, l'aveu de ce premier assassinat, que rien ne me forçait de lui révéler, lui prouva que je n'avais pas commis le second, et il me quitta en m'ordonnant d'espérer, et en promettant de faire tout ce qui serait en son pouvoir pour convaincre mes juges de mon innocence.

« J'eus la preuve qu'en effet il s'était occupé de moi quand je vis ma prison s'adoucir graduellement, et quand j'appris qu'on attendrait pour me juger les assises qui devaient suivre celles pour lesquelles on se rassemblait.

« Dans cet intervalle, la Providence permit que Caderousse fût pris à l'étranger et ramené en France. Il avoua tout, rejetant la préméditation et surtout l'instigation sur sa femme. Il fut condamné aux galères perpétuelles, et moi mis en liberté.

– Et ce fut alors, dit Monte-Cristo, que vous vous présentâtes chez moi porteur d'une lettre de l'abbé Busoni ?

– Oui, Excellence, il avait pris à moi un intérêt visible.

« – Votre état de contrebandier vous perdra, me dit-il ; si vous sortez d'ici, quittez-le.

« – Mais mon père, demandai-je, comment voulez-vous que je vive et que je fasse vivre ma pauvre sœur ?

« – Un de mes pénitents, me répondit-il, a une grande estime pour moi, et m'a chargé de lui chercher un homme de confiance. Voulez-vous être cet homme ? je vous adresserai à lui.

« – Ô mon père ! m'écriai-je, que de bonté !

« – Mais vous me jurez que je n'aurai jamais à me repentir. »

« J'étendis la main pour faire serment.

« – C'est inutile, dit-il, je connais et j'aime les Corses, voici ma recommandation.

« Et il écrivit les quelques lignes que je vous remis, et sur lesquelles Votre Excellence eut la bonté de me prendre à son service. Maintenant je le demande avec orgueil à Votre Excellence, a-t-elle jamais eu à se plaindre de moi ?

– Non, répondit le comte ; et, je le confesse avec plaisir, vous êtes un bon serviteur, Bertuccio, quoique vous manquiez de confiance.

– Moi, monsieur le comte !

– Oui, vous. Comment se fait-il que vous ayez une sœur et un fils adoptif, et que, cependant vous ne m'ayez jamais parlé ni de l'une ni de l'autre !

– Hélas ! Excellence, c'est qu'il me reste à vous dire la partie la plus triste de ma vie. Je partis pour la Corse. J'avais hâte, vous le comprenez bien, de revoir et de consoler ma pauvre sœur ; mais quand j'arrivai à Rogliano, je trouvai la maison en deuil ; il y avait eu une scène horrible et dont les voisins gardent encore le souvenir ! Ma pauvre sœur, selon mes conseils, résistait aux exigences de Benedetto, qui, à chaque instant, voulait se faire donner tout l'argent qu'il y avait à la maison. Un matin, il la menaça, et disparut pendant toute la journée. Elle pleura, car cette chère Assunta avait pour le misérable un cœur de mère. Le soir vint, elle l'attendit sans se coucher. Lorsque, à onze heures, il rentra avec deux de ses amis, compagnons ordinaires de toutes ses folies, alors elle lui tendit les bras ; mais eux s'emparèrent d'elle, et l'un des trois, je tremble que ce ne soit cet infernal enfant, l'un des trois s'écria :

« – Jouons à la question, et il faudra bien qu'elle avoue où est son argent.

« Justement le voisin Wasilio était à Bastia ; sa femme seule était restée à la maison. Nul, excepté elle, ne pouvait ni voir ni entendre ce qui se passait chez ma sœur. Deux retinrent la pauvre Assunta, qui ne pouvant croire à la possibilité d'un pareil crime, souriait à ceux qui allaient devenir ses bourreaux, le troisième alla barricader portes et fenêtres, puis il revint, et tous trois réunis, étouffant les cris que la terreur lui arrachait devant ces préparatifs plus sérieux, approchèrent les pieds d'Assunta du brasier sur lequel ils comptaient pour lui faire avouer où était caché notre petit trésor ; mais, dans la lutte, le feu prit à ses vêtements : ils lâchèrent alors la patiente, pour ne pas être brûlés eux-mêmes. Tout en flammes elle courut à la porte, mais la porte était fermée.

« Elle s'élança vers la fenêtre, mais la fenêtre était barricadée. Alors la voisine entendit des cris affreux : c'était Assunta qui appelait au secours. Bientôt sa voix fut étouffée ; les cris devinrent des gémissements, et le lendemain, après une nuit de terreur et d'angoisses quand la femme de Wasilio se hasarda de sortir de chez elle et fit ouvrir la porte de notre maison par le juge, on trouva Assunta à moitié brûlée, mais respirant encore, les armoires forcées, l'argent disparu. Quant à Benedetto, il avait quitté Rogliano pour n'y plus revenir ; depuis ce jour je ne l'ai pas revu, et je n'ai pas même entendu parler de lui.

« Ce fut, reprit Bertuccio, après avoir appris ces tristes nouvelles, que j'allai à Votre Excellence. Je n'avais plus à vous parler de Benedetto, puisqu'il avait disparu, ni de ma sœur, puisqu'elle était morte.

– Et qu'avez-vous pensé de cet événement ? demanda Monte-Cristo.

– Que c'était le châtiment du crime que j'avais commis, répondit Bertuccio. Ah ! ces Villefort, c'était une race maudite.

– Je le crois, murmura le comte avec un accent lugubre.

– Et maintenant, n'est-ce pas, reprit Bertuccio, Votre Excellence comprend que cette maison que je n'ai pas revue depuis, que ce jardin où je me suis retrouvé tout à coup, que cette place où j'ai tué un homme, ont pu me causer ces sombres émotions dont vous avez voulu connaître la source ; car enfin je ne suis pas bien sûr que devant moi, là, à mes pieds,

M. de Villefort ne soit pas couché dans la fosse qu'il avait creusé pour son enfant.

– En effet, tout est possible, dit Monte-Cristo en se levant du banc où il était assis ; même, ajouta-t-il tout bas, que le procureur du roi ne soit pas mort. L'abbé Busoni a bien fait de vous envoyer à moi. Vous avez bien fait de me raconter votre histoire, car je n'aurai pas de mauvaises pensées à votre sujet. Quant à ce Benedetto si mal nommé, n'avez-vous jamais essayé de retrouver sa trace ? n'avez-vous jamais cherché à savoir ce qu'il était devenu ?

– Jamais, si j'avais su où il était, au lieu d'aller à lui, j'aurais fui comme devant un monstre. Non heureusement, jamais je n'en ai entendu parler par qui que ce soit au monde, j'espère qu'il est mort.

– N'espérez pas, Bertuccio, dit le comte ; les méchants ne meurent pas ainsi, car Dieu semble les prendre sous sa garde pour en faire l'instrument de ses vengeances.

– Soit, dit Bertuccio. Tout ce que je demande au ciel seulement, c'est de ne le revoir jamais. Maintenant, continua l'intendant en baissant la tête, vous savez tout, monsieur le comte ; vous êtes mon juge ici-bas comme Dieu le sera là-haut ; ne me direz-vous point quelques paroles de consolation ?

– Vous avez raison, en effet, et je puis vous dire ce que vous dirait l'abbé Busoni : celui que vous avez frappé, ce Villefort, méritait un châtiment pour ce qu'il avait fait à vous et peut-être pour autre chose encore. Benedetto, s'il vit, servira, comme je vous l'ai dit, à quelque vengeance divine, puis sera puni à son tour. Quant à vous, vous n'avez en réalité qu'un reproche à vous adresser : demandez-vous pourquoi, ayant enlevé cet enfant à la mort, vous ne l'avez pas rendu à sa mère : là est le crime, Bertuccio.

– Oui, monsieur, là est le crime et le véritable crime, car en cela j'ai été un lâche. Une fois que j'eus rappelé l'enfant à la vie, je n'avais qu'une chose à faire, vous l'avez dit, c'était de le renvoyer à sa mère. Mais, pour cela, il me fallait faire des recherches, attirer l'attention, me livrer peut-être ; je n'ai pas voulu mourir, je tenais à la vie par ma sœur, par l'amour-propre inné chez nous autres de rester entiers et victorieux dans notre vengeance ; et puis enfin, peut-être, tenais-je simplement à la vie par l'amour même de la vie. Oh ! moi, je ne suis pas un brave comme mon pauvre frère ! »

Bertuccio cacha son visage dans ses deux mains, et ; Monte-Cristo attacha sur lui un long et indéfinissable regard.

Puis, après un instant de silence, rendu plus solennel encore par l'heure et par le lieu :

« Pour terminer dignement cet entretien, qui sera le dernier sur ces aventures, monsieur Bertuccio, dit le comte avec un accent de mélancolie qui ne lui était pas habituel, retenez bien mes paroles, je les ai souvent entendu prononcer par l'abbé Busoni lui-même : À tous maux il est deux remèdes : le temps et le silence. Maintenant, monsieur Bertuccio, laissez-moi me promener un instant dans ce jardin. Ce qui est une émotion poignante pour vous, acteur dans cette scène, sera pour moi une sensation presque douce et qui donnera un double prix à cette propriété. Les arbres, voyez-vous, monsieur Bertuccio ne plaisent que parce qu'ils font de l'ombre, et l'ombre elle-même ne plaît que parce qu'elle est pleine de rêveries et de visions. Voilà que j'ai acheté un jardin croyant acheter un simple enclos fermé de murs, et point du tout, tout à coup cet enclos se trouve être un jardin tout plein de fantômes, qui n'étaient point portés sur le contrat. Or, j'aime les fantômes ; je n'ai jamais entendu dire que les morts eussent fait en six mille ans autant de mal que les vivants en font en un jour. Rentrez donc, monsieur Bertuccio, et allez dormir en paix. Si votre confesseur, au moment suprême, est moins indulgent que ne le fut l'abbé Busoni, faites-moi venir si je suis encore de ce monde, je vous trouverai des paroles qui berceront doucement votre âme au moment où elle sera prête à se mettre en route pour faire ce rude voyage qu'on appelle l'éternité. »

Bertuccio s'inclina respectueusement devant le comte, et s'éloigna en poussant un soupir.

Monte-Cristo resta seul ; et, faisant quatre pas en avant :

« Ici, près de ce platane, murmura-t-il, la fosse où l'enfant fut déposé : là-bas, la petite porte par laquelle on entrait dans le jardin ; à cet angle, l'escalier dérobé qui conduit à la chambre à coucher. Je ne crois pas avoir besoin d'inscrire tout cela sur mes tablettes, car voilà devant mes yeux, autour de moi, sous mes pieds, le plan en relief, le plan vivant. »

Et le comte, après un dernier tour dans ce jardin, alla retrouver sa voiture. Bertuccio, qui le voyait rêveur, monta sans rien dire sur le siège auprès du cocher.

La voiture reprit le chemin de Paris.

Le soir même, à son arrivée à la maison des Champs-Élysées, le comte de Monte-Cristo visita toute l'habitation comme eût pu le faire un homme familiarisé avec elle depuis de longues années ; pas une seule fois, quoiqu'il marchât le premier, il n'ouvrit une porte pour une autre, et ne prit un escalier ou un corridor qui ne le conduisît pas directement où il comptait aller. Ali l'accompagnait dans cette revue nocturne. Le comte donna à Bertuccio plusieurs ordres pour l'embellissement ou la distribution nouvelle du logis, et tirant sa montre, il dit au Nubien attentif :

« Il est onze heures et demie, Haydée ne peut tarder à arriver. A-t-on prévenu les femmes françaises ? »

Ali étendit la main vers l'appartement destiné à la belle Grecque, et qui était tellement isolé qu'en cachant la porte derrière une tapisserie on pouvait visiter toute la maison sans se douter qu'il y eût là un salon et deux chambres habités ; Ali, disons-nous donc, étendit la main vers l'appartement, montra le nombre trois avec les doigts de sa main gauche, et sur cette même main, mise à plat, appuyant sa tête, ferma les yeux en guise de sommeil.

« Ah ! fit Monte-Cristo, habitué à ce langage, elles sont trois qui attendent dans la chambre à coucher, n'est-ce pas ?

— Oui, fit Ali en agitant la tête de haut en bas.

— Madame sera fatiguée ce soir, continua Monte-Cristo, et sans doute elle voudra dormir ; qu'on ne la fasse pas parler : les suivantes françaises doivent seulement saluer leur nouvelle maîtresse et se retirer ; vous veillerez à ce que la suivante grecque ne communique pas avec les suivantes françaises. »

Ali s'inclina. Bientôt on entendit héler le concierge ; la grille s'ouvrit, une voiture roula dans l'allée et s'arrêta devant le perron. Le comte descendit ; la portière était déjà ouverte ; il tendit la main à une jeune femme enveloppée d'une mante de soie verte toute brodée d'or qui lui couvrait la tête.

La jeune femme prit la main qu'on lui tendait, la baisa avec un certain amour mêlé de respect, et quelques mots furent échangés, tendrement de la part de la jeune femme et avec une douce gravité de la part du comte, dans cette langue sonore que le vieil Homère a mise dans la bouche de ses dieux.

Alors, précédé d'Ali qui portait un flambeau de cire rose, la jeune femme, laquelle n'était autre que cette belle Grecque, compagne ordinaire de Monte-Cristo en Italie, fut conduite à son appartement, puis le comte se retira dans le pavillon qu'il s'était réservé.

À minuit et demi, toutes les lumières étaient éteintes dans la maison, et l'on eût pu croire que tout le monde dormait.

XLVI – Le crédit illimité.

Le lendemain, vers deux heures de l'après-midi une calèche attelée de deux magnifiques chevaux anglais s'arrêta devant la porte de Monte-Cristo ; un homme vêtu d'un habit bleu, à boutons de soie de même couleur, d'un gilet blanc sillonné par une énorme chaîne d'or et d'un pantalon couleur noisette, coiffé de cheveux si noirs et descendant si bas sur les sourcils, qu'on eût pu hésiter à les croire naturels tant ils semblaient peu en harmonie avec celles des rides inférieures qu'ils ne parvenaient point à cacher ; un homme enfin de cinquante à cinquante-cinq ans, et qui cherchait à en paraître quarante, passa sa tête par la portière d'un coupé sur le panneau duquel était peinte une couronne de baron, et envoya son groom demander au concierge si le comte de Monte-Cristo était chez lui.

En attendant, cet homme considérait, avec une attention si minutieuse qu'elle devenait presque impertinente, l'extérieur de la maison, ce que l'on pouvait distinguer du jardin, et la livrée de quelques domestiques que l'on pouvait apercevoir allant et venant. L'œil de cet homme était vif, mais plutôt rusé que spirituel. Ses lèvres étaient si minces, qu'au lieu de saillir en dehors elles rentraient dans la bouche ; enfin la largeur et la proéminence des pommettes, signe infaillible d'astuce, la dépression du front, le renflement de l'occiput, qui dépassait de beaucoup de larges oreilles des moins aristocratiques, contribuaient à donner, pour tout physionomiste, un caractère presque repoussant à la figure de ce personnage fort recommandable aux yeux du vulgaire par ses chevaux magnifiques, l'énorme diamant qu'il portait à sa chemise et le raban rouge qui s'étendait d'une boutonnière à l'autre de son habit.

Le groom frappa au carreau du concierge et demanda :

« N'est-ce point ici que demeure M. le comte de Monte-Cristo ?

– C'est ici que demeure Son Excellence, répondit le concierge, mais... »

Il consulta Ali du regard.

Ali fit un signe négatif.

« Mais ?... demanda le groom.

– Mais Son Excellence n'est pas visible, répondit le concierge.

– En ce cas, voici la carte de mon maître, M. le baron Danglars. Vous la remettrez au comte de Monte-Cristo, et vous lui direz qu'en allant à la Chambre mon maître s'est détourné pour avoir l'honneur de le voir.

– Je ne parle pas à Son Excellence, dit le concierge ; le valet de chambre fera la commission. »

Le groom retourna vers la voiture.

« Eh bien ? » demanda Danglars.

L'enfant, assez honteux de la leçon qu'il venait de recevoir, apporta à son maître la réponse qu'il avait reçue du concierge.

« Oh ! fit celui-ci, c'est donc un prince que ce monsieur, qu'on l'appelle Excellence, et qu'il n'y ait que son valet de chambre qui ait le droit de lui parler ; n'importe, puisqu'il a un crédit sur moi, il faudra bien que je le voie quand il voudra de l'argent. »

Et Danglars se rejeta dans le fond de sa voiture en criant au cacher, de manière qu'on pût l'entendre de l'autre côté de la route :

« À la Chambre des députés ! »

Au travers d'une jalousie de son pavillon, Monte-Cristo, prévenu à temps, avait vu le baron et l'avait étudié, à l'aide d'une excellente lorgnette, avec non moins d'attention que M. Danglars en avait mis lui-même à analyser la maison, le jardin et les livrées.

« Décidément, fit-il avec un geste de dégoût et en faisant rentrer les tuyaux de sa lunette dans leur fourreau d'ivoire, décidément c'est une laide créature que cet homme ; comment, dès la première fois qu'on le voit, ne reconnaît-on pas le serpent au front aplati, le vautour au crâne bombé et la buse au bec tranchant !

« Ali ! » cria-t-il, puis il frappa un coup sur le timbre de cuivre. Ali parut. « Appelez Bertuccio », dit-il.

Au même moment Bertuccio entra.

« Votre Excellence me faisait demander ? dit l'intendant.

– Oui, monsieur, dit le comte. Avez-vous vu les chevaux qui viennent de s'arrêter devant ma porte ?

– Certainement, Excellence, ils sont même fort beaux.

– Comment se fait-il, dit Monte-Cristo en fronçant le sourcil, quand je vous ai demandé les deux plus beaux chevaux de

Paris, qu'il y ait à Paris deux autres chevaux aussi beaux que les miens, et que ces chevaux ne soient pas dans mes écuries ? »

Au froncement de sourcil et à l'intonation sévère de cette voix, Ali baissa la tête.

« Ce n'est pas ta faute, bon Ali, dit en arabe le comte avec une douceur qu'on n'aurait pas cru pouvoir rencontrer ni dans sa voix, ni sur son visage ; tu ne te connais pas en chevaux anglais, toi. »

La sérénité reparut sur les traits d'Ali.

« Monsieur le comte, dit Bertuccio, les chevaux dont vous me parlez n'étaient pas à vendre.

Monte-Cristo haussa les épaules :

« Sachez, monsieur l'intendant, que tout est toujours à vendre pour qui sait y mettre le prix.

— M. Danglars les a payés seize mille francs, monsieur le comte.

— Eh bien, il fallait lui en offrir trente-deux mille ; il est banquier, et un banquier ne manque jamais une occasion de doubler son capital.

— Monsieur le comte parle-t-il sérieusement ? » demanda Bertuccio.

Monte-Cristo regarda l'intendant en homme étonné qu'on ose lui faire une question.

« Ce soir, dit-il, j'ai une visite à rendre ; je veux que ces deux chevaux soient attelés à ma voiture avec un harnais neuf. »

Bertuccio se retira en saluant ; près de la porte, il s'arrêta :

« À quelle heure, dit-il, Son Excellence compte-t-elle faire cette visite ?

— À cinq heures, dit Monte-Cristo.

— Je ferai observer à Votre Excellence qu'il est deux heures, hasarda l'intendant.

— Je le sais », se contenta de répondre Monte-Cristo.

Puis se retournant vers Ali :

« Faites passer tous les chevaux devant madame dit-il, qu'elle choisisse l'attelage qui lui conviendra le mieux, et qu'elle me fasse dire si elle veut dîner avec moi : dans ce cas on servira chez elle ; allez ; en descendant, vous m'enverrez le valet de chambre. »

Ali venait à peine de disparaître, que le valet de chambre entra à son tour.

« Monsieur Baptistin, dit le comte, depuis un an vous êtes à mon service ; c'est le temps d'épreuve que j'impose d'ordinaire à mes gens : vous me convenez. »

Baptistin s'inclina.

« Reste à savoir si je vous conviens.

– Oh ! monsieur le comte ! se hâta de dire Baptistin.

– Écoutez jusqu'au bout, reprit le comte. Vous gagnez par an quinze cents francs, c'est-à-dire les appointements d'un bon et brave officier qui risque tous les jours sa vie ; vous avez une table telle que beaucoup de chefs de bureau, malheureux serviteurs infiniment plus occupés que vous, en désireraient une pareille. Domestique, vous avez vous-même des domestiques qui ont soin de votre linge et de vos effets. Outre vos quinze cents francs de gages, vous me volez, sur les achats que vous faites pour ma toilette, à peu près quinze cents autres francs par an.

– Oh ! Excellence !

– Je ne m'en plains pas, monsieur Baptistin, c'est raisonnable ; cependant je désire que cela s'arrête là. Vous ne retrouveriez donc nulle part un poste pareil à celui que votre bonne fortune vous a donné. Je ne bats jamais mes gens, je ne jure jamais, je ne me mets jamais en colère, je pardonne toujours une erreur, jamais une négligence ou un oubli. Mes ordres sont d'ordinaire courts, mais clairs et précis ; j'aime mieux les répéter à deux fois et même à trois, que de les voir mal interprétés. Je suis assez riche pour savoir tout ce que je veux savoir, et je suis fort curieux, je vous en préviens. Si j'apprenais donc que vous ayez parlé de moi en bien ou en mal, commenté mes actions, surveillé ma conduite, vous sortiriez de chez moi à l'instant même. Je n'avertis jamais mes domestiques qu'une seule fois ; vous voilà averti, allez ! »

Baptistin s'inclina et fit trois ou quatre pas pour se retirer.

« À propos, reprit le comte, j'oubliais de vous dire que, chaque année, je place une certaine somme sur la tête de mes gens. Ceux que je renvoie perdent nécessairement cet argent, qui profite à ceux qui restent et qui y auront droit après ma mort. Voilà un an que vous êtes chez moi, votre fortune est commencée, continuez-la. »

Cette allocution, faite devant Ali, qui demeurait impassible, attendu qu'il n'entendait pas un mot de français, produisit sur M. Baptistin un effet que comprendront tous ceux qui ont étudié la psychologie du domestique français.

« Je tâcherai de me conformer en tous points aux désirs de Votre Excellence, dit-il ; d'ailleurs je me modèlerai sur M. Ali.

– Oh ! pas du tout, dit le comte avec une froideur de marbre. Ali a beaucoup de défauts mêlés à ses qualités ; ne prenez donc pas exemple sur lui, car Ali est une exception ; il n'a pas de gages, ce n'est pas un domestique, c'est mon esclave, c'est mon chien ; s'il manquait à son devoir, je ne le chasserais pas, lui, je le tuerais. »

Baptistin ouvrit de grands yeux.

« Vous doutez ? » dit Monte-Cristo.

Et il répéta à Ali les mêmes paroles qu'il venait de dire en français à Baptistin.

Ali écouta, sourit, s'approcha de son maître, mit un genou à terre, et lui baisa respectueusement la main.

Ce petit corollaire de la leçon mit le comble à la stupéfaction de M. Baptistin.

Le comte fit signe à Baptistin de sortir, et à Ali de le suivre. Tous deux passèrent dans son cabinet, et là ils causèrent longtemps.

À cinq heures, le comte frappa trois coups sur son timbre. Un coup appelait Ali, deux coups Baptistin, trois coups Bertuccio.

L'intendant entra.

« Mes chevaux ! dit Monte-Cristo.

– Ils sont à la voiture, Excellence, répliqua Bertuccio. Accompagnerai-je monsieur le comte ?

– Non, le cocher, Baptistin et Ali, voilà tout. »

Le comte descendit et vit attelés à sa voiture, les chevaux qu'il avait admirés le matin à la voiture de Danglars.

En passant près d'eux il leur jeta un coup d'œil.

« Ils sont beaux, en effet, dit-il, et vous avez bien fait de les acheter, seulement c'était un peu tard.

– Excellence, dit Bertuccio, j'ai eu bien de la peine à les avoir, et ils ont coûté bien cher.

– Les chevaux en sont-ils moins beaux ? demanda le comte en haussant les épaules.

– Si Votre Excellence est satisfaite, dit Bertuccio, tout est bien. Où va Votre Excellence ?

– Rue de la Chaussée-d'Antin, chez M. le baron Danglars. »

Cette conversation se passait sur le haut du perron. Bertuccio fit un pas pour descendre la première marche.

« Attendez, monsieur, dit Monte-Cristo en l'arrêtant. J'ai besoin d'une terre sur le bord de la mer, en Normandie, par exemple, entre le Havre et Boulogne. Je vous donne de l'espace, comme vous voyez. Il faudrait que, dans cette acquisition, il y eût un petit port, une petite crique, une petite baie, où puisse entrer et se tenir ma corvette ; elle ne tire que quinze pieds d'eau. Le bâtiment sera toujours prêt à mettre à la mer, à quelque heure du jour ou de la nuit qu'il me plaise de lui donner le signal. Vous vous informerez chez tous les notaires d'une propriété dans les conditions que je vous explique ; quand vous en aurez connaissance, vous irez la visiter, et si vous êtes content, vous l'achèterez à votre nom. La corvette doit être en route pour Fécamp, n'est-ce pas ?

– Le soir même où nous avons quitté Marseille, je l'ai vu mettre à la mer.

– Et le yacht ?

– Le yacht a ordre de demeurer aux Martigues.

– Bien ! Vous correspondrez de temps en temps avec les deux patrons qui les commandent, afin qu'ils ne s'endorment pas.

– Et pour le bateau à vapeur ?

– Qui est à Chalons ?

– Oui.

– Même ordres que pour les deux navires à voiles. Bien !

– Aussitôt cette propriété achetée, j'aurai des relais de dix lieues en dix lieues sur la route du Nord et sur la route du Midi.

– Votre Excellence peut compter sur moi. »

Le comte fit un signe de satisfaction, descendit les degrés, sauta dans sa voiture, qui, entraînée au trot du magnifique attelage, ne s'arrêta que devant l'hôtel du banquier. Danglars présidait une commission nommée pour un chemin de fer, lorsqu'on vint lui annoncer la visite du comte de Monte-Cristo. La séance, au reste, était presque finie.

Au nom du comte, il se leva.

« Messieurs, dit-il en s'adressant à ses collègues, dont plusieurs étaient des honorables membres de l'une ou l'autre Chambre, pardonnez-moi si je vous quitte ainsi ; mais imaginez-vous que la maison Thomson et French, de Rome, m'adresse un certain comte de Monte-Cristo, en lui ouvrant chez moi un crédit illimité. C'est la plaisanterie la plus drôle que mes correspondants de l'étranger se soient encore permise vis-à-vis de moi. Ma foi, vous le comprenez, la curiosité m'a saisi et me tient encore ; je suis passé ce matin chez le prétendu comte. Si c'était un vrai comte, vous comprenez qu'il ne serait pas si riche. Monsieur n'était pas visible. Que vous en semble ? ne sont-ce point des façons d'altesse ou de jolie femme que se donne là maître Monte-Cristo ? Au reste, la maison située aux Champs-Élysées et qui est à lui, je m'en suis informé, m'a paru propre. Mais un crédit illimité, reprit Danglars en riant de son vilain sourire, rend bien exigeant le banquier chez qui le crédit est ouvert. J'ai donc hâte de voir notre homme. Je me crois mystifié. Mais ils ne savent point là-bas à qui ils ont affaire ; rira bien qui rira le dernier. »

En achevant ces mots et en leur donnant une emphase qui gonfla les narines de M. le baron, celui-ci quitta ses hôtes et passa dans un salon blanc et or qui faisait grand bruit dans la Chaussée-d'Antin.

C'est là qu'il avait ordonné d'introduire le visiteur pour l'éblouir du premier coup.

Le comte était debout, considérant quelques copies de l'Albane et du Fattore qu'on avait fait passer au banquier pour des originaux, et qui, toutes copies qu'elles étaient, juraient fort avec les chicorées d'or de toutes couleurs qui garnissaient les plafonds.

Au bruit que fit Danglars en entrant, le comte se retourna.

Danglars salua légèrement de la tête, et fit signe au comte de s'asseoir dans un fauteuil de bois doré garni de satin blanc broché d'or.

Le comte s'assit.

« C'est à monsieur de Monte-Cristo que j'ai l'honneur de parler ?

– Et moi, répondit le comte, à monsieur le baron Danglars, chevalier de la Légion d'honneur, membre de la Chambre des députés ? »

Monte-Cristo redisait tous les titres qu'il avait trouvés sur la carte du baron.

Danglars sentit la botte et se mordit les lèvres.

« Excusez-moi, monsieur, dit-il, de ne pas vous avoir donné du premier coup le titre sous lequel vous m'avez été annoncé ; mais, vous le savez, nous vivons sous un gouvernement populaire, et moi, je suis un représentant des intérêts du peuple.

— De sorte, répondit Monte-Cristo, que, tout en conservant l'habitude de vous faire appeler baron, vous avez perdu celle d'appeler les autres, comte.

— Ah ! je n'y tiens pas même pour moi, monsieur, répondit négligemment Danglars ; ils m'ont nommé baron et fait chevalier de la Légion d'honneur pour quelques services rendus, mais...

— Mais vous avez abdiqué vos titres, comme ont fait autrefois MM. de Montmorency et de Lafayette ? C'était un bel exemple à suivre, monsieur.

— Pas tout à fait, cependant, reprit Danglars embarrassé ; pour les domestiques, vous comprenez...

— Oui, vous vous appelez monseigneur pour vos gens ; pour les journalistes, vous vous appelez monsieur ; et pour vos commettants, citoyen. Ce sont des nuances très applicables au gouvernement constitutionnel. Je comprends parfaitement. »

Danglars se pinça les lèvres : il vit que, sur ce terrain-là, il n'était pas de force avec Monte-Cristo, il essaya donc de revenir sur un terrain qui lui était plus familier.

« Monsieur le comte, dit-il en s'inclinant, j'ai reçu une lettre d'avis de la maison Thomson et French.

— J'en suis charmé, monsieur le baron. Permettez-moi de vous traiter comme vous traitez vos gens, c'est une mauvaise habitude prise dans des pays où il y a encore des barons, justement parce qu'on n'en fait plus. J'en suis charmé, dis-je ; je n'aurai pas besoin de me présenter moi-même, ce qui est toujours assez embarrassant. Vous aviez donc, disiez-vous, reçu une lettre d'avis ?

— Oui, dit Danglars ; mais je vous avoue que je n'en ai pas parfaitement compris le sens.

— Bah !

— Et j'avais même eu l'honneur de passer chez vous pour vous demander quelques explications.

– Faites, monsieur, me voilà, j'écoute et suis prêt à vous entendre.

– Cette lettre, dit Danglars, je l'ai sur moi, je crois (il fouilla dans sa poche). Oui, la voici : cette lettre ouvre à M. le comte de Monte-Cristo un crédit illimité sur ma maison.

– Eh bien, monsieur le baron, que voyez-vous d'obscur là-dedans ?

– Rien, monsieur ; seulement le mot *illimité*...

– Eh bien, ce mot n'est-il pas français ?... Vous comprenez, ce sont des Anglo-Allemands qui écrivent.

– Oh ! si fait, monsieur, et du côté de la syntaxe il n'y a rien à redire, mais il n'en est pas de même du côté de la comptabilité.

– Est-ce que la maison Thomson et French, demanda Monte-Cristo de l'air le plus naïf qu'il put prendre, n'est point parfaitement sûre, à votre avis, monsieur le baron ? diable ! cela me contrarierait, car j'ai quelques fonds placés chez elle.

– Ah ! parfaitement sûre, répondit Danglars avec un sourire presque railleur ; mais le sens du mot illimité, en matière de finances, est tellement vague...

– Qu'il est illimité, n'est-ce pas ? dit Monte-Cristo.

– C'est justement cela, monsieur, que je voulais dire. Or, le vague, c'est le doute, et, dit le sage, dans le doute abstiens-toi.

– Ce qui signifie, reprit Monte-Cristo, que si maison la Thomson et French est disposée à faire des folies, la maison Danglars ne l'est pas à suivre son exemple.

– Comment cela, monsieur le comte ?

– Oui, sans doute, MM. Thomson et French font les affaires sans chiffres ; mais M. Danglars a une limite aux siennes ; c'est un homme sage, comme il disait tout à l'heure.

– Monsieur, répondit orgueilleusement le banquier, personne n'a encore compté avec ma caisse.

– Alors, répondit froidement Monte-Cristo, il paraît que c'est moi qui commencerai.

– Qui vous dit cela ?

– Les explications que vous me demandez, monsieur, et qui ressemblent fort à des hésitations... »

Danglars se mordit les lèvres ; c'était la seconde fois qu'il était battu par cet homme et cette fois sur un terrain qui était le sien. Sa politesse railleuse n'était qu'affectée, et touchait à cet extrême si voisin qui est l'impertinence.

Monte-Cristo, au contraire, souriait de la meilleure grâce du monde, et possédait, quand il le voulait, un certain air naïf qui lui donnait bien des avantages.

« Enfin, monsieur, dit Danglars après un moment de silence, je vais essayer de me faire comprendre en vous priant de fixer vous-même la somme que vous comptez toucher chez moi.

– Mais, monsieur, reprit Monte-Cristo décidé à ne pas perdre un pouce de terrain dans la discussion, si j'ai demandé un crédit illimité sur vous, c'est que je ne savais justement pas de quelles sommes j'aurais besoin. »

Le banquier crut que le moment était venu enfin de prendre le dessus ; il se renversa dans son fauteuil, et avec un lourd et orgueilleux sourire :

« Oh ! monsieur, dit-il, ne craignez pas de désirer ; vous pourrez vous convaincre alors que le chiffre de la maison Danglars, tout limité qu'il est, peut satisfaire les plus larges exigences, et dussiez-vous demander un million...

– Plaît-il ? fit Monte-Cristo.

– Je dis un million, répéta Danglars avec l'aplomb de la sottise.

– Et que ferais-je d'un million ? dit le comte. Bon Dieu ! monsieur, s'il ne m'eût fallu qu'un million, je ne me serais pas fait ouvrir un crédit pour une pareille misère. Un million ? mais j'ai toujours un million dans mon portefeuille ou dans mon nécessaire de voyage. »

Et Monte-Cristo retira d'un petit carnet où étaient ses cartes de visite deux bons de cinq cent mille francs chacun, payables au porteur, sur le Trésor.

Il fallait assommer et non piquer un homme comme Danglars. Le coup de massue fit son effet : le banquier chancela et eut le vertige ; il ouvrit sur Monte-Cristo deux yeux hébétés dont la prunelle se dilata effroyablement.

« Voyons, avouez-moi, dit Monte-Cristo, que vous vous défiez de la maison Thomson et French. Mon Dieu ! c'est tout simple ; j'ai prévu le cas, et, quoique assez étranger aux affaires, j'ai pris mes précautions. Voici donc deux autres lettres pareilles à celle qui vous est adressée, l'une est de la maison Arestein et Eskoles, de Vienne, sur M. le baron de Rothschild, l'autre est de la maison Baring, de Londres, sur M. Laffitte. Dites un mot, monsieur, et je vous ôterai toute préoccupation, en me présentant dans l'une ou l'autre de ces deux maisons. »

C'en était fait, Danglars était vaincu ; il ouvrit avec un tremblement visible la lettre de Vienne et la lettre de Londres, que lui tendait du bout des doigts le comte, vérifia l'authenticité des signatures avec une minutie qui eût été insultante pour Monte-Cristo, s'il n'eût pas fait la part de l'égarement du banquier.

« Oh ! monsieur, voilà trois signatures qui valent bien des millions, dit Danglars en se levant comme pour saluer la puissance de l'or personnifiée en cet homme qu'il avait devant lui. Trois crédits illimités sur nos maisons ! Pardonnez-moi, monsieur le comte, mais tout en cessant d'être défiant, on peut demeurer encore étonné.

– Oh ! ce n'est pas une maison comme la vôtre qui s'étonnerait ainsi, dit Monte-Cristo avec toute sa politesse ; ainsi, vous pourrez donc m'envoyer quelque argent, n'est-ce pas ?

– Parlez, monsieur le comte ; je suis à vos ordres.

– Eh bien, reprit Monte-Cristo, à présent que nous nous entendons, car nous nous entendons, n'est-ce pas ? »

Danglars fit un signe de tête affirmatif.

« Et vous n'avez plus aucune défiance ? continua Monte-Cristo.

– Oh ! monsieur le comte ! s'écria le banquier, je n'en ai jamais eu.

– Non ; vous désiriez une preuve, voilà tout. Eh bien, répéta le comte, maintenant que nous nous entendons, maintenant que vous n'avez plus aucune défiance, fixons, si vous le voulez bien, une somme générale pour la première année : six millions, par exemple.

– Six millions, soit ! dit Danglars suffoqué.

– S'il me faut plus, reprit machinalement Monte-Cristo, nous mettrons plus ; mais je ne compte rester qu'une année en France, et pendant cette année je ne crois pas dépasser ce chiffre... enfin nous verrons... Veuillez, pour commencer, me faire porter cinq cent mille francs demain, je serai chez moi jusqu'à midi, et d'ailleurs, si je n'y étais pas, je laisserais un reçu à mon intendant.

– L'argent sera chez vous demain à dix heures du matin, monsieur le comte, répondit Danglars. Voulez-vous de l'or, ou des billets de banque, ou de l'argent ?

– Or et billets par moitié, s'il vous plaît.

Et le comte se leva.

« Je dois vous confesser une chose, monsieur le comte, dit Danglars à son tour ; je croyais avoir des notions exactes sur toutes les belles fortunes de l'Europe, et cependant la vôtre, qui me paraît considérable, m'était, je l'avoue, tout à fait inconnue ; elle est récente ?

– Non, monsieur, répondit Monte-Cristo, elle est, au contraire, de fort vieille date : c'était une espèce de trésor de famille auquel il était défendu de toucher, et dont les intérêts accumulés ont triplé le capital ; l'époque fixée par le testateur est révolue depuis quelques années seulement : ce n'est donc que depuis quelques années que j'en use, et votre ignorance à ce sujet n'a rien que de naturel ; au reste, vous la connaîtrez mieux dans quelque temps. »

Et le comte accompagna ces mots d'un de ces sourires pâles qui faisaient si grand-peur à Franz d'Épinay.

« Avec vos goûts et vos intentions, monsieur, continua Danglars, vous allez déployer dans la capitale un luxe qui va nous écraser tous, nous autres pauvres petits millionnaires : cependant comme vous me paraissez amateur, car lorsque je suis entré vous regardiez mes tableaux, je vous demande la permission de vous faire voir ma galerie : tous tableaux anciens, tous tableaux de maîtres garantis comme tels ; je n'aime pas les modernes.

– Vous avez raison, monsieur, car ils ont en général un grand défaut : c'est celui de n'avoir pas encore eu le temps de devenir des anciens.

– Puis-je vous montrer quelques statues de Thorwaldsen, de Bartoloni, de Canova, tous artistes étrangers ? Comme vous voyez, je n'apprécie pas les artistes français.

– Vous avez le droit d'être injuste avec eux, monsieur, ce sont vos compatriotes.

– Mais tout cela sera pour plus tard, quand nous aurons fait meilleure connaissance, pour aujourd'hui, je me contenterai, si vous le permettez toutefois, de vous présenter à Mme la baronne Danglars ; excusez mon empressement, monsieur le comte, mais un client comme vous fait presque partie de la famille. »

Monte-Cristo s'inclina, en signe qu'il acceptait l'honneur que le financier voulait bien lui faire.

Danglars sonna ; un laquais, vêtu d'une livrée éclatante, parut.

« Mme la baronne est-elle chez elle ? demanda Danglars.

– Oui, monsieur le baron, répondit le laquais.

– Seule ?

– Non, madame a du monde.

– Ce ne sera pas indiscret de vous présenter devant quelqu'un n'est-ce pas, monsieur le comte ? Vous ne gardez pas l'incognito ?

– Non, Monsieur le baron, dit en souriant Monte-Cristo, je ne me reconnais pas ce droit-là.

– Et qui est près de madame ? M. Debray ? » demanda Danglars avec une bonhomie qui fit sourire intérieurement Monte-Cristo, déjà renseigné sur les transparents secrets d'intérieur du financier.

« M. Debray, oui, monsieur le baron », répondit le laquais.

Danglars fit un signe de tête.

Puis se tournant vers Monte-Cristo :

« M. Lucien Debray, dit-il, est un ancien ami à nous, secrétaire intime du ministre de l'intérieur ; quant à ma femme, elle a dérogé en m'épousant, car elle appartient à une ancienne famille, c'est une demoiselle de Servières, veuve en premières noces de M. le colonel marquis de Nargonne.

– Je n'ai pas l'honneur de connaître Mme Danglars ; mais j'ai déjà rencontré M. Lucien Debray.

– Bah ! dit Danglars, où donc cela ?

– Chez M. de Morcerf.

– Ah ! vous connaissez le petit vicomte, dit Danglars.

– Nous nous sommes trouvés ensemble à Rome à l'époque du carnaval.

– Ah ! oui, dit Danglars ; n'ai-je pas entendu parler de quelque chose comme une aventure singulière avec des bandits, des voleurs dans les ruines ? Il a été tiré de là miraculeusement. Je crois qu'il a raconté quelque chose de tout cela à ma femme et à ma fille à son retour d'Italie.

– Mme la baronne attend ces messieurs, revint dire le laquais.

– Je passe devant pour vous montrer le chemin, fit Danglars en saluant.

– Et moi, je vous suis », dit Monte-Cristo.

XLVII – L'attelage gris pommelé.

Le baron, suivi du comte, traversa une longue file d'appartements remarquables par leur lourde somptuosité et leur fastueux mauvais goût, et arriva jusqu'au boudoir de Mme Danglars, petite pièce octogone tendue de satin rose recouvert de mousseline des Indes ; les fauteuils étaient en vieux bois doré et en vieilles étoffes ; les dessus des portes représentaient des bergeries dans le genre de Boucher ; enfin deux jolis pastels en médaillon, en harmonie avec le reste de l'ameublement, faisaient de cette petite chambre la seule de l'hôtel qui eût quelque caractère ; il est vrai qu'elle avait échappé au plan général arrêté entre M. Danglars et son architecte, une des plus hautes et des plus éminentes célébrités de l'Empire, et que c'était la baronne et Lucien Debray seulement qui s'en étaient réservé la décoration. Aussi M. Danglars, grand admirateur de l'antique à la manière dont le comprenait le Directoire, méprisait-il fort ce coquet petit réduit, où, au reste, il n'était admis en général qu'à la condition qu'il ferait excuser sa présence en amenant quelqu'un ; ce n'était donc pas en réalité Danglars qui présentait, c'était au contraire lui qui était présenté et qui était bien ou mal reçu selon que le visage du visiteur était agréable ou désagréable à la baronne.

Mme Danglars, dont la beauté pouvait encore être citée, malgré ses trente-six ans, était à son piano, petit chef-d'œuvre de marqueterie, tandis que Lucien Debray, assis devant une table à ouvrage, feuilletait un album.

Lucien avait déjà, avant son arrivée, eu le temps de raconter à la baronne bien des choses relatives au comte. On sait combien, pendant le déjeuner chez Albert, Monte-Cristo avait fait impression sur ses convives ; cette impression, si peu impressionnable qu'il fût, n'était pas encore effacée chez Debray, et les renseignements qu'il avait donnés à la baronne sur le comte s'en étaient ressentis. La curiosité de Mme Danglars, excitée par les anciens détails venus de Morcerf et les nouveaux détails venus de Lucien, était donc portée à son comble. Aussi cet arrangement de piano et d'album n'était-il qu'une de ces petites ruses du monde à l'aide desquelles on voile les plus fortes précautions. La baronne reçut en conséquence M. Danglars avec un sourire, ce qui de sa part n'était pas chose habituelle. Quant au comte, il eut, en échange de son salut, une cérémonieuse, mais en même temps gracieuse révérence.

Lucien, de son côté, échangea avec le comte un salut de demi-connaissance, et avec Danglars un geste d'intimité.

« Madame la baronne, dit Danglars, permettez que je vous présente M. le comte de Monte-Cristo, qui m'est adressé par mes correspondants de Rome avec les recommandations les plus instantes : je n'ai qu'un mot à en dire et qui va en un instant le rendre la coqueluche de toutes nos belles dames ; il vient à Paris avec l'intention d'y rester un an et de dépenser six millions pendant cette année ; cela promet une série de bals, de dîners, de médianoches, dans lesquels j'espère que M. le comte ne nous oubliera pas plus que nous ne l'oublierons nous-mêmes dans nos petites fêtes. »

Quoique la présentation fût assez grossièrement louangeuse, c'est, en général, une chose si rare qu'un homme venant à Paris pour dépenser en une année la fortune d'un prince, que Mme Danglars jeta sur le comte un coup d'œil qui n'était pas dépourvu d'un certain intérêt.

« Et vous êtes arrivé, monsieur ?... demanda la baronne.

– Depuis hier matin, madame.

– Et vous venez, selon votre habitude, à ce qu'on m'a dit, du bout du monde ?

– De Cadix cette fois, madame, purement et simplement.

– Oh ! vous arrivez dans une affreuse saison. Paris est détestable l'été ; il n'y a plus ni bals, ni réunions, ni fêtes. L'Opéra italien est à Londres, l'Opéra français est partout, excepté à Paris ; et quant au Théâtre-Français, vous savez qu'il n'est plus nulle part. Il nous reste donc pour toute distraction quelques malheureuses courses au Champ-de-Mars et à Satory. Ferez-vous courir, monsieur le comte ?

– Moi, madame, dit Monte-Cristo, je ferai tout ce qu'on fait à Paris, si j'ai le bonheur de trouver quelqu'un qui me renseigne convenablement sur les habitudes françaises.

– Vous êtes amateur de chevaux, monsieur le comte ?

– J'ai passé une partie de ma vie en Orient, madame, et les Orientaux, vous le savez, n'estiment que deux choses au monde : la noblesse des chevaux et la beauté des femmes.

– Ah ! monsieur le comte, dit la baronne, vous auriez dû avoir la galanterie de mettre les femmes les premières.

– Vous voyez, madame, que j'avais bien raison quand tout à l'heure je souhaitais un précepteur qui pût me guider dans les habitudes françaises. »

En ce moment la cameriste favorite de Mme la baronne Danglars entra, et s'approchant de sa maîtresse, lui glissa quelques mots à l'oreille.

Mme Danglars pâlit.

« Impossible ! dit-elle.

– C'est l'exacte vérité, cependant, madame », répondit la cameriste.

Mme Danglars se retourna du côté de son mari.

« Est-ce vrai, monsieur ?

– Quoi, madame ? demanda Danglars visiblement agité.

– Ce que me dit cette fille...

– Et que vous dit-elle ?

– Elle me dit qu'au moment où mon cocher a été pour mettre mes chevaux à ma voiture, il ne les a pas trouvés à l'écurie ; que signifie cela, je vous le demande ?

– Madame, dit Danglars, écoutez-moi.

– Oh ! je vous écoute, monsieur, car je suis curieuse de savoir ce que vous allez me dire ; je ferai ces messieurs juges entre nous, et je vais commencer par leur dire ce qu'il en est. Messieurs, continua la baronne, M. le baron Danglars a dix chevaux à l'écurie ; parmi ces dix chevaux, il y en a deux qui sont à moi, des chevaux charmants, les plus beaux chevaux de Paris ; vous les connaissez, monsieur Debray, mes gris pommelé ! Eh bien, au moment où Mme de Villefort m'emprunte ma voiture, où je la lui promets pour aller demain au Bois, voilà les deux chevaux qui ne se retrouvent plus ! M. Danglars aura trouvé à gagner dessus quelques milliers de francs, et il les aura vendus. Oh ! la vilaine race, mon Dieu ! que celle des spéculateurs !

– Madame, répondit Danglars, les chevaux étaient trop vifs, ils avaient quatre ans à peine, ils me faisaient pour vous des peurs horribles.

– Eh ! monsieur, dit la baronne, vous savez bien que j'ai depuis un mois à mon service le meilleur cocher de Paris, à moins toutefois que vous ne l'ayez vendu avec les chevaux.

– Chère amie je vous trouverai les pareils, de plus beaux même, s'il y en a ; mais des chevaux doux calmes, et qui ne m'inspirent plus pareille terreur. »

La baronne haussa les épaules avec un air de profond mépris. Danglars ne parut point s'apercevoir de ce geste plus que conjugal, et se retournant vers Monte-Cristo :

« En vérité, je regrette de ne pas vous avoir connu plus tôt, monsieur le comte, dit-il ; vous montez votre maison ?

– Mais oui, dit le comte.

– Je vous les eusse proposés. Imaginez-vous que je les ai donnés pour rien, mais, comme je vous l'ai dit, je voulais m'en défaire : ce sont des chevaux de jeune homme.

– Monsieur, dit le comte, je vous remercie ; j'en ai acheté ce matin d'assez bons et pas trop cher. Tenez, voyez, monsieur Debray, vous êtes amateur, je crois ? »

Pendant que Debray s'approchait de la fenêtre, Danglars s'approcha de sa femme.

« Imaginez-vous, madame, lui dit-il tout bas, qu'on est venu m'offrir un prix exorbitant de ces chevaux. Je ne sais quel est le fou en train de se ruiner qui m'a envoyé ce matin son intendant, mais le fait est que j'ai gagné seize mille francs dessus ; ne me boudez pas, et je vous en donnerai quatre mille, et deux mille à Eugénie. »

Mme Danglars laissa tomber sur son mari un regard écrasant.

« Oh ! mon Dieu ! s'écria Debray.

– Quoi donc ? demanda la baronne.

– Mais je ne me trompe pas, ce sont vos chevaux, vos propres chevaux attelés à la voiture du comte.

– Mes gris pommelé ! » s'écria Mme Danglars.

Et elle s'élança vers la fenêtre.

« En effet, ce sont eux », dit-elle.

Danglars était stupéfait.

« Est-ce possible ? dit Monte-Cristo en jouant l'étonnement.

– C'est incroyable ! » murmura le banquier.

La baronne dit deux mots à l'oreille de Debray, qui s'approcha à son tour de Monte-Cristo.

« La baronne vous fait demander combien son mari vous a vendu son attelage.

« – Mais je ne sais trop, dit le comte, c'est une surprise que mon intendant m'a faite, et... qui m'a coûté trente mille francs, je crois. »

Debray alla reporter la réponse à la baronne.

Danglars était si pâle et si décontenancé, que le comte eut l'air de le prendre en pitié.

« Voyez, lui dit-il, combien les femmes sont ingrates : cette prévenance de votre part n'a pas touché un instant la baronne ; ingrate n'est pas le mot, c'est folle que je devrais dire. Mais que voulez-vous, on aime toujours ce qui nuit ; aussi, le plus court, croyez-moi, cher baron, est toujours de les laisser faire à leur tête ; si elles se la brisent, au moins, ma foi ! elles ne peuvent s'en prendre qu'à elles. »

Danglars ne répondit rien, il prévoyait dans un prochain avenir une scène désastreuse ; déjà le sourcil de Mme la baronne s'était froncé, et comme celui de Jupiter olympien, présageait un orage ; Debray, qui le sentait grossir prétexta une affaire et partit. Monte-Cristo, qui ne voulait pas gâter la position qu'il voulait conquérir en demeurant plus longtemps, salua Mme Danglars et se retira, livrant le baron à la colère de sa femme.

« Bon ! pensa Monte-Cristo en se retirant j'en suis arrivé où j'en voulais venir ; voilà que je tiens dans mes mains la paix du ménage et que je vais gagner d'un seul coup le cœur de monsieur et le cœur de madame ; quel bonheur ! Mais, ajouta-t-il, dans tout cela, je n'ai point été présenté à Mlle Eugénie Danglars, que j'eusse été cependant fort aise de connaître. Mais, reprit-il avec ce sourire qui lui était particulier, nous voici à Paris, et nous avons du temps devant nous... Ce sera pour plus tard !... »

Sur cette réflexion,. le comte monta en voiture et rentra chez lui.

Deux heures après, Mme Danglars reçut une lettre charmante du comte de Monte-Cristo, dans laquelle il lui déclarait que, ne voulant pas commencer ses débuts dans le monde parisien en désespérant une jolie femme, il la suppliait de reprendre ses chevaux.

Ils avaient le même harnais qu'elle leur avait vu le matin seulement au centre de chaque rosette qu'ils portaient sur l'oreille, le comte avait fait coudre un diamant.

Danglars, aussi, eut sa lettre.

Le comte lui demandait la permission de passer à la baronne ce caprice de millionnaire, le priant d'excuser les façons orientales dont le renvoi des chevaux était accompagné.

Pendant la soirée, Monte-Cristo partit pour Auteuil, accompagné d'Ali.

Le lendemain vers trois heures, Ali, appelé par un coup de timbre entra dans le cabinet du comte.

« Ali, lui dit-il, tu m'as souvent parlé de ton adresse à lancer le lasso ? »

Ali fit signe que oui et se redressa fièrement.

« Bien !... Ainsi, avec le lasso, tu arrêterais un bœuf ? »

Ali fit signe de la tête que oui.

« Un tigre ? »

Ali fit le même signe.

« Un lion ? »

Ali fit le geste d'un homme qui lance le lasso, et imita un rugissement étranglé.

« Bien, je comprends, dit Monte-Cristo, tu as chassé le lion ? »

Ali fit un signe de tête orgueilleux.

« Mais arrêterais-tu, dans leur course, deux chevaux ? »

Ali sourit.

« Eh bien, écoute, dit Monte-Cristo. Tout à l'heure une voiture passera emportée par deux chevaux gris pommelé, les mêmes que j'avais hier. Dusses-tu te faire écraser, il faut que tu arrêtes cette voiture devant ma porte. »

Ali descendit dans la rue et traça devant la porte une ligne sur le pavé : puis il rentra et montra la ligne au comte, qui l'avait suivi des yeux.

Le comte lui frappa doucement sur l'épaule : c'était sa manière de remercier Ali. Puis le Nubien alla fumer sa chibouque sur la borne qui formait l'angle de la maison et de la rue, tandis que Monte-Cristo rentrait sans plus s'occuper de rien.

Cependant, vers cinq heures, c'est-à-dire l'heure où le comte attendait la voiture, on eût pu voir naître en lui les signes presque imperceptibles d'une légère impatience : il se promenait dans une chambre donnant sur la rue, prêtant l'oreille par intervalles, et de temps en temps se rapprochant de la fenêtre, par laquelle il apercevait Ali poussant des bouffées de tabac avec une régularité indiquant que le Nubien était tout à cette importante occupation.

Tout à coup on entendit un roulement lointain, mais qui se rapprochait avec la rapidité de la foudre ; puis une calèche apparut dont le cocher essayait inutilement de retenir les chevaux, qui s'avançaient furieux, hérissés, bondissant avec des élans insensés.

Dans la calèche, une jeune femme et un enfant de sept à huit ans, se tenant embrassés, avaient perdu par l'excès de la terreur jusqu'à la force de pousser un cri ; il eût suffi d'une pierre sous la roue ou d'un arbre accroché pour briser tout à fait la voiture, qui craquait. La voiture tenait le milieu du pavé, et on entendait dans la rue les cris de terreur de ceux qui la voyaient venir.

Soudain Ali pose sa chibouque, tire de sa poche le lasso, le lance, enveloppe d'un triple tour les jambes de devant du cheval de gauche, se laisse entraîner trois ou quatre pas par la violence de l'impulsion ; mais, au bout de trois ou quatre pas, le cheval enchaîné s'abat, tombe sur la flèche, qu'il brise, et paralyse les efforts que fait le cheval resté debout pour continuer sa course. Le cocher saisit cet instant de répit pour sauter en bas de son siège ; mais déjà Ali a saisi les naseaux du second cheval avec ses doigts de fer, et l'animal, hennissant de douleur, s'est allongé convulsivement près de son compagnon.

Il a fallu à tout cela le temps qu'il faut à la balle pour frapper le but.

Cependant il a suffi pour que de la maison en face de laquelle l'accident est arrivé, un homme se soit élancé suivi de plusieurs serviteurs. Au moment où le cocher ouvre la portière, il enlève de la calèche la dame, qui d'une main se cramponne au coussin, tandis que de l'autre elle serre contre sa poitrine son fils évanoui. Monte-Cristo les emporta tous les deux dans le salon, et les déposant sur un canapé :

« Ne craignez plus rien, madame, dit-il ; vous êtes sauvée. »

La femme revint à elle, et pour réponse elle lui présenta son fils, avec un regard plus éloquent que toutes les prières.

En effet, l'enfant était toujours évanoui.

« Oui, madame, je comprends, dit le comte en examinant l'enfant ; mais, soyez tranquille, il ne lui est arrivé aucun mal, et c'est la peur seule qui l'a mis dans cet état.

– Oh ! monsieur, s'écria la mère, ne me dites-vous pas cela pour me rassurer ? Voyez comme il est pâle ! Mon fils, mon enfant ! mon Édouard ! réponds donc à ta mère ? Ah ! monsieur ! envoyez chercher un médecin. Ma fortune à qui me rend mon fils ! »

Monte-Cristo fit de la main un geste pour calmer la mère éplorée ; et, ouvrant un coffret, il en tira un flacon de Bohème, incrusté d'or, contenant une liqueur rouge comme du sang et dont il laissa tomber une seule goutte sur les lèvres de l'enfant.

L'enfant, quoique toujours pâle, rouvrit aussitôt les yeux.

À cette vue, la joie de la mère fut presque un délire.

« Où suis-je ? s'écria-t-elle, et à qui dois-je tant de bonheur après une si cruelle épreuve ?

– Vous êtes, madame, répondit Monte-Cristo, chez l'homme le plus heureux d'avoir pu vous épargner un chagrin.

– Oh ! maudite curiosité ! dit la dame. Tout Paris parlait de ces magnifiques chevaux de Mme Danglars, et j'ai eu la folie de vouloir les essayer.

– Comment ! s'écria le comte avec une surprise admirablement jouée, ces chevaux sont ceux de la baronne ?

– Oui, monsieur, la connaissez-vous ?

– Mme Danglars ?... j'ai cet honneur, et ma joie est double de vous voir sauvée du péril que ces chevaux vous ont fait courir ; car ce péril, c'est à moi que vous eussiez pu l'attribuer : j'avais acheté hier ces chevaux au baron ; mais la baronne a paru tellement les regretter, que je les lui ai renvoyés hier en la priant de les accepter de ma main.

– Mais alors vous êtes donc le comte de Monte-Cristo dont Hermine m'a tant parlé hier ?

– Oui, madame, fit le comte.

– Moi, monsieur, je suis Mme Héloïse de Villefort. »

Le comte salua en homme devant lequel on prononce un nom parfaitement inconnu.

« Oh ! que M. de Villefort sera reconnaissant ! reprit Héloïse car enfin il vous devra notre vie à tous deux : vous lui avez rendu sa femme et son fils. Assurément, sans votre généreux serviteur, ce cher enfant et moi, nous étions tués.

– Hélas ! madame ! je frémis encore du péril que vous avez couru.

– Oh ! j'espère que vous me permettrez de récompenser dignement le dévouement de cet homme.

– Madame, répondit Monte-Cristo, ne me gâtez pas Ali, je vous prie, ni par des louanges, ni par des récompenses : ce sont des habitudes que je ne veux pas qu'il prenne. Ali est mon esclave ; en vous sauvant la vie il me sert, et c'est son devoir de me servir.

– Mais il a risqué sa vie, dit Mme de Villefort, à qui ce ton de maître imposait singulièrement.

– J'ai sauvé cette vie, madame, répondit Monte-Cristo, par conséquent elle m'appartient. »

Mme de Villefort se tut : peut-être réfléchissait-elle à cet homme qui, du premier abord, faisait une si profonde impression sur les esprits.

Pendant cet instant de silence, le comte put considérer à son aise l'enfant que sa mère couvrait de baisers. Il était petit, grêle, blanc de peau comme les enfants roux, et cependant une forêt de cheveux noirs, rebelles à toute frisure, couvrait son front bombé, et, tombant sur ses épaules en encadrant son visage, redoublait la vivacité de ses yeux pleins de malice sournoise et de juvénile méchanceté ; sa bouche, à peine redevenue vermeille, était fine de lèvres et large d'ouverture ; les traits de cet enfant de huit ans annonçaient déjà douze ans au moins. Son premier mouvement fut de se débarrasser par une brusque secousse des bras de sa mère, et d'aller ouvrir le coffret d'où le comte avait tiré le flacon d'élixir ; puis aussitôt, sans en demander la permission à personne, et en enfant habitué à satisfaire tous ses caprices, il se mit à déboucher les fioles.

« Ne touchez pas à cela, mon ami, dit vivement le comte, quelques-unes de ces liqueurs sont dangereuses, non seulement à boire, mais même à respirer. »

Mme de Villefort pâlit et arrêta le bras de son fils qu'elle ramena vers elle ; mais, sa crainte calmée, elle jeta aussitôt sur le coffret un court mais expressif regard que le comte saisit au passage.

En ce moment Ali entra.

Mme de Villefort fit un mouvement de joie, et ramena l'enfant plus près d'elle encore :

« Édouard, dit-elle, vois-tu ce bon serviteur : il a été bien courageux, car il a exposé sa vie pour arrêter les chevaux qui nous emportaient et la voiture qui allait se briser. Remercie-le donc, car probablement sans lui, à cette heure, serions-nous morts tous les deux. »

L'enfant allongea les lèvres et tourna dédaigneusement la tête.

« Il est trop laid », dit-il.

Le comte sourit comme si l'enfant venait de remplir une de ses espérances ; quant à Mme de Villefort, elle gourmanda son fils avec une modération qui n'eût, certes, pas été du goût de Jean-Jacques Rousseau si le petit Édouard se fût appelé Émile.

« Vois-tu, dit en arabe le comte à Ali, cette dame prie son fils de te remercier pour la vie que tu leur as sauvée à tous deux, et l'enfant répond que tu es trop laid. »

Ali détourna un instant sa tête intelligente et regarda l'enfant sans expression apparente ; mais un simple frémissement de sa narine apprit à Monte-Cristo que l'Arabe venait d'être blessé au cœur.

« Monsieur, demanda Mme de Villefort en se levant pour se retirer, est-ce votre demeure habituelle que cette maison ?

— Non, madame, répondit le comte, c'est une espèce de pied-à-terre que j'ai acheté : j'habite avenue des Champs-Élysées, n° 30. Mais je vois que vous êtes tout à fait remise, et que vous désirez vous retirer. Je viens d'ordonner qu'on attelle ces mêmes chevaux à ma voiture, et Ali, ce garçon si laid, dit-il en souriant à l'enfant, va avoir l'honneur de vous reconduire chez vous, tandis que votre cocher restera ici pour faire raccommoder la calèche. Aussitôt cette besogne indispensable terminée, un de mes attelages la reconduira directement chez Mme Danglars.

— Mais, dit Mme de Villefort, avec ces mêmes chevaux je n'oserai jamais m'en aller.

— Oh ! vous allez voir, madame, dit Monte-Cristo ; sous la main d'Ali, ils vont devenir doux comme des agneaux. »

En effet, Ali s'était approché des chevaux qu'on avait remis sur leurs jambes avec beaucoup de peine. Il tenait à la main une petite éponge imbibée de vinaigre aromatique ; il en frotta les naseaux et les tempes des chevaux, couverts de sueur et d'écume, et presque aussitôt ils se mirent à souffler bruyamment et à frissonner de tout leur corps durant quelques secondes.

Puis, au milieu d'une foule nombreuse que les débris de la voiture et le bruit de l'événement avaient attirée devant la maison, Ali fit atteler les chevaux au coupé du comte, rassembla les rênes, monta sur le siège, et, au grand étonnement des assistants qui avaient vu ces chevaux emportés comme par un tourbillon, il fut obligé d'user vigoureusement du fouet pour les faire partir et encore ne put-il obtenir des fameux gris pommelé, maintenant stupides, pétrifiés, morts, qu'un trot si mal assuré et si languissant qu'il fallut près de deux heures à Mme de Villefort pour regagner le faubourg Saint-Honoré, où elle demeurait.

À peine arrivée chez elle, et les premières émotions de famille apaisées, elle écrivit le billet suivant à Mme Danglars :

« Chère Hermine,

« Je viens d'être miraculeusement sauvée avec mon fils par ce même comte de Monte-Cristo dont nous avons tant parlé hier soir, et que j'étais loin de me douter que je verrais aujourd'hui. Hier vous m'avez parlé de lui avec un enthousiasme que je n'ai pu m'empêcher de railler de toute la force de mon pauvre petit esprit, mais aujourd'hui je trouve cet enthousiasme bien au-dessous de l'homme qui l'inspirait. Vos chevaux s'étaient emportés au Ranelagh comme s'ils eussent été pris de frénésie, et nous allions probablement être mis en morceaux, mon pauvre Édouard et moi, contre le premier arbre de la route ou la première borne du village, quand un Arabe, un Nègre, un Nubien, un homme noir enfin, au service du comte, a, sur un signe de lui, je crois, arrêté l'élan des chevaux, au risque d'être brisé lui-même, et c'est vraiment un miracle qu'il ne l'ait pas été. Alors le comte est accouru, nous a emportés chez lui, Édouard et moi, et là a rappelé mon fils à la vie. C'est dans sa propre voiture que j'ai été ramenée à l'hôtel ; la vôtre vous sera renvoyée demain. Vous trouverez vos chevaux bien affaiblis depuis cet accident ; ils sont comme hébétés ; on dirait qu'ils ne peuvent se pardonner à eux-mêmes de s'être laissé dompter par un homme. Le comte m'a chargée de vous dire que deux jours de repos sur la litière et de l'orge pour toute nourriture les remettront dans un état aussi florissant, ce qui veut dire aussi effrayant qu'hier.

« Adieu ! Je ne vous remercie pas de ma promenade, et, quand je réfléchis, c'est pourtant de l'ingratitude que de vous garder rancune pour les caprices de votre attelage ; car c'est à l'un de ces caprices que je dois d'avoir vu le comte de Monte-Cristo, et l'illustre étranger me paraît, à part les millions dont il dispose, un problème si curieux et si intéressant, que je compte l'étudier à tout prix, dussé-je recommencer une promenade au Bois avec vos propres chevaux.

« Édouard a supporté l'accident avec un courage miraculeux. Il s'est évanoui, mais il n'a pas poussé un cri auparavant et n'a pas versé une larme après. Vous me direz encore que mon amour maternel m'aveugle ; mais il y a une âme de fer dans ce pauvre petit corps si frêle et si délicat.

« Notre chère Valentine dit bien des choses à votre chère Eugénie ; moi, je vous embrasse de tout cœur.

« HÉLOÏSE DE VILLEFORT. »

« P.-S. Faites-moi donc trouver chez vous d'une façon quelconque avec ce comte de Monte-Cristo, je veux absolument le revoir. Au reste, je viens d'obtenir de M. de Villefort qu'il lui fasse une visite ; j'espère bien qu'il la lui rendra. »

Le soir, l'événement d'Auteuil faisait le sujet de toutes les conversations : Albert le racontait à sa mère, Château-Renaud au Jockey-Club, Debray dans le salon du ministre ; Beauchamp lui-même fit au comte la galanterie, dans son journal, d'un *fait divers* de vingt lignes, qui posa le noble étranger en héros auprès de toutes les femmes de l'aristocratie.

Beaucoup de gens allèrent se faire inscrire chez Mme de Villefort afin d'avoir le droit de renouveler leur visite en temps utile et d'entendre alors de sa bouche tous les détails de cette pittoresque aventure.

Quant à M. de Villefort, comme l'avait dit Héloïse il prit un habit noir, des gants blancs, sa plus belle livrée, et monta dans son carrosse qui vint, le même soir, s'arrêter à la porte du numéro 30 de la maison des Champs-Élysées.

XLVIII – Idéologie.

Si le comte de Monte-Cristo eût vécu depuis longtemps dans le monde parisien, il eût apprécié en toute sa valeur la démarche que faisait près de lui M. de Villefort.

Bien en cour, que le roi régnant fût de la branche aînée ou de la branche cadette, que le ministre gouvernant fût doctrinaire, libéral ou conservateur ; réputé habile par tous, comme on répute généralement habiles les gens qui n'ont jamais éprouvé d'échecs politiques ; haï de beaucoup, mais chaudement protégé par quelques-uns sans cependant être aimé de personne, M. de Villefort avait une des hautes positions de la magistrature, et se tenait à cette hauteur comme un Harlay ou comme un Molé. Son salon, régénéré par une jeune femme et par une fille de son premier mariage à peine âgée de dix-huit ans, n'en était pas moins un de ces salons sévères de Paris où l'on observe le culte des traditions et la religion de l'étiquette. La politesse froide, la fidélité absolue aux principes gouvernementaux, un mépris profond des théories et des théoriciens, la haine profonde des idéologues, tels étaient les éléments de la vie intérieure et publique affichés par M. de Villefort.

M. de Villefort n'était pas seulement magistrat, c'était presque un diplomate. Ses relations avec l'ancienne cour, dont il parlait toujours avec dignité et déférence, le faisaient respecter de la nouvelle, et il savait tant de choses que non seulement on le ménageait toujours, mais encore qu'on le consultait quelquefois. Peut-être n'en eût-il pas été ainsi si l'on eût pu se débarrasser de M. de Villefort ; mais il habitait, comme ces seigneurs féodaux rebelles à leur suzerain, une forteresse inexpugnable. Cette forteresse, c'était sa charge de procureur du roi, dont il exploitait merveilleusement tous les avantages, et qu'il n'eût quittée que pour se faire élire député et pour remplacer ainsi la neutralité par de l'opposition.

En général, M. de Villefort faisait ou rendait peu de visites. Sa femme visitait pour lui : c'était chose reçue dans le monde, où l'on mettait sur le compte des graves et nombreuses occupations du magistrat ce qui n'était en réalité qu'un calcul d'orgueil, qu'une quintessence d'aristocratie, l'application enfin de cet axiome : *Fais semblant de t'estimer, et on t'estimera*, axiome plus utile cent fois dans notre société que celui des

Grecs : *Connais-toi toi-même*, remplacé de nos jours par l'art moins difficile et plus avantageux de connaître les autres.

Pour ses amis, M. de Villefort était un protecteur puissant, pour ses ennemis, c'était un adversaire sourd, mais acharné ; pour les indifférents, c'était la statue de la loi faite homme : abord hautain, physionomie impassible, regard terne et dépoli, ou insolemment perçant et scrutateur, tel était l'homme dont quatre révolutions habilement entassées l'une sur l'autre avaient d'abord construit, puis cimenté le piédestal.

M. de Villefort avait la réputation d'être l'homme le moins curieux et le moins banal de France ; il donnait un bal tous les ans et n'y paraissait qu'un quart d'heure, c'est-à-dire quarante-cinq minutes de moins que ne le fait le roi aux siens ; jamais on ne le voyait ni aux théâtres, ni aux concerts, ni dans aucun lieu public, quelquefois, mais rarement, il faisait une partie de whist, et l'on avait soin alors de lui choisir des joueurs dignes de lui : c'était quelque ambassadeur, quelque archevêque, quelque prince, quelque président, ou enfin quelque duchesse douairière.

Voilà quel était l'homme dont la voiture venait de s'arrêter devant la porte de Monte-Cristo.

Le valet de chambre annonça M. de Villefort au moment où le comte, incliné sur une grande table, suivait sur une carte un itinéraire de Saint-Pétersbourg en Chine.

Le procureur du roi entra du même pas grave et compassé qu'il entrait au tribunal ; c'était bien le même homme, ou plutôt la suite du même homme que nous avons vu autrefois substitut à Marseille. La nature, conséquente avec ses principes, n'avait rien changé pour lui au cours qu'elle devait suivre. De mince, il était devenu maigre, de pâle il était devenu jaune ; ses yeux enfoncés étaient caves, et ses lunettes aux branches d'or, en posant sur l'orbite, semblaient faire partie de la figure ; excepté sa cravate blanche, le reste de son costume était parfaitement noir, et cette couleur funèbre n'était tranchée que par le léger liséré de ruban rouge qui passait imperceptible par sa boutonnière et qui semblait une ligne de sang tracée au pinceau.

Si maître de lui que fût Monte-Cristo, il examina avec une visible curiosité, en lui rendant son salut, le magistrat qui, défiant par habitude et peu crédule surtout quant aux merveilles sociales, était plus disposé à voir dans le noble étranger – c'était ainsi qu'on appelait déjà Monte-Cristo – un chevalier d'industrie venant exploiter un nouveau théâtre, ou un malfaiteur en état de rupture de ban, qu'un prince du Saint-Siège ou un sultan des *Mille et une Nuits.*

« Monsieur, dit Villefort avec ce ton glapissant affecté par les magistrats dans leurs périodes oratoires, et dont ils ne peuvent ou ne veulent pas se défaire dans la conversation, monsieur, le service signalé que vous avez rendu hier à ma femme et à mon fils me fait un devoir de vous remercier. Je viens donc m'acquitter de ce devoir et vous exprimer toute ma reconnaissance. »

Et, en prononçant ces paroles, l'œil sévère du magistrat n'avait rien perdu de son arrogance habituelle. Ces paroles qu'il venait de dire, il les avait articulées avec sa voix de procureur général, avec cette raideur inflexible de cou et d'épaules qui faisait comme nous le répétons, dire à ses flatteurs qu'il était la statue vivante de la loi.

« Monsieur, répliqua le comte à son tour avec une froideur glaciale, je suis fort heureux d'avoir pu conserver un fils à sa mère, car on dit que le sentiment de la maternité est le plus saint de tous, et ce bonheur qui m'arrive vous dispensait, monsieur, de remplir un devoir dont l'exécution m'honore sans doute, car je sais que M. de Villefort ne prodigue pas la faveur qu'il me fait, mais qui, si précieuse qu'elle soit cependant, ne vaut pas pour moi la satisfaction intérieure. »

Villefort, étonné de cette sortie à laquelle il ne s'attendait pas, tressaillit comme un soldat qui sent le coup qu'on lui porte sous l'armure dont il est couvert, et un pli de sa lèvre dédaigneuse indiqua que dès l'abord il ne tenait pas le comte de Monte-Cristo pour un gentilhomme bien civil.

Il jeta les yeux autour de lui pour raccrocher à quelque chose la conversation tombée, et qui semblait s'être brisée en tombant.

Il vit la carte qu'interrogeait Monte-Cristo au moment où il était entré, et il reprit :

« Vous vous occupez de géographie, monsieur ? C'est une riche étude, pour vous surtout qui, à ce qu'on assure, avez vu autant de pays qu'il y en a de gravés sur cet atlas.

– Oui, monsieur, répondit le comte, j'ai voulu faire sur l'espèce humaine, prise en masse, ce que vous pratiquez chaque jour sur des exceptions, c'est-à-dire une étude physiologique. J'ai pensé qu'il me serait plus facile de descendre ensuite du tout à la partie, que de la partie au tout. C'est un axiome algébrique qui veut que l'on procède du connu à l'inconnu, et non de l'inconnu au connu... Mais asseyez-vous donc, monsieur, je vous en supplie. »

Et Monte-Cristo indiqua de la main au procureur du roi un fauteuil que celui-ci fut obligé de prendre la peine d'avancer lui-même, tandis que lui n'eut que celle de se laisser retomber dans celui sur lequel il était agenouillé quand le procureur du roi était entré de cette façon le comte se trouva à demi tourné vers son visiteur, ayant le dos à la fenêtre et le coude appuyé sur la carte géographique qui faisait, pour le moment, l'objet de la conversation, conversation qui prenait, comme elle l'avait fait chez Morcerf et chez Danglars, une tournure tout à fait analogue, sinon à la situation, du moins aux personnages.

« Ah ! vous philosophez, reprit Villefort après un instant de silence, pendant lequel, comme un athlète qui rencontre un rude adversaire, il avait fait provision de force. Eh bien, monsieur, parole d'honneur ! si, comme vous, je n'avais rien à faire, je chercherais une moins triste occupation.

– C'est vrai, monsieur, reprit Monte-Cristo, et l'homme est une laide chenille pour celui qui l'étudie au microscope solaire. Mais vous venez de dire, je crois, que je n'avais rien à faire. Voyons, par hasard, croyez-vous avoir quelque chose à faire, vous, monsieur ? ou, pour parler plus clairement, croyez-vous que ce que vous faites vaille la peine de s'appeler quelque chose ? »

L'étonnement de Villefort redoubla à ce second coup si rudement porté par cet étrange adversaire ; il y avait longtemps que le magistrat ne s'était entendu dire un paradoxe de cette force, ou plutôt, pour parler plus exactement, c'était la première fois qu'il l'entendait.

Le procureur du roi se mit à l'œuvre pour répondre.

« Monsieur, dit-il, vous êtes étranger, et, vous le dites vous-même, je crois, une portion de votre vie s'est écoulée dans les pays orientaux ; vous ne savez donc pas combien la justice humaine, expéditive en ces contrées barbares, a chez nous des allures prudentes et compassées.

– Si fait, monsieur, si fait ; c'est le *pede claudo* antique. Je sais tout cela, car c'est surtout de la justice de tous les pays que je me suis occupé, c'est la procédure criminelle de toutes les nations que j'ai comparée à la justice naturelle ; et, je dois le dire, monsieur, c'est encore cette loi des peuples primitifs c'est-à-dire la loi du talion, que j'ai le plus trouvée selon le cœur de Dieu.

– Si cette loi était adoptée, monsieur, dit le procureur du roi, elle simplifierait fort nos codes, et c'est pour le coup que nos magistrats n'auraient, comme vous le disiez tout à l'heure, plus grand-chose à faire.

– Cela viendra peut-être, dit Monte-Cristo, vous savez que les inventions humaines marchent du composé au simple, et que le simple est toujours la perfection.

– En attendant, monsieur, dit le magistrat, nos codes existent avec leurs articles contradictoires, tirés des coutumes gauloises, des lois romaines, des usages francs ; or, la connaissance de toutes ces lois-là, vous en conviendrez, ne s'acquiert pas sans de longs travaux, et il faut une longue étude pour acquérir cette connaissance, et une grande puissance de tête, cette connaissance une fois acquise, pour ne pas l'oublier.

– Je suis de cet avis-là, monsieur ; mais tout ce que vous savez, vous, à l'égard de ce code français, je le sais moi, non seulement à l'égard du code de toutes les nations : les lois anglaises, turques, japonaises, hindoues, me sont aussi familières que les lois françaises ; et j'avais donc raison de dire que, relativement (vous savez que tout est relatif, monsieur), que relativement à tout ce que j'ai fait, vous avez bien peu de chose à faire, et que relativement à ce que j'ai appris, vous avez encore bien des choses à apprendre.

– Mais dans quel but avez-vous appris tout cela ? » reprit Villefort étonné.

Monte-Cristo sourit.

« Bien, monsieur, dit-il ; je vois que, malgré la réputation qu'on vous a faite d'homme supérieur, vous voyez toute chose au point de vue matériel et vulgaire de la société, commençant à l'homme et, finissant à l'homme, c'est-à-dire au point de vue le plus restreint et le plus étroit qu'il ait été permis à l'intelligence humaine d'embrasser.

— Expliquez-vous, monsieur, dit Villefort de plus en plus étonné, je ne vous comprends pas... très bien.

— Je dis, monsieur, que, les yeux fixés sur l'organisation sociale des nations, vous ne voyez que les ressorts de la machine, et non l'ouvrier sublime qui la fait agir, je dis que vous ne reconnaissez devant vous et autour de vous que les titulaires des places dont les brevets ont été signés par des ministres ou par un roi, et que les hommes que Dieu a mis au-dessus des titulaires, des ministres et des rois, en leur donnant une mission à poursuivre au lieu d'une place à remplir, je dis que ceux-là échappent à votre courte vue. C'est le propre de la faiblesse humaine aux organes débiles et incomplets. Tobie prenait l'ange qui venait lui rendre la vue pour un jeune homme ordinaire. Les nations prenaient Attila, qui devait les anéantir, pour un conquérant comme tous les conquérants et il a fallu que tous révélassent leurs missions célestes pour qu'on les reconnût ; il a fallu que l'un dit : « Je suis l'ange du Seigneur » ; et l'autre : « Je suis le marteau de Dieu », pour que l'essence divine de tous deux fût révélée.

— Alors, dit Villefort de plus en plus étonné et croyant parler à un illuminé ou à un fou, vous vous regardez comme un de ces êtres extraordinaires que vous venez de citer ?

— Pourquoi pas ? dit froidement Monte-Cristo.

— Pardon, monsieur, reprit Villefort abasourdi mais vous m'excuserez si, en me présentant chez vous, j'ignorais me présenter chez un homme dont les connaissances et dont l'esprit dépassent de si loin les connaissances ordinaires et l'esprit habituel des hommes. Ce n'est point l'usage chez nous, malheureux corrompus de la civilisation, que les gentilshommes possesseurs comme vous d'une fortune immense, du moins à ce qu'on assure, remarquez que je n'interroge pas, que seulement je répète, ce n'est pas l'usage, dis-je, que ces privilégiés des richesses perdent leur temps à des spéculations sociales, à des rêves philosophiques, faits tout au plus pour consoler ceux que le sort a déshérités des biens de la terre.

— Eh ! monsieur, reprit le comte, en êtes-vous donc arrivé à la situation éminente que vous occupez sans avoir admis, et même sans avoir rencontré des exceptions, et n'exercez-vous jamais votre regard, qui aurait cependant tant besoin de finesse et de sûreté, à deviner d'un seul coup sur quel homme est tombé votre regard ? Un magistrat ne devrait-il pas être, non pas le meilleur applicateur de la loi, non pas le plus rusé interprète des obscurités de la chicane, mais une sonde d'acier pour éprouver les cœurs, mais une pierre de touche pour essuyer l'or dont chaque âme est toujours faite avec plus ou moins d'alliage ?

— Monsieur, dit Villefort, vous me confondez, sur ma parole, et je n'ai jamais entendu parler personne comme vous faites.

— C'est que vous êtes constamment resté enfermé dans le cercle des conditions générales, et que vous n'avez jamais osé vous élever d'un coup d'aile dans les sphères supérieures que Dieu a peuplées d'êtres invisibles ou exceptionnels.

— Et vous admettez, monsieur, que ces sphères existent, et que les êtres exceptionnels et invisibles se mêlent à nous ?

— Pourquoi pas ? est-ce que vous voyez l'air que vous respirez et sans lequel vous ne pourriez pas vivre ?

— Alors, nous ne voyons pas ces êtres dont vous parlez ?

— Si fait, vous les voyez quand Dieu permet qu'ils se matérialisent, vous les touchez, vous les coudoyez, vous leur parlez et ils vous répondent.

— Ah ! dit Villefort en souriant, j'avoue que je voudrais bien être prévenu quand un de ces êtres se trouvera en contact avec moi.

— Vous avez été servi à votre guise, monsieur ; car vous avez été prévenu tout à l'heure, et maintenant : encore, je vous préviens.

— Ainsi vous-même ?

— Je suis un de ces êtres exceptionnels, oui, monsieur, et je crois que, jusqu'à ce jour, aucun homme ne s'est trouvé dans une position semblable à la mienne. Les royaumes des rois sont limités, soit par des montagnes, soit par des rivières, soit par un changement de mœurs, soit par une mutation de langage. Mon royaume, à moi, est grand comme le monde, car je ne suis ni Italien, ni Français, ni Hindou, ni Américain, ni Espagnol : je suis cosmopolite. Nul pays ne peut dire qu'il m'a vu naître. Dieu seul sait quelle contrée me verra mourir. J'adopte tous les usages, je parle toutes les langues. Vous me croyez Français, vous, n'est-ce pas, car je parle français avec la même facilité et la même pureté que vous ? eh bien ! Ali, mon Nubien, me croit Arabe ; Bertuccio, mon intendant, me croit Romain ; Haydée, mon esclave, me croit Grec. Donc vous comprenez, n'étant d'aucun pays, ne demandant protection à aucun gouvernement, ne reconnaissant aucun homme pour mon frère, pas un seul des scrupules qui arrêtent les puissants ou des obstacles qui paralysent les faibles ne me paralyse ou ne m'arrête. Je n'ai que deux adversaires ; je ne dirai pas deux vainqueurs, car avec la persistance je les soumets : c'est la distance et le temps. Le troisième, et le plus terrible, c'est ma condition d'homme mortel. Celle-là seule peut m'arrêter dans le chemin où je marche, et avant que j'aie atteint le but auquel je tends : tout le reste, je l'ai calculé. Ce que les hommes appellent les chances du sort, c'est-à-dire la ruine, le changement, les éventualités, je les ai toutes prévues ; et si quelques-unes peuvent m'atteindre, aucune ne peut me renverser. À moins que je ne meure, je serai toujours ce que je suis ; voilà pourquoi je vous dis des choses que vous n'avez jamais entendues, même de la bouche des rois, car les rois ont besoin de vous et les autres hommes en ont peur. Qui est-ce qui ne se dit pas, dans une société aussi ridiculement organisée que la nôtre : « Peut-être un jour aurai-je affaire au procureur du roi ! »

— Mais vous-même, monsieur, pouvez-vous dire cela, car, du moment où vous habitez la France, vous êtes naturellement soumis aux lois françaises.

— Je le sais, monsieur, répondit Monte-Cristo mais quand je dois aller dans un pays, je commence à étudier, par des moyens qui me sont propres, tous les hommes dont je puis avoir quelque chose à espérer ou à craindre, et j'arrive à les connaître aussi bien, et même mieux peut-être qu'ils ne se connaissent eux-mêmes. Cela amène ce résultat que le procureur du roi, quel qu'il fût, à qui j'aurais affaire, serait certainement plus embarrassé que moi-même.

— Ce qui veut dire, reprit avec hésitation Villefort, que la nature humaine étant faible, tout homme selon vous, a commis des... fautes ?

— Des fautes... ou des crimes, répondit négligemment Monte-Cristo.

— Et que vous seul, parmi les hommes que vous ne reconnaissez pas pour vos frères, vous l'avez dit vous-même, reprit

Villefort d'une voix légèrement altérée, et que vous seul êtes parfait ?

– Non point parfait, répondit le comte ; impénétrable, voilà tout. Mais brisons là-dessus, monsieur, si la conversation vous déplaît ; je ne suis pas plus menacé de votre justice que vous ne l'êtes de ma double vue.

– Non, non, monsieur ! dit vivement Villefort, qui sans doute craignait de paraître abandonner le terrain ; non ! Par votre brillante et presque sublime conversation, vous m'avez élevé au-dessus des niveaux ordinaires ; nous ne causons plus, nous dissertons. Or, vous savez combien les théologiens en chaire de Sorbonne, ou les philosophes dans leurs disputes, se disent parfois de cruelles vérités : supposons que nous faisons de la théologie sociale et de la philosophie théologique, je vous dirai donc celle-ci, toute rude qu'elle est : Mon frère, vous sacrifiez à l'orgueil ; vous êtes au-dessus des autres, mais au-dessus de vous il y a Dieu.

– Au-dessus de tous, monsieur ! répondit Monte-Cristo avec un accent si profond que Villefort frissonna involontairement. J'ai mon orgueil pour les hommes, serpents toujours prêts à se dresser contre celui qui les dépasse du front sans les écraser du pied. Mais je dépose cet orgueil devant Dieu, qui m'a tiré du néant pour me faire ce que je suis.

– Alors, monsieur le comte, je vous admire, dit Villefort, qui pour la première fois dans cet étrange dialogue venait d'employer cette formule aristocratique vis-à-vis de l'étranger qu'il n'avait jusque-là appelé que monsieur. Oui, je vous le dis, si vous êtes réellement fort, réellement supérieur, réellement saint ou impénétrable, ce qui, vous avez raison, revient à peu près au même, soyez superbe, monsieur ; c'est la loi des dominations. Mais vous avez bien cependant une ambition quelconque ?

– J'en ai une, monsieur.

– Laquelle ?

– Moi aussi, comme cela est arrivé à tout homme une fois dans sa vie, j'ai été enlevé par Satan sur la plus haute montagne de la terre ; arrivé là, il me montra le monde tout entier, et, comme il avait dit autrefois au Christ, il me dit à moi : « Voyons, enfant des hommes, pour m'adorer que veux-tu ? » Alors j'ai réfléchi longtemps, car depuis longtemps une terrible ambition dévorait effectivement mon cœur ; puis je lui répondis : « Écoute, j'ai toujours entendu parler de la Providence, et cependant je ne l'ai jamais vue, ni rien qui lui ressemble, ce qui me fait croire qu'elle n'existe pas ; je veux être la Providence, car ce que je sais de plus beau, de plus grand et de plus sublime au monde, c'est de récompenser et de punir. » Mais Satan baissa la tête et poussa un soupir. « Tu te trompes, dit-il, la Providence existe ; seulement tu ne la vois pas, parce que, fille de Dieu, elle est invisible comme son père. Tu n'as rien vu qui lui ressemble, parce qu'elle procède par des ressorts cachés et marche par des voies obscures ; tout ce que je puis faire pour toi, c'est de te rendre un des agents de cette Providence. » Le marché fut fait ; j'y perdrai peut-être mon âme mais n'importe, reprit Monte-Cristo, et le marché serait à refaire que je le ferais encore. »

Villefort regardait Monte-Cristo avec un sublime étonnement.

« Monsieur le comte, dit-il, avez-vous des parents ?

— Non, monsieur, je suis seul au monde.

— Tant pis !

— Pourquoi ? demanda Monte-Cristo.

— Parce que vous auriez pu voir un spectacle propre à briser votre orgueil.

— Vous ne craignez que la mort, dites-vous ?

— Je ne dis pas que je la craigne, je dis qu'elle seule peut m'arrêter.

— Et la vieillesse ?

— Ma mission sera remplie avant que je sois vieux.

— Et la folie ?

— J'ai manqué de devenir fou, et vous connaissez l'axiome : *non bis in idem* ; c'est un axiome criminel, et qui, par conséquent, est de votre ressort.

— Monsieur, reprit Villefort, il y a encore autre chose à craindre que la mort, que la vieillesse ou que la folie : il y a, par exemple, l'apoplexie, ce coup de foudre qui vous frappe sans vous détruire, et après lequel, cependant, tout est fini. C'est toujours vous, et cependant vous n'êtes plus vous ; vous qui touchiez, comme Ariel, à l'ange, vous n'êtes plus qu'une masse inerte qui, comme Caliban, touche à la bête ; cela s'appelle tout bonnement, comme je vous le disais, dans la langue humaine, une apoplexie. Venez, s'il vous plaît, continuer cette conversation chez moi, monsieur le comte, un jour que vous aurez envie de rencontrer un adversaire capable de vous comprendre et avide de vous réfuter, et je vous montrerai mon père, M. Noirtier de Villefort, un des plus fougueux jacobins de la Révolution française, c'est-à-dire la plus brillante audace mise au service de la plus vigoureuse organisation ; un homme qui, comme vous, n'avait peut-être pas vu tous les royaumes de la terre, mais avait aidé à bouleverser un des plus puissants ; un homme qui, comme vous, se prétendait un des envoyés, non pas de Dieu, mais de l'Être suprême, non pas de la Providence, mais de la Fatalité ; eh bien, monsieur, la rupture d'un vaisseau sanguin dans un lobe du cerveau a brisé tout cela, non pas en un jour, non pas en une heure, mais en une seconde. La veille, M. Noirtier, ancien jacobin, ancien sénateur, ancien carbonaro, riant de la guillotine, riant du canon, riant du poignard, M. Noirtier, jouant avec les révolutions. M. Noirtier, pour qui la France n'était qu'un vaste échiquier duquel pions, tours, cavaliers et reine devaient disparaître pourvu que le roi fût mat, M. Noirtier, si redoutable, était le lendemain *ce pauvre monsieur Noirtier* vieillard immobile, livré aux volontés de l'être le plus faible de la maison, c'est-à-dire de sa petite-fille Valentine ; un cadavre muet et glacé enfin, qui ne vit sans souffrance que pour donner le temps à la matière d'arriver sans secousse à son entière décomposition.

– Hélas ! monsieur, dit Monte-Cristo, ce spectacle n'est étrange ni à mes yeux ni à ma pensée ; je suis quelque peu médecin, et j'ai, comme mes confrères, cherché plus d'une fois l'âme dans la matière vivante ou dans la matière morte ; et, comme la Providence, elle est restée invisible à mes yeux, quoique présente à mon cœur. Cent auteurs, depuis Socrate, depuis Sénèque, depuis saint Augustin, depuis Gall, ont fait en prose ou en vers le rapprochement que vous venez de faire ; mais cependant je comprends que les souffrances d'un père puissent opérer de grands changements dans l'esprit de son fils. J'irai, monsieur, puisque vous voulez bien m'y engager, contempler au profit de mon humilité ce terrible spectacle qui doit fort attrister votre maison.

– Cela serait sans doute, si Dieu ne m'avait point donné une large compensation. En face du vieillard qui descend en se traînant vers la tombe sont deux enfants qui entrent dans la vie : Valentine, une fille de mon premier mariage avec mademoiselle de Saint-Méran, et Édouard, ce fils à qui vous avez sauvé la vie.

– Et que concluez-vous de cette compensation, monsieur ? demanda Monte-Cristo.

– Je conclus, monsieur, répondit Villefort, que mon père, égaré par les passions, a commis quelques-unes de ces fautes qui échappent à la justice humaine, mais qui relèvent de la justice de Dieu, et que Dieu, ne voulant punir qu'une seule personne, n'a frappé que lui seul. »

Monte-Cristo, le sourire sur les lèvres, poussa au fond du cœur un rugissement qui eût fait fuir Villefort, si Villefort eût pu l'entendre.

« Adieu, monsieur, reprit le magistrat, qui depuis quelque temps déjà s'était levé et parlait debout, je vous quitte, emportant de vous un souvenir d'estime qui, je l'espère, pourra vous être agréable lorsque vous me connaîtrez mieux, car je ne suis point un homme banal, tant s'en faut. Vous vous êtes fait d'ailleurs dans Mme de Villefort une amie éternelle. »

Le comte salua et se contenta de reconduire jusqu'à la porte de son cabinet seulement Villefort, lequel regagna sa voiture précédé de deux laquais qui, sur un signe de leur maître, s'empressaient de la lui ouvrir.

Puis, quand le procureur du roi eut disparu :

« Allons, dit Monte-Cristo en tirant avec effort un sourire de sa poitrine oppressée ; allons, assez de poison comme cela, et maintenant que mon cœur en est plein, allons chercher l'antidote. »

Et frappant un coup sur le timbre retentissant :

« Je monte chez madame, dit-il à Ali ; que dans une demi-heure la voiture soit prête ! »

XLIX – Haydée.

On se rappelle quelles étaient les nouvelles ou plutôt les anciennes connaissances du comte de Monte-Cristo qui demeuraient rue Meslay : c'étaient Maximilien, Julie et Emmanuel.

L'espoir de cette bonne visite qu'il allait faire, de ces quelques moments heureux qu'il allait passer, de cette lueur du paradis glissant dans l'enfer où il s'était volontairement engagé, avait répandu, à partir du moment où il avait perdu de vue Villefort, la plus charmante sérénité sur le visage du comte, et Ali, qui était accouru au bruit du timbre, en voyant ce visage si rayonnant d'une joie si rare, s'était retiré sur la pointe du pied et la respiration suspendue, comme pour ne pas effaroucher les bonnes pensées qu'il croyait voir voltiger autour de son maître.

Il était midi : le comte s'était réservé une heure pour monter chez Haydée ; on eût dit que la joie ne pouvait rentrer tout à coup dans cette âme si longtemps brisée, et qu'elle avait besoin de se préparer aux émotions douces, comme les autres âmes ont besoin de se préparer aux émotions violentes.

La jeune Grecque était, comme nous l'avons dit, dans un appartement entièrement séparé de l'appartement du comte. Cet appartement était tout entier meublé à la manière orientale ; c'est-à-dire que les parquets étaient couverts d'épais tapis de Turquie, que des étoffes de brocart retombaient le long des murailles, et que dans chaque pièce, un large divan régnait tout autour de la chambre avec des piles de coussins qui se déplaçaient à la volonté de ceux qui en usaient.

Haydée avait trois femmes françaises et une femme grecque. Les trois femmes françaises se tenaient dans la première pièce, prêtes à accourir au bruit d'une petite sonnette d'or et à obéir aux ordres de l'esclave romaïque, laquelle savait assez de français pour transmettre les volontés de sa maîtresse à ses trois cameristes, auxquelles Monte-Cristo avait recommandé d'avoir pour Haydée les égards que l'on aurait pour une reine.

La jeune fille était dans la pièce la plus reculée de son appartement, c'est-à-dire dans une espèce de boudoir rond, éclairé seulement par le haut, et dans lequel le jour ne pénétrait qu'à travers des carreaux de verre rose. Elle était couchée à terre sur des coussins de satin bleu brochés d'argent, à demi renversée en arrière sur le divan, encadrant sa tête avec son bras droit mollement arrondi, tandis que, du gauche, elle fixait à travers ses lèvres le tube de corail dans lequel était enchâssé le tuyau flexible d'un narguilé, qui ne laissait arriver la vapeur à sa bouche que parfumée par l'eau de benjoin, à travers laquelle sa douce aspiration la forçait de passer.

Sa pose, toute naturelle pour une femme d'Orient, eût été pour une Française d'une coquetterie peut-être un peu affectée.

Quant à sa toilette, c'était celle des femmes épirotes, c'est-à-dire un caleçon de satin blanc broché de fleurs roses, et qui laissait à découvert deux pieds d'enfant qu'on eût crus de marbre de Paros, si on ne les eût vus se jouer avec deux petites sandales à la pointe recourbée, brodée d'or et de perles ; une veste à longues raies bleues et blanches, à larges manches fendues pour les bras, avec des boutonnières d'argent et des boutons de perles ; enfin une espèce de corset laissant, par sa coupe ouverte en cœur, voir le cou et tout le haut de la poitrine, et se boutonnant au-dessous du sein par trois boutons de diamant. Quant au bas du corset et au haut du caleçon, ils étaient perdus dans une des ceintures aux vives couleurs et aux longues franges soyeuses qui font l'ambition de nos élégantes Parisiennes.

La tête était coiffée d'une petite calotte d'or brodée de perles, inclinée sur le côté, et au-dessous de la calotte, du côté où elle inclinait, une belle rose naturelle de couleur pourpre ressortait mêlée à des cheveux si noirs qu'ils paraissaient bleus.

Quant à la beauté de ce visage, c'était la beauté grecque dans toute la perfection de son type, avec ses grands yeux noirs veloutés, son nez droit, ses lèvres de corail et ses dents de perles.

Puis, sur ce charmant ensemble, la fleur de la jeunesse était répandue avec tout son éclat et tout son parfum ; Haydée pouvait avoir dix-neuf ou vingt ans.

Monte-Cristo appela la suivante grecque, et fit demander à Haydée la permission d'entrer auprès d'elle.

Pour toute réponse, Haydée fit signe à la suivante de relever la tapisserie qui pendait devant la porte, dont le chambranle carré encadra la jeune fille couchée comme un charmant tableau. Monte-Cristo s'avança.

Haydée se souleva sur le coude qui tenait le narguilé, et tendant au comte sa main en même temps qu'elle l'accueillait avec un sourire :

« Pourquoi, dit-elle dans la langue sonore des filles de Sparte et d'Athènes, pourquoi me fais-tu demander la permission d'entrer chez moi ? N'es-tu plus mon maître, ne suis-je plus ton esclave ? »

Monte-Cristo sourit à son tour.

« Haydée, dit-il, vous savez...

— Pourquoi ne me dis-tu pas tu comme d'habitude ? interrompit la jeune Grecque ; ai-je donc commis quelque faute ? En ce cas il faut me punir, mais non pas me dire vous.

— Haydée, reprit le comte, tu sais que nous sommes en France, et par conséquent que tu es libre.

— Libre de quoi faire ? demanda la jeune fille.

— Libre de me quitter.

— Te quitter !... et pourquoi te quitterais-je ?

— Que sais-je, moi ? Nous allons voir le monde.

— Je ne veux voir personne.

— Et si parmi les beaux jeunes gens que tu rencontreras, tu en trouvais quelqu'un qui te plût, je ne serais pas assez injuste...

— Je n'ai jamais vu d'hommes plus beaux que toi, et je n'ai jamais aimé que mon père et toi.

— Pauvre enfant, dit Monte-Cristo, c'est que tu n'as guère parlé qu'à ton père et à moi.

— Eh bien, qu'ai-je besoin de parler à d'autres ? Mon père m'appelait *sa joie* ; toi, tu m'appelles *ton amour*, et tous deux vous m'appelez *votre enfant*.

— Tu te rappelles ton père, Haydée ? »

La jeune fille sourit.

« Il est là et là, dit-elle en mettant la main sur ses yeux et sur son cœur.

— Et moi, où suis-je ? demanda en souriant Monte-Cristo.

— Toi, dit-elle, tu es partout. »

Monte-Cristo prit la main d'Haydée pour la baiser ; mais la naïve enfant retira sa main et présenta son front.

« Maintenant, Haydée, lui dit-il, tu sais que tu es libre, que tu es maîtresse, que tu es reine ; tu peux garder ton costume ou le quitter à ta fantaisie tu resteras ici quand tu voudras rester, tu sortiras quand tu voudras sortir ; il y aura toujours une voiture attelée pour toi ; Ali et Myrto t'accompagneront partout et seront à tes ordres ; seulement, une seule chose, je te prie.

– Dis.

– Garde le secret sur ta naissance, ne dis pas un mot de ton passé ; ne prononce dans aucune occasion le nom de ton illustre père ni celui de ta pauvre mère.

– Je te l'ai déjà dit, seigneur, je ne verrai personne.

– Écoute, Haydée ; peut-être cette réclusion tout orientale sera-t-elle impossible à Paris : continue d'apprendre la vie de nos pays du Nord comme tu l'as fait à Rome, à Florence, à Milan et à Madrid ; cela te servira toujours, que tu continues à vivre ici ou que tu retournes en Orient. »

La jeune fille leva sur le comte ses grands yeux humides et répondit :

« Ou que nous retournions en Orient, veux-tu dire, n'est-ce pas, mon seigneur ?

– Oui, ma fille, dit Monte-Cristo ; tu sais bien que ce n'est jamais moi qui te quitterai. Ce n'est point l'arbre qui quitte la fleur, c'est la fleur qui quitte l'arbre.

– Je ne te quitterai jamais, seigneur, dit Haydée, car je suis sûre que je ne pourrais pas vivre sans toi.

– Pauvre enfant ! dans dix ans je serai vieux, et dans dix ans tu seras jeune encore.

– Mon père avait une longue barbe blanche, cela ne m'empêchait point de l'aimer ; mon père avait soixante ans, et il me paraissait plus beau que tous les jeunes hommes que je voyais.

– Mais voyons, dis-moi, crois-tu que tu t'habitueras ici ?

– Te verrai-je ?

– Tous les jours.

– Eh bien, que me demandes-tu donc, seigneur ?

– Je crains que tu ne t'ennuies.

– Non, seigneur, car le matin je penserai que tu viendras, et le soir je me rappellerai que tu es venu ; d'ailleurs, quand je suis seule, j'ai de grands souvenirs, je revois d'immenses tableaux, de grands horizons avec le Pinde et l'Olympe dans le lointain ; puis j'ai dans le cœur trois sentiments avec lesquels on ne s'ennuie jamais : de la tristesse, de l'amour et de la reconnaissance.

— Tu es une digne fille de l'Épire, Haydée, gracieuse et poétique, et l'on voit que tu descends de cette famille de déesses qui est née dans ton pays. Sois donc tranquille, ma fille, je ferai en sorte que ta jeunesse ne soit pas perdue, car si tu m'aimes comme ton père, moi, je t'aime comme mon enfant.

— Tu te trompes, seigneur ; je n'aimais point mon père comme je t'aime ; mon amour pour toi est un autre amour : mon père est mort et je ne suis pas morte ; tandis que toi, si tu mourais, je mourrais. »

Le comte tendit la main à la jeune fille avec un sourire de profonde tendresse ; elle y imprima ses lèvres comme d'habitude.

Et le comte, ainsi disposé à l'entrevue qu'il allait avoir avec Morrel et sa famille, partit en murmurant ces vers de Pindare :

« La jeunesse est une fleur dont l'amour est le fruit... Heureux le vendangeur qui le cueille après l'avoir vu lentement mûrir. »

Selon ses ordres, la voiture était prête. Il y monta, et la voiture, comme toujours, partit au galop.

L – La famille Morrel.

Le comte arriva en quelques minutes rue Meslay, n° 7.

La maison était blanche, riante et précédée d'une cour dans laquelle deux petits massifs contenaient d'assez belles fleurs.

Dans le concierge qui lui ouvrit cette porte le comte reconnut le vieux Coclès. Mais comme celui-ci on se le rappelle, n'avait qu'un œil, et que depuis neuf ans cet œil avait encore considérablement faibli, Coclès ne reconnut pas le comte.

Les voitures, pour s'arrêter devant l'entrée, devaient tourner, afin d'éviter un petit jet d'eau jaillissant d'un bassin en rocaille, magnificence qui avait excité bien des jalousies dans le quartier, et qui était cause qu'on appelait cette maison le *Petit-Versailles*.

Inutile de dire que dans le bassin manœuvraient une foule de poissons rouges et jaunes.

La maison, élevée au-dessus d'un étage de cuisines et caveaux, avait, outre le rez-de-chaussée, deux étages pleins et des combles ; les jeunes gens l'avaient achetée avec les dépendances, qui consistaient en un immense atelier, en deux pavillons au fond d'un jardin et dans le jardin lui-même. Emmanuel avait, du premier coup d'œil, vu dans cette disposition une petite spéculation à faire ; il s'était réservé la maison, la moitié du jardin, et avait tiré une ligne, c'est-à-dire qu'il avait bâti un mur entre lui et les ateliers qu'il avait loués à bail avec les pavillons et la portion du jardin qui y était afférente ; de sorte qu'il se trouvait logé pour une somme assez modique, et aussi bien clos chez lui que le plus minutieux propriétaire d'un hôtel du faubourg Saint-Germain.

La salle à manger était de chêne, le salon d'acajou et de velours bleu ; la chambre à coucher de citronnier et de damas vert ; il y avait en outre un cabinet de travail pour Emmanuel, qui ne travaillait pas, et un salon de musique pour Julie, qui n'était pas musicienne.

Le second étage tout entier était consacré à Maximilien : il y avait là une répétition exacte du logement de sa sœur, la salle à manger seulement avait été convertie en une salle de billard où il amenait ses amis.

Il surveillait lui-même le pansage de son cheval, et fumait son cigare à l'entrée du jardin quand la voiture du comte s'arrêta à la porte.

Coclès ouvrit la porte, comme l'avons dit, et Baptistin, s'élançant de son siège, demanda si M. et Mme Herbault et M. Maximilien Morrel étaient visibles pour le comte de Monte-Cristo.

« Pour le comte de Monte-Cristo ! s'écria Morrel en jetant son cigare et en s'élançant au-devant de son visiteur : je le crois bien que nous sommes visibles pour lui ! Ah ! merci, cent fois merci, monsieur le comte, de ne pas avoir oublié votre promesse. »

Et le jeune officier serra si cordialement la main du comte, que celui-ci ne put se méprendre à la franchise de la manifestation, et il vit bien qu'il avait été attendu avec impatience et reçu avec empressement.

« Venez, venez, dit Maximilien, je veux vous servir d'introducteur ; un homme comme vous ne doit pas être annoncé par un domestique, ma sœur est dans son jardin, elle casse des roses fanées ; mon frère lit ses deux journaux, *La Presse* et *les Débats*, à six pas d'elle, car partout où l'on voit Mme Herbault, on n'a qu'à regarder dans un rayon de quatre mètres, M. Emmanuel s'y trouve, et réciproquement, comme on dit à l'École polytechnique. »

Le bruit des pas fit lever la tête à une jeune femme de vingt à vingt-cinq ans, vêtue d'une robe de chambre de soie, et épluchant avec un soin tout particulier un rosier noisette.

Cette femme, c'était notre petite Julie, devenue, comme le lui avait prédit le mandataire de la maison Thomson et French, Mme Emmanuel Herbault.

Elle poussa un cri en voyant un étranger. Maximilien se mit à rire.

« Ne te dérange pas, ma sœur, dit-il, monsieur le comte n'est que depuis deux ou trois jours à Paris, mais il sait déjà ce que c'est qu'une rentière du Marais, et s'il ne le sait pas, tu vas le lui apprendre.

– Ah ! monsieur, dit Julie, vous amener ainsi, c'est une trahison de mon frère, qui n'a pas pour sa pauvre sœur la moindre coquetterie... Penelon !... Penelon !... »

Un vieillard qui bêchait une plate-bande de rosiers du Bengale ficha sa bêche en terre et s'approcha, la casquette à la main, en dissimulant du mieux qu'il le pouvait une chique enfoncée momentanément dans les profondeurs de ses joues. Quelques mèches blanches argentaient sa chevelure encore épaisse, tandis que son teint bronzé et son œil hardi et vif annonçaient le vieux marin, bruni au soleil de l'équateur et hâlé au souffle des tempêtes.

« Je crois que vous m'avez hélé, mademoiselle Julie, dit-il, me voilà. »

Penelon avait conservé l'habitude d'appeler la fille de son patron Mlle Julie, et n'avait jamais pu prendre celle de l'appeler Mme Herbault.

« Penelon, dit Julie, allez prévenir M. Emmanuel de la bonne visite qui nous arrive, tandis que M. Maximilien conduira monsieur au salon. »

Puis se tournant vers Monte-Cristo :

« Monsieur me permettra bien de m'enfuir une minute, n'est-ce pas ? »

Et sans attendre l'assentiment du comte, elle s'élança derrière un massif et gagna la maison par une allée latérale.

« Ah çà ! mon cher monsieur Morrel, dit Monte-Cristo, je m'aperçois avec douleur que je fais révolution dans votre famille.

— Tenez, tenez, dit Maximilien en riant, voyez-vous là-bas le mari qui, de son côté, va troquer sa veste contre une redingote ? Oh ! c'est qu'on vous connaît rue Meslay, vous étiez annoncé, je vous prie de le croire.

— Vous me paraissez avoir là, monsieur, une heureuse famille, dit le comte, répondant à sa propre pensée.

— Oh ! oui, je vous en réponds, monsieur le comte, que voulez-vous ? il ne leur manque rien pour être heureux : ils sont jeunes, ils sont gais, ils s'aiment, et avec leurs vingt-cinq mille livres de rente ils se figurent, eux qui ont cependant côtoyé tant d'immenses fortunes, ils se figurent posséder la richesse des Rothschild.

— C'est peu, cependant, vingt-cinq mille livres de rente, dit Monte-Cristo avec une douceur si suave qu'elle pénétra le cœur de Maximilien comme eût pu le faire la voix d'un tendre père ; mais ils ne s'arrêteront pas là, nos jeunes gens, ils deviendront à leur tour millionnaires. Monsieur votre beau-frère est avocat... médecin ?...

– Il était négociant, monsieur le comte, et avait pris la maison de mon pauvre père. M. Morrel est mort en laissant cinq cent mille francs de fortune ; j'en avais une moitié et ma sœur l'autre, car nous n'étions que deux enfants. Son mari, qui l'avait épousée sans avoir d'autre patrimoine que sa noble probité, son intelligence de premier ordre et sa réputation sans tache, a voulu posséder autant que sa femme. Il a travaillé jusqu'à ce qu'il eût amassé deux cent cinquante mille francs ; six ans ont suffi. C'était, je vous le jure monsieur le comte, un touchant spectacle que celui de ces deux enfants si laborieux, si unis, destinés par leur capacité à la plus haute fortune, et qui, n'ayant rien voulu changer aux habitudes de la maison paternelle, ont mis six ans à faire ce que les novateurs eussent pu faire en deux ou trois, aussi Marseille retentit encore des louanges qu'on n'a pu refuser à tant de courageuse abnégation. Enfin, un jour, Emmanuel vint trouver sa femme, qui achevait de payer l'échéance.

« – Julie, lui dit-il, voici le dernier rouleau de cent francs que vient de me remettre Coclès et qui complète les deux cent cinquante mille francs que nous avons fixés comme limite de nos gains. Seras-tu contente de ce peu dont il va falloir nous contenter désormais ? Écoute, la maison fait pour un million d'affaires par an, et peut rapporter quarante mille francs de bénéfices. Nous vendrons, si nous le voulons, la clientèle, trois cent mille francs dans une heure, car voici une lettre de M. Delaunay, qui nous les offre en échange de notre fonds qu'il veut réunir au sien. Vois ce que tu penses qu'il y ait à faire.

« – Mon ami, dit ma sœur, la maison Morrel ne peut être tenue que par un Morrel. Sauver à tout jamais des mauvaises chances de la fortune le nom de notre père, cela ne vaut-il pas bien trois cent mille francs ?

« – Je le pensais, répondit Emmanuel ; cependant je voulais prendre ton avis.

« – Eh bien, mon ami, le voilà. Toutes nos rentrées sont faites, tous nos billets sont payés ; nous pouvons tirer une barre au-dessous du compte de cette quinzaine et fermer nos comptoirs ; tirons cette barre et fermons-le. » Ce qui fut fait à l'instant même. Il était trois heures : à trois heures un quart, un client se présenta pour faire assurer le passage de deux navires ; c'était un bénéfice de quinze mille francs comptant.

« – Monsieur, dit Emmanuel, veuillez vous adresser pour cette assurance à notre confrère M. Delaunay. Quant à nous, nous avons quitté les affaires.

« – Et depuis quand ? demanda le client étonné.

« – Depuis un quart d'heure.

« Et voilà, monsieur, continua en souriant Maximilien, comment ma sœur et mon beau-frère n'ont que vingt-cinq mille livres de rente. »

Maximilien achevait à peine sa narration pendant laquelle le cœur du comte s'était dilaté de plus en plus, lorsque Emmanuel reparut, restauré d'un chapeau et d'une redingote.

Il salua en homme qui connaît la qualité du visiteur ; puis, après avoir fait faire au comte le tour du petit enclos fleuri, il le ramena vers la maison.

Le salon était déjà embaumé de fleurs contenues à grand-peine dans un immense vase du Japon à anses naturelles. Julie, convenablement vêtue et coquettement coiffée (elle avait accompli ce tour de force en dix minutes), se présenta pour recevoir le comte à son entrée.

On entendait caqueter les oiseaux d'une volière voisine ; les branches des faux ébéniers et des acacias roses venaient border de leurs grappes les rideaux de velours bleu : tout dans cette charmante petite retraite respirait le calme, depuis le chant de l'oiseau jusqu'au sourire des maîtres.

Le comte depuis son entrée dans la maison s'était déjà imprégné de ce bonheur ; aussi restait-il muet, rêveur, oubliant qu'on l'attendait pour reprendre la conversation interrompue après les premiers compliments.

Il s'aperçut de ce silence devenue presque inconvenant, et s'arrachant avec effort à sa rêverie :

« Madame, dit-il enfin, pardonnez-moi une émotion qui doit vous étonner, vous, accoutumée à cette paix et à ce bonheur que je rencontre ici, mais pour moi, c'est chose si nouvelle que la satisfaction sur un visage humain, que je ne me lasse pas de vous regarder, vous et votre mari.

– Nous sommes bien heureux, en effet, monsieur, répliqua Julie ; mais nous avons été longtemps à souffrir, et peu de gens ont acheté leur bonheur aussi cher que nous. »

La curiosité se peignit sur les traits du comte.

« Oh ! c'est toute une histoire de famille, comme vous le disait l'autre jour Château-Renaud, reprit Maximilien ; pour vous, monsieur le comte, habitué à voir d'illustres malheurs et des joies splendides, il y aurait peu d'intérêt dans ce tableau d'intérieur. Toutefois nous avons, comme vient de vous le dire Julie, souffert de bien vives douleurs, quoiqu'elles fussent renfermées dans ce petit cadre...

— Et Dieu vous a versé, comme il le fait pour tous, la consolation sur la souffrance ? demanda Monte-Cristo.

— Oui, monsieur le comte, dit Julie nous pouvons le dire, car il n'a fait pour nous ce qu'il ne fait que pour ses élus ; il nous a envoyé un de ses anges. »

Le rouge monta aux joues du comte, et il toussa pour avoir un moyen de dissimuler son émotion en portant son mouchoir à sa bouche.

« Ceux qui sont nés dans un berceau de pourpre et qui n'ont jamais rien désiré, dit Emmanuel, ne savent pas ce que c'est que le bonheur de vivre ; de même que ceux-là ne connaissent pas le prix d'un ciel pur, qui n'ont jamais livré leur vie à la merci de quatre planches jetées sur une mer en fureur. »

Monte-Cristo se leva, et, sans rien répondre, car au tremblement de sa voix on eût pu reconnaître l'émotion dont il était agité, il se mit à parcourir pas à pas le salon.

« Notre magnificence vous fait sourire, monsieur le comte, dit Maximilien, qui suivait Monte-Cristo des yeux.

— Non, non, répondit Monte-Cristo fort pâle et comprimant d'une main les battements de son cœur, tandis que, de l'autre, il montrait au jeune homme un globe de cristal sous lequel une bourse de soie reposait précieusement couchée sur un coussin de velours noir. Je me demandais seulement à quoi sert cette bourse, qui, d'un côté, contient un papier, ce me semble, et de l'autre un assez beau diamant. »

Maximilien prit un air grave et répondit :

« Ceci, monsieur le comte, c'est le plus précieux de nos trésors de famille.

— En effet, ce diamant est assez beau, répliqua Monte-Cristo.

— Oh ! mon frère ne vous parle pas du prix de la pierre, quoiqu'elle soit estimée cent mille francs, monsieur le comte ; il veut seulement vous dire que les objets que renferme cette bourse sont les reliques ; de l'ange dont nous vous parlions tout à l'heure.

– Voilà ce que je ne saurais comprendre, et cependant ce que je ne dois pas demander, madame, répliqua Monte-Cristo en s'inclinant ; pardonnez-moi, je n'ai pas voulu être indiscret.

– Indiscret, dites-vous ? oh ! que vous nous rendez heureux, monsieur le comte, au contraire, en nous offrant une occasion de nous étendre sur ce sujet ! Si nous cachions comme un secret la belle action que rappelle cette bourse nous ne l'exposerions pas ainsi à la vue. Oh ! nous voudrions pouvoir. La publier dans tout l'univers, pour qu'un tressaillement de notre bienfaiteur inconnu nous révélât sa présence.

– Ah ! vraiment ! fit Monte-Cristo d'une voix étouffée.

– Monsieur, dit Maximilien en soulevant le globe de cristal et en baisant religieusement la bourse de soie, ceci a touché la main d'un homme par lequel mon père a été sauvé de la mort, nous de la ruine, et notre nom de la honte ; d'un homme grâce auquel nous autres, pauvres enfants voués à la misère et aux larmes, nous pouvons entendre aujourd'hui des gens s'extasier sur notre bonheur. Cette lettre – et Maximilien tirant un billet de la bourse le présenta au comte – cette lettre fut écrite par lui un jour où mon père avait pris une résolution bien désespérée, et ce diamant fut donné en dot à ma sœur par ce généreux inconnu. »

Monte-Cristo ouvrit la lettre et la lut avec une indéfinissable expression de bonheur, c'était le billet que nos lecteurs connaissent, adressé à Julie et signé Simbad le marin.

– Inconnu, dites-vous ? Ainsi l'homme qui vous a rendu ce service est resté inconnu pour vous ?

– Oui, monsieur, jamais nous n'avons eu le bonheur de serrer sa main ; ce n'est pas faute cependant d'avoir demandé à Dieu cette faveur, reprit Maximilien ; mais il y a eu dans toute cette aventure une mystérieuse direction que nous ne pouvons comprendre encore ; tout a été conduit par une main invisible, puissante comme celle d'un enchanteur.

– Oh ! dit Julie, je n'ai pas encore perdu tout espoir de baiser un jour cette main comme je baise la bourse qu'elle a touchée. Il y a quatre ans, Penelon était à Trieste : Penelon, monsieur le comte, c'est ce brave marin que vous avez vu une bêche à la main, et qui, de contremaître, s'est fait jardinier. Penelon, étant donc à Trieste, vit sur le quai un Anglais qui allait s'embarquer sur un yacht, et il reconnut celui qui vint chez mon père le 5 juin 1829, et qui m'écrivit ce billet le 5 septembre. C'était bien le même, à ce qu'il assure, mais il n'osa point lui parler.

— Un Anglais ! fit Monte-Cristo rêveur et qui s'inquiétait de chaque regard de Julie ; un Anglais, dites-vous ?

— Oui, reprit Maximilien, un Anglais qui se présenta chez nous comme mandataire de la maison Thomson et French, de Rome. Voilà pourquoi, lorsque vous avez dit l'autre jour chez M. de Morcerf que MM. Thomson et French étaient vos banquiers, vous m'avez vu tressaillir. Au nom du Ciel, monsieur cela se passait, comme nous vous l'avons dit, en 1829 ; avez-vous connu cet Anglais ?

— Mais ne m'avez-vous pas dit aussi que la maison Thomson et French avait constamment nié vous avoir rendu ce service ?

— Oui.

— Alors cet Anglais ne serait-il pas un homme qui reconnaissant envers votre père de quelque bonne action qu'il aurait oubliée lui-même, aurait pris ce prétexte pour lui rendre un service ?

— Tout est supposable, monsieur, en pareille circonstance, même un miracle.

— Comment s'appelait-il ? demanda Monte-Cristo.

— Il n'a laissé d'autre nom, répondit Julie en regardant le comte avec une profonde attention, que le nom qu'il a signé au bas du billet : Simbad le marin.

— Ce qui n'est pas un nom évidemment, mais un pseudonyme. »

Puis, comme Julie le regardait plus attentivement encore et essayait de saisir au vol et de rassembler quelques notes de sa voix :

« Voyons, continua-t-il, n'est-ce point un homme de ma taille à peu près, un peu plus grand peut-être, un peu plus mince, emprisonné dans une haute cravate, boutonné, corseté, sanglé et toujours le crayon à la main ?

— Oh ! mais vous le connaissez donc ? s'écria Julie les yeux étincelants de joie.

— Non, dit Monte-Cristo, je suppose seulement. J'ai connu un Lord Wilmore qui semait ainsi des traits de générosité.

– Sans se faire connaître !

– C'était un homme bizarre qui ne croyait pas à la reconnaissance.

– Oh ! s'écria Julie avec un accent sublime et en joignant les mains, à quoi croit-il donc, le malheureux !

– Il n'y croyait pas, du moins à l'époque où je l'ai connu, dit Monte-Cristo, que cette voix partie du fond de l'âme avait remué jusqu'à la dernière fibre ; mais depuis ce temps peut-être a-t-il eu quelque preuve que la reconnaissance existait.

– Et vous connaissez cet homme, monsieur ? demanda Emmanuel.

– Oh ! si vous le connaissez, monsieur, s'écria Julie, dites, dites, pouvez-vous nous mener à lui, nous le montrer, nous dire où il est ? Dis donc, Maximilien, dis donc, Emmanuel, si nous le retrouvions jamais, il faudrait bien qu'il crût à la mémoire du cœur. »

Monte-Cristo sentit deux larmes rouler dans ses yeux ; il fit encore quelques pas dans le salon.

« Au nom du Ciel ! monsieur, dit Maximilien, si vous savez quelque chose de cet homme, dites-nous ce que vous en savez !

– Hélas ! dit Monte-Cristo en comprimant l'émotion de sa voix, si c'est Lord Wilmore votre bienfaiteur, je crains bien que jamais vous ne le retrouviez. Je l'ai quitté il y a deux ou trois ans à Palerme et il partait pour les pays les plus fabuleux ; si bien que je doute fort qu'il en revienne jamais.

– Ah ! monsieur, vous êtes cruel ! » s'écria Julie avec effroi.

Et les larmes vinrent aux yeux de la jeune femme.

« Madame, dit gravement Monte-Cristo en dévorant du regard les deux perles liquides qui roulaient sur les joues de Julie, si Lord Wilmore avait vu ce que je viens de voir ici, il aimerait encore la vie, car les larmes que vous versez le raccommoderaient avec le genre humain. »

Et il tendit la main à Julie, qui lui donna la sienne, entraînée qu'elle se trouvait par le regard et par l'accent du comte.

« Mais ce Lord Wilmore, dit-elle, se rattachant à une dernière espérance, il avait un pays, une famille, des parents, il était connu enfin ? Est-ce que nous ne pourrions pas... ?

– Oh ! ne cherchez point, madame, dit le comte, ne bâtissez point de douces chimères sur cette parole que j'ai laissé échapper. Non, Lord Wilmore n'est probablement pas l'homme que

vous cherchez : il était mon ami, je connaissais tous ses secrets, il m'eût raconté celui-là.

– Et il ne vous en a rien dit ? s'écria Julie.

– Rien.

– Jamais un mot qui pût vous faire supposer ?...

– Jamais.

– Cependant vous l'avez nommé tout de suite.

– Ah ! vous savez... en pareil cas, on suppose.

– Ma sœur, ma sœur, dit Maximilien venant en aide au
comte, monsieur a raison. Rappelle-toi ce que nous a dit si souvent notre bon père : « Ce n'est pas un Anglais qui nous a fait
ce bonheur. »

Monte-Cristo tressaillit.

« Votre père vous disait... monsieur Morrel ?... reprit-il
vivement.

– Mon père, monsieur, voyait dans cette action un miracle.
Mon père croyait à un bienfaiteur sorti pour nous de la tombe.
Oh ! la touchante superstition, monsieur, que celle-là, et
comme, tout en n'y croyant pas moi-même, j'étais loin de vouloir détruire cette croyance dans son noble cœur ! Aussi combien de fois y rêva-t-il en prononçant tout bas un nom d'ami
bien cher, un nom d'ami perdu ; et lorsqu'il fut près de mourir,
lorsque l'approche de l'éternité eût donné à son esprit quelque
chose de l'illumination de la tombe, cette pensée, qui n'avait
jusque-là été qu'un doute, devint une conviction, et les dernières paroles qu'il prononça en mourant furent celles-ci :
« Maximilien, c'était Edmond Dantès ! »

La pâleur du comte, qui depuis quelques secondes allait
croissant, devint effrayante à ces paroles. Tout son sang venait
d'affluer au cœur, il ne pouvait parler, il tira sa montre comme
s'il eût oublié l'heure, prit son chapeau, présenta à Mme Herbault un compliment brusque et embarrassé, et serrant les
mains d'Emmanuel et de Maximilien :

« Madame, dit-il, permettez-moi de venir quelque fois vous
rendre mes devoirs. J'aime votre maison, et je vous suis reconnaissant de votre accueil, car voici la première fois que je me
suis oublié depuis bien des années. »

Et il sortit à grands pas.

« C'est un homme singulier que ce comte de Monte-Cristo,
dit Emmanuel.

– Oui, répondit Maximilien, mais je crois qu'il a un cœur excellent, et je suis sûr qu'il nous aime.

– Et moi ! dit Julie, sa voix m'a été au cœur, et deux ou trois
fois il m'a semblé que ce n'était pas la première fois que je
l'entendais. »

LI – Pyrame et Thisbé.

Aux deux tiers du faubourg Saint-Honoré, derrière un bel hôtel, remarquable entre les remarquables habitations de ce riche quartier, s'étend un vaste jardin dont les marronniers touffus dépassent les énormes murailles, hautes comme des remparts, et laissent, quand vient le printemps, tomber leurs fleurs roses et blanches dans deux vases de pierre cannelée placés parallèlement sur deux pilastres quadrangulaires dans lesquels s'enchâsse une grille de fer du temps de Louis XIII.

Cette entrée grandiose est condamnée, malgré les magnifiques géraniums qui poussent dans les deux vases et qui balancent au vent leurs feuilles marbrées et leurs fleurs de pourpre, depuis que les propriétaires de l'hôtel, et cela date de longtemps déjà, se sont restreints à la possession de l'hôtel, de la cour plantée d'arbres qui donne sur le faubourg, et du jardin que ferme cette grille, laquelle donnait autrefois sur un magnifique potager d'un arpent annexé à la propriété. Mais le démon de la spéculation ayant tiré une ligne, c'est-à-dire une rue à l'extrémité de ce potager, et la rue, avant d'exister, ayant déjà grâce à une plaque de fer bruni, reçu un nom, on pensa pouvoir vendre ce potager pour bâtir sur la rue, et faire concurrence à cette grande artère de Paris qu'on appelle le faubourg Saint-Honoré.

Mais, en matière de spéculation, l'homme propose et l'argent dispose ; la rue baptisée mourut au berceau ; l'acquéreur du potager, après l'avoir parfaitement payé, ne put trouver à le revendre la somme qu'il en voulait, et, en attendant une hausse de prix, qui ne peut manquer, un jour ou l'autre, de l'indemniser bien au-delà de ses pertes passées et de son capital au repos, il se contenta de louer cet enclos à des maraîchers, moyennant la somme de cinq cent francs par an.

C'est de l'argent placé à un demi pour cent, ce qui n'est pas cher par le temps qui court, où il y a tant de gens qui le placent à cinquante, et qui trouvent encore que l'argent est d'un bien pauvre rapport.

Néanmoins, comme nous l'avons dit, la grille du jardin, qui autrefois donnait sur le potager, est condamnée, et la rouille ronge ses gonds ; il y a même plus : pour que d'ignobles maraîchers ne souillent pas de leurs regards vulgaires l'intérieur de l'enclos aristocratique, une cloison de planches est appliquée aux barreaux jusqu'à la hauteur de six pieds. Il est vrai que les planches ne sont pas si bien jointes qu'on ne puisse glisser un regard furtif entre les intervalles ; mais cette maison est une maison sévère, et qui ne craint point les indiscrétions.

Dans ce potager, au lieu de choux, de carottes, de radis, de pois et de melons, poussent de grandes luzernes, seule culture qui annonce que l'on songe encore à ce lieu abandonné. Une petite porte basse, s'ouvrant sur la rue projetée, donne entrée en ce terrain clos de murs, que ses locataires viennent d'abandonner à cause de sa stérilité et qui, depuis huit jours, au lieu de rapporter un demi pour cent, qui comme par le passé, ne rapporte plus rien du tout.

Du côté de l'hôtel, les marronniers dont nous avons parlé couronnent la muraille, ce qui n'empêche pas d'autres arbres luxuriants et fleuris de glisser dans leurs intervalles leurs branches avides d'air. À un angle où le feuillage devient tellement touffu qu'à peine si la lumière y pénètre, un large banc de pierre et des sièges de jardin indiquent un lieu de réunion ou une retraite favorite à quelque habitant de l'hôtel situé à cent pas, et que l'on aperçoit à peine à travers le rempart de verdure qui l'enveloppe. Enfin, le choix de cet asile mystérieux est à la fois justifié par l'absence du soleil, par la fraîcheur éternelle même pendant les jours les plus brûlants de l'été par le gazouillement des oiseaux et par l'éloignement de la maison et de la rue, c'est-à-dire des affaires et du bruit.

Vers le soir d'une des plus chaudes journées que le printemps eût encore accordées aux habitants de Paris, il y avait sur ce banc de pierre un livre, une ombrelle, un panier à ouvrage et un mouchoir de batiste dont la broderie était commencée ; et non loin de ce banc, près de la grille, debout devant les planches, l'œil appliqué à la cloison à claire-voie, une jeune femme, dont le regard plongeait par une fente dans le jardin désert que nous connaissons.

Presque au même moment, la petite porte de ce terrain se refermait sans bruit, et un jeune homme, grand, vigoureux, vêtu d'une blouse de toile écrue, d'une casquette de velours, mais dont les moustaches, la barbe et les cheveux noirs extrêmement soignés juraient quelque peu avec ce costume populaire, après un rapide coup d'œil jeté autour de lui pour s'assurer que personne ne l'épiait, passant par cette porte, qu'il referma derrière lui, se dirigeait d'un pas précipité vers la grille.

À la vue de celui qu'elle attendait, mais non pas probablement sous ce costume, la jeune fille eut peur et se rejeta en arrière.

Et cependant déjà, à travers les fentes de la porte, le jeune homme, avec ce regard qui n'appartient qu'aux amants, avait vu flotter la robe blanche et la longue ceinture bleue. Il s'élança vers la cloison, et appliquant sa bouche à une ouverture :

« N'ayez pas peur, Valentine, dit-il, c'est moi. »

La jeune fille s'approcha.

« Oh ! monsieur, dit-elle, pourquoi donc êtes-vous venu si tard aujourd'hui ? Savez-vous que l'on va dîner bientôt, et qu'il m'a fallu bien de la diplomatie et bien de la promptitude pour me débarrasser de ma belle-mère, qui m'épie, de ma femme de chambre qui m'espionne, et de mon frère qui me tourmente pour venir travailler ici à cette broderie, qui, j'en ai bien peur, ne sera pas finie de longtemps ? Puis, quand vous vous serez excusé sur votre retard, vous me direz quel est ce nouveau costume qu'il vous a plu d'adopter et qui presque a été cause que je ne vous ai pas reconnu.

– Chère Valentine, dit le jeune homme, vous êtes trop au-dessus de mon amour pour que j'ose vous en parler, et cependant, toutes les fois que je vous vois, j'ai besoin de vous dire que je vous adore, afin que l'écho de mes propres paroles me caresse doucement le cœur lorsque je ne vous vois plus. Maintenant je vous remercie de votre gronderie : elle est toute charmante, car elle me prouve, je n'ose pas dire que vous m'attendiez, mais que vous pensiez à moi. Vous vouliez savoir la cause de mon retard et le motif de mon déguisement ; je vais vous les dire, et j'espère que vous les excuserez : j'ai fait choix d'un état…

– D'un état !… Que voulez-vous dire, Maximilien ? Et sommes-nous donc assez heureux pour que vous parliez de ce qui nous regarde en plaisantant ?

– Oh ! Dieu me préserve, dit le jeune homme, de plaisanter avec ce qui est ma vie ; mais fatigué d'être un coureur de champs et un escaladeur de murailles, sérieusement effrayé de l'idée que vous me fîtes naître l'autre soir que votre père me ferait juger un jour comme voleur, ce qui compromettrait l'honneur de l'armée française tout entière, non moins effrayé de la possibilité que l'on s'étonne de voir éternellement tourner autour de ce terrain, où il n'y a pas la plus petite citadelle à assiéger ou le plus petit blockhaus à défendre, un capitaine de spahis, je me suis fait maraîcher, et j'ai adopté le costume de ma profession.

– Bon, quelle folie !

– C'est au contraire la chose la plus sage, je crois, que j'aie faite de ma vie, car elle nous donne toute sécurité.

– Voyons, expliquez-vous.

– Eh bien, j'ai été trouver le propriétaire de cet enclos ; le bail avec les anciens locataires était fini, et je le lui ai loué à nouveau. Toute cette luzerne que vous voyez m'appartient, Valentine ; rien ne m'empêche de me faire bâtir une cabane dans les foins et de vivre désormais à vingt pas de vous. Oh ! ma joie et mon bonheur, je ne puis les contenir. Comprenez-vous, Valentine, que l'on parvienne à payer ces choses-là ? C'est impossible, n'est-ce pas ? Eh bien, toute cette félicité, tout ce bonheur, toute cette joie, pour lesquels j'eusse donné dix ans de ma vie, me coûtent, devinez combien ?... Cinq cents francs par an, payables par trimestre. Ainsi, vous le voyez, désormais plus rien à craindre. Je suis ici chez moi, je puis mettre des échelles contre mon mur et regarder pardessus, et j'ai, sans crainte qu'une patrouille vienne me déranger, le droit de vous dire que je vous aime, tant que votre fierté ne se blessera pas d'entendre sortir ce mot de la bouche d'un pauvre journalier vêtu d'une blouse et coiffé d'une casquette. »

Valentine poussa un petit cri de surprise joyeuse ; puis tout à coup :

« Hélas, Maximilien, dit-elle tristement et comme si un nuage jaloux était soudain venu voiler le rayon de soleil qui illuminait son cœur, maintenant nous serons trop libres, notre bonheur nous fera tenter Dieu ; nous abuserons de notre sécurité, et notre sécurité nous perdra.

– Pouvez-vous me dire cela, mon amie, à moi qui, depuis que je vous connais, vous prouve chaque jour que j'ai subordonné mes pensées et ma vie à votre vie et à vos pensées ? Qui vous a donné confiance en moi ? mon bonheur, n'est-ce pas ? Quand vous m'avez dit qu'un vague instinct vous assurait que vous couriez quelque grand danger, j'ai mis mon dévouement à votre service, sans vous demander d'autre récompense que le bonheur de vous servir. Depuis ce temps, vous ai-je, par un mot, par un signe, donné l'occasion de vous repentir de m'avoir distingué au milieu de ceux qui eussent été heureux de mourir pour vous ? Vous m'avez dit, pauvre enfant, que vous étiez fiancée à M. d'Épinay, que votre père avait décidé cette alliance, c'est-à-dire qu'elle était certaine, car tout ce que veut M. de Villefort arrive infailliblement. Eh bien, je suis resté dans l'ombre, attendant tout, non pas de ma volonté, non pas de la vôtre, mais des événements, de la Providence, de Dieu, et cependant vous m'aimez, vous avez eu pitié de moi, Valentine, et vous me l'avez dit ; merci pour cette douce parole que je ne vous demande que de me répéter de temps en temps, et qui me fera tout oublier.

– Et voilà ce qui vous a enhardi, Maximilien, voilà ce qui me fait à la fois une vie bien douce et bien malheureuse, au point que je me demande souvent lequel vaut mieux pour moi, du chagrin que me causait autrefois la rigueur de ma belle-mère et sa préférence aveugle pour son enfant, ou du bonheur plein de dangers que je goûte en vous voyant.

– Du danger ! s'écria Maximilien ; pouvez-vous dire un mot si dur et si injuste ? Avez-vous jamais vu un esclave plus soumis que moi ? Vous m'avez permis de vous adresser quelquefois la parole, Valentine, mais vous m'avez défendu de vous suivre ; j'ai obéi. Depuis que j'ai trouvé le moyen de me glisser dans cet enclos, de causer avec vous à travers cette porte, d'être enfin si près de vous sans vous voir, ai-je jamais, dites-le-moi, demandé à toucher le bas de votre robe à travers ces grilles ? Ai-je jamais fait un pas pour franchir ce mur, ridicule obstacle pour ma jeunesse et ma force ? Jamais un reproche sur votre rigueur, jamais un désir exprimé tout haut ; j'ai été rivé à ma parole comme un chevalier des temps passés. Avouez cela du moins, pour que je ne vous croie pas injuste.

– C'est vrai, dit Valentine, en passant entre deux planches le bout d'un de ses doigts effilés sur lequel Maximilien posa ses lèvres ; c'est vrai, vous êtes un honnête ami. Mais enfin vous n'avez agi qu'avec le sentiment de votre intérêt, mon cher Maximilien ; vous saviez bien que, du jour où l'esclave deviendrait exigeant, il lui faudrait tout perdre. Vous m'avez promis l'amitié d'un frère, à moi qui n'ai pas d'amis, à moi que mon père oublie, à moi que ma belle-mère persécute, et qui n'ai pour consolation que le vieillard immobile, muet, glacé, dont la main ne peut serrer ma main, dont l'œil seul peut me parler, et dont le cœur bat sans doute pour moi d'un reste de chaleur. Dérision amère du sort qui me fait ennemie et victime de tous ceux qui sont plus forts que moi, et qui me donne un cadavre pour soutien et pour ami ! Oh ! vraiment, Maximilien, je vous le répète, je suis bien malheureuse, et vous avez raison de m'aimer pour moi et non pour vous.

– Valentine, dit le jeune homme avec une émotion profonde, je ne dirai pas que je n'aime que vous au monde, car j'aime aussi ma sœur et mon beau-frère, mais c'est d'un amour doux et calme, qui ne ressemble en rien au sentiment que j'éprouve pour vous : quand je pense à vous, mon sang bout, ma poitrine se gonfle, mon cœur déborde ; mais cette force, cette ardeur, cette puissance surhumaine, je les emploierai à vous aimer seulement jusqu'au jour où vous me direz de les employer à vous servir. M. Franz d'Épinay sera absent un an encore, dit-on ; en un an, que de chances favorables peuvent nous servir, que d'événements peuvent nous seconder ! Espérons donc toujours, c'est si bon et si doux d'espérer ! Mais en attendant, vous, Valentine, vous qui me reprochez mon égoïsme, qu'avez-vous été pour moi ? La belle et froide statue de la Vénus pudique. En échange de ce dévouement, de cette obéissance, de cette retenue, que m'avez-vous promis, vous ? rien ; que m'avez-vous accordé ? bien peu de chose. Vous me parlez de M. d'Épinay, votre fiancé, et vous soupirez à cette idée d'être un jour à lui. Voyons, Valentine, est-ce là tout ce que vous avez dans l'âme ? Quoi ! je vous engage ma vie, je vous donne mon âme, je vous consacre jusqu'au plus insignifiant battement de mon cœur, et quand je suis tout à vous, moi, quand je me dis tout bas que je mourrai si je vous perds, vous ne vous épouvantez pas, vous, à la seule idée d'appartenir à un autre ! Oh ! Valentine ! Valentine, si j'étais ce que vous êtes, si je me sentais aimé comme vous êtes sûre que je vous aime, déjà cent fois j'eusse passé ma main entre les barreaux de cette grille, et j'eusse serré la main du pauvre Maximilien en lui disant : « À vous, à vous seul, Maximilien, dans ce monde et dans l'autre. »

Valentine ne répondit rien, mais le jeune homme l'entendit soupirer et pleurer.

La réaction fut prompte sur Maximilien.

« Oh ! s'écria-t-il, Valentine ! Valentine ! oubliez mes paroles, s'il y a dans mes paroles quelque chose qui ait pu vous blesser !

– Non, dit-elle, vous avez raison ; mais ne voyez-vous pas que je suis une pauvre créature, abandonnée dans une maison presque étrangère, car mon père m'est presque un étranger, et dont la volonté a été brisée depuis dix ans, jour par jour, heure par heure, minute par minute, par la volonté de fer des maîtres qui pèsent sur moi ? Personne ne voit ce que je souffre et je ne l'ai dit à personne qu'à vous. En apparence, et aux yeux de tout le monde, tout m'est bon, tout m'est affectueux ; en réalité, tout m'est hostile. Le monde dit : « M. de Villefort est trop grave et trop sévère pour être bien tendre envers sa fille ; mais elle a eu du moins le bonheur de retrouver dans Mme de Ville-fort une seconde mère. » Eh bien, le monde se trompe, mon père m'abandonne avec indifférence, et ma belle-mère me hait avec un acharnement d'autant plus terrible qu'il est voilé par un éternel sourire.

– Vous haïr ! vous, Valentine ! et comment peut-on vous haïr ?

– Hélas ! mon ami, dit Valentine, je suis forcée d'avouer que cette haine pour moi vient d'un sentiment presque naturel. Elle adore son fils, mon frère Édouard.

– Eh bien ?

– Eh bien, cela me semble étrange de mêler à ce que nous di-sions une question d'argent, eh ! bien, mon ami, je crois que sa haine vient de là du moins. Comme elle n'a pas de fortune de son côté, que moi je suis déjà riche du chef de ma mère, et que cette fortune sera encore plus que doublée par celle de M. et de Mme de Saint-Méran, qui doit me revenir un jour, eh bien, je crois qu'elle est envieuse. Oh ! mon Dieu ! si je pouvais lui donner la moitié de cette fortune et me retrouver chez M. de Villefort comme une fille dans la maison de son père, certes je le ferais à l'instant même.

– Pauvre Valentine !

– Oui, je me sens enchaînée, et en même temps je me sens si faible, qu'il me semble que ces liens me soutiennent, et que j'ai peur de les rompre. D'ailleurs, mon père n'est pas un homme dont on puisse enfreindre impunément les ordres : il est puissant contre moi, il le serait contre vous, il le serait contre le roi lui-même, protégé qu'il est par un irréprochable passé et par une position presque inattaquable. Oh ! Maximilien ! je vous le jure, je ne lutte pas, parce que c'est vous autant que moi que je crains de briser dans cette lutte.

— Mais enfin, Valentine, reprit Maximilien, pourquoi désespérer ainsi, et voir l'avenir toujours sombre ?

— Ah ! mon ami, parce que je le juge par le passé.

— Voyons cependant, si je ne suis pas un parti illustre au point de vue aristocratique, je tiens cependant, par beaucoup de points, au monde dans lequel vous vivez ; le temps où il y avait deux Frances dans la France n'existe plus ; les plus hautes familles de la monarchie se sont fondues dans les familles de l'Empire : l'aristocratie de la lance a épousé la noblesse du canon. Eh bien, moi, j'appartiens à cette dernière : j'ai un bel avenir dans l'armée, je jouis d'une fortune bornée, mais indépendante ; la mémoire de mon père, enfin, est vénérée dans notre pays comme celle d'un des plus honnêtes négociants qui aient existé. Je dis notre pays, Valentine, parce que vous êtes presque de Marseille.

— Ne me parlez pas de Marseille, Maximilien, ce seul mot me rappelle ma bonne mère, cet ange que tout le monde a regretté, et qui, après avoir veillé sur sa fille pendant son court séjour sur la terre, veille encore sur elle, je l'espère du moins, pendant son éternel séjour au ciel. Oh ! si ma pauvre mère vivait, Maximilien, je n'aurais plus rien à craindre ; je lui dirais que je vous aime, et elle nous protégerait.

— Hélas ! Valentine, reprit Maximilien, si elle vivait, je ne vous connaîtrais pas sans doute, car, vous l'avez dit, vous seriez heureuse si elle vivait, et Valentine heureuse m'eût regardé bien dédaigneusement du haut de sa grandeur.

— Ah ! mon ami, s'écria Valentine, c'est vous qui êtes injuste à votre tour... Mais, dites-moi...

— Que voulez-vous que je vous dise ? reprit Maximilien, voyant que Valentine hésitait.

— Dites-moi, continua la jeune fille, est-ce qu'autrefois à Marseille il y a eu quelque sujet de mésintelligence entre votre père et le mien ?

— Non, pas que je sache, répondit Maximilien, ce n'est que votre père était un partisan plus que zélé des Bourbons, et le mien un homme dévoué à l'Empereur. C'est, je le présume, tout ce qu'il y a jamais eu de dissidence entre eux. Mais pourquoi cette question, Valentine ?

– Je vais vous le dire, reprit la jeune fille, car vous devez tout savoir. Eh bien, c'était le jour où votre nomination d'officier de la Légion d'honneur fut publiée dans le journal. Nous étions tous chez mon grand-père, M. Noirtier, et de plus il y avait encore M. Danglars vous savez ce banquier dont les chevaux ont avant-hier failli tuer ma mère et mon frère ? Je lisais le journal tout haut à mon grand-père pendant que ces messieurs causaient du mariage de mademoiselle Danglars. Lorsque j'en vins au paragraphe qui vous concernait et que j'avais déjà lu, car dès la veille au matin vous m'aviez annoncé cette bonne nouvelle ; lorsque j'en vins, dis-je, au paragraphe qui vous concernait, j'étais bien heureuse… mais aussi bien tremblante d'être forcée de prononcer tout haut votre nom et certainement je l'eusse omis sans la crainte que j'éprouvais qu'on interprétât mal mon silence ; donc je rassemblai tout mon courage, et je lus.

– Chère Valentine !

– Eh bien, aussitôt que résonna votre nom, mon père tourna la tête. J'étais si persuadée (voyez comme je suis folle !) que tout le monde allait être frappé de ce nom comme d'un coup de foudre, que je crus voir tressaillir mon père et même (pour celui-là c'était une illusion, j'en suis sûre), et même M. Danglars.

« – Morrel, dit mon père, attendez donc ! » (Il fronça le sourcil.) « Serait-ce un de ces Morrel de Marseille, un de ces enragés bonapartistes qui nous ont donné tant de mal en 1815 ?

« – Oui, répondit M. Danglars ; je crois même que c'est le fils de l'ancien armateur. »

– Vraiment ! fit Maximilien. Et que répondit votre père, dites, Valentine ?

– Oh ! une chose affreuse et que je n'ose vous redire.

– Dites toujours, reprit Maximilien en souriant.

« – Leur Empereur, continua-t-il en fronçant le sourcil, savait les mettre à leur place, tous ces fanatiques : il les appelait de la chair à canon, et c'était le seul nom qu'ils méritassent. Je vois avec joie que le gouvernement nouveau remet en vigueur ce salutaire principe. Quand ce ne serait que pour cela qu'il garde l'Algérie, j'en féliciterais le gouvernement, quoiqu'elle nous coûte un peu cher.

– C'est en effet d'une politique assez brutale, dit Maximilien. Mais ne rougissez point, chère amie, de ce qu'a dit là M. de Villefort ; mon brave père ne cédait en rien au vôtre sur ce point, et il répétait sans cesse : « Pourquoi donc l'Empereur, qui fait tant de belles choses, ne fait-il pas un régiment de juges et d'avocats, et ne les envoie-t-il pas toujours au premier feu ? » Vous le voyez, chère amie, les partis se valent pour le pittoresque de l'expression et pour la douceur de la pensée. Mais M. Danglars, que dit-il à cette sortie du procureur du roi ?

– Oh ! lui se mit à rire de ce rire sournois qui lui est particulier et que je trouve féroce ; puis ils se levèrent l'instant d'après et partirent. Je vis alors seulement que mon grand-père était tout agité. Il faut vous dire, Maximilien, que, moi seule, je devine ses agitations, à ce pauvre paralytique, et je me doutais d'ailleurs que la conversation qui avait eu lieu devant lui (car on ne fait plus attention à lui, pauvre grand-père !) l'avait fort impressionné, attendu qu'on avait dit du mal de son Empereur, et que, à ce qu'il paraît, il a été fanatique de l'Empereur.

– C'est, en effet, dit Maximilien, un des noms connus de l'empire : il a été sénateur, et, comme vous le savez ou comme vous ne le savez pas, Valentine, il fut près de toutes les conspirations bonapartistes que l'on fit sous la Restauration.

– Oui j'entends quelquefois dire tout bas de ces choses-là qui me semblent étranges : le grand-père bonapartiste, le père royaliste ; enfin, que voulez-vous ?... Je me retournai donc vers lui. Il me montrait le journal du regard.

« – Qu'avez-vous, papa ? lui dis-le ; êtes-vous content ?»

Il me fit de la tête signe que oui.

« – De ce que mon père vient de dire ? demandai-je.»

Il fit signe que non.

« – De ce que M. Danglars a dit ?»

Il fit signe que non encore.

« – C'est donc de ce que M. Morrel, je n'osai pas dire Maximilien, est nommé officier de la Légion d'honneur ? »

Il fit signe que oui.

– Le croiriez-vous, Maximilien ? il était content que vous fussiez nommé officier de la Légion d'honneur, lui qui ne vous connaît pas. C'est peut-être de la folie de sa part, car il tourne, dit-on, à l'enfance : mais je l'aime bien pour ce oui-là.

– C'est bizarre, pensa Maximilien. Votre père me haïrait donc, tandis qu'au contraire votre grand-père... Étranges choses que ces amours et ces haines de parti !

– Chut ! s'écria tout à coup Valentine. Cachez-vous, sauvez-vous ; on vient ! »

Maximilien sauta sur une bêche et se mit à retourner impitoyablement la luzerne.

« Mademoiselle ! Mademoiselle ! cria une voix derrière les arbres, Mme de Villefort vous cherche partout et vous appelle ; il y a une visite au salon.

– Une visite ! dit Valentine tout agitée ; et qui nous fait cette visite ?

– Un grand seigneur, un prince, à ce qu'on dit, M. le comte de Monte-Cristo.

– J'y vais », dit tout haut Valentine.

Ce nom fit tressaillir de l'autre côté de la grille celui à qui le *j'y vais* de Valentine servait d'adieu à la fin de chaque entrevue.

« Tiens ! se dit Maximilien en s'appuyant tout pensif sur sa bêche, comment le comte de Monte-Cristo connaît-il M. de Villefort ? »

LII – Toxicologie.

C'était bien réellement M. le comte de Monte-Cristo qui venait
d'entrer chez Mme de Villefort, dans l'intention de rendre à
M. le procureur du roi la visite qu'il lui avait faite, et à ce nom
toute la maison, comme on le comprend bien, avait été mise en
émoi.

Mme de Villefort, qui était au salon lorsqu'on annonça le
comte, fit aussitôt venir son fils pour que l'enfant réitérât ses
remerciements au comte, et Édouard, qui n'avait cessé d'entendre parler depuis deux jours du grand personnage, se hâta
d'accourir, non par obéissance pour sa mère, non pour remercier le comte, mais par curiosité et pour faire quelque remarque à l'aide de laquelle il pût placer un de ces lazzis qui faisaient dire à sa mère : « Ô le méchant enfant ! Mais il faut bien
que je lui pardonne, il a tant d'esprit ! »

Après les premières politesses d'usage, le comte s'informa de
M. de Villefort.

« Mon mari dîne chez M. le Chancelier, répondit la jeune
femme ; il vient de partir à l'instant même, et il regrettera
bien, j'en suis sûre, d'avoir été privé du bonheur de vous
voir. »

Deux visiteurs qui avaient précédé le comte dans le salon, et
qui le dévoraient des yeux se retirèrent après le temps raisonnable exigé à la fois par la politesse et par la curiosité.

« À propos, que fait donc ta sœur Valentine ? dit
Mme de Villefort à Édouard ; qu'on la prévienne afin que j'aie
l'honneur de la présenter à M. le comte.

– Vous avez une fille, madame ? demanda le comte, mais ce
doit être une enfant ?

– C'est la fille de M. de Villefort, répliqua la jeune femme ;
une fille d'un premier mariage, une grande et belle personne.

– Mais mélancolique », interrompit le jeune Édouard en arrachant, pour en faire une aigrette à son chapeau, les plumes de
la queue d'un magnifique ara qui criait de douleur sur son per-
choir doré.

Mme de Villefort se contenta de dire :

« Silence, Édouard !

« Ce jeune étourdi a presque raison, et répète là ce qu'il m'a
bien des fois entendue dire avec douleur car Mlle de Villefort

est, malgré tout ce que nous pouvons faire pour la distraire, d'un caractère triste et d'une humeur taciturne qui nuisent souvent à l'effet de sa beauté. Mais elle ne vient pas ; Édouard, voyez donc pourquoi cela.

– Parce qu'on la cherche où elle n'est pas.

– Où la cherche-t-on ?

– Chez grand-papa Noirtier.

– Et elle n'est pas là, vous croyez ?

– Non, non, non, non, non, elle n'y est pas, répondit Édouard en chantonnant.

– Et où est-elle ? Si vous le savez, dites-le.

– Elle est sous le grand marronnier », continua le méchant garçon, en présentant, malgré les cris de sa mère, des mouches vivantes au perroquet, qui paraissait fort friand de cette sorte de gibier.

Mme de Villefort étendait la main pour sonner, et pour indiquer à la femme de chambre le lieu où elle trouverait Valentine, lorsque celle-ci entra. Elle semblait triste, en effet, et en la regardant attentivement on eût même pu voir dans ses yeux des traces de larmes.

Valentine, que nous avons, entraîné par la rapidité du récit, présentée à nos lecteurs sans la faire connaître, était une grande et svelte jeune fille de dix-neuf ans, aux cheveux châtain clair, aux yeux bleu foncé, à la démarche languissante et empreinte de cette exquise distinction qui caractérisait sa mère ; ses mains blanches et effilées, son cou nacré, ses joues marbrées de fugitives couleurs, lui donnaient au premier aspect l'air d'une de ces belles Anglaises qu'on a comparées assez poétiquement dans leurs allures à des cygnes qui se mirent.

Elle entra donc, et, voyant près de sa mère l'étranger dont elle avait tant entendu parler déjà, elle salua sans aucune minauderie de jeune fille et sans baisser les yeux, avec une grâce qui redoubla l'attention du comte.

Celui-ci se leva.

« Mlle de Villefort, ma belle-fille, dit Mme de Villefort à Monte-Cristo, en se penchant sur son sofa et en montrant de la main Valentine.

– Et monsieur le comte de Monte-Cristo, roi de la Chine, empereur de la Cochinchine », dit le jeune drôle en lançant un regard sournois à sa sœur.

Pour cette fois, Mme de Villefort pâlit, et faillit s'irriter contre ce fléau domestique qui répondait au nom d'Édouard ; mais, tout au contraire, le comte sourit et parut regarder l'enfant avec complaisance, ce qui porta au comble la joie et l'enthousiasme de sa mère.

« Mais, madame, reprit le comte en renouant la conversation et en regardant tour à tour Mme de Villefort et Valentine, est-ce que je n'ai pas déjà eu l'honneur de vous voir quelque part, vous et mademoiselle ? Tout à l'heure j'y songeais déjà ; et quand mademoiselle est entrée, sa vue a été une lueur de plus jetée sur un souvenir confus, pardonnez-moi ce mot.

– Cela n'est pas probable, monsieur ; Mlle de Villefort aime peu le monde, et nous sortons rarement, dit la jeune femme.

– Aussi n'est-ce point dans le monde que j'ai vu mademoiselle, ainsi que vous, madame, ainsi que ce charmant espiègle. Le monde parisien, d'ailleurs, m'est absolument inconnu, car, je crois avoir eu l'honneur de vous le dire, je suis à Paris depuis quelques jours. Non, si vous permettez que je me rappelle... attendez... »

Le comte mit sa main sur son front comme pour concentrer tous ses souvenirs :

« Non, c'est au-dehors... c'est... je ne sais pas... mais il me semble que ce souvenir est inséparable d'un beau soleil et d'une espèce de fête religieuse... mademoiselle tenait des fleurs à la main ; l'enfant courait après un beau paon dans un jardin, et vous, madame, vous étiez sous une treille en berceau... Aidez-moi donc, madame ; est-ce que les choses que je vous dis là ne vous rappellent rien ?

– Non, en vérité, répondit Mme de Villefort ; et cependant il me semble, monsieur, que si je vous avais rencontré quelque part, votre souvenir serait resté présent à ma mémoire.

– Monsieur le comte nous a vus peut-être en Italie, dit timidement Valentine.

– En effet, en Italie... c'est possible, dit Monte-Cristo. Vous avez voyagé en Italie, mademoiselle ?

– Madame et moi, nous y allâmes il y a deux ans. Les médecins craignaient pour ma poitrine et m'avaient recommandé l'air de Naples. Nous passâmes par Bologne, par Pérouse et par Rome.

– Ah ! c'est vrai, mademoiselle, s'écria Monte-Cristo, comme si cette simple indication suffisait à fixer tous ses souvenirs. C'est à Pérouse, le jour de la Fête-Dieu, dans le jardin de l'hôtellerie de la Poste, où le hasard nous a réunis, vous, mademoiselle, votre fils et moi, que je me rappelle avoir eu l'honneur de vous voir.

– Je me rappelle parfaitement Pérouse, monsieur, et l'hôtellerie de la Poste, et la fête dont vous me parlez, dit Mme de Villefort ; mais j'ai beau interroger mes souvenirs ; et, j'ai honte de mon peu de mémoire, je ne me souviens pas d'avoir eu l'honneur de vous voir.

– C'est étrange, ni moi non plus, dit Valentine en levant ses beaux yeux sur Monte-Cristo.

– Ah ! moi, je m'en souviens, dit Édouard.

– Je vais vous aider, madame, reprit le comte. La journée avait été brûlante ; vous attendiez des chevaux qui n'arrivaient pas à cause de la solennité. Mademoiselle s'éloigna dans les profondeurs du jardin, et votre fils disparut, courant après l'oiseau.

– Je l'ai attrapé, maman ; tu sais, dit Édouard, je lui ai arraché trois plumes de la queue.

– Vous, madame, vous demeurâtes sous le berceau de vigne ; ne vous souvient-il plus, pendant que vous étiez assise sur un banc de pierre et pendant que, comme je vous l'ai dit, Mlle de Villefort et monsieur votre fils étaient absents, d'avoir causé assez longtemps avec quelqu'un ?

– Oui vraiment, oui, dit la jeune femme en rougissant, je m'en souviens, avec un homme enveloppé d'un long manteau de laine… avec un médecin, je crois.

– Justement, madame ; cet homme, c'était moi ; depuis quinze jours j'habitais dans cette hôtellerie j'avais guéri mon valet de chambre de la fièvre et mon hôte de la jaunisse, de sorte que l'on me regardait comme un grand docteur. Nous causâmes longtemps, madame, de choses différentes, du Pérugin, de Raphaël, des mœurs, des costumes, de cette fameuse aqua-tofana, dont quelques personnes, vous avait-on dit, je crois, conservaient encore le secret à Pérouse.

– Ah ! c'est vrai, dit vivement Mme de Villefort avec une certaine inquiétude, je me rappelle.

– Je ne sais plus ce que vous me dîtes en détail, madame, reprit le comte avec une parfaite tranquillité, mais je me souviens parfaitement que, partageant à mon sujet l'erreur générale, vous me consultâtes sur la santé de Mlle de Villefort.

– Mais cependant, monsieur, vous étiez bien réellement médecin, dit Mme de Villefort, puisque vous avez guéri des malades.

– Molière ou Beaumarchais vous répondraient, madame, que c'est justement parce que je ne l'étais pas que j'ai, non point guéri mes malades, mais que mes malades ont guéri ; moi, je me contenterai de vous dire que j'ai assez étudié à fond la chimie et les sciences naturelles, mais en amateur seulement... vous comprenez. »

En ce moment six heures sonnèrent.

« Voilà six heures, dit Mme de Villefort, visiblement agitée ; n'allez-vous pas voir, Valentine, si votre grand-père est prêt à dîner ? »

Valentine se leva, et, saluant le comte, elle sortit de la chambre sans prononcer un mot.

« Oh ! mon Dieu, madame, serait-ce donc à cause de moi que vous congédiez Mlle de Villefort ? dit le comte lorsque Valentine fut partie.

– Pas le moins du monde, reprit vivement la jeune femme, mais c'est l'heure à laquelle nous faisons faire à M. Noirtier le triste repas qui soutient sa triste existence. Vous savez, monsieur, dans quel état lamentable est le père de mon mari ?

– Oui, madame, M. de Villefort m'en a parlé ; une paralysie, je crois.

– Hélas ! oui ; il y a chez ce pauvre vieillard absence complète du mouvement, l'âme seule veille dans cette machine humaine, et encore pâle et tremblante, et comme une lampe prête à s'éteindre. Mais pardon, monsieur, de vous entretenir de nos infortunes domestiques, je vous ai interrompu au moment où vous me disiez que vous étiez un habile chimiste.

– Oh ! je ne disais pas cela, madame, répondit le comte avec un sourire ; bien au contraire, j'ai étudié la chimie parce que, décidé à vivre particulièrement en Orient, j'ai voulu suivre l'exemple du roi Mithridate.

– *Mithridates, rex Ponticus*, dit l'étourdi en découpant des silhouettes dans un magnifique album, le même qui déjeunait tous les matins avec une tasse de poison à la crème.

– Édouard ! méchant enfant ! s'écria Mme de Villefort en arrachant le livre mutilé des mains de son fils, vous êtes insupportable, vous nous étourdissez. Laissez-nous, et allez rejoindre votre sœur Valentine chez bon-papa Noirtier.

– L'album… dit Édouard.

– Comment, l'album ?

– Oui : je veux l'album…

– Pourquoi avez-vous découpé les dessins ?

– Parce que cela m'amuse.

– Allez-vous-en ! allez !

– Je ne m'en irai pas si l'on ne me donne pas l'album, fit, en s'établissant dans un grand fauteuil, l'enfant, fidèle à son habitude de ne jamais céder.

– Tenez, et laissez-nous tranquilles », dit Mme de Villefort.

Et elle donna l'album à Édouard, qui partit accompagné de sa mère.

Le comte suivit des yeux Mme de Villefort.

« Voyons si elle fermera la porte derrière lui », murmura-t-il.

Mme de Villefort ferma la porte avec le plus grand soin derrière l'enfant ; le comte ne parut pas s'en apercevoir.

Puis, en jetant un dernier regard autour d'elle, la jeune femme revint s'asseoir sur sa causeuse.

« Permettez-moi de vous faire observer, madame, dit le comte avec cette bonhomie que nous lui connaissons, que vous êtes bien sévère pour ce charmant espiègle.

– Il le faut bien, monsieur, répliqua Mme de Villefort avec un véritable aplomb de mère.

– C'est son Cornelius Nepos que récitait M. Édouard en parlant du roi Mithridate, dit le comte, et vous l'avez interrompu dans une citation qui prouve que son précepteur n'a point perdu son temps avec lui, et que votre fils est fort avancé pour son âge.

– Le fait est, monsieur le comte, répondit la mère flattée doucement, qu'il a une grande facilité et qu'il apprend tout ce qu'il veut. Il n'a qu'un défaut, c'est d'être très volontaire ; mais, à propos de ce qu'il disait, est-ce que vous croyez, par exemple, monsieur le comte, que Mithridate usât de ces précautions et que ces précautions pussent être efficaces ?

– J'y crois si bien, madame, que, moi qui vous parle, j'en ai usé pour ne pas être empoisonné à Naples, à Palerme et à Smyrne, c'est-à-dire dans trois occasions où, sans cette précaution, j'aurais pu laisser ma vie.

– Et le moyen vous a réussi ?

– Parfaitement.

– Oui, c'est vrai ; je me rappelle que vous m'avez déjà raconté quelque chose de pareil à Pérouse.

– Vraiment ! fit le comte avec une surprise admirablement jouée ; je ne me rappelle pas, moi.

– Je vous demandais si les poisons agissaient également et avec une semblable énergie sur les hommes du Nord et sur les hommes du Midi, et vous me répondîtes même que les tempéraments froids et lymphatiques des Septentrionaux ne présentaient pas la même aptitude que la riche et énergique nature des gens du Midi.

– C'est vrai, dit Monte-Cristo ; j'ai vu des Russes dévorer, sans être incommodés, des substances végétales qui eussent tué infailliblement un Napolitain ou un Arabe.

– Ainsi, vous le croyez, le résultat serait encore plus sûr chez nous qu'en Orient, et au milieu de nos brouillards et de nos pluies, un homme s'habituerait plus facilement que sous une chaude latitude à cette absorption progressive du poison ?

– Certainement ; bien entendu, toutefois, qu'on ne sera prémuni que contre le poison auquel on se sera habitué.

– Oui, je comprends ; et comment vous habitueriez-vous, vous, par exemple, ou plutôt comment vous êtes-vous habitué ?

– C'est bien facile. Supposez que vous sachiez d'avance de quel poison on doit user contre vous... Supposez que ce poison soit de la... brucine, exemple...

– La brucine se tire de la fausse angusture, je crois, dit Mme de Villefort.

– Justement, madame, répondit Monte-Cristo ; mais je crois qu'il ne me reste pas grand-chose à vous apprendre ; recevez mes compliments : de pareilles connaissances sont rares chez les femmes.

– Oh ! je l'avoue, dit Mme de Villefort, j'ai la plus violente passion pour les sciences occultes qui parlent à l'imagination comme une poésie, et se résolvent en chiffres comme une équation algébrique ; mais continuez, je vous prie : ce que vous me dites m'intéresse au plus haut point.

— Eh bien, reprit Monte-Cristo, supposez que ce poison soit de la brucine, par exemple, et que vous en preniez un milligramme le premier jour, deux milligrammes le second, eh bien, au bout de dix jours vous aurez un centigramme ; au bout de vingt jours, en augmentant d'un autre milligramme, vous aurez trois centigrammes, c'est-à-dire une dose que vous supporterez sans inconvénient, et qui serait déjà fort dangereuse pour une autre personne qui n'aurait pas pris les mêmes précautions que vous ; enfin, au bout d'un mois, en buvant de l'eau dans la même carafe, vous tuerez la personne qui aura bu cette eau en même temps que vous, sans vous apercevoir autrement que par un simple malaise qu'il y ait eu une substance vénéneuse quelconque mêlée à cette eau.

— Vous ne connaissez pas d'autre contrepoison ?

— Je n'en connais pas.

— J'avais souvent lu et relu cette histoire de Mithridate, dit Mme de Villefort pensive, et je l'avais prise pour une fable.

— Non, madame ; contre l'habitude de l'histoire, c'est une vérité. Mais ce que vous me dites là madame, ce que vous me demandez n'est point le résultat d'une question capricieuse, puisqu'il y a deux ans déjà vous m'avez fait des questions pareilles, et que vous me dites que depuis longtemps cette histoire de Mithridate vous préoccupait.

— C'est vrai, monsieur, les deux études favorites de ma jeunesse ont été la botanique et la minéralogie, et puis, quand j'ai su plus tard que l'emploi des simples expliquait souvent toute l'histoire des peuples et toute la vie des individus d'Orient, comme les fleurs expliquent toute leur pensée amoureuse, j'ai regretté de n'être pas homme pour devenir un Flamel, un Fontana ou un Cabanis.

— D'autant plus, madame, reprit Monte-Cristo, que les Orientaux ne se bornent point, comme Mithridate, à se faire des poisons une cuirasse, ils s'en font aussi un poignard ; la science devient entre leurs mains non seulement une arme défensive, mais encore fort souvent offensive ; l'une sert contre leurs souffrances physiques, l'autre contre leurs ennemis ; avec l'opium, avec la belladone, avec la fausse angusture, le bois de couleuvre, le laurier-cerise, ils endorment ceux qui voudraient les réveiller. Il n'est pas une de ces femmes, égyptienne, turque ou grecque, qu'ici vous appelez de bonnes femmes, qui ne sache en fait de chimie de quoi stupéfier un médecin, et en fait de psychologie de quoi épouvanter un confesseur.

– Vraiment ! dit Mme de Villefort, dont les yeux brillaient d'un feu étrange à cette conversation.

– Eh ! mon Dieu ! oui, madame, continua Monte-Cristo, les drames secrets de l'Orient se nouent et se dénouent ainsi, depuis la plante qui fait aimer jusqu'à la plante qui fait mourir ; depuis le breuvage qui ouvre le ciel jusqu'à celui qui vous plonge un homme dans l'enfer. Il y a autant de nuances de tous genres qu'il y a de caprices et de bizarreries dans la nature humaine, physique et morale ; et je dirai plus, l'art de ces chimistes sait accommoder admirablement le remède et le mal à ses besoins d'amour ou à ses désirs de vengeance.

– Mais, monsieur, reprit la jeune femme, ces sociétés orientales au milieu desquelles vous avez passé une partie de votre existence sont donc fantastiques comme les contes qui nous viennent de leur beau pays ? un homme y peut donc être supprimé impunément ? c'est donc en réalité la Bagdad ou la Bassora de M. Galland ? Les sultans et les vizirs qui régissent ces sociétés, et qui constituent ce qu'on appelle en France le gouvernement, sont donc sérieusement des Haroun-al-Raschid et des Giaffar qui non seulement pardonnent à un empoisonneur, mais encore le font premier ministre si le crime a été ingénieux, et qui, dans ce cas, en font graver l'histoire en lettres d'or pour se divertir aux heures de leur ennui ?

– Non, madame, le fantastique n'existe plus même en Orient : il y a là-bas aussi, déguisés sous d'autres noms et cachés sous d'autres costumes, des commissaires de police, des juges d'instruction, des procureurs du roi et des experts. On y pend, on y décapite et l'on y empale très agréablement les criminels ; mais ceux-ci en fraudeurs adroits, ont su dépister la justice humaine et assurer le succès de leurs entreprises par des combinaisons habiles. Chez nous, un niais possédé du démon de la haine ou de la cupidité, qui a un ennemi à détruire ou un grand-parent à annihiler, s'en va chez un épicier, lui donne un faux nom qui le fait découvrir bien mieux que son nom véritable, et achète, sous prétexte que les rats l'empêchent de dormir, cinq à six grammes d'arsenic s'il est très adroit, il va chez cinq ou six épiciers, et n'en est que cinq ou six fois mieux reconnu ; puis, quand il possède son spécifique, il administre à son ennemi, à son grand-parent, une dose d'arsenic qui ferait crever un mammouth ou un mastodonte, et qui, sans rime ni raison, fait pousser à la victime des hurlements qui mettent tout le quartier en émoi. Alors arrive une nuée d'agents de police et de gendarmes, on envoie chercher un médecin qui ouvre le mort et récolte dans son estomac et dans ses entrailles l'arsenic à la cuiller. Le lendemain, cent journaux racontent le fait avec le nom de la victime et du meurtrier. Dès le soir même, l'épicier ou les épiciers vient ou viennent dire : « C'est moi qui ai vendu l'arsenic à monsieur. » Et plutôt que de ne pas reconnaître l'acquéreur, ils en reconnaîtront vingt ; alors le niais criminel est pris, emprisonné, interrogé, confronté, confondu, condamné et guillotiné ; ou si c'est une femme de quelque valeur, on l'enferme pour la vie. Voilà comme vos Septentrionaux entendent la chimie, madame. Desrues cependant était plus fort que cela, je dois l'avouer.

– Que voulez-vous ! monsieur, dit en riant la jeune femme, on fait ce qu'on peut. Tout le monde n'a pas le secret des Médicis ou des Borgia.

– Maintenant, dit le comte en haussant les épaules, voulez-vous que je vous dise ce qui cause toutes ces inepties ? C'est que sur vos théâtres, à ce dont j'ai pu juger du moins en lisant les pièces qu'on y joue, on voit toujours des gens avaler le contenu d'une fiole ou mordre le chaton d'une bague et tomber raides morts : cinq minutes après, le rideau baisse ; les spectateurs sont dispersés. On ignore les suites du meurtre ; on ne voit jamais ni le commissaire de police avec son écharpe, ni le caporal avec ses quatre hommes, et cela autorise beaucoup de pauvres cerveaux à croire que les choses se passent ainsi. Mais sortez un peu de France, allez soit à Alep soit au Caire, soit seulement à Naples et à Rome, et vous verrez passer par la rue des gens droits, frais et roses dont le Diable boiteux, s'il vous effleurait de son manteau, pourrait vous dire : « Ce monsieur est empoisonné depuis trois semaines, et il sera tout à fait mort dans un mois. »

– Mais alors, dit Mme de Villefort, ils ont donc retrouvé le secret de cette fameuse aqua-tofana que l'on me disait perdu à Pérouse.

– Eh, mon Dieu ! madame, est-ce que quelque chose se perd chez les hommes ! Les arts se déplacent et font le tour du monde les choses changent de nom, voilà tout, et le vulgaire s'y trompe ; mais c'est toujours le même résultat, le poison porte particulièrement sur tel ou tel organe ; l'un sur l'estomac, l'autre sur le cerveau, l'autre sur les intestins. Eh bien, le poison détermine une toux, cette toux une fluxion de poitrine ou telle autre maladie cataloguée au livre de la science, ce qui ne l'empêche pas d'être parfaitement mortelle, et qui, ne le fût-elle pas, le deviendrait grâce aux remèdes que lui administrent les naïfs médecins, en général fort mauvais chimistes, et qui tourneront pour ou contre la maladie, comme il vous plaira, et voilà un homme tué avec art et dans toutes les règles, sur lequel la justice n'a rien à apprendre, comme disait un horrible chimiste de mes amis, l'excellent abbé Ademonte de Taormine, en Sicile, lequel avait fort étudié ces phénomènes nationaux.

– C'est effrayant, mais c'est admirable, dit la jeune femme immobile d'attention ; je croyais, je l'avoue, toutes ces histoires des inventions du Moyen Âge ?

– Oui, sans doute, mais qui se sont encore perfectionnées de nos jours. À quoi donc voulez-vous que servent le temps, les encouragements, les médailles, les croix, les prix Montyon, si ce n'est pour mener la société vers sa plus grande perfection ? Or, l'homme ne sera parfait que lorsqu'il saura créer et détruire comme Dieu, il sait déjà détruire, c'est la moitié du chemin de fait.

– De sorte, reprit Mme de Villefort revenant invariablement à son but, que les poisons des Borgia, des Médicis, des René, des Ruggieri, et plus tard probablement du baron de Trenk, dont ont tant abusé le drame moderne et le roman...

– Étaient des objets d'art, madame, pas autre chose, répondit le comte. Croyez-vous que le vrai savant s'adresse banalement à l'individu même ? Non pas. La science aime les ricochets, les tours de force, la fantaisie, si l'on peut dire cela. Ainsi, par exemple cet excellent abbé Adelmonte, dont je vous parlais tout à l'heure, avait fait, sous ce rapport, des expériences étonnantes.

– Vraiment !

– Oui, je vous en citerai une seule. Il avait un fort beau jardin plein de légumes, de fleurs et de fruits ; parmi ces légumes, il choisissait le plus honnête de tous, un chou, par exemple. Pendant trois jours il arrosait ce chou avec une dissolution d'arsenic ; le troisième jour, le chou tombait malade et jaunissait, c'était le moment de le couper ; pour tous il paraissait mûr et conservait son apparence honnête : pour l'abbé Adelmonte seul il était empoisonné. Alors, il apportait le chou chez lui, prenait un lapin – l'abbé Adelmonte avait une collection de lapins, de chats et de cochons d'Inde qui ne le cédait en rien à sa collection de légumes, de fleurs et de fruits – l'abbé Adelmonte prenait donc un lapin et lui faisait manger une feuille de chou, le lapin mourait. Quel est le juge d'instruction qui oserait trouver à redire à cela, et quel est le procureur du roi qui s'est jamais avisé de dresser contre M. Magendie ou M. Flourens un réquisitoire à propos des lapins, des cochons d'Inde et des chats qu'ils ont tués ? Aucun. Voilà donc le lapin mort sans que la justice s'en inquiète. Ce lapin mort, l'abbé Adelmonte le fait vider par sa cuisinière et jette les intestins sur un fumier. Sur ce fumier, il y a une poule, elle becquette ces intestins, tombe malade à son tour et meurt le lendemain. Au moment où elle se débat dans les convulsions de l'agonie, un vautour passe (il y a beaucoup de vautours dans le pays d'Adelmonte), celui-là fond sur le cadavre, l'emporte sur un rocher et en dîne. Trois jours après, le pauvre vautour, qui, depuis ce repas, s'est trouvé constamment indisposé, se sent pris d'un étourdissement au plus haut de la nue ; il roule dans le vide et vient tomber lourdement dans votre vivier, le brochet, l'anguille et la murène mangent goulûment, vous savez cela, ils mordent le vautour… Eh bien, supposez que le lendemain l'on serve sur votre table cette anguille, ce brochet ou cette murène, empoisonnés à la quatrième génération, votre convive, lui, sera empoisonné à la cinquième et mourra au bout de huit ou dix jours de douleurs d'entrailles, de maux de cœur, d'abcès au pylore. On fera l'autopsie, et les médecins diront : « Le sujet est mort d'une tumeur au foie ou d'une fièvre typhoïde. »

– Mais, dit Mme de Villefort, toutes ces circonstances, que vous enchaînez les unes aux autres peuvent être rompues par le moindre accident ; le vautour peut ne pas passer à temps ou tomber à cent pas du vivier.

– Ah ! voilà justement où est l'art : pour être un grand chimiste en Orient, il faut diriger le hasard ; on y arrive. »

Mme de Villefort était rêveuse et écoutait.

« Mais, dit-elle, l'arsenic est indélébile ; de quelque façon qu'on l'absorbe, il se retrouvera dans le corps de l'homme, du moment où il sera entré en quantité suffisante pour donner la mort.

– Bien ! s'écria Monte-Cristo, bien ! voilà justement ce que je dis à ce bon Adelmonte.

« Il réfléchit, sourit, et me répondit par un proverbe sicilien, qui est aussi, je crois, un proverbe français : « Mon enfant, le monde n'a pas été fait en un jour, mais en sept ; revenez dimanche. »

« Le dimanche suivant, je revins ; au lieu d'avoir arrosé son chou avec de l'arsenic, il l'avait arrosé avec une dissolution de sel à bas de strychnine, *strychnos colubrina*, comme disent les savants. Cette fois le chou n'avait pas l'air malade le moins du monde ; aussi le lapin ne s'en défia-t-il point, aussi cinq minutes après le lapin était-il mort ; la poule mangea le lapin, et le lendemain elle était trépassée. Alors nous fîmes les vautours, nous emportâmes la poule et nous l'ouvrîmes. Cette fois tous les symptômes particuliers avaient disparu, et il ne restait que les symptômes généraux. Aucune indication particulière dans aucun organe ; exaspération du système nerveux, voilà tout, et trace de congestion cérébrale, pas davantage ; la poule n'avait pas été empoisonnée, elle était morte d'apoplexie. C'est un cas rare chez les poules, je le sais bien, mais fort commun chez les hommes. »

Mme de Villefort paraissait de plus en plus rêveuse.

« C'est bien heureux, dit-elle, que de pareilles substances ne puissent être préparées que par des chimistes, car, en vérité, la moitié du monde empoisonnerait l'autre.

– Par des chimistes ou des personnes qui s'occupent de chimie, répondit négligemment Monte-Cristo.

– Et puis, dit Mme de Villefort s'arrachant elle-même et avec effort à ses pensées, si savamment préparé qu'il soit, le crime est toujours le crime : et s'il échappe à l'investigation humaine, il n'échappe pas au regard de Dieu. Les Orientaux sont plus forts que nous sur les cas de conscience, et ont prudemment supprimé l'enfer ; voilà tout.

– Eh ! madame, ceci est un scrupule qui doit naturellement naître dans une âme honnête comme la vôtre, mais qui en serait bientôt déraciné par le raisonnement. Le mauvais côté de la pensée humaine sera toujours résumé par ce paradoxe de Jean-Jacques Rousseau, vous savez : « Le mandarin qu'on tue à cinq mille lieues en levant le bout du doigt. » La vie de l'homme se passe à faire de ces choses-là, et son intelligence s'épuise à les rêver. Vous trouvez fort peu de gens qui s'en aillent brutalement planter un couteau dans le cœur de leur semblable ou qui administrent, pour le faire disparaître de la surface du globe, cette quantité d'arsenic que nous disions tout à l'heure. C'est là réellement une excentricité ou une bêtise. Pour en arriver là, il faut que le sang se chauffe à trente-six degrés, que le pouls batte à quatre-vingt-dix pulsations, et que l'âme sorte de ses limites ordinaires ; mais si, passant, comme cela se pratique en philologie, du mot au synonyme mitigé, vous faites une simple élimination ; au lieu de commettre un ignoble assassinat, si vous écartez purement et simplement de votre chemin celui qui vous gêne, et cela sans choc, sans violence, sans l'appareil de ces souffrances, qui, devenant un supplice, font de la victime un martyr, et de celui qui agit un carnifex dans toute la force du mot ; s'il n'y a ni sang, ni hurlements, ni contorsions, ni surtout cette horrible et compromettante instantanéité de l'accomplissement, alors vous échappez au coup de la loi humaine qui vous dit : « Ne trouble pas la société ! » Voilà comment procèdent et réussissent les gens d'Orient, personnages graves et flegmatiques, qui s'inquiètent peu des questions de temps dans les conjonctures d'une certaine importance.

– Il reste la conscience, dit Mme de Villefort d'une voix émue et avec un soupir étouffé.

– Oui, dit Monte-Cristo, oui, heureusement, il reste la conscience, sans quoi l'on serait fort malheureux. Après toute action un peu vigoureuse, c'est la conscience qui nous sauve car elle nous fournit mille bonnes excuses dont seuls nous sommes juges ; et ces raisons, si excellentes qu'elles soient pour nous conserver le sommeil, seraient peut-être médiocres devant un tribunal pour nous conserver la vie. Ainsi Richard III, par exemple, a dû être merveilleusement servi par la conscience après la suppression des deux enfants d'Édouard IV, en effet, il pouvait se dire : « Ces deux enfants d'un roi cruel et persécuteur, et qui avaient hérité les vices de leur père, que moi seul ai su reconnaître dans leurs inclinations juvéniles ; ces deux enfants me gênaient pour faire la félicité du peuple anglais, dont ils eussent infailliblement fait le malheur. » Ainsi fut servie par sa conscience Lady Macbeth, qui voulait, quoi qu'en ait dit Shakespeare, donner un trône, non à son mari, mais à son fils. Ah ! l'amour maternel est une si grande vertu, un si puissant mobile, qu'il fait excuser bien des choses ; aussi, après la mort de Duncan Lady Macbeth eut-elle été fort malheureuse sans sa conscience. »

Mme de Villefort absorbait avec avidité ces effrayantes maximes et ces horribles paradoxes débités par le comte avec cette naïve ironie qui lui était particulière.

Puis après un instant de silence :

« Savez-vous, dit-elle, monsieur le comte, que vous êtes un terrible argumentateur, et que vous voyez le monde sous un jour quelque peu livide ! Est-ce donc en regardant l'humanité à travers les alambics et les cornues que vous l'avez jugée telle ? Car vous aviez raison, vous êtes un grand chimiste, et cet élixir que vous avez fait prendre à mon fils, et qui l'a si rapidement rappelé à la vie...

– Oh ! ne vous y fiez pas, madame, dit Monte-Cristo, une goutte de cet élixir a suffi pour rappeler à la vie cet enfant qui se mourait, mais trois gouttes eussent poussé le sang à ses poumons de manière à lui donner des battements de cœur ; six lui eussent coupé la respiration, et causé une syncope beaucoup plus grave que celle dans laquelle il se trouvait ; dix enfin l'eussent foudroyé. Vous savez, madame, comme je l'ai écarté vivement de ces flacons auxquels il avait l'imprudence de toucher ?

– C'est donc un poison terrible ?

– Oh ! mon Dieu, non ! D'abord, admettons ceci, que le mot poison n'existe pas, puisqu'on se sert en médecine des poisons les plus violents, qui deviennent, par la façon dont ils sont administrés, des remèdes salutaires.

– Qu'était-ce donc alors ?

– C'était une savante préparation de mon ami, cet excellent abbé Adelmonte, et dont il m'a appris à me servir.

– Oh ! dit Mme de Villefort, ce doit être un excellent antispasmodique.

– Souverain, madame, vous l'avez vu, répondit le comte, et j'en fais un usage fréquent, avec toute la prudence possible, bien entendu, ajouta-t-il en riant.

– Je le crois, répliqua sur le même ton Mme de Villefort. Quant à moi, si nerveuse et si prompte à m'évanouir, j'aurais besoin d'un docteur Adelmonte pour m'inventer des moyens de respirer librement et me tranquilliser sur la crainte que j'éprouve de mourir un beau jour suffoquée. En attendant, comme la chose est difficile à trouver en France, et que votre abbé n'est probablement pas disposé à faire pour moi le voyage de Paris, je m'en tiens aux antispasmodiques de M. Planche, et la menthe et les gouttes d'Hoffmann jouent chez moi un grand rôle. Tenez, voici des pastilles que je me fais faire exprès ; elles sont à double dose. »

Monte-Cristo ouvrit la boîte d'écaille que lui présentait la jeune femme, et respira l'odeur des pastilles en amateur digne d'apprécier cette préparation.

« Elles sont exquises, dit-il, mais soumises à la nécessité de la déglutition, fonction qui souvent est impossible à accomplir de la part de la personne évanouie. J'aime mieux mon spécifique.

– Mais, bien certainement, moi aussi, je le préférerais d'après les effets que j'en ai vus surtout ; mais c'est un secret sans doute, et je ne suis pas assez indiscrète pour vous le demander.

– Mais moi, madame, dit Monte-Cristo en se levant, je suis assez galant pour vous l'offrir.

– Oh ! monsieur.

– Seulement rappelez-vous une chose : c'est qu'à petite dose c'est un remède, à forte dose c'est un poison. Une goutte rend la vie, comme vous l'avez vu ; cinq ou six tueraient infaillible-ment, et d'une façon d'autant plus terrible, qu'étendues dans un verre de vin, elles n'en changeraient aucunement le goût. Mais je m'arrête, madame, j'aurais presque l'air de vous conseiller. »

Six heures et demie venaient de sonner, on annonça une amie de Mme de Villefort, qui venait dîner avec elle.

« Si j'avais l'honneur de vous voir pour la troisième ou quatrième fois, monsieur le comte, au lieu de vous voir pour la seconde, dit Mme de Villefort ; si j'avais l'honneur d'être votre amie, au lieu d'avoir tout bonnement le bonheur d'être votre obligée, j'insisterais pour vous retenir à dîner, et je ne me laisserais pas battre par un premier refus.

– Mille grâces, madame, répondit Monte-Cristo, j'ai moi-même un engagement auquel je ne puis manquer. J'ai promis de conduire au spectacle une princesse grecque de mes amies, qui n'a pas encore vu le Grand Opéra, et qui compte sur moi pour l'y mener.

– Allez, monsieur, mais n'oubliez pas ma recette.

– Comment donc, madame ! il faudrait pour cela oublier l'heure de conversation que je viens de passer près de vous : ce qui est tout à fait impossible.

Monte-Cristo salua et sortit.

Mme de Villefort demeura rêveuse.

« Voilà un homme étrange, dit-elle, et qui m'a tout l'air de s'appeler, de son nom de baptême, Adelmonte. »

Quant à Monte-Cristo, le résultat avait dépassé son attente.

« Allons, dit-il en s'en allant, voilà une bonne terre, je suis convaincu que le grain qu'on y laisse tomber n'y avorte pas. »

Et le lendemain, fidèle à sa promesse, il envoya la recette demandée.

LIII – Robert le diable.

La raison de l'Opéra était d'autant meilleure à donner qu'il y avait ce soir-là solennité à l'Académie royale de musique. Levasseur, après une longue indisposition, rentrait par le rôle de Bertram, et, comme toujours, l'œuvre du maestro à la mode avait attiré la plus brillante société de Paris.

Morcerf, comme la plupart des jeunes gens riches, avait sa stalle d'orchestre, plus dix loges de personnes de sa connaissance auxquelles il pouvait aller demander une place sans compter celle à laquelle il avait droit dans la loge des lions.

Château-Renaud avait la stalle voisine de la sienne.

Beauchamp, en sa qualité de journaliste, était roi de la salle et avait sa place partout.

Ce soir-là, Lucien Debray avait la disposition de la loge du ministre, et il l'avait offerte au comte de Morcerf, lequel, sur le refus de Mercédès, l'avait envoyée à Danglars, en lui faisant dire qu'il irait probablement faire dans la soirée une visite à la baronne et à sa fille, si ces dames voulaient bien accepter la loge qu'il leur proposait. Ces dames n'avaient eu garde de refuser. Nul n'est friand de loges qui ne coûtent rien comme un millionnaire.

Quant à Danglars, il avait déclaré que ses principes politiques et sa qualité de député de l'opposition ne lui permettaient pas d'aller dans la loge du ministre. En conséquence, la baronne avait écrit à Lucien de la venir prendre, attendu qu'elle ne pouvait pas aller à l'Opéra seule avec Eugénie.

En effet, si les deux femmes y eussent été seules, on eût, certes, trouvé cela fort mauvais ; tandis que Mlle Danglars allant à l'Opéra avec sa mère et l'amant de sa mère il n'y avait rien à dire : il faut bien prendre le monde comme il est fait.

La toile se leva, comme d'habitude, sur une salle à peu près vide. C'est encore une habitude de notre fashion parisienne, d'arriver au spectacle quand le spectacle est commencé : il en résulte que le premier acte se passe, de la part des spectateurs arrivés, non pas à regarder ou à écouter la pièce, mais à regarder entrer les spectateurs qui arrivent, et à ne rien entendre que le bruit des portes et celui des conversations.

« Tiens ! dit tout à coup Albert en voyant s'ouvrir une loge de côté de premier rang, tiens ! la comtesse G... »

– Qu'est-ce que c'est que la comtesse G... ? demanda Château-Renaud.

– Oh ! par exemple, baron, voici une question que je ne vous pardonne pas ; vous demandez ce que c'est que la comtesse G... ?

– Ah ! c'est vrai, dit Château-Renaud, n'est-ce pas cette charmante Vénitienne ?

– Justement. »

En ce moment la comtesse G... aperçut Albert et échangea avec lui un salut accompagné d'un sourire.

« Vous la connaissez ? dit Château-Renaud.

– Oui, fit Albert ; je lui ai été présenté à Rome par Franz.

– Voudrez-vous me rendre à Paris le même service que Franz vous a rendu à Rome ?

– Bien volontiers.

– Chut ! » cria le public.

Les deux jeunes gens continuèrent leur conversation, sans paraître s'inquiéter le moins du monde du désir que paraissait éprouver le parterre d'entendre la musique.

« Elle était aux courses du Champ-de-Mars, dit Château-Renaud.

– Aujourd'hui ?

– Oui.

– Tiens ! au fait, il y avait courses. Étiez-vous engagé ?

– Oh ! pour une misère, pour cinquante louis.

– Et qui a gagné ?

– Nautilus ; je pariais pour lui.

– Mais il y avait trois courses ?

– Oui. Il y avait le prix du Jockey-Club, une coupe d'or. Il s'est même passé une chose assez bizarre.

– Laquelle ?

– Chut donc ! cria le public.

– Laquelle ? répéta Albert.

– C'est un cheval et un jockey complètement inconnus qui ont gagné cette course.

– Comment ?

– Oh ! mon Dieu, oui, personne n'avait fait attention à un cheval inscrit sous le nom de *Vampa* et à un jockey inscrit sous le nom de *Job*, quand on a vu s'avancer tout à coup un admirable alezan et un jockey gros comme le poing ; on a été obligé de lui fourrer vingt livres de plomb dans ses poches, ce qui ne l'a pas empêché d'arriver au but trois longueurs de cheval avant *Ariel et Barbaro*, qui couraient avec lui.

– Et l'on n'a pas su à qui appartenaient le cheval et le jockey ?

– Non.

– Vous dites que ce cheval était inscrit sous le nom de...

– *Vampa.*

– Alors, dit Albert, je suis plus avancé que vous, je sais à qui il appartenait, moi.

– Silence donc ! » cria pour la troisième fois le parterre.

Cette fois la levée de boucliers était si grande, que les deux jeunes gens s'aperçurent enfin que c'était à eux que le public s'adressait. Ils se retournèrent un instant, cherchant dans cette foule un homme qui prit la responsabilité de ce qu'ils regardaient comme une impertinence ; mais personne ne réitéra l'invitation, et ils se retournèrent vers la scène. En ce moment la loge du ministre s'ouvrait, et Mme Danglars, sa fille et Lucien Debray prenaient leurs places.

« Ah ! ah ! dit Château-Renaud, voilà des personnes de votre connaissance, vicomte. Que diable regardez-vous donc à droite ? On vous cherche. »

Albert se retourna et ses yeux rencontrèrent effectivement ceux de la baronne Danglars, qui lui fit avec son éventail un petit salut. Quant à Mlle Eugénie, ce fut à peine si ses grands yeux noirs daignèrent s'abaisser jusqu'à l'orchestre.

« En vérité, mon cher, dit Château-Renaud, je ne comprends point, à part la mésalliance, et je ne crois point que ce soit cela qui vous préoccupe beaucoup ; je ne comprends pas, dis-je, à part la mésalliance, ce que vous pouvez avoir contre Mlle Danglars ; c'est en vérité une fort belle personne.

– Fort belle, certainement, dit Albert ; mais je vous avoue qu'en fait de beauté j'aimerais mieux quelque chose de plus doux, de plus suave, de plus féminin, enfin.

– Voilà bien les jeunes gens, dit Château-Renaud qui, en sa qualité d'homme de trente ans, prenait avec Morcerf des airs paternels ; ils ne sont jamais satisfaits. Comment, mon cher ! on vous trouve une fiancée bâtie sur le modèle de la Diane chasseresse et vous n'êtes pas content !

– Eh bien, justement, j'aurais mieux aimé quelque chose dans le genre de la Vénus de Milo ou de Capoue. Cette Diane chasseresse, toujours au milieu de ses nymphes, m'épouvante un peu, j'ai peur qu'elle ne me traite en Actéon. »

En effet, un coup d'œil jeté sur la jeune fille pouvait presque expliquer le sentiment que venait d'avouer Morcerf. Mlle Danglars était belle, mais, comme l'avait dit Albert, d'une beauté un peu arrêtée : ses cheveux étaient d'un beau noir, mais dans leurs ondes naturelles on remarquait une certaine rébellion à la main qui voulait leur imposer sa volonté ; ses yeux, noirs comme ses cheveux, encadrés sous de magnifiques sourcils qui n'avaient qu'un défaut, celui de se froncer quelquefois, étaient surtout remarquables par une expression de fermeté qu'on était étonné de trouver dans le regard d'une femme ; son nez avait les proportions exactes qu'un statuaire eût données à celui de Junon : sa bouche seule était trop grande, mais garnie de belles dents que faisaient ressortir encore des lèvres dont le carmin trop vif tranchait avec la pâleur de son teint ; enfin un signe noir placé au coin de la bouche, et plus large que ne le sont d'ordinaire ces sortes de caprices de la nature, achevait de donner à cette physionomie ce caractère décidé qui effrayait quelque peu Morcerf.

D'ailleurs, tout le reste de la personne d'Eugénie s'alliait avec cette tête que nous venons d'essayer de décrire. C'était, comme l'avait dit Château-Renaud, la Diane chasseresse, mais avec quelque chose encore de plus ferme et de plus musculeux dans sa beauté.

Quant à l'éducation, qu'elle avait reçue, s'il y avait un reproche à lui faire, c'est que, comme certains points de sa physionomie, elle semblait un peu appartenir à un autre sexe. En effet, elle parlait deux ou trois langues, dessinait facilement, faisait des vers et composait de la musique ; elle était surtout passionnée pour ce dernier art, qu'elle étudiait avec une de ses amies de pension, jeune personne sans fortune, mais ayant toutes les dispositions possibles pour devenir, à ce que l'on assurait, une excellente cantatrice. Un grand compositeur portait, disait-on, à cette dernière, un intérêt presque paternel, et la faisait travailler avec l'espoir qu'elle trouverait un jour une fortune dans sa voix.

Cette possibilité que Mlle Louise d'Armilly, c'était le nom de la jeune virtuose, entrât un jour au théâtre faisait que Mlle Danglars, quoique la recevant chez elle, ne se montrait point en public en sa compagnie. Du reste, sans avoir dans la maison du banquier la position indépendante d'une amie, Louise avait une position supérieure à celle des institutrices ordinaires.

Quelques secondes après l'entrée de Mme Danglars dans sa loge, la toile avait baissé et, grâce à cette faculté, laissée par la longueur des entractes, de se promener au foyer ou de faire des visites pendant une demi-heure, l'orchestre s'était à peu près dégarni.

Morcerf et Château-Renaud étaient sortis des premiers. Un instant Mme Danglars avait pensé que cet empressement d'Albert avait pour but de lui venir présenter ses compliments, et elle s'était penchée à l'oreille de sa fille pour lui annoncer cette visite, mais celle-ci s'était contentée de secouer la tête en souriant ; et en même temps, comme pour prouver combien la dénégation d'Eugénie était fondée, Morcerf apparut dans une loge de côté du premier rang. Cette loge était celle de la comtesse G...

« Ah ! vous voilà, monsieur le voyageur, dit celle-ci en lui tendant la main avec toute la cordialité d'une vieille connaissance ; c'est bien aimable à vous de m'avoir reconnue, et surtout de m'avoir donné la préférence pour votre première visite.

– Croyez, madame, répondit Albert, que si j'eusse su votre arrivée à Paris et connu votre adresse, je n'eusse point attendu si tard. Mais veuillez me permettre de vous présenter M. le baron de Château-Renaud, mon ami, un des rares gentilshommes qui restent encore en France, et par lequel je viens d'apprendre que vous étiez aux courses du Champ-de-Mars. »

Château-Renaud salua.

« Ah ! vous étiez aux courses, monsieur ? dit vivement la comtesse.

– Oui, madame.

– Eh bien, reprit vivement Mme G..., pouvez-vous me dire à qui appartenait le cheval qui a gagné le prix du Jockey-Club ?

– Non, madame, dit Château-Renaud, et je faisais tout à l'heure la même question à Albert.

– Y tenez-vous beaucoup, madame la comtesse ? demanda Albert.

– À quoi ?

– À connaître le maître du cheval ?

– Infiniment. Imaginez-vous... Mais sauriez-vous qui, par hasard, vicomte ?

– Madame, vous allez raconter une histoire : imaginez-vous, avez-vous dit.

– Eh bien, imaginez-vous que ce charmant cheval alezan et ce joli petit jockey à casaque rose m'avaient, à la première vue, inspiré une si vive sympathie, que je faisais des vœux pour l'un et pour l'autre, exactement comme si j'avais engagé sur eux la moitié de ma fortune ; aussi, lorsque je les vis arriver au but, devançant les autres coureurs de trois longueurs de cheval, je fus si joyeuse que je me mis à battre des mains comme une folle. Figurez-vous mon étonnement lorsque, en rentrant chez moi, je rencontrai sur mon escalier le petit jockey rose ! Je crus que le vainqueur de la course demeurait par hasard dans la même maison que moi, lorsque, en ouvrant la porte de mon salon, la première chose que je vis fut la coupe d'or qui formait le prix gagné par le cheval et le jockey inconnus. Dans la coupe il y avait un petit papier sur lequel étaient écrits ces mots : « À la comtesse G..., Lord Ruthwen. »

– C'est justement cela, dit Morcerf.

– Comment ! c'est justement cela ; que voulez-vous dire ?

– Je veux dire que c'est Lord Ruthwen en personne.

– Quel Lord Ruthwen ?

– Le nôtre, le vampire, celui du théâtre Argentina.

– Vraiment ! s'écria la comtesse ; il est donc ici ?

– Parfaitement.

– Et vous le voyez ? vous le recevez ? vous allez chez lui ?

– C'est mon ami intime, et M. de Château-Renaud lui-même a l'honneur de le connaître.

– Qui peut vous faire croire que c'est lui qui a gagné ?

– Son cheval inscrit sous le nom de *Vampa*...

– Eh bien, après ?

– Eh bien, vous ne vous rappelez pas le nom du fameux bandit qui m'avait fait prisonnier ?

– Ah ! c'est vrai.

– Et des mains duquel le comte m'a miraculeusement tiré ?

– Si fait.

– Il s'appelait *Vampa*. Vous voyez bien que c'est lui.

– Mais pourquoi m'a-t-il envoyé cette coupe, à moi ?

– D'abord, madame la comtesse, parce que je lui avais fort parlé de vous, comme vous pouvez le croire ; ensuite parce qu'il aura été enchanté de retrouver une compatriote, et heureux de l'intérêt que cette compatriote prenait à lui.

– J'espère bien que vous ne lui avez jamais raconté les folies que nous avons dites à son sujet !

– Ma foi, je n'en jurerais pas, et cette façon de vous offrir cette coupe sous le nom de Lord Ruthwen...

– Mais c'est affreux, il va m'en vouloir mortellement.

– Son procédé est-il celui d'un ennemi ?

– Non, je l'avoue.

– Eh bien !

– Ainsi, il est à Paris ?

– Oui.

– Et quelle sensation a-t-il faite ?

– Mais, dit Albert, on en a parlé huit jours, puis sont arrivés le couronnement de la reine d'Angleterre et le vol des diamants de Mlle Mars, et l'on n'a plus parlé que de cela.

– Mon cher, dit Château-Renaud, on voit bien que le comte est votre ami, vous le traitez en conséquence. Ne croyez pas ce que vous dit Albert, madame la comtesse, il n'est au contraire question que du comte de Monte-Cristo à Paris. Il a d'abord débuté par envoyer à Mme Danglars des chevaux de trente mille francs ; puis il a sauvé la vie à Mme de Villefort ; puis il a gagné la course du Jockey-Club à ce qu'il paraît. Je maintiens au contraire, moi, quoi qu'en dise Morcerf, qu'on s'occupe encore du comte en ce moment, et qu'on ne s'occupera même plus que de lui dans un mois, s'il veut continuer de faire de l'excentricité, ce qui, au reste, paraît être sa manière de vivre ordinaire.

– C'est possible, dit Morcerf ; en attendant, qui donc a repris la loge de l'ambassadeur de Russie ?

– Laquelle ? demanda la comtesse.

– L'entre-colonne du premier rang ; elle me semble parfaitement remise à neuf.

– En effet, dit Château-Renaud. Est-ce qu'il avait quelqu'un pendant le premier acte ?

– Où ?

– Dans cette loge ?

– Non, reprit la comtesse, je n'ai vu personne ; ainsi, continua-t-elle, revenant à la première conversation, vous croyez que c'est votre comte de Monte-Cristo qui a gagné le prix ?

– J'en suis sûr.

– Et qui m'a envoyé cette coupe ?

– Sans aucun doute.

– Mais je ne le connais pas, moi, dit la comtesse, et j'ai fort envie de la lui renvoyer.

– Oh ! n'en faites rien ; il vous en enverrait une autre, taillée dans quelque saphir ou creusée dans quelque rubis. Ce sont ses manières d'agir ; que voulez-vous, il faut le prendre comme il est. »

En ce moment on entendit la sonnette qui annonçait que le deuxième acte allait commencer. Albert se leva pour regagner sa place.

« Vous verrai-je ? demanda la comtesse.

– Dans les entractes, si vous le permettez, je viendrai m'informer si je puis vous être bon à quelque chose à Paris.

– Messieurs, dit la comtesse, tous les samedi soir, rue de Rivoli, 22, je suis chez moi pour mes amis. Vous voilà prévenus. »

Les jeunes gens saluèrent et sortirent.

En entrant dans la salle, ils virent le parterre debout et les yeux fixés sur un seul point de la salle ; leurs regards suivirent la direction générale, et s'arrêtèrent sur l'ancienne loge de l'ambassadeur de Russie. Un homme habillé de noir, de trente-cinq à quarante ans, venait d'y entrer avec une femme vêtue d'un costume oriental. La femme était de la plus grande beauté, et le costume d'une telle richesse que comme nous l'avons dit, tous les yeux s'étaient à l'instant tournés vers elle.

« Eh ! dit Albert, c'est Monte-Cristo et sa Grecque. »

En effet, c'était le comte et Haydée.

Au bout d'un instant, la jeune femme était l'objet de l'attention non seulement du parterre, mais de toute la salle ; les femmes se penchaient hors des loges pour voir ruisseler sous les feux des lustres cette cascade de diamants.

Le second acte se passa au milieu de cette rumeur sourde qui indique dans les masses assemblées un grand événement. Personne ne songea à crier silence. Cette femme si jeune, si belle, si éblouissante, était le plus curieux spectacle qu'on pût voir.

Cette fois, un signe de Mme Danglars indiqua clairement à Albert que la baronne désirait avoir sa visite dans l'entracte suivant.

Morcerf était de trop bon goût pour se faire attendre quand on lui indiquait clairement qu'il était attendu. L'acte fini, il se hâta donc de monter dans l'avant-scène.

Il salua les deux dames et tendit la main à Debray.

La baronne l'accueillit avec un charmant sourire et Eugénie avec sa froideur habituelle.

« Ma foi, mon cher, dit Debray vous voyez un homme à bout, et qui vous appelle en aide pour le relayer. Voici madame qui m'écrase de questions sur le comte, et qui veut que je sache d'où il est, d'où il vient, où il va ; ma foi, je ne suis pas Cagliostro, moi, et pour me tirer d'affaire, j'ai dit : « Demandez tout cela à Morcerf, il connaît son Monte-Cristo sur le bout du doigt » ; alors on vous a fait signe.

– N'est-il pas incroyable, dit la baronne, que lorsqu'on a un demi-million de fonds secrets à sa disposition on ne soit pas mieux instruit que cela ?

– Madame, dit Lucien, je vous prie de croire que si j'avais un demi-million à ma disposition, je l'emploierais à autre chose qu'à prendre des informations sur M. de Monte-Cristo, qui n'a d'autre mérite à mes yeux que d'être deux fois riche comme un nabab ; mais j'ai passé la parole à mon ami Morcerf ; arrangez-vous avec lui, cela ne me regarde plus.

– Un nabab ne m'eût certainement pas envoyé une paire de chevaux de trente mille francs, avec quatre diamants aux oreilles, de cinq mille francs chacun.

– Oh ! les diamants, dit en riant Morcerf, c'est sa manie. Je crois que, pareil à Potemkin, il en a toujours dans ses poches, et qu'il en sème sur son chemin comme le petit Poucet faisait de ses cailloux.

– Il aura trouvé quelque mine, dit Mme Danglars ; vous savez qu'il a un crédit illimité sur la maison du baron ?

– Non, je ne le savais pas, répondit Albert, mais cela doit être.

– Et qu'il a annoncé à M. Danglars qu'il comptait rester un an à Paris et y dépenser six millions ?

– C'est le schah de Perse qui voyage incognito.

– Et cette femme, monsieur Lucien, dit Eugénie, avez-vous remarqué comme elle est belle ?

– En vérité, mademoiselle, je ne connais que vous pour faire si bonne justice aux personnes de votre sexe. »

Lucien approcha son lorgnon de son œil.

« Charmante ! dit-il.

– Et cette femme, M. de Morcerf sait-il qui elle est ?

– Mademoiselle, dit Albert, répondant à cette interpellation presque directe, je le sais à peu près, comme tout ce qui regarde le personnage mystérieux dont nous nous occupons. Cette femme est une Grecque.

– Cela se voit facilement à son costume, et vous ne m'apprenez là que ce que toute la salle sait déjà comme nous.

– Je suis fâché, dit Morcerf, d'être un cicérone si ignorant, mais je dois avouer que là se bornent mes connaissances ; je sais, en outre qu'elle est musicienne, car un jour que j'ai déjeuné chez le comte, j'ai entendu les sons d'une gazla qui ne pouvaient venir certainement que d'elle.

– Il reçoit donc, votre comte ? demanda Mme Danglars.

– Et d'une façon splendide, je vous le jure.

– Il faut que je pousse Danglars à lui offrir quelque dîner, quelque bal, afin qu'il nous les rende.

– Comment, vous irez chez lui ? dit Debray en riant.

– Pourquoi pas ? avec mon mari !

– Mais il est garçon, ce mystérieux comte.

– Vous voyez bien que non, dit en riant à son tour la baronne, en montrant la belle Grecque.

– Cette femme est une esclave, à ce qu'il nous a dit lui-même, vous rappelez-vous, Morcerf ? à votre déjeuner ?

– Convenez, mon cher Lucien, dit la baronne qu'elle a bien plutôt l'air d'une princesse.

– Des *Mille et une Nuits*.

– Des *Mille et une Nuits*, je ne dis pas ; mais qu'est-ce qui fait les princesses, mon cher ? ce sont les diamants, et celle-ci en est couverte.

– Elle en a même trop, dit Eugénie ; elle serait plus belle sans cela, car on verrait son cou et ses poignets, qui sont charmants de forme.

– Oh ! l'artiste. Tenez, dit Mme Danglars, la voyez-vous qui se passionne ?

– J'aime tout ce qui est beau, dit Eugénie.

– Mais que dites-vous du comte alors ? dit Debray, il me semble qu'il n'est pas mal non plus.

– Le comte ? dit Eugénie, comme si elle n'eût point encore pensé à le regarder, le comte, il est bien pâle.

– Justement, dit Morcerf, c'est dans cette pâleur qu'est le secret que nous cherchons. La comtesse G... prétend, vous le savez, que c'est un vampire.

– Elle est donc de retour, la comtesse G... ? demanda la baronne.

– Dans cette loge de côté, dit Eugénie, presque en face de nous, ma mère ; cette femme, avec ces admirables cheveux blonds, c'est elle.

– Oh ! oui, dit Mme Danglars ; vous ne savez pas ce que vous devriez faire, Morcerf ?

– Ordonnez, madame.

– Vous devriez aller faire une visite à votre comte de Monte-Cristo et nous l'amener.

– Pourquoi faire ? dit Eugénie.

– Mais pour que nous lui parlions ; n'es-tu pas curieuse de le voir ?

– Pas le moins du monde.

– Étrange enfant ! murmura la baronne.

– Oh ! dit Morcerf, il viendra probablement de lui-même. Tenez, il vous a vue, madame, et il vous salue. »

La baronne rendit au comte son salut, accompagné d'un charmant sourire.

« Allons, dit Morcerf, je me sacrifie ; je vous quitte et vais voir s'il n'y a pas moyen de lui parler.

– Allez dans sa loge ; c'est bien simple.

– Mais je ne suis pas présenté.

– À qui ?

– À la belle Grecque.

– C'est une esclave, dites-vous ?

– Oui, mais vous prétendez, vous, que c'est une princesse... Non. J'espère que lorsqu'il me verra sortir il sortira.

– C'est possible. Allez !

– J'y vais. »

Morcerf salua et sortit. Effectivement, au moment où il passait devant la loge du comte, la porte s'ouvrit ; le comte dit quelques mots en arabe à Ali, qui se tenait dans le corridor, et prit le bras de Morcerf.

Ali referma la porte, et se tint debout devant elle ; il y avait dans le corridor un rassemblement autour du Nubien.

« En vérité, dit Monte-Cristo, votre Paris est une étrange ville, et vos Parisiens un singulier peuple. On dirait que c'est la première fois qu'ils voient un Nubien. Regardez-les donc se presser autour de ce pauvre Ali, qui ne sait pas ce que cela veut dire. Je vous réponds d'une chose, par exemple, c'est qu'un Parisien peut aller à Tunis, à Constantinople, à Bagdad ou au Caire, on ne fera pas cercle autour de lui.

– C'est que vos Orientaux sont des gens sensés, et qu'ils ne regardent que ce qui vaut la peine d'être vu ; mais croyez-moi, Ali ne jouit de cette popularité que parce qu'il vous appartient, et qu'en ce moment vous êtes l'homme à la mode.

– Vraiment ! et qui me vaut cette faveur ?

– Parbleu ! vous-même. Vous donnez des attelages de mille louis ; vous sauvez la vie à des femmes de procureur du roi ; vous faites courir, sous le nom de major Brack, des chevaux pur sang et des jockeys gros comme des ouistitis ; enfin, vous gagnez des coupes d'or, et vous les envoyez aux jolies femmes.

– Et qui diable vous a conté toutes ces folies ?

– Dame ! la première, Mme Danglars, qui meurt d'envie de vous voir dans sa loge, ou plutôt qu'on vous y voie ; la seconde, le journal de Beauchamp, et la troisième, ma propre imaginative. Pourquoi appelez-vous votre cheval *Vampa*, si vous voulez garder l'incognito ?

– Ah ! c'est vrai ! dit le comte, c'est une imprudence. Mais dites-moi donc, le comte de Morcerf ne vient-il point quelquefois à l'Opéra ? Je l'ai cherché des yeux, et je ne l'ai aperçu nulle part.

– Il viendra ce soir.

– Où cela ?

– Dans la loge de la baronne, je crois.

– Cette charmante personne qui est avec elle, c'est sa fille ?

– Oui.

– Je vous en fais mon compliment. »

Morcerf sourit.

« Nous reparlerons de cela plus tard et en détail, dit-il. Que dites-vous de la musique ?

– De quelle musique ?

– Mais de celle que vous venez d'entendre.

– Je dis que c'est de fort belle musique pour de la musique composée par un compositeur humain, et chantée par des oiseaux à deux pieds et sans plumes, comme disait feu Diogène.

– Ah çà ! mais, mon cher comte, il semblerait que vous pourriez entendre à votre caprice les sept chœurs du paradis ?

– Mais c'est un peu de cela. Quand je veux entendre d'admirable musique, vicomte, de la musique comme jamais l'oreille mortelle n'en a entendu, je dors.

– Eh bien, mais, vous êtes à merveille ici ; dormez, mon cher comte, dormez, l'Opéra n'a pas été inventé pour autre chose.

– Non, en vérité, votre orchestre fait trop de bruit. Pour que je dorme du sommeil dont je vous parle, il me faut le calme et le silence, et puis une certaine préparation...

– Ah ! le fameux haschich ?

– Justement, vicomte, quand vous voudrez entendre de la musique, venez souper avec moi.

– Mais j'en ai déjà entendu en y allant déjeuner, dit Morcerf. À Rome ?

– Oui.

– Ah ! c'était la guzla d'Haydée. Oui, la pauvre exilée s'amuse quelquefois à me jouer des airs de son pays. »

Morcerf n'insista pas davantage ; de son côté, le comte se tut.

En ce moment la sonnette retentit.

« Vous m'excusez ? dit le comte en reprenant le chemin de sa loge.

– Comment donc !

– Emportez bien des choses pour la comtesse G... de la part de son vampire.

– Et à la baronne ?

– Dites-lui que j'aurai l'honneur, si elle le permet, d'aller lui présenter mes hommages dans la soirée. »

Le troisième acte commença. Pendant le troisième acte le comte de Morcerf vint, comme il l'avait promis, rejoindre Mme Danglars.

Le comte n'était point un de ces hommes qui font révolution dans une salle ; aussi personne ne s'aperçut-il de son arrivée que ceux dans la loge desquels il venait prendre une place.

Monte-Cristo le vit cependant, et un léger sourire effleura ses lèvres.

Quant à Haydée, elle ne voyait rien tant que la toile était levée ; comme toutes les natures primitives, elle adorait tout ce qui parle à l'oreille et à la vue.

Le troisième acte s'écoula comme d'habitude ; Mlles Noblet, Julia et Leroux exécutèrent leurs entrechats ordinaires ; le prince de Grenade fut défié par Robert-Mario ; enfin ce majestueux roi que vous savez fit le tour de la salle pour montrer son manteau de velours, en tenant sa fille par la main ; puis la toile tomba, et la salle se dégorgea aussitôt dans le foyer et les corridors.

Le comte sortit de sa loge, et un instant après apparut dans celle de la baronne Danglars.

La baronne ne put s'empêcher de jeter un cri de surprise légèrement mêlé de joie.

« Ah ! venez donc, monsieur le comte ! s'écria-t-elle, car, en vérité, j'avais hâte de joindre mes grâces verbales aux remerciements écrits que je vous ai déjà faits.

– Oh ! madame, dit le comte, vous vous rappelez encore cette misère ? je l'avais déjà oubliée, moi.

– Oui, mais ce qu'on n'oublie pas, monsieur le comte, c'est que vous avez le lendemain sauvé ma bonne amie Mme de Villefort du danger que lui faisaient courir ces mêmes chevaux.

– Cette fois encore, madame, je ne mérite pas vos remerciements ; c'est Ali, mon Nubien, qui a eu le bonheur de rendre à Mme de Villefort cet éminent service.

– Et est-ce aussi Ali, dit le comte de Morcerf, qui a tiré mon fils des bandits romains ?

– Non, monsieur le comte, dit Monte-Cristo en serrant la main que le général lui tendait, non ; cette fois je prends les remerciements pour mon compte ; mais vous me les avez déjà faits, je les ai déjà reçus, et, en vérité, je suis honteux de vous retrouver encore si reconnaissant. Faites-moi donc l'honneur, je vous prie, madame la baronne, de me présenter à mademoiselle votre fille.

– Oh ! vous êtes tout présenté, de nom du moins, car il y a deux ou trois jours que nous ne parlons que de vous. Eugénie, continua la baronne en se retournant vers sa fille, monsieur le comte de Monte-Cristo ! »

Le comte s'inclina : Mlle Danglars fit un léger mouvement de tête.

« Vous êtes là avec une admirable personne, monsieur le comte, dit Eugénie ; est-ce votre fille ?

– Non, mademoiselle, dit Monte-Cristo étonné de cette extrême ingénuité ou de cet étonnant aplomb, c'est une pauvre Grecque dont je suis le tuteur.

– Et qui se nomme ?...

– Haydée, répondit Monte-Cristo.

– Une Grecque ! murmura le comte de Morcerf.

– Oui, comte, dit Mme Danglars ; et dites-moi si vous avez jamais vu à la cour d'Ali-Tebelin, que vous avez si glorieusement servi, un aussi admirable costume que celui que nous avons là devant les yeux.

– Ah ! dit Monte-Cristo, vous avez servi à Janina, monsieur le comte ?

– J'ai été général-inspecteur des troupes du pacha, répondit Morcerf, et mon peu de fortune, je ne le cache pas, vient des libéralités de l'illustre chef albanais.

– Regardez donc ! insista Mme Danglars.

– Où cela ? balbutia Morcerf.

– Tenez ! » dit Monte-Cristo.

Et, enveloppant le comte de son bras, il se pencha avec lui hors la loge.

En ce moment, Haydée, qui cherchait le comte des yeux, aperçut sa tête pâle près de celle de M. de Morcerf, qu'il tenait embrassé.

Cette vue produisit sur la jeune fille l'effet de la tête de Méduse ; elle fit un mouvement en avant comme pour les dévorer tous deux du regard, puis, presque aussitôt, elle se rejeta en arrière en poussant un faible cri, qui fut cependant entendu des personnes qui étaient les plus proches d'elle et d'Ali, qui aussitôt ouvrit la porte.

« Tiens, dit Eugénie, que vient-il donc d'arriver à votre pupille, monsieur le comte ? On dirait qu'elle se trouve mal.

– En effet, dit le comte, mais ne vous effrayez point, mademoiselle : Haydée est très nerveuse et par conséquent très sen-
sible aux odeurs : un parfum qui lui est antipathique suffit pour
la faire évanouir ; mais, ajouta le comte en tirant un flacon de
sa poche, j'ai là le remède. »

Et, après avoir salué la baronne et sa fille d'un seul et même
salut, il échangea une dernière poignée de main avec le comte
et avec Debray, et sortit de la loge de Mme Danglars.

Quand il entra dans la sienne, Haydée était encore fort pâle ;
à peine parut-il qu'elle lui saisit la main. Monte-Cristo s'aperçut que les mains de la jeune fille étaient humides et glacées à
la fois.

« Avec qui donc causais-tu là, seigneur ? demanda la jeune
fille.

– Mais, répondit Monte-Cristo, avec le comte de Morcerf, qui
a été au service de ton illustre père, et qui avoue lui devoir sa
fortune.

– Ah ! le misérable ! s'écria Haydée, c'est lui qui l'a vendu
aux Turcs ; et cette fortune, c'est le prix de sa trahison. Ne
savais-tu donc pas cela, mon cher seigneur ?

– J'avais bien déjà entendu dire quelques mots de cette histoire en Épire, dit Monte-Cristo, mais j'en ignore les détails.
Viens, ma fille, tu me les donneras, ce doit être curieux.

– Oh ! oui, viens, viens ; il me semble que je mourrais si je
restais plus longtemps en face de cet homme. »

Et Haydée, se levant vivement, s'enveloppa de son burnous
de cachemire blanc brodé de perles et de corail, et sortit vivement au moment où la toile se levait.

« Voyez si cet homme fait rien comme un autre ! dit la comtesse G... à Albert, qui était retourné près d'elle ; il écoute religieusement le troisième acte de *Robert*, et il s'en va au moment où le quatrième va commencer.

LIV – La hausse et la baisse.

Quelques jours après cette rencontre, Albert de Morcerf vint faire visite au comte de Monte-Cristo dans sa maison des Champs-Élysées, qui avait déjà pris cette allure de palais, que le comte, grâce à son immense fortune, donnait à ses habitations même les plus passagères.

Il venait lui renouveler les remerciements de Mme Danglars, que lui avait déjà apportés une lettre signée baronne Danglars, née Herminie de Servieux.

Albert était accompagné de Lucien Debray, lequel joignit aux paroles de son ami quelques compliments qui n'étaient pas officiels sans doute, mais dont, grâce à la finesse de son coup d'œil, le comte ne pouvait suspecter la source.

Il lui sembla même que Lucien venait le voir, mû par un double sentiment de curiosité, et que la moitié de ce sentiment émanait de la rue de la Chaussée-d'Antin. En effet, il pouvait supposer, sans crainte de se tromper, que Mme Danglars, ne pouvant connaître par ses propres yeux l'intérieur d'un homme qui donnait des chevaux de trente mille francs, et qui allait à l'Opéra avec une esclave grecque portant un million de diamants, avait chargé les yeux par lesquels elle avait l'habitude de voir de lui donner des renseignements sur cet intérieur.

Mais le comte ne parut pas soupçonner la moindre corrélation entre la visite de Lucien et la curiosité de la baronne.

« Vous êtes en rapports presque continuels avec le baron Danglars ? demanda-t-il à Albert de Morcerf.

– Mais oui, monsieur le comte ; vous savez ce que je vous ai dit.

– Cela tient donc toujours ?

– Plus que jamais, dit Lucien ; c'est une affaire arrangée. »

Et Lucien, jugeant sans doute que ce mot mêlé à la conversation lui donnait le droit d'y demeurer étranger, plaça son lorgnon d'écaille dans son œil, et mordant la pomme d'or de sa badine, se mit à faire le tour de la chambre en examinant les armes et les tableaux.

« Ah ! dit Monte-Cristo ; mais, à vous entendre, je n'avais pas cru à une si prompte solution.

– Que voulez-vous ? les choses marchent sans qu'on s'en doute ; pendant que vous ne songez pas à elles, elles songent à vous ; et quand vous vous retournez vous êtes étonné du chemin qu'elles ont fait. Mon père et M. Danglars ont servi ensemble en Espagne, mon père dans l'armée, M. Danglars dans les vivres. C'est là que mon père, ruiné par la Révolution, et M. Danglars, qui n'avait, lui, jamais eu de patrimoine, ont jeté les fondements, mon père, de sa fortune politique et militaire, qui est belle, M. Danglars, de sa fortune politique et financière, qui est admirable.

– Oui, en effet, dit Monte-Cristo, je crois que, pendant la visite que je lui ai faite, M. Danglars m'a parlé de cela ; et, continua-t-il en jetant un coup d'œil sur Lucien, qui feuilletait un album, et elle est jolie, Mlle Eugénie ? car je crois me rappeler que c'est Eugénie qu'elle s'appelle.

– Fort jolie, ou plutôt fort belle, répondit Albert, mais d'une beauté que je n'apprécie pas. Je suis un indigne !

– Vous en parlez déjà comme si vous étiez son mari !

– Oh ! fit Albert, en regardant autour de lui pour voir à son tour ce que faisait Lucien.

– Savez-vous, dit Monte-Cristo en baissant la voix, que vous ne me paraissez pas enthousiaste de ce mariage !

– Mlle Danglars est trop riche pour moi, dit Morcerf, cela m'épouvante.

– Bah ! dit Monte-Cristo, voilà une belle raison ; n'êtes-vous pas riche vous-même ?

– Mon père a quelque chose comme une cinquantaine de mille livres de rente, et m'en donnera peut-être dix ou douze en me mariant.

– Le fait est que c'est modeste, dit le comte, à Paris surtout ; mais tout n'est pas dans la fortune en ce monde, et c'est bien quelque chose aussi qu'un beau nom et une haute position sociale. Votre nom est célèbre, votre position magnifique, et puis le comte de Morcerf est un soldat, et l'on aime à voir s'allier cette intégrité de Bayard à la pauvreté de Duguesclin ; le désintéressement est le plus beau rayon de soleil auquel puisse reluire une noble épée. Moi, tout au contraire, je trouve cette union on ne peut plus sortable : Mlle Danglars vous enrichira et vous l'anoblirez ! »

Albert secoua la tête et demeura pensif.

« Il y a encore autre chose, dit-il.

– J'avoue, reprit Monte-Cristo, que j'ai peine à comprendre cette répugnance pour une jeune fille riche et belle.

– Oh ! mon Dieu ! dit Morcerf, cette répugnance, si répugnance il y a, ne vient pas toute de mon côté.

– Mais de quel côté donc ? car vous m'avez dit que votre père désirait ce mariage.

– Du côté de ma mère, et ma mère est un œil prudent et sûr. Eh bien, elle ne sourit pas à cette union ; elle a je ne sais quelle prévention contre les Danglars.

– Oh ! dit le comte avec un ton un peu forcé, cela se conçoit ; Mme la comtesse de Morcerf, qui est la distinction, l'aristocratie, la finesse en personne, hésite un peu à toucher une main roturière, épaisse et brutale : c'est naturel.

– Je ne sais si c'est cela, en effet, dit Albert ; mais ce que je sais, c'est qu'il me semble que ce mariage, s'il se fait, la rendra malheureuse. Déjà l'on devait s'assembler pour parler d'affaires il y a six semaines mais j'ai été tellement pris de migraines…

– Réelles ? dit le comte en souriant.

– Oh ! bien réelles, la peur sans doute… que l'on a remis le rendez-vous à deux mois. Rien ne presse, vous comprenez ; je n'ai pas encore vingt et un ans, et Eugénie n'en a que dix-sept ; mais les deux mois expirent la semaine prochaine. Il faudra s'exécuter. Vous ne pouvez vous imaginer, mon cher comte, combien je suis embarrassé… Ah ! que vous êtes heureux d'être libre !

– Eh bien, mais soyez libre aussi ; qui vous en empêche, je vous le demande un peu ?

– Oh ! ce serait une trop grande déception pour mon père si je n'épouse pas Mlle Danglars.

– Épousez-la alors, dit le comte avec un singulier mouvement d'épaules.

– Oui, dit Morcerf ; mais pour ma mère ce ne sera pas de la déception, mais de la douleur.

– Alors ne l'épousez pas, fit le comte.

– Je verrai, j'essaierai, vous me donnerez un conseil, n'est-ce pas ? et, s'il vous est possible, vous me tirerez de cet embarras. Oh ! pour ne pas faire de peine à mon excellente mère, je me brouillerais avec le comte, je crois. »

Monte-Cristo se détourna ; il semblait ému.

« Eh ! dit-il à Debray, assis dans un fauteuil profond à l'extrémité du salon, et qui tenait de la main droite un crayon et de la
gauche un carnet, que faites-vous donc, un croquis d'après le
Poussin ?

– Moi ? dit-il tranquillement, oh ! bien oui ! un croquis, j'aime
trop la peinture pour cela ! Non pas, je fais tout l'opposé de la
peinture, je fais des chiffres.

– Des chiffres ?

– Oui, je calcule ; cela vous regarde indirectement, vicomte ;
je calcule ce que la maison Danglars a gagné sur la dernière
hausse d'Haïti : de deux cent six le fonds est monté à quatre
cent neuf en trois jours, et le prudent banquier avait acheté
beaucoup à deux cent six. Il a dû gagner trois cent mille livres.

– Ce n'est pas son meilleur coup, dit Morcerf ; n'a-t-il pas gagné un million cette année avec les bons d'Espagne ?

– Écoutez, mon cher dit Lucien, voici M. le comte de Monte-
Cristo qui vous dira comme les Italiens :

Danaro e santità
Metà della metà [2]

Et c'est encore beaucoup. Aussi, quand on me fait de pareilles histoires, je hausse les épaules.

– Mais vous parliez d'Haïti ? dit Monte-Cristo.

– Oh ! Haïti, c'est autre chose ; Haïti, c'est l'écarté de l'agio-
tage français. On peut aimer la bouillotte, chérir le whist, raffo-
ler du boston, et se lasser cependant de tout cela ; mais on en
revient toujours à l'écarté : c'est un hors-d'œuvre. Ainsi
M. Danglars a vendu hier à quatre cent six et empoché trois
cent mille francs ; s'il eût attendu à aujourd'hui, le fonds retombait à deux cent cinq, et au lieu de gagner trois cent mille
francs, il en perdait vingt ou vingt-cinq mille.

– Et pourquoi le fonds est-il retombé de quatre cent neuf à
deux cent cinq ? demanda Monte-Cristo. Je vous demande pardon, je suis fort ignorant de toutes ces intrigues de Bourse.

– Parce que, répondit en riant Albert, les nouvelles se suivent
et ne se ressemblent pas.

– Ah ! diable, fit le comte, M. Danglars joue à gagner ou à
perdre trois cent mille francs en un jour. Ah çà ! mais il est
donc énormément riche ?

2.[Note - Argent et sainteté, Moitié de la moitié]

– Ce n'est pas lui qui joue ! s'écria vivement Lucien, c'est Mme Danglars ; elle est véritablement intrépide.

– Mais vous qui êtes raisonnable, Lucien, et qui connaissez le peu de stabilité des nouvelles, puisque vous êtes à la source, vous devriez l'empêcher, dit Morcerf avec un sourire.

– Comment le pourrais-je, si son mari ne réussit pas ? demanda Lucien. Vous connaissez le caractère de la baronne, personne n'a d'influence sur elle, et elle ne fait absolument que ce qu'elle veut.

– Oh ! si j'étais à votre place ! dit Albert.

– Eh bien !

– Je la guérirais, moi ; ce serait un service à rendre à son futur gendre.

– Comment cela ?

– Ah pardieu ! c'est bien facile, je lui donnerais une leçon.

– Une leçon ?

– Oui. Votre position de secrétaire du ministre vous donne une grande autorité pour les nouvelles ; vous n'ouvrez pas la bouche que les agents de change ne sténographient au plus vite vos paroles ; faites-lui perdre une centaine de mille francs coup sur coup, et cela la rendra prudente.

– Je ne comprends pas, balbutia Lucien.

– C'est cependant limpide, répondit le jeune homme avec une naïveté qui n'avait rien d'affecté ; annoncez-lui un beau matin quelque chose d'inouï, une nouvelle télégraphique que vous seul puissiez savoir ; que Henri IV, par exemple, a été vu hier chez Gabrielle ; cela fera monter les fonds, elle établira son coup de bourse là-dessus, et elle perdra certainement lorsque Beauchamp écrira le lendemain dans son journal : « C'est à tort que les gens bien informés prétendent que le roi Henri IV a été vu avant-hier chez Gabrielle, ce fait est complètement inexact ; le roi Henri IV n'a pas quitté le pont Neuf. »

Lucien se mit à rire du bout des lèvres. Monte-Cristo, quoique indifférent en apparence, n'avait pas perdu un mot de cet entretien, et son œil perçant avait même cru lire un secret dans l'embarras du secrétaire intime.

Il résulta de cet embarras de Lucien, qui avait complètement échappé à Albert, que Lucien abrégea sa visite.

Il se sentait évidemment mal à l'aise. Le comte lui dit en le reconduisant quelques mots à voix basse auxquels il répondit :

« Bien volontiers, monsieur le comte, j'accepte. »

Le comte revint au jeune de Morcerf.

« Ne pensez-vous pas, en y réfléchissant, lui dit-il, que vous avez eu tort de parler comme vous l'avez fait de votre belle-mère devant M. Debray ?

– Tenez, comte, dit Morcerf, je vous en prie, ne dites pas d'avance ce mot-là.

– Vraiment, et sans exagération, la comtesse est à ce point contraire à ce mariage ?

– À ce point que la baronne vient rarement à la maison, et que ma mère, je crois, n'a pas été deux fois dans sa vie chez madame Danglars.

– Alors, dit le comte, me voilà enhardi à vous parler à cœur ouvert : M. Danglars est mon banquier, M. de Villefort m'a comblé de politesse en remerciement d'un service qu'un heureux hasard m'a mis à même de lui rendre. Je devine sous tout cela une avalanche de dîners et de raouts. Or, pour ne pas paraître brocher fastueusement sur le tout, et même pour avoir le mérite de prendre les devants, si vous voulez, j'ai projeté de réunir dans ma maison de campagne d'Auteuil M. et Mme Danglars, M. et Mme de Villefort. Si je vous invite à ce dîner, ainsi que M. le comte et Mme la comtesse de Morcerf, cela n'aura-t-il pas l'air d'une espèce de rendez-vous matrimonial, ou du moins Mme la comtesse de Morcerf n'envisagera-t-elle point la chose ainsi, surtout si M. le baron Danglars me fait l'honneur d'amener sa fille ? Alors votre mère me prendra en horreur, et je ne veux aucunement de cela, moi ; je tiens, au contraire, et dites-le-lui toutes les fois que l'occasion s'en présentera, à rester au mieux dans son esprit.

– Ma foi, comte, dit Morcerf, je vous remercie d'y mettre avec moi cette franchise, et j'accepte l'exclusion que vous me proposez. Vous dites que vous tenez à rester au mieux dans l'esprit de ma mère, où vous êtes déjà à merveille.

– Vous croyez ? fit Monte-Cristo avec intérêt.

– Oh ! j'en suis sûr. Quand vous nous avez quittés l'autre jour, nous avons causé une heure de vous mais j'en reviens à ce que nous disions. Eh bien, si ma mère pouvait savoir cette attention de votre part, et je me hasarderai à la lui dire, je suis sûr qu'elle vous en serait on ne peut plus reconnaissante. Il est vrai que de son côté, mon père serait furieux. »

Le comte se mit à rire.

« Eh bien, dit-il à Morcerf, vous voilà prévenu. Mais j'y pense, il n'y aura pas que votre père qui sera furieux ; M. et Mme Danglars vont me considérer comme un homme de fort mauvaise façon. Ils savent que je vous vois avec une certaine intimité, que vous êtes même ma plus ancienne connaissance parisienne et ils ne vous trouveront pas chez moi ; ils me demanderont pourquoi je ne vous ai pas invité. Songez au moins à vous munir d'un engagement antérieur qui ait quelque apparence de probabilité, et dont vous me ferez part au moyen d'un petit mot. Vous le savez, avec les banquiers les écrits sont seuls valables.

– Je ferai mieux que cela, monsieur le comte, dit Albert. Ma mère veut aller respirer l'air de la mer. À quel jour est fixé votre dîner ?

– À samedi.

– Nous sommes à mardi, bien ; demain soir nous partons ; après-demain nous serons au Tréport. Savez-vous, monsieur le comte, que vous êtes un homme charmant de mettre ainsi les gens à leur aise !

– Moi ! en vérité vous me tenez pour plus que je ne vaux ; je désire vous être agréable, voilà tout.

– Quel jour avez-vous fait vos invitations ?

– Aujourd'hui même.

– Bien ! Je cours chez M. Danglars, je lui annonce que nous quittons Paris demain, ma mère et moi. Je ne vous ai pas vu ; par conséquent je ne sais rien de votre dîner.

– Fou que vous êtes ! et M. Debray, qui vient de vous voir chez moi, lui !

– Ah ! c'est juste.

– Au contraire, je vous ai vu et invité ici sans cérémonie, et vous m'avez tout naïvement répondu que vous ne pouviez pas être mon convive, parce que vous partiez pour le Tréport.

– Eh bien, voilà qui est conclu. Mais vous, viendrez-vous voir ma mère avant demain ?

– Avant demain, c'est difficile ; puis je tomberais au milieu de vos préparatifs de départ.

– Eh bien, faites mieux que cela ; vous n'étiez qu'un homme charmant, vous serez un homme adorable.

– Que faut-il que je fasse pour arriver à cette sublimité ?

– Ce qu'il faut que vous fassiez ?

– Je le demande.

– Vous êtes aujourd'hui libre comme l'air ; venez dîner avec moi : nous serons en petit comité, vous, ma mère et moi seulement. Vous avez à peine aperçu ma mère ; mais vous la verrez de près. C'est une femme fort remarquable, et je ne regrette qu'une chose : c'est que sa pareille n'existe pas avec vingt ans de moins ; il y aurait bientôt, je vous le jure, une comtesse et une vicomtesse de Morcerf. Quant à mon père, vous ne le trouverez pas : il est de commission ce soir et dîne chez le grand référendaire. Venez, nous causerons voyages. Vous qui avez vu le monde tout entier, vous nous raconterez vos aventures ; vous nous direz l'histoire de cette belle Grecque qui était l'autre soir avec vous à l'Opéra, que vous appelez votre esclave et que vous traitez comme une princesse. Nous parlerons italien, espagnol. Voyons, acceptez ; ma mère vous remerciera.

– Mille grâces, dit le comte ; l'invitation est des plus gracieuses, et je regrette vivement de ne pouvoir l'accepter. Je ne suis pas libre comme vous le pensiez, et j'ai au contraire un rendez-vous des plus importants.

– Ah ! prenez garde ; vous m'avez appris tout à l'heure comment, en fait de dîner, on se décharge d'une chose désagréable. Il me faut une preuve. Je ne suis heureusement pas banquier comme M. Danglars ; mais je suis, je vous en préviens, aussi incrédule que lui.

– Aussi vais-je vous la donner », dit le comte.

Et il sonna.

« Hum ! fit Morcerf, voilà déjà deux fois que vous refusez de dîner avec ma mère. C'est un parti pris, comte. »

Monte-Cristo tressaillit.

« Oh ! vous ne le croyez pas, dit-il ; d'ailleurs voici ma preuve qui vient. »

Baptistin entra et se tint sur la porte debout et attendant.

« Je n'étais pas prévenu de votre visite, n'est-ce pas ?

– Dame ! vous êtes un homme si extraordinaire que je n'en répondrais pas.

– Je ne pouvais point deviner que vous m'inviteriez à dîner, au moins.

– Oh ! quant à cela, c'est probable.

– Eh bien, écoutez, Baptistin... que vous ai-je dit ce matin quand je vous ai appelé dans mon cabinet de travail ?

– De faire fermer la porte de M. le comte une fois cinq heures sonnées.

– Ensuite ?

– Oh ! monsieur le comte... dit Albert.

– Non, non, je veux absolument me débarrasser de cette réputation mystérieuse que vous m'avez faite, mon cher vicomte. Il est trop difficile de jouer éternellement le Manfred. Je veux vivre dans une maison de verre. Ensuite... Continuez, Baptistin.

– Ensuite, de ne recevoir que M. le major Bartolomeo Cavalcanti et son fils.

– Vous entendez, M. le major Bartolomeo Cavalcanti, un homme de la plus vieille noblesse d'Italie et dont Dante a pris la peine d'être le d'Hozier... Vous vous rappelez ou vous ne vous rappelez pas, dans le dixième chant de l'Enfer ; de plus, son fils, un charmant jeune homme de votre âge à peu près, vicomte, portant le même titre que vous, et qui fait son entrée dans le monde parisien avec les millions de son père. Le major m'amène ce soir son fils Andrea, le contino, comme nous disons en Italie. Il me le confie. Je le pousserai s'il a quelque mérite. Vous m'aiderez, n'est-ce pas ?

– Sans doute ! C'est donc un ancien ami à vous que ce major Cavalcanti ? demanda Albert.

– Pas du tout, c'est un digne seigneur, très poli, très modeste, très discret, comme il y en a une foule en Italie, des descendants très descendus des vieilles familles. Je l'ai vu plusieurs fois, soit à Florence, soit à Bologne, soit à Lucques, et il m'a prévenu de son arrivée. Les connaissances de voyage sont exigeantes : elles réclament de vous, en tout lieu, l'amitié qu'on leur a témoignée une fois par hasard ; comme si l'homme civilisé, qui sait vivre une heure avec n'importe qui, n'avait pas toujours son arrière-pensée ! Ce bon major Cavalcanti va revoir Paris, qu'il n'a vu qu'en passant, sous l'Empire, en allant se faire geler à Moscou. Je lui donnerai un bon dîner, il me laissera son fils ; je lui promettrai de veiller sur lui ; je lui laisserai faire toutes les folies qu'il lui conviendra de faire, et nous serons quittes.

– À merveille ! dit Albert, et je vois que vous êtes un précieux mentor. Adieu donc, nous serons de retour dimanche. À propos, j'ai reçu des nouvelles de Franz.

– Ah ! vraiment ! dit Monte-Cristo ; et se plaît-il toujours en Italie ?

– Je pense que oui ; cependant il vous y regrette. Il dit que vous étiez le soleil de Rome, et que sans vous il y fait gris. Je ne sais même pas s'il ne va point jusqu'à dire qu'il y pleut.

– Il est donc revenu sur mon compte, votre ami Franz ?

– Au contraire, il persiste à vous croire fantastique au premier chef ; voilà pourquoi il vous regrette.

– Charmant jeune homme ! dit Monte-Cristo, et pour lequel je me suis senti une vive sympathie le premier soir où je l'ai vu cherchant un souper quelconque, et il a bien voulu accepter le mien. C'est, je crois, le fils du général d'Épinay ?

– Justement.

– Le même qui a été si misérablement assassiné en 1815 ?

– Par les bonapartistes.

– C'est cela ! Ma foi, je l'aime ! N'y a-t-il pas pour lui aussi des projets de mariage ?

– Oui, il doit épouser Mlle de Villefort.

– C'est vrai ?

– Comme moi je dois épouser Mlle Danglars, reprit Albert en riant.

– Vous riez…

– Oui.

– Pourquoi riez-vous ?

– Je ris parce qu'il me semble voir de ce côté-là autant de sympathie pour le mariage qu'il y en a d'un autre côté entre Mlle Danglars et moi. Mais vraiment mon cher comte, nous causons de femmes comme les femmes causent d'hommes ; c'est impardonnable ! »

Albert se leva.

« Vous vous en allez ?

– La question est bonne ! il y a deux heures que je vous assomme, et vous avez la politesse de me demander si je m'en vais ! En vérité, comte, vous êtes l'homme le plus poli de la terre ! Et vos domestiques, comme ils sont dressés ! M. Baptistin surtout ! je n'ai jamais pu en avoir un comme cela. Les miens semblent tous prendre exemple sur ceux du Théâtre-

Français, qui justement parce qu'ils n'ont qu'un mot à dire, viennent toujours le dire sur la rampe. Ainsi, si vous vous défaites de M. Baptistin, je vous demande la préférence.

– C'est dit, vicomte.

– Ce n'est pas tout, attendez : faites bien mes compliments à votre discret Lucquois, au seigneur Cavalcante dei Cavalcanti ; et si par hasard il tenait à établir son fils, trouvez-lui une femme bien riche, bien noble, du chef de sa mère, du moins, et bien baronne du chef de son père. Je vous y aiderai, moi.

– Oh ! oh ! répondit Monte-Cristo, en vérité, vous en êtes là ?

– Oui.

– Ma foi, il ne faut jurer de rien.

– Ah ! comte, s'écria Morcerf, quel service vous me rendriez, et comme je vous aimerais cent fois davantage encore si, grâce à vous, je restais garçon, ne fût-ce que dix ans.

– Tout est possible », répondit gravement Monte-Cristo.

Et prenant congé d'Albert, il rentra chez lui et frappa trois fois sur son timbre.

Bertoccio parut.

« Monsieur Bertuccio, dit-il, vous saurez que je reçois samedi dans ma maison d'Auteuil. »

Bertuccio eut un léger frisson.

« Bien, monsieur, dit-il.

– J'ai besoin de vous, continua le comte, pour que tout soit préparé convenablement. Cette maison est fort belle, ou du moins peut être fort belle.

– Il faudrait tout changer pour en arriver là, monsieur le comte, car les tentures ont vieilli.

– Changez donc tout, à l'exception d'une seule, celle de la chambre à coucher de damas rouge : vous la laisserez même absolument telle qu'elle est. »

Bertoccio s'inclina.

« Vous ne toucherez pas au jardin non plus ; mais de la cour, par exemple, faites-en tout ce que vous voudrez ; il me sera même agréable qu'on ne la puisse pas reconnaître.

– Je ferai tout mon possible pour que monsieur le comte soit content ; je serais plus rassuré cependant si monsieur le comte me voulait dire ses intentions pour le dîner.

— En vérité, mon cher monsieur Bertuccio, dit le comte, depuis que vous êtes à Paris je vous trouve dépaysé, trembleur ; mais vous ne me connaissez donc plus ?

— Mais enfin Son Excellence pourrait me dire qui elle reçoit !

— Je n'en sais rien encore, et vous n'avez pas besoin de le savoir non plus. Lucullus dîne chez Lucullus, voilà tout. »

Bertuccio s'inclina et sortit.

LV – Le major Calvacanti.

Ni le comte ni Baptistin n'avaient menti en annonçant à Morcerf cette visite du major Lucquois, qui servait à Monte-Cristo de prétexte pour refuser le dîner qui lui était offert.

Sept heures venaient de sonner, et M. Bertuccio, selon l'ordre qu'il en avait reçu, était parti depuis deux heures pour Auteuil, lorsqu'un fiacre s'arrêta à la porte de l'hôtel, et sembla s'enfuir tout honteux aussitôt qu'il eut déposé près de la grille un homme de cinquante-deux ans environ, vêtu d'une de ces redingotes vertes à brandebourgs noirs dont l'espèce est impérissable, à ce qu'il paraît, en Europe. Un large pantalon de drap bleu, une botte encore assez propre, quoique d'un vernis incertain et un peu trop épaisse de semelle, des gants de daim, un chapeau se rapprochant pour la forme d'un chapeau de gendarme, un col noir, brodé d'un liséré blanc, qui, si son propriétaire ne l'eût porté de sa pleine et entière volonté, eût pu passer pour un carcan : tel était le costume pittoresque sous lequel se présenta le personnage qui sonna à la grille en demandant si ce n'était point au n° 30 de l'avenue des Champs-Élysées que demeurait M. le comte de Monte-Cristo, et qui, sur la réponse affirmative du concierge, entra, ferma la porte derrière lui et se dirigea vers le perron.

La tête petite et anguleuse de cet homme, ses cheveux blanchissants, sa moustache épaisse et grise le firent reconnaître par Baptistin, qui avait l'exact signalement du visiteur et qui l'attendait au bas du vestibule. Aussi, à peine eut-il prononcé son nom devant le serviteur intelligent, que Monte-Cristo était prévenu de son arrivée.

On introduisit l'étranger dans le salon le plus simple. Le comte l'y attendait et alla au-devant de lui d'un air riant.

« Ah ! cher monsieur, dit-il, soyez le bienvenu. Je vous attendais.

– Vraiment, dit le Lucquois, Votre Excellence m'attendait.

– Oui, j'avais été prévenu de votre arrivée pour aujourd'hui à sept heures.

– De mon arrivée ? Ainsi vous étiez prévenu ?

– Parfaitement.

– Ah ! tant mieux ! Je craignais, je l'avoue, que l'on n'eût oublié cette petite précaution.

– Laquelle ?

– De vous prévenir.

– Oh ! non pas !

– Mais vous êtes sûr de ne pas vous tromper ?

– J'en suis sûr.

– C'est bien moi que Votre Excellence attendait aujourd'hui à sept heures ?

– C'est bien vous. D'ailleurs, vérifions.

– Oh ! si vous m'attendiez, dit le Lucquois, ce n'est pas la peine.

– Si fait ! si fait ! » dit Monte-Cristo.

Le Lucquois parut légèrement inquiet.

« Voyons, dit Monte-Cristo, n'êtes-vous pas monsieur le marquis Bartolomeo Cavalcanti ?

– Bartolomeo Cavalcanti, répéta le Lucquois joyeux, c'est bien cela.

– Ex-major au service d'Autriche ?

– Était-ce major que j'étais ? demanda timidement le vieux militaire.

– Oui, dit Monte-Cristo, c'était major. C'est le nom que l'on donne en France au grade que vous occupiez en Italie.

– Bon, dit le Lucquois, je ne demande pas mieux, moi, vous comprenez...

– D'ailleurs, vous ne venez pas ici de votre propre mouvement, reprit Monte-Cristo.

– Oh ! bien certainement.

– Vous m'êtes adressé par quelqu'un.

– Oui.

– Par cet excellent abbé Busoni ?

– C'est cela ! s'écria le major joyeux.

– Et vous avez une lettre ?

– La voilà.

– Eh pardieu ! vous voyez bien. Donnez donc. »

Et Monte-Cristo prit la lettre qu'il ouvrit et qu'il lut.

Le major regardait le comte avec de gros yeux étonnés qui se portaient curieusement sur chaque partie de l'appartement, mais qui revenaient invariablement à son propriétaire.

« C'est bien cela... ce cher abbé, « le major Cavalcanti, un digne praticien de Lucques, descendant des Cavalcanti de

Florence, continua Monte-Cristo tout en lisant, jouissant d'une fortune d'un demi-million de revenu. »

Monte-Cristo leva les yeux de dessus le papier et salua.

« D'un demi-million, dit-il ; peste ! mon cher monsieur Cavalcanti.

– Y a-t-il un demi-million ? demanda le Lucquois.

– En toutes lettres ; et cela doit être, l'abbé Busoni est l'homme qui connaît le mieux toutes les grandes fortunes de l'Europe.

– Va pour un demi-million, dit le Lucquois ; mais, ma parole d'honneur, je ne croyais pas que cela montât si haut.

– Parce que vous avez un intendant qui vous vole ; que voulez-vous, cher monsieur Cavalcanti, il faut bien passer par là !

– Vous venez de m'éclairer, dit gravement le Lucquois, je mettrai le drôle à la porte. »

Monte-Cristo continua :

– « Et auquel il ne manquerait qu'une chose pour être heureux ».

– Oh ! mon Dieu, oui ! une seule, dit le Lucquois avec un soupir.

– « De retrouver un fils adoré. »

– Un fils adoré !

– « Enlevé dans sa jeunesse, soit par un ennemi de sa noble famille, soit par des Bohémiens. »

– À l'âge de cinq ans, monsieur, dit le Lucquois avec un profond soupir et en levant les yeux au ciel.

– Pauvre père ! » dit Monte-Cristo.

Le comte continua :

– « Je lui rends l'espoir, je lui rends la vie, monsieur le comte, en lui annonçant que ce fils, que depuis quinze ans il cherche vainement, vous pouvez le lui faire retrouver. »

Le Lucquois regarda Monte-Cristo avec une indéfinissable expression d'inquiétude.

« Je le puis », répondit Monte-Cristo.

Le major se redressa.

« Ah ! ah ! dit-il, la lettre était donc vraie jusqu'au bout ?

– En aviez-vous douté, cher monsieur Bartolomeo ?

– Non pas, jamais ! Comment donc ! un homme grave, un homme revêtu d'un caractère religieux comme l'abbé Busoni, ne se serait pas permis une plaisanterie pareille ; mais vous n'avez pas tout lu, Excellence.

– Ah ! c'est vrai, dit Monte-Cristo, il y a un *post-scriptum*.

– Oui, répéta le Lucquois… il…y… a… un… *post-scriptum*.

– « Pour ne point causer au major Cavalcanti l'embarras de déplacer des fonds chez son banquier, je lui envoie une traite de deux mille francs pour ses frais de voyage, et le crédit sur vous de la somme de quarante-huit mille francs que vous restez me redevoir. »

Le major suivit des yeux ce *post-scriptum* avec une visible anxiété.

« Bon ! se contenta de dire le comte.

– Il a dit bon, murmura le Lucquois. Ainsi… monsieur… reprit-il.

– Ainsi ?… demanda Monte-Cristo.

– Ainsi, le *post-scriptum*…

– Eh bien, le *post-scriptum* ?…

– Est accueilli par vous aussi favorablement que le reste de la lettre ?

– Certainement. Nous sommes en compte, l'abbé Busoni et moi ; je ne sais pas si c'est quarante-huit mille livres précisément que je reste lui redevoir, nous n'en sommes pas entre nous à quelques billets de banque. Ah çà ! vous attachiez donc une si grande importance à ce post-scriptum, cher monsieur Cavalcanti ?

– Je vous avouerai, répondit le Lucquois, que plein de confiance dans la signature de l'abbé Busoni, je ne m'étais pas muni d'autres fonds ; de sorte que si cette ressource m'eût manqué, je me serais trouvé fort embarrassé à Paris.

– Est-ce qu'un homme comme vous est embarrassé quelque part ? dit Monte-Cristo ; allons donc !

– Dame ! ne connaissant personne, fit le Lucquois.

– Mais on vous connaît, vous.

– Oui, l'on me connaît, de sorte que…

– Achevez, cher monsieur Cavalcanti !

– De sorte que vous me remettrez ces quarante-huit mille livres ?

– À votre première réquisition. »

Le major roulait de gros yeux ébahis.

« Mais asseyez-vous donc, dit Monte-Cristo : en vérité, je ne sais ce que je fais... je vous tiens debout depuis un quart d'heure.

– Ne faites pas attention. »

Le major tira un fauteuil et s'assit.

« Maintenant, dit le comte, voulez-vous prendre quelque chose ; un verre de xérès, de porto, d'alicante ?

– D'alicante, puisque vous le voulez bien, c'est mon vin de prédilection.

– J'en ai d'excellent. Avec un biscuit, n'est-ce pas ?

– Avec un biscuit, puisque vous m'y forcez. »

Monte-Cristo sonna ; Baptistin parut.

Le comte s'avança vers lui.

« Eh bien ?... demanda-t-il tout bas.

– Le jeune homme est là, répondit le valet de chambre sur le même ton.

– Bien ; où l'avez-vous fait entrer ?

– Dans le salon bleu, comme l'avait ordonné Son Excellence.

– À merveille. Apportez du vin d'Alicante et des biscuits. »

Baptistin sortit.

« En vérité, dit le Lucquois, je vous donne une peine qui me remplit de confusion.

– Allons donc ! » dit Monte-Cristo.

Baptistin rentra avec les verres, le vin et les biscuits.

Le comte emplit un verre et versa dans le second quelques gouttes seulement du rubis liquide que contenait la bouteille, toute couverte de toiles d'araignée et de tous les autres signes qui indiquent la vieillesse du vin bien plus sûrement que ne le font les rides pour l'homme.

Le major ne se trompa point au partage, il prit le verre plein et un biscuit. Le comte ordonna à Baptistin de poser le plateau à la portée de la main de son hôte, qui commença par goûter l'alicante du bout de ses lèvres, fit une grimace de satisfaction, et introduisit délicatement le biscuit dans le verre.

« Ainsi, monsieur, dit Monte-Cristo, vous habitiez Lucques, vous étiez riche, vous êtes noble, vous jouissiez de la considé-ration générale, vous aviez tout ce qui peut rendre un homme heureux.

– Tout, Excellence, dit le major en engloutissant son biscuit, tout absolument.

– Et il ne manquait qu'une chose à votre bonheur ?

– Qu'une seule, dit le Lucquois.

– C'était de retrouver votre enfant ?

– Ah ! fit le major en prenant un second biscuit ; mais aussi cela me manquait bien. »

Le digne Lucquois leva les yeux et tenta un effort pour soupirer.

« Maintenant, voyons, cher monsieur Cavalcanti, dit Monte-Cristo, qu'était-ce que ce fils tant regretté ? car on m'avait dit, à moi, que vous étiez resté célibataire.

– On le croyait, monsieur, dit le major, et moi-même...

– Oui, reprit Monte-Cristo, et vous-même aviez accrédité ce bruit. Un péché de jeunesse que vous vouliez cacher à tous les yeux. »

Le Lucquois se redressa, prit son air le plus calme et le plus digne, en même temps qu'il baissait modestement les yeux, soit pour assurer sa contenance, soit pour aider à son imagination, tout en regardant en dessous le comte, dont le sourire stéréotypé sur les lèvres annonçait toujours la même bienveillante curiosité.

« Oui, monsieur, dit-il, je voulais cacher cette faute à tous les yeux. »

– Pas pour vous, dit Monte-Cristo, car un homme est au-dessus de ces choses-là.

– Oh ! non, pas pour moi certainement, dit le major avec un sourire et en hochant la tête.

– Mais pour sa mère, dit le comte.

– Pour sa mère ! s'écria le Lucquois en prenant un troisième biscuit, pour sa pauvre mère !

– Buvez donc, cher monsieur Cavalcanti, dit Monte-Cristo en versant au Lucquois un second verre d'alicante ; l'émotion vous étouffe.

– Pour sa pauvre mère ! murmura le Lucquois en essayant si la puissance de la volonté ne pourrait pas en agissant sur la glande lacrymale, mouiller le coin de son œil d'une fausse larme.

– Qui appartenait à l'une des premières familles d'Italie, je crois ?

– Patricienne de Fiesole, monsieur le comte, patricienne de Fiesole !

– Et se nommant ?

– Vous désirez savoir son nom ?

– Oh ! mon Dieu ! dit Monte-Cristo, c'est inutile que vous me le disiez, je le connais.

– Monsieur le comte sait tout, dit le Lucquois en s'inclinant.

– Olivia Corsinari, n'est-ce pas ?

– Olivia Corsinari.

– Marquise ?

– Marquise.

– Et vous avez fini par l'épouser cependant, malgré les oppositions de la famille ?

– Mon Dieu ! oui, j'ai fini par là.

– Et, reprit Monte-Cristo, vous apportez vos papiers bien en règle ?

– Quels papiers ? demanda le Lucquois.

– Mais votre acte de mariage avec Olivia Corsinari, et l'acte de naissance de l'enfant.

– L'acte de naissance de l'enfant ?

– L'acte de naissance d'Andrea Cavalcanti, de votre fils ; ne s'appelle-t-il pas Andrea ?

– Je crois que oui, dit le Lucquois.

– Comment ! vous le croyez ?

– Dame ! je n'ose pas affirmer, il y a si longtemps qu'il est perdu.

– C'est juste, dit Monte-Cristo. Enfin vous avez tous ces papiers ?

– Monsieur le comte, c'est avec regret que je vous annonce que, n'étant pas prévenu de me munir de ces pièces, j'ai négligé de les prendre avec moi.

– Ah ! diable, fit Monte-Cristo.

– Étaient-elles donc tout à fait nécessaires ?

– Indispensables ! »

Lucquois se gratta le front.

« Ah ! *per Bacco !* dit-il, indispensables !

– Sans doute, si l'on allait élever ici quelque doute sur la validité de votre mariage, sur la légitimité de votre enfant !

– C'est juste, dit le Lucquois, on pourrait élever des doutes.

– Ce serait fâcheux pour ce jeune homme.

– Ce serait fatal.

– Cela pourrait lui faire manquer quelque magnifique mariage.

– *O peccato !*

– En France, vous comprenez, on est sévère ; il ne suffit pas, comme en Italie, d'aller trouver un prêtre et de lui dire : « Nous nous aimons, unissez-nous. » Il y a mariage civil en France, et, pour se marier civilement, il faut des pièces qui constatent l'identité.

– Voilà le malheur : ces papiers, je ne les ai pas.

– Heureusement que je les ai, moi, dit Monte-Cristo.

– Vous ?

– Oui ?

– Vous les avez ?

– Je les ai.

– Ah ! par exemple, dit le Lucquois, qui, voyant le but de son voyage manqué par l'absence de ses papiers, craignait que cet oubli n'amenât quelque difficulté au sujet des quarante-huit mille livres ; ah ! par exemple, voilà un bonheur ! Oui, reprit-il, voilà un bonheur, car je n'y eusse pas songé, moi.

– Pardieu ! je crois bien, on ne songe pas à tout. Mais heureusement l'abbé Busoni y a songé pour vous.

– Voyez-vous, ce cher abbé !

– C'est un homme de précaution.

– C'est un homme admirable, dit le Lucquois ; et il vous les a envoyés ?

– Les voici. »

Le Lucquois joignit les mains en signe d'admiration.

« Vous avez épousé Olivia Corsinari dans l'église de Sainte-Paule de Monte-Catini ; voici le certificat du prêtre.

– Oui, ma foi ! le voilà, dit le major en le regardant avec étonnement.

– Et voici l'acte de baptême d'Andrea Cavalcanti, délivré par le curé de Saravezza.

– Tout est en règle, dit le major.

– Alors prenez ces papiers, dont je n'ai que faire, vous les donnerez à votre fils qui les gardera soigneusement.

– Je le crois bien !... S'il les perdait...

– Eh bien, s'il les perdait ? demanda Monte-Cristo.

– Eh bien, reprit le Lucquois, on serait obligé d'écrire là-bas, et ce serait fort long de s'en procurer d'autres.

– En effet, ce serait difficile, dit Monte-Cristo.

– Presque impossible, répondit le Lucquois.

– Je suis bien aise que vous compreniez la valeur de ces papiers.

– C'est-à-dire que je les regarde comme impayables.

– Maintenant, dit Monte-Cristo, quant à la mère du jeune homme ?...

– Quant à la mère du jeune homme... répéta le major avec inquiétude.

– Quant à la marquise Corsinari ?

– Mon Dieu ! dit le Lucquois, sous les pas duquel les difficultés semblaient naître, est-ce qu'on aurait besoin d'elle ?

– Non, monsieur, reprit Monte-Cristo ; d'ailleurs, n'a-t-elle point ?...

– Si fait, si fait, dit le major, elle a...

– Payé son tribut à la nature ?...

– Hélas ! oui, dit vivement le Lucquois.

– J'ai su cela reprit Monte-Cristo ; elle est morte il y a dix ans.

– Et je pleure encore sa mort, monsieur, dit le major en tirant de sa poche un mouchoir à carreaux et en s'essuyant alternativement d'abord l'œil gauche et ensuite l'œil droit.

– Que voulez-vous, dit Monte-Cristo, nous sommes tous mortels. Maintenant vous comprenez, cher monsieur Cavalcanti, vous comprenez qu'il est inutile qu'on sache en France que vous êtes séparé de votre fils depuis quinze ans. Toutes ces histoires de Bohémiens qui enlèvent les enfants n'ont pas de vogue chez nous. Vous l'avez envoyé faire son éducation dans un collège de province, et vous voulez qu'il achève cette éducation dans le monde parisien. Voilà pourquoi vous avez quitté Via-Reggio, que vous habitiez depuis la mort de votre femme. Cela suffira.

– Vous croyez ?

– Certainement.

– Très bien, alors.

– Si l'on apprenait quelque chose de cette séparation...

– Ah ! oui. Que dirais-je ?

– Qu'un précepteur infidèle, vendu aux ennemis de votre famille...

– Aux Corsinari ?

– Certainement… avait enlevé cet enfant pour que votre nom s'éteignît.

– C'est juste, puisqu'il est fils unique.

– Eh bien, maintenant que tout est arrêté, que vos souvenirs, remis à neuf, ne vous trahiront pas, vous avez deviné sans doute que je vous ai ménagé une surprise ?

– Agréable ? demanda le Lucquois.

– Ah ! dit Monte-Cristo, je vois bien qu'on ne trompe pas plus l'œil que le cœur d'un père.

– Hum ! fit le major.

– On vous a fait quelque révélation indiscrète, ou plutôt vous avez deviné qu'il était là.

– Qui, là ?

– Votre enfant, votre fils, votre Andrea.

– Je l'ai deviné, répondit le Lucquois avec le plus grand flegme du monde : ainsi il est ici ?

– Ici même, dit Monte-Cristo ; en entrant tout à l'heure, le valet de chambre m'a prévenu de son arrivée.

– Ah ! fort bien ! ah ! fort bien ! dit le major en resserrant à chaque exclamation les brandebourgs de sa polonaise.

– Mon cher monsieur, dit Monte-Cristo, je comprends toute votre émotion, il faut vous donner le temps de vous remettre ; je veux aussi préparer le jeune homme à cette entrevue tant désirée, car je présume qu'il n'est pas moins impatient que vous.

– Je le crois, dit Cavalcanti.

– Eh bien, dans un petit quart d'heure nous sommes à vous.

– Vous me l'amenez donc ? vous poussez donc la bonté jusqu'à me le présenter vous-même ?

– Non, je ne veux point me placer entre un père et son fils, vous serez seuls, monsieur le major ; mais soyez tranquille, au cas même où la voix du sang resterait muette, il n'y aurait pas à vous tromper : il entrera par cette porte. C'est un beau jeune homme blond, un peu trop blond peut-être, de manières toutes prévenantes ; vous verrez.

– À propos, dit le major, vous savez que je n'ai emporté avec moi que les deux mille francs que ce bon abbé Busoni m'avait fait passer. Là-dessus j'ai fait le voyage, et…

– Et vous avez besoin d'argent… c'est trop juste, cher monsieur Cavalcanti. Tenez, voici pour faire un compte, huit billets de mille francs. »

Les yeux du major brillèrent comme des escarboucles.

« C'est quarante mille francs que je vous redois, dit Monte-Cristo.

– Votre Excellence veut-elle un reçu ? dit le major en glissant les billets dans la poche intérieure de sa polonaise.

– À quoi bon ? dit le comte.

– Mais pour vous décharger vis-à-vis de l'abbé Busoni.

– Eh bien, vous me donnerez un reçu général en touchant les quarante derniers mille francs. Entre honnêtes gens, de pareilles précautions sont inutiles.

– Ah ! oui, c'est vrai, dit le major, entre honnêtes gens.

– Maintenant, un dernier mot, marquis.

– Dites.

– Vous permettez une petite recommandation, n'est-ce pas ?

– Comment donc ! Je la demande.

– Il n'y aurait pas de mal que vous quittassiez cette polonaise.

– Vraiment ! dit le major en regardant le vêtement avec une certaine complaisance.

– Oui, cela se porte encore à Via-Reggio, mais à Paris il y a déjà longtemps que ce costume, quelque élégant qu'il soit, a passé de mode.

– C'est fâcheux, dit le Lucquois.

– Oh ! si vous y tenez, vous le reprendrez en vous en allant.

– Mais que mettrai-je ?

– Ce que vous trouverez dans vos malles.

– Comment, dans mes malles ! je n'ai qu'un portemanteau.

– Avec vous sans doute. À quoi bon s'embarrasser ? D'ailleurs, un vieux soldat aime à marcher en leste équipage.

– Voilà justement pourquoi…

– Mais vous êtes homme de précaution, et vous avez envoyé vos malles en avant. Elles sont arrivées hier à l'hôtel des Princes, rue Richelieu. C'est là que vous avez retenu votre logement.

– Alors dans ces malles ?

– Je présume que vous avez eu la précaution de faire enfermer par votre valet de chambre tout ce qu'il vous faut : habits de ville, habits d'uniforme. Dans les grandes circonstances, vous mettrez l'habit d'uniforme, cela fait bien. N'oubliez pas votre croix. On s'en moque encore en France, mais on en porte toujours.

– Très bien, très bien, très bien ! dit le major qui marchait d'éblouissements en éblouissements.

– Et maintenant dit Monte-Cristo, que votre cœur est affermi contre les émotions trop vives, préparez-vous, cher monsieur Cavalcanti, à revoir votre fils Andrea. »

Et faisant un charmant salut au Lucquois, ravi, en extase, Monte-Cristo disparut derrière la tapisserie.

FIN DU TOME DEUXIÈME.

FIN

Printed in Great Britain
by Amazon

47269437R00198